小祝政明の実践講座
3

有機栽培の野菜つくり

炭水化物優先、ミネラル優先の育て方

小祝政明 著
Koiwai Masaaki

農文協

はじめに

本書は、『有機栽培のイネつくり』に続く、作物別有機栽培の単行本の第二弾である。堆肥や有機質肥料を施用して有機栽培を試みたのだが、野菜の生育がどうも安定しない、病害虫の被害が多い、品質や食味が上がらない、…という人は少なくない。その原因は、本書でいうところの「チッソ優先の施肥・生育」であることが多い。

本書では、野菜つくりの基本を、生育では炭水化物（光合成）優先、施肥ではミネラル優先、というシンプルな原理にまとめている。この二つの原理をもとに、各野菜の性格にあわせて栽培を工夫することで、おいしくて栄養豊かな、高品質の野菜を多収することができる。

そして、さまざまな野菜を、光合成を行なう葉をつくり（葉菜タイプ）、結球部や根などの貯蔵部位に養分をたくわえ（根菜・外葉・イモ類タイプ）、花や実を着けて子孫を残す（果菜・マメ類タイプ）、という野菜の一生の中に位置づけてタイプ分けし、その生育と施肥について紹介している。

このように野菜の一生と関連づけて施肥を考えることで、いろいろな種類の野菜の性格、共通点や相違点が理解でき、さまざまな場面で応用が利《き》くようになる。

有機栽培の野菜つくりで私たちが行なわなければならないことは「根に酸素を供給し、

よい微生物を増やし、バランスのよい施肥を行なう」ということである。そのために、有機栽培の三つの資材（アミノ酸肥料、堆肥、ミネラル肥料）を野菜の性格、畑の状態、天候にあわせて的確に使うことが必要になる。

ところが、野菜の生育は天候の変化、資材の選び方・使い方、作業などによって乱れることも多い。そんなときには、チッソ優先の施肥・生育になっていないかをふり返ってみることである。

『炭水化物（光合成）優先』『ミネラル優先』という二つのキーワードからスタートすること、そして、いつでも立ち戻れること、これが本書で一貫して述べている有機栽培成功のポイントなのである。

本書は、作物別有機栽培の「野菜編」にあたるが、先にまとめた『有機栽培の基礎と実際』『有機栽培の肥料と堆肥』とあわせてお読みいただければ、得るものはより大きいと思う。

二〇〇九年九月

小祝　政明

目次

目次

目次

目次

目次

【6−3 根菜タイプ】

目次

目次

目次

目次

【6-5 果菜タイプ】

目次

目次

目次

【6—7 その他の野菜】

目次

はじめての野菜の有機栽培

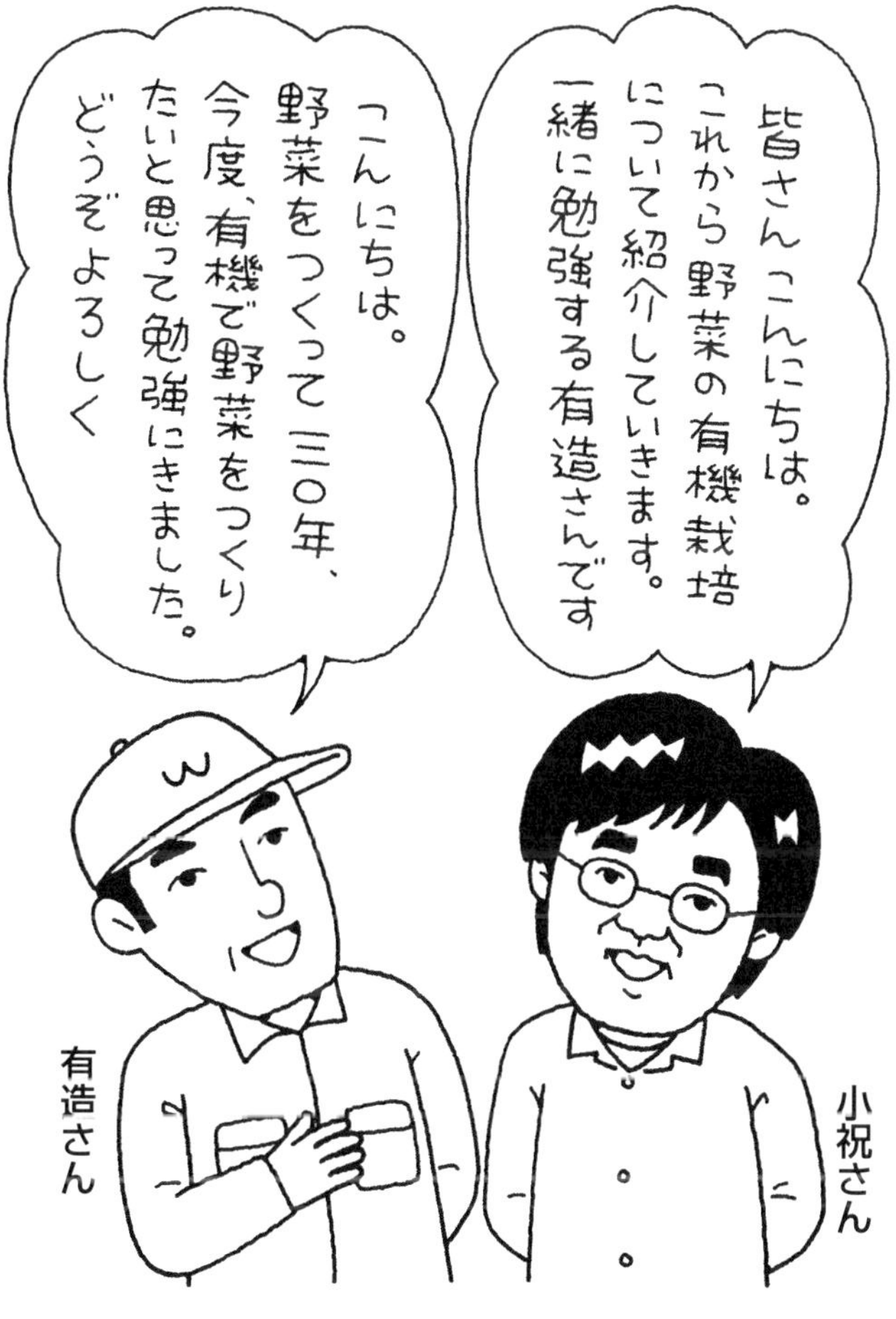

※本書で使っている有機栽培の用語は，一般の農業書で使われていないものや，意味が異なるものもある。また，意味があいまいな用語もあると思う。そこで，巻末の付録として用語集を設けている。各章で初めて出てくる用語は**太字**になっているので，わからないときは巻末・用語集を参照されたい。

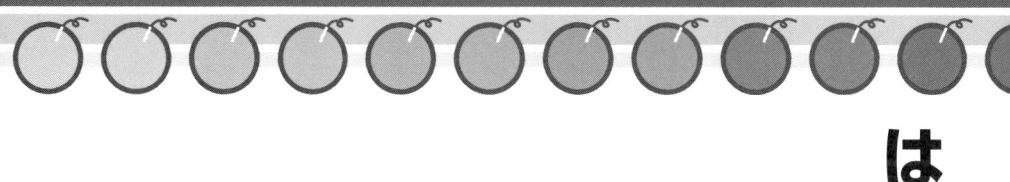

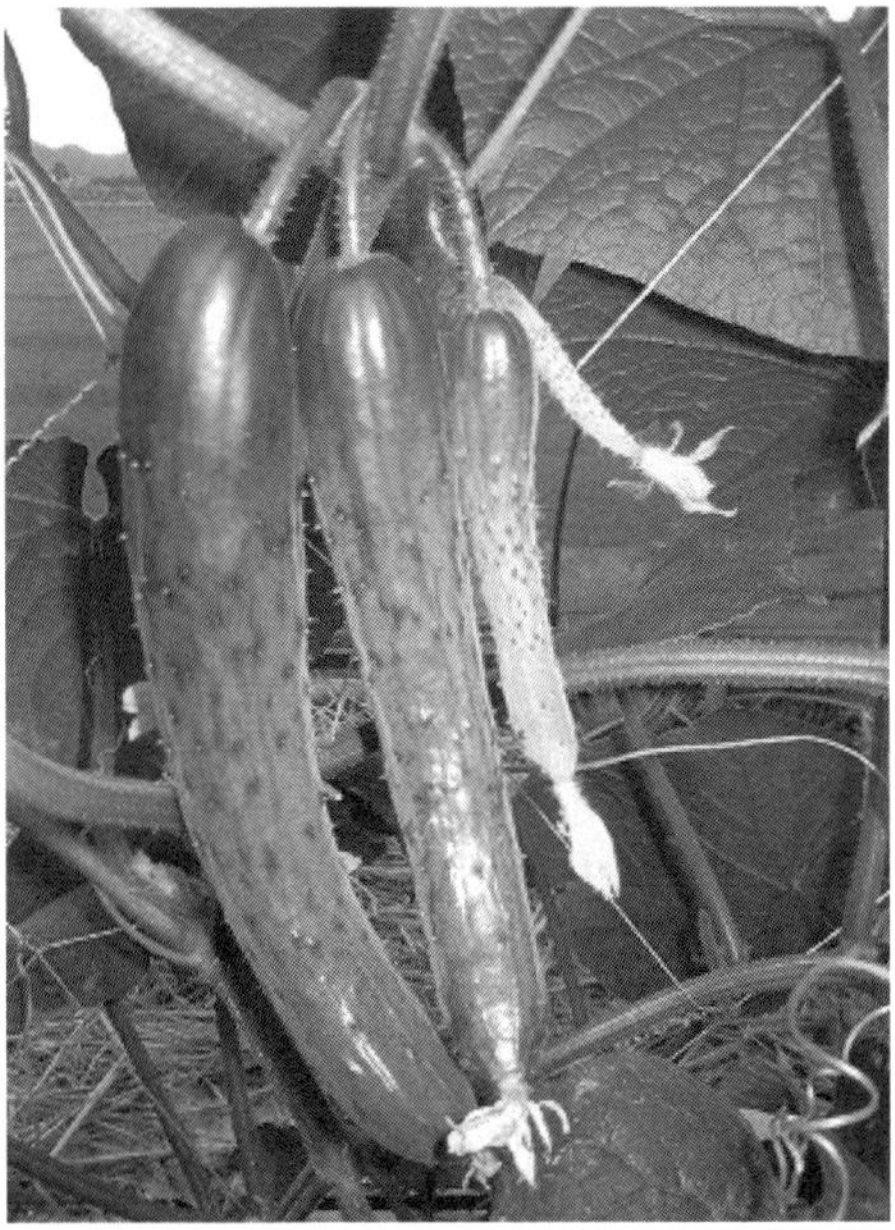

常識はずれの成りっぷり

小祝　さっそくだけど有造さん、この写真を見てほしい。

有造　何だぁ、これは、一、二、三、……。同じ節から三本も四本もキュウリがぶら下がってるじゃないか。こんなキュウリ見たことない、お化けキュウリだな。

小祝　私も驚いたんだけれど、一節から二〜三本のキュウリがとれている樹がけっこうある。花も大きくて、色もあざやかなんだ。

有造　品種が違う？

小祝　いや、地域で栽培されているものと同じ。それが、**有機栽培**で姿が大きく変わってしまったんだ。

有造　これなら大増収まちがいなしってわけだ。オレが知りたいのは、こんなやり方さ。さっそくつくり方を教えてほしいな。

小祝　まあ、そうあわてないで。

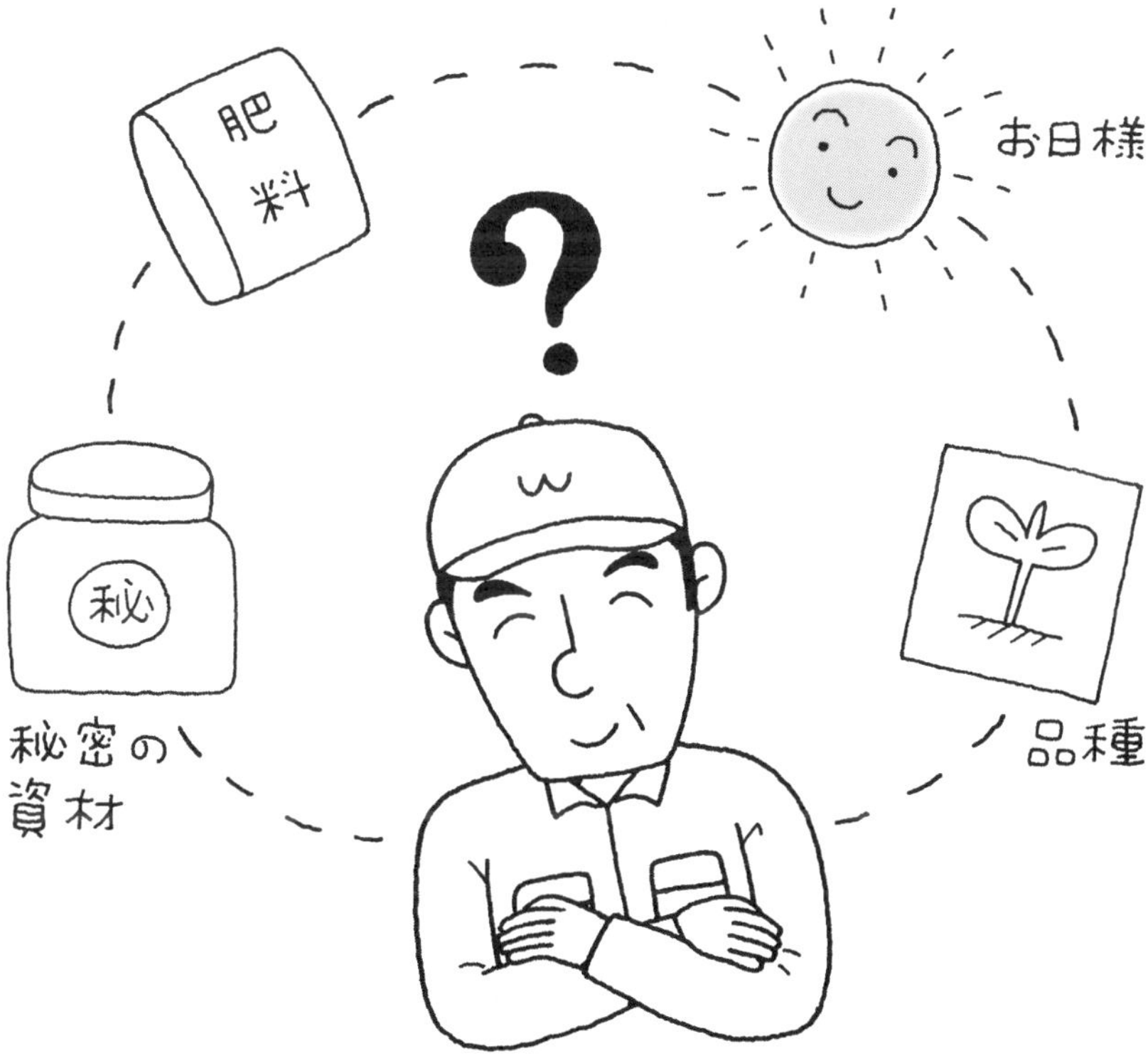

成りっぷりをよくする条件は

小祝　何でこんな成りっぷりが可能なんだろうね。有造さん、一節からキュウリが三本も四本もとれる条件ってどんなことだろう。

有造　そうだなぁ、樹勢がよい、肥料もよく効いている、天気もよくて病気も虫もつかない……そんなところかな。だいたい、一節から必ず一本とれる保証さえないんだから。花が飛んだり、幼果のうちに落ちたり、成ってもひどく曲がってしまって出荷できなくなったりしてね。

小祝　なるほど、確かに一節から必ず一本のキュウリがとれるとは限らないよね。それじゃあ、一節三〜四本の秘密はちょっと置いておいて、有造さんが今話してくれた、一節から一本とれるとは限らないようなときって、どんなときかな。そこから考えてみようか。

《収量が上がらない原因はいろいろある》

収量が上がらないのは、なぜ？

有造　そうさな、花が飛んだり、幼果が落ちたり、というのはお天気が悪いときに多いな。雨が続いて日照不足、気温も上がりきらないようなとき。

小祝　どうして日照不足のときにキュウリが成らないの。

有造　そりゃあ、農業はお天気まかせってとこがあるからね。お日様が顔を出さないで雨ばかりじゃ、キュウリも成らない。お天気が悪ければ何事もうまくいかないのが農業さ。

小祝　じゃあ、キュウリを成らせるのにいちばん必要なのは何だろう。

有造　そりゃ、お天道様さ。太陽の光を受けなけりゃ、作物は大きくならないし、味ものらない。水や肥料も必要だけど、天気が悪いときにやったんじゃ、実が成らないだけじゃなくて病気も出てきて、株がもたないな。

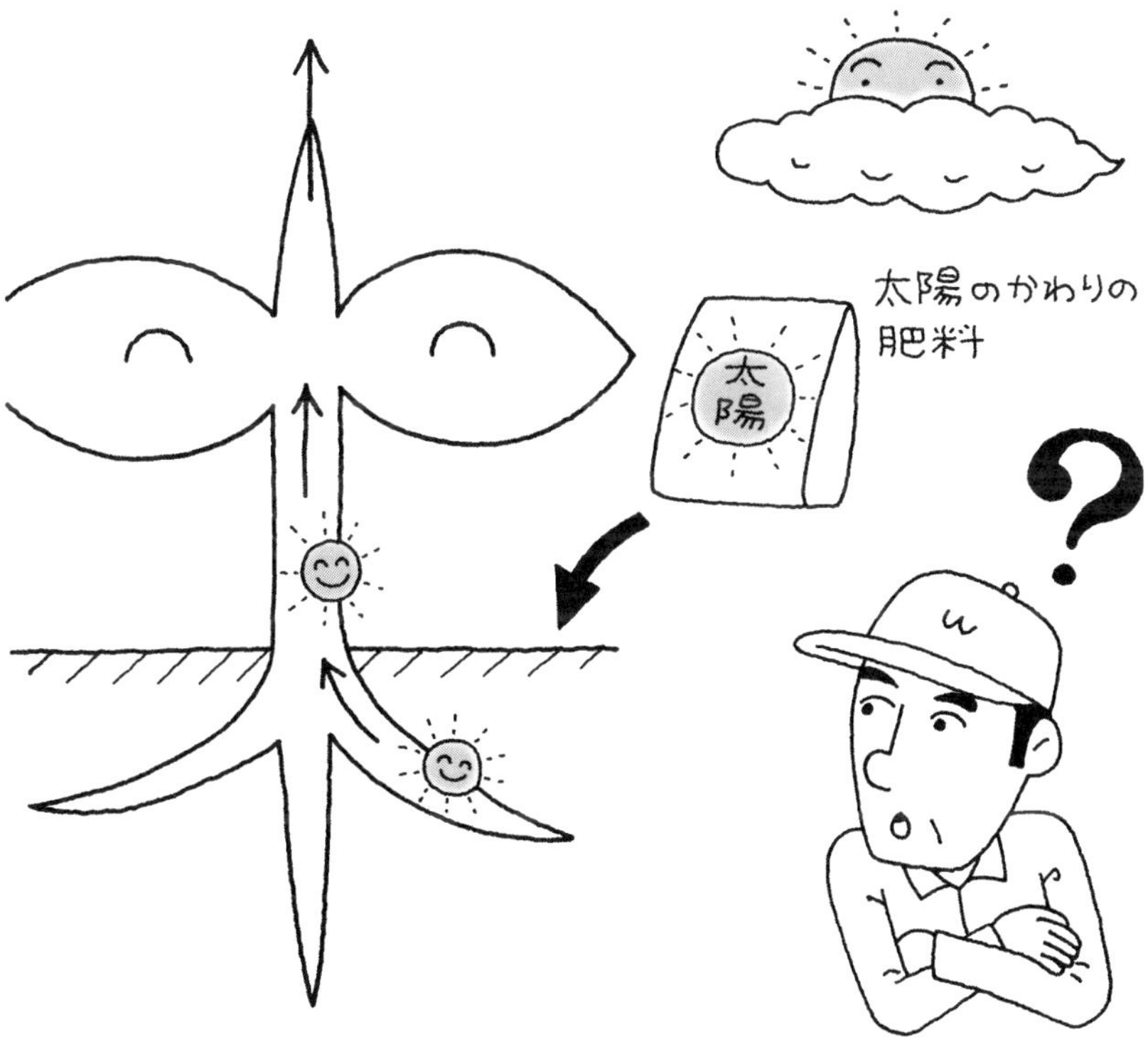

太陽の役割を肥料で補う？

有造　あのさぁ、こんな当たり前のことじゃなくてさ、もっとホントのところを教えてくれないかな。一節に四本キュウリが成る秘密をさぁ。

小祝　実は、いま有造さんがいってくれたことの中に秘密があるんだよ。

有造　えっ、そんなことといったっけ？

小祝　お天道様がいちばん大事ってことがそうなんだ。

有造　でも、さっきのキュウリにだけ光がよけいに当たっていたわけじゃないんだろう。

小祝　そのとおりだけど、有機栽培では太陽の役割を肥料で補うことができるんだ。

有造　えっ、そんなことできるのか！

小祝　もちろん、太陽のように何かを光らせるわけじゃない。このことを考えるには、太陽が植物に何をしているかを知らないとね。

《太陽の役割＝光合成》

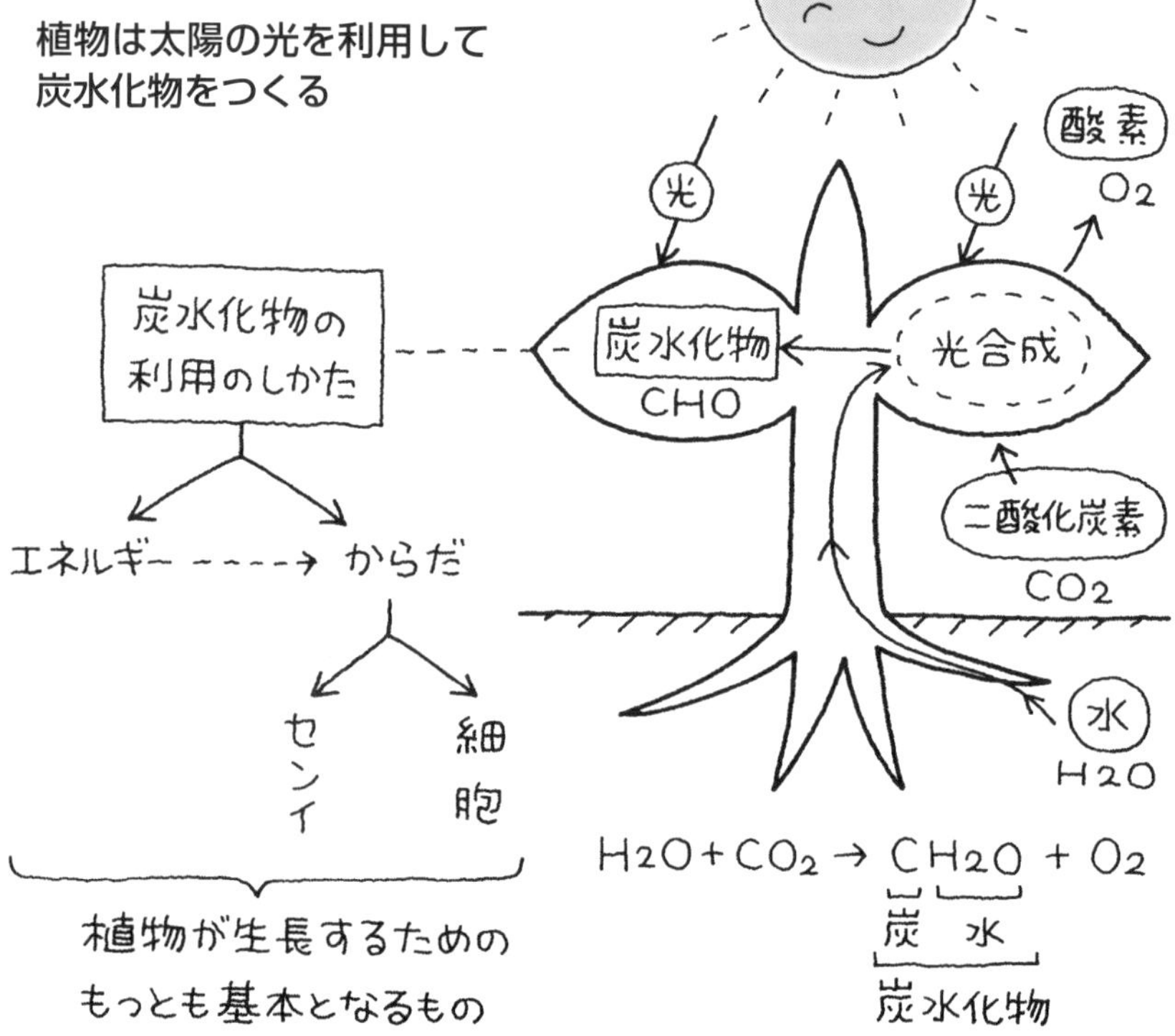

太陽の役割＝光合成

有造 それなら学校で習ったよ。植物は太陽の光で、**光合成**をやっているんだろう。

小祝 そのとおり。植物は二酸化炭素と水を原料に、太陽の光を使ってブドウ糖という**炭水化物**を合成する。この炭水化物が細胞やセンイといったからだをつくる材料になったり、生きるエネルギーになったりする。太陽の光がないと、この炭水化物がつくれない、だからお天道様が大事なんだ。

有造 さっき「太陽の役割を肥料で補う」とかいったのは、この光合成でつくられる炭水化物を補うってこと……？

小祝 察しがいいね。炭水化物を根から吸収・利用できれば、天気が悪くてもそこそこ収穫が上がり、天気がよければよいものがたくさんとれる。肥料が太陽の働きを補うように働いてくれる。それがお化けキュウリの秘密ってわけなんだ。

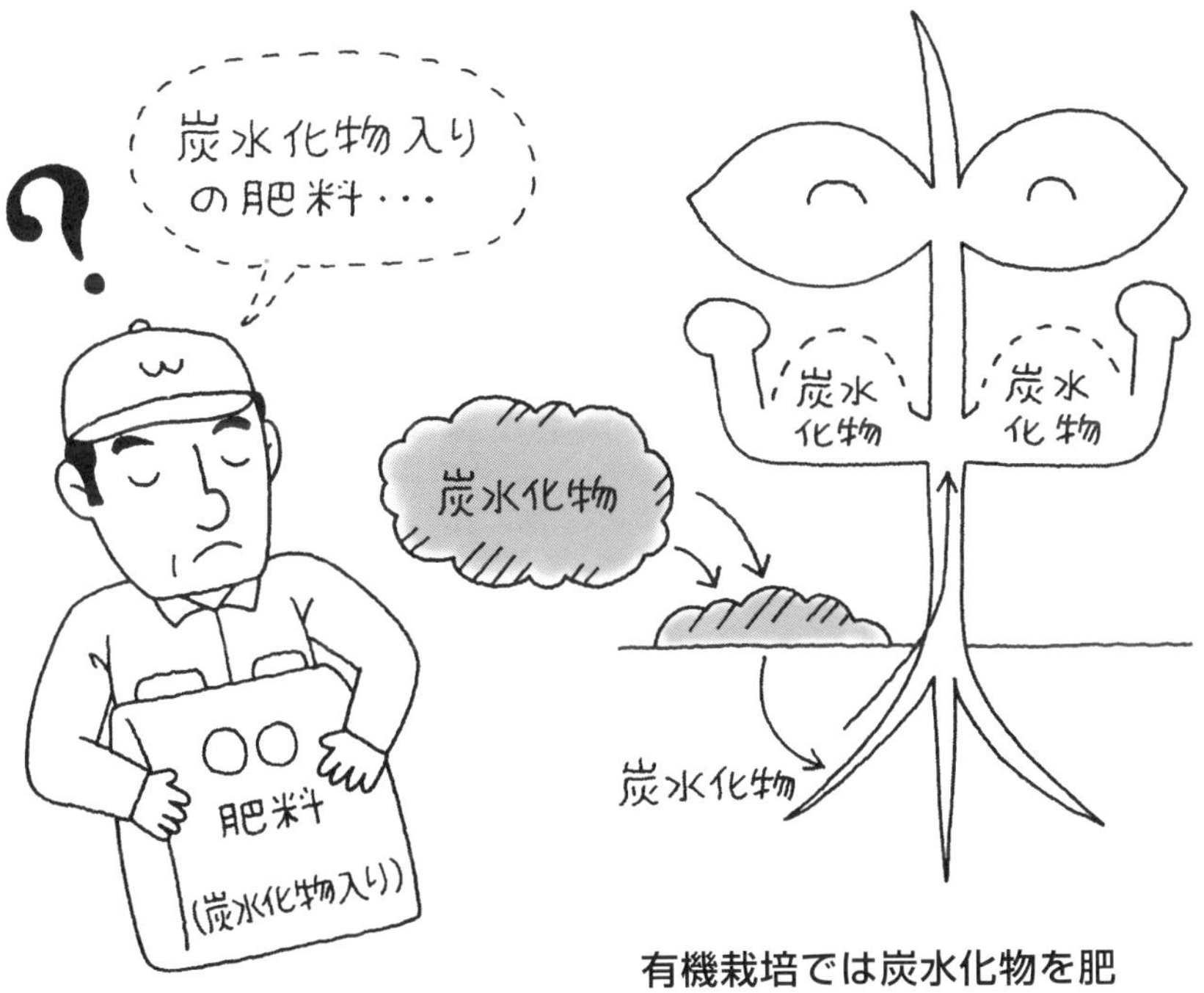

有機栽培では炭水化物を肥料として吸収・利用する

炭水化物を肥料として供給する

有造 炭水化物かぁ、野菜つくりでそんなこと考えたことなかったなぁ。

小祝 そうかもしれないね。でも、炭水化物がないと作物は大きくなれないし、子孫を残すこともできない。からだをつくる材料と同時にエネルギーにもなるすごいヤツなんだ。それを肥料として吸収、活用してもらう、というのが有機栽培の基本なんだ。

有造 でも、炭水化物の入っている肥料なんて、聞いたことないね。

小祝 そうかな、有造さんもこれまで使ったことがあると思うよ。

有造 えっ、オレはずっと化成肥料中心で、堆肥をときどき使うくらいだったし、そんな肥料記憶にないな。

小祝 「炭水化物入り」なんて書いてないけど、堆肥や**発酵**肥料（ボカシ肥）も実は炭水化物を作物に供給することができるんだ。

《植物のからだと有機の資材》

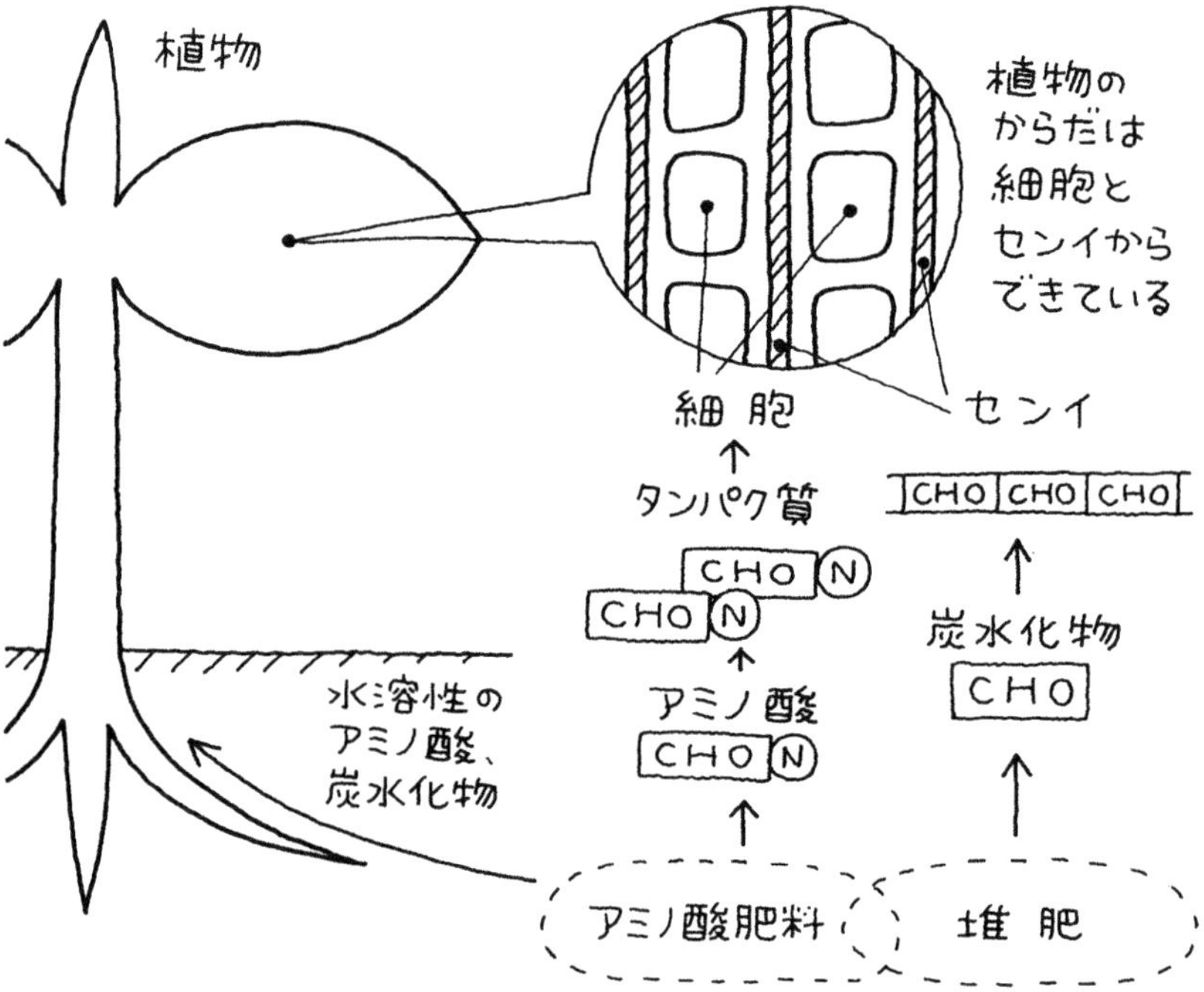

有機栽培の資材

小祝　有機栽培では有機のチッソ肥料を**アミノ酸肥料**と呼んでいる。細胞はタンパク質、タンパク質は**アミノ酸**からできているから細胞づくりに役立つ。このアミノ酸、分子の構造から見ると「炭水化物部分（CHO）をもった」チッソ肥料（CHON）なんだ。

　それから堆肥には、**水溶性**炭水化物も多く含まれていて、植物のからだの中のセンイづくりに役立つんだ。

有造　炭水化物がどっちの資材にもある。

小祝　そして大切なポイントは、根から吸えるように水溶性の形になっていること。

　つまり、有機栽培のもっとも重要な資材であるアミノ酸肥料にも、堆肥にも炭水化物（CHO）が含まれている。それを植物が吸収しやすい形に加工したものが有機栽培の資材ということになる。

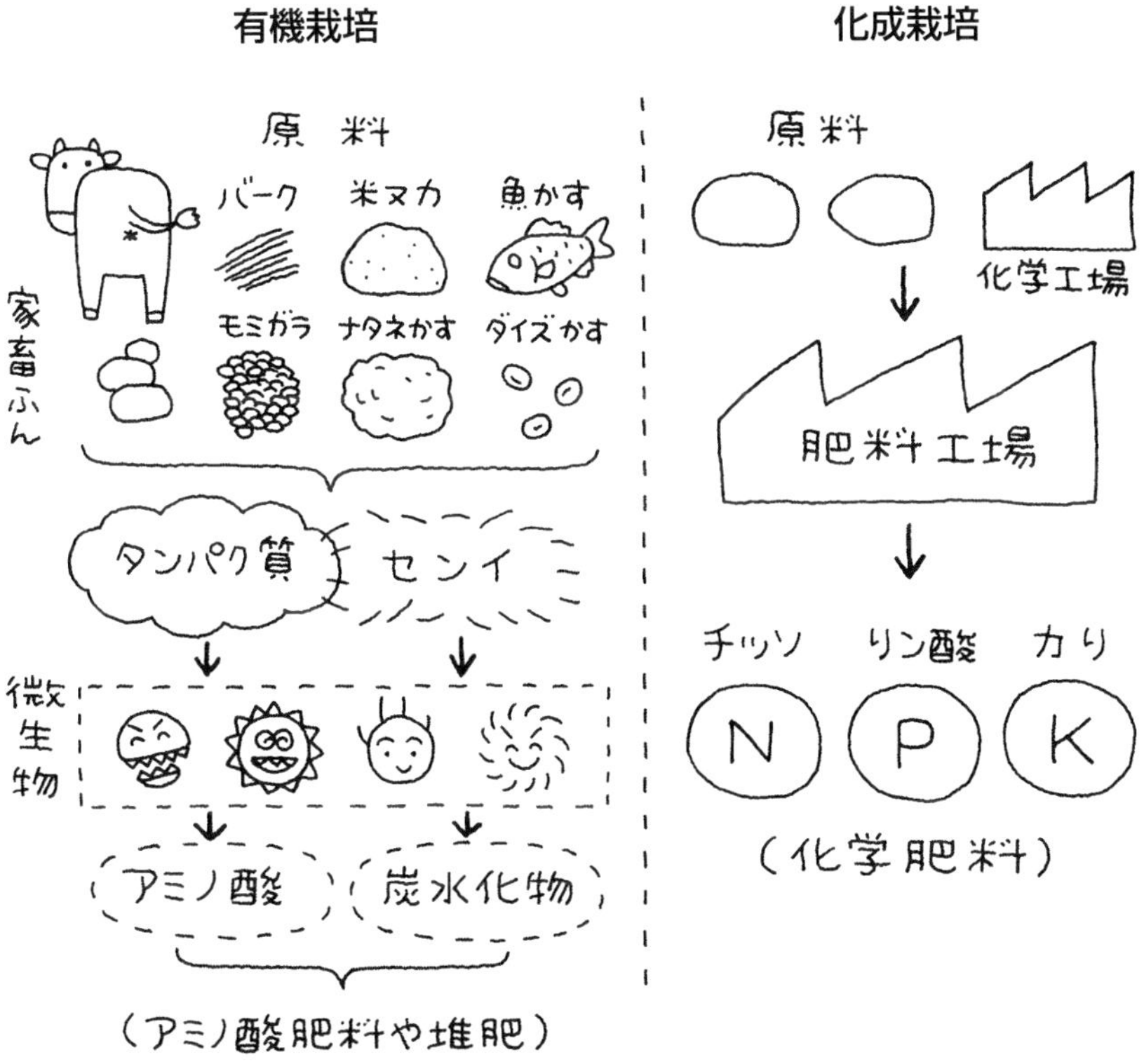

有機栽培と自然循環

有造　肥料といったら、まずはチッソが思い浮かぶけど、有機栽培ではチッソじゃなくてアミノ酸か、それに炭水化物ね……。

小祝　じゃあ、質問を変えてみよう。堆肥やボカシ肥の原料ってなんだろう。

有造　堆肥は家畜ふんやモミガラ、ボカシ肥は米ヌカや魚かすなんかが使われている。

小祝　そうだね。家畜ふんは草や穀物などの食べかすだから、これらの原料はすべて植物や動物のからだ、つまりタンパク質やセンイからつくられている。有機栽培というのは、このような原料を微生物の力を借りて、タンパク質はアミノ酸（CHON）に、センイはより小さな炭水化物（CHO）に分解して土に施用する栽培方法なんだ。

　これは自然界で行なわれていることと同じで、その流れを、少し促進して収穫物を得るのが「農業」なんだ。

《有機物の循環と農業》

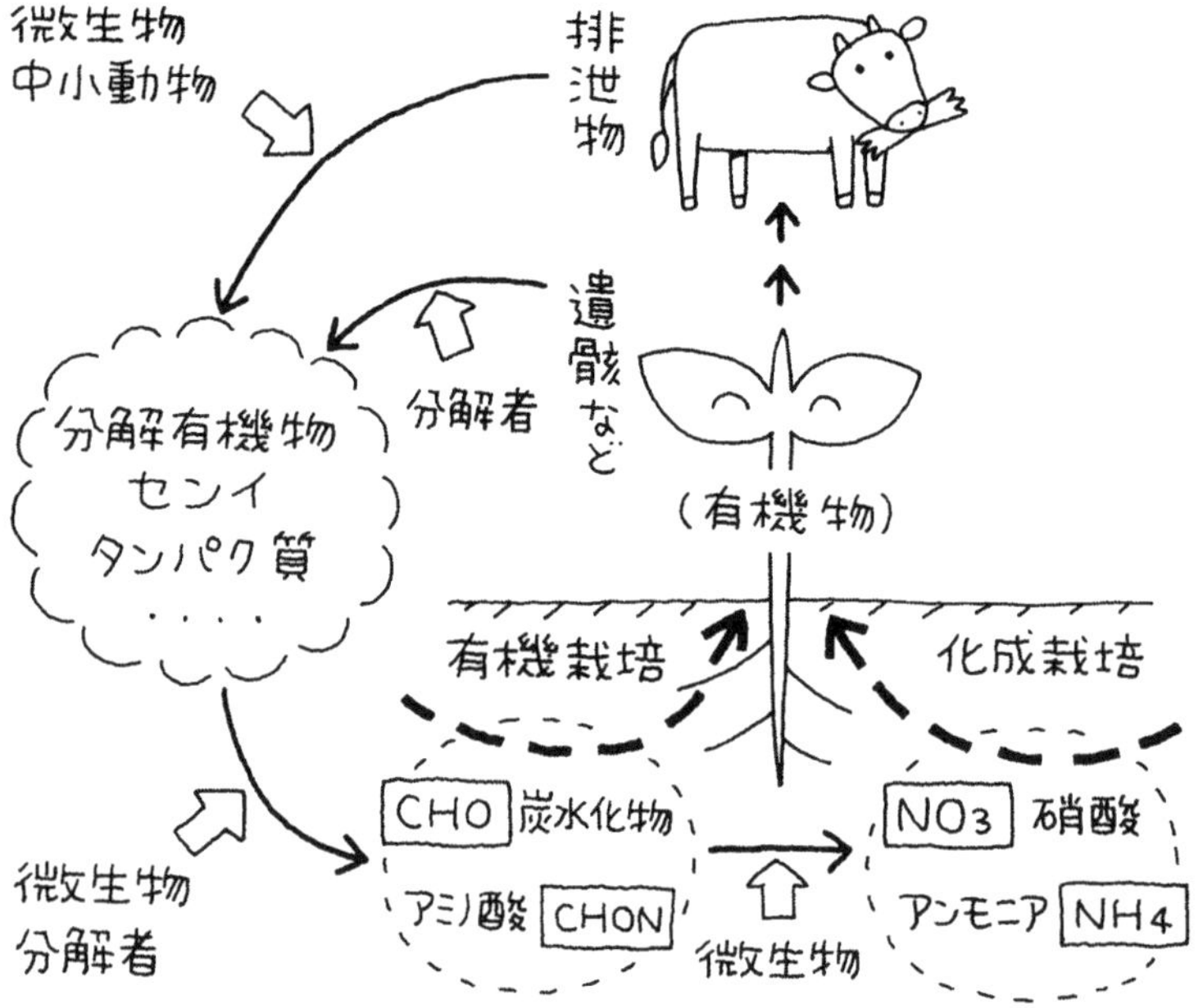

有機栽培は水溶性の炭水化物やアミノ酸を施肥

化成栽培は硝酸やアンモニアを施肥

有機栽培と化成栽培

小祝　まず細胞づくりに関わるチッソについてみると、自然界ではチッソを含む有機物であるタンパク質は分解されてアミノ酸に、さらに分解が進めば硝酸に変わる。この硝酸を工業的につくって施肥するのが**化成栽培**、その手前のアミノ酸を施肥するのが有機栽培ということになる。

有造　すると、自然界で行なわれていることを、人間が手を貸して効率を上げているってわけか。そのやり方に有機栽培と化成栽培という二つの方法がある。

小祝　そういうことになる。さらに堆肥をきちんと施用することができれば、作物は炭水化物を吸収することになって、センイづくりに利用できる。

有造　すると、化成栽培でも、炭水化物を堆肥で供給すれば、チッソと炭水化物が揃ってよいものがとれることになる？

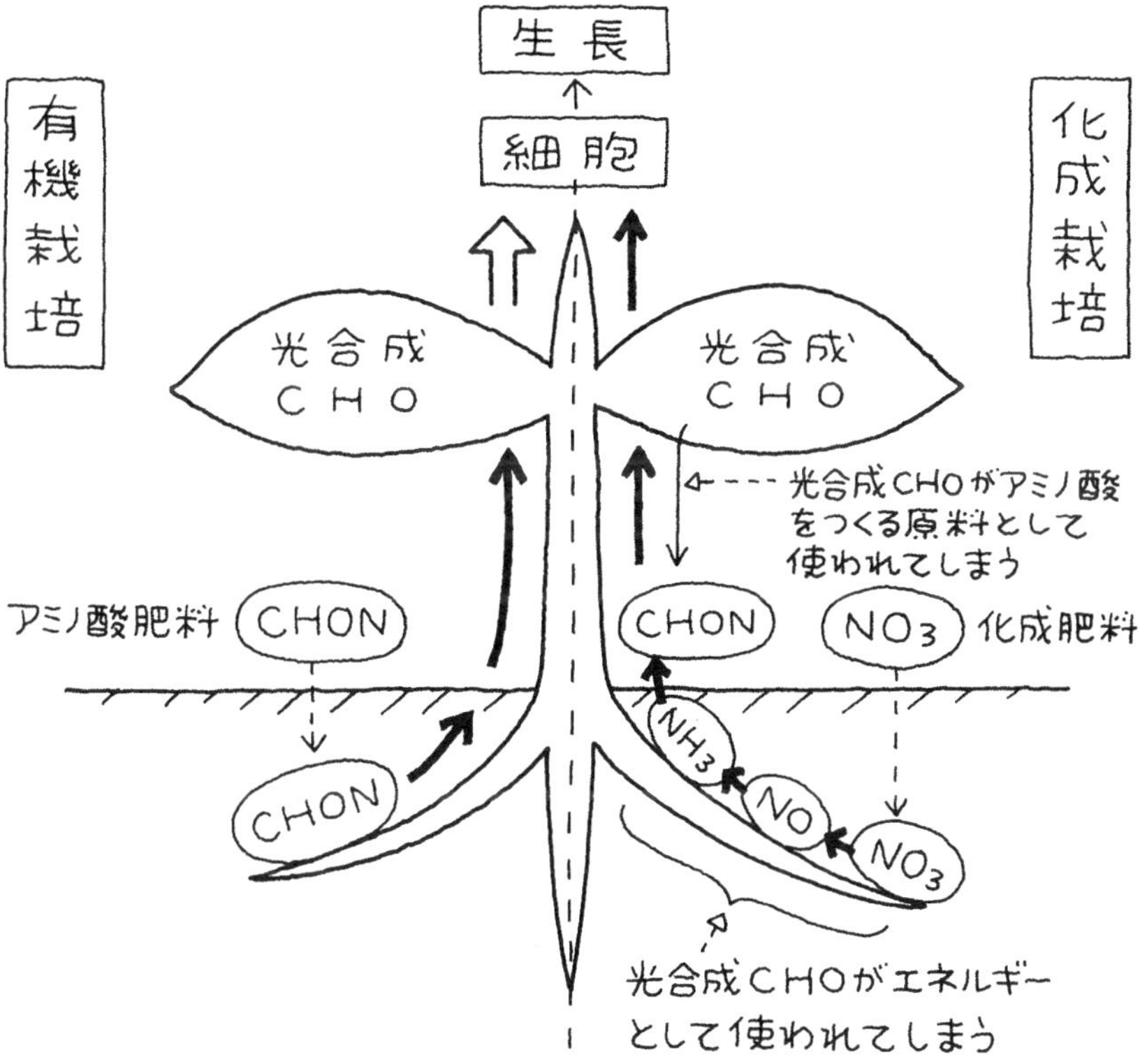

有機栽培の有利性

小祝　有機と化成、どちらがよいか考えてみよう。堆肥は同じように使うとして……、有造さん、細胞は何からできていたっけ。

有造　細胞はタンパク質でできていて、そのタンパク質はアミノ酸がたくさん結合してできる。化成だと吸収したチッソ（硝酸）をアミノ酸にするには手間ひまがかかる……。

　有機だとそのアミノ酸からスタートできるのか。

小祝　それに、化成の場合、チッソ（硝酸）に手を加えてアミノ酸をつくるには、光合成でつくった炭水化物が必要になる。

有造　すると、使える炭水化物が減る……。

小祝　そのとおり。①光合成でつくった炭水化物をあまり減らさないですむ、②アミノ酸肥料の炭水化物部分も利用できる。使える炭水化物の量が化成栽培より多くなるってことが有機栽培の一番のメリットかな。

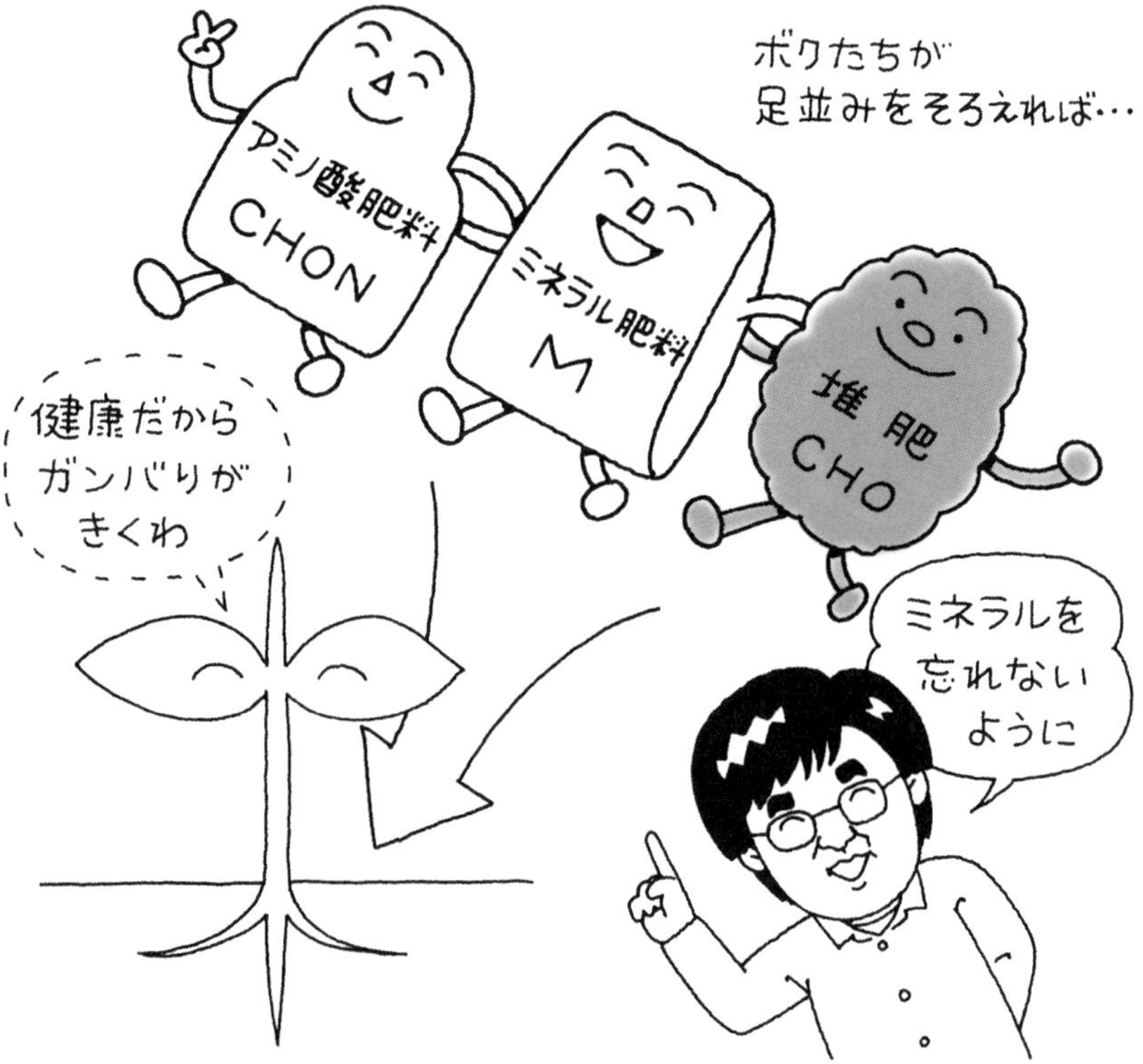

ミネラルを含めた資材のバランス

有造　すると、アミノ酸肥料と堆肥をしっかり施せば、お化けキュウリがオレでもつくれるってことだな、よし、わかったぞ！

小祝　まあ、そうあわてずに。アミノ酸肥料と堆肥で、すべてうまくいくわけじゃない。あと一つ必要なものがミネラルなんだ。

有造　ミネラル、っていうと石灰とか苦土とかってあれか、土改材で使う……。

小祝　人間でもカルシウムや鉄をしっかりとるようにいわれるけど、植物でも同じ。

ミネラルはからだの原料にもなるけど、植物が行なっている生化学反応を進める**酵素**にも含まれている。ミネラルなしでは一秒も生きていられない。だから、きちんと肥料として位置づけることが大切なんだ。

有造　ミネラルもしっかりやる、ってことか。

小祝　三つの資材のバランスが大切ということだね。

《3つの資材の位置づけ》

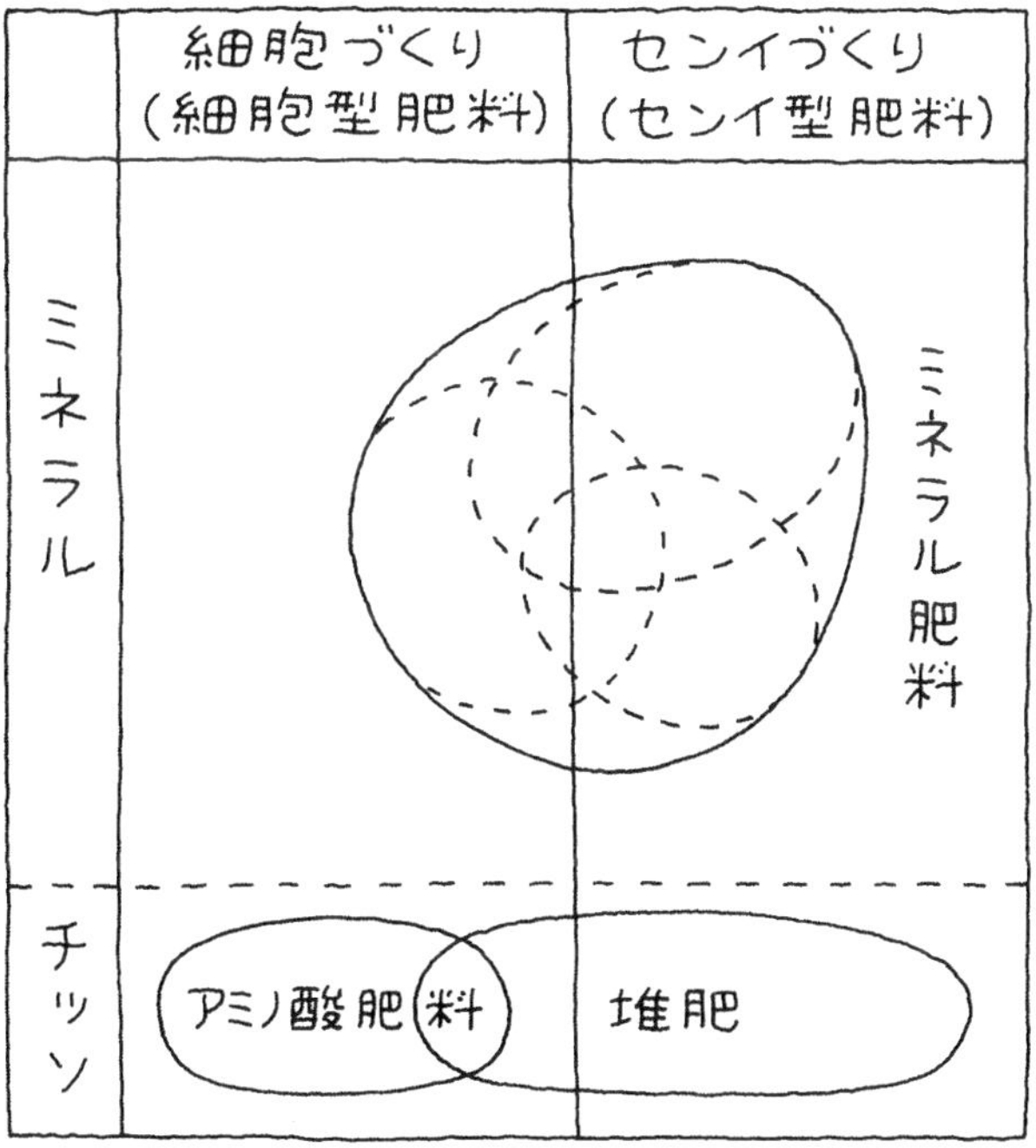

細胞型肥料とセンイ型肥料

有造　資材がいろいろ出てきたね。

小祝　上の図で整理しておこう。まず、細胞とセンイがバランスよく生長することが基本。人間と同じで、骨皮筋衛門でもメタボの肥満体でもよくない。細胞づくりとセンイづくりの資材のバランスが大事。

有造　アミノ酸肥料は細胞づくり、堆肥はどちらかというとセンイづくりの資材だね。

小祝　同じように**ミネラル肥料**も分けて考えることができる。

有造　ミネラルっていうと「金属!」って感じだけど、細胞やセンイにも必要なんだ。

小祝　ミネラル肥料については、さらに三つに分けている（43ページ参照）。
　まあ、ざくっと分けてしまえば、アミノ酸肥料は「細胞型肥料」、ミネラル肥料は「センイ型肥料」といってよい。

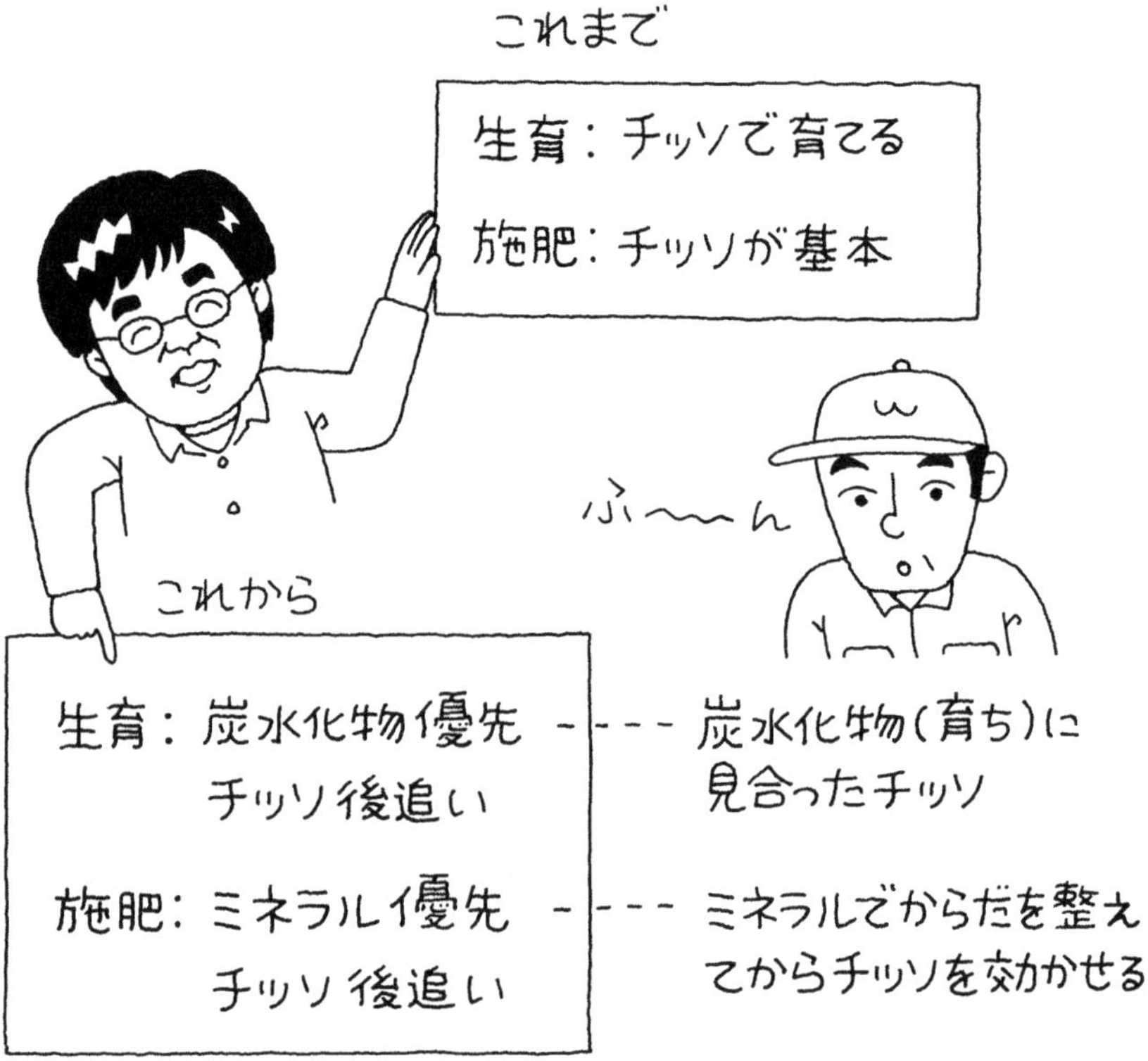
これまで
生育：チッソで育てる
施肥：チッソが基本
ふ〜〜ん
これから
生育：炭水化物優先
チッソ後追い
炭水化物（育ち）に
見合ったチッソ
施肥：ミネラル優先
チッソ後追い
ミネラルでからだを整え
てからチッソを効かせる

細胞づくりか、センイづくりか

有造　肥料っていうとチッソしか考えなかったけど、細胞型とセンイ型の肥料……。

小祝　資材をみる基本として、「細胞」と「センイ」という見方をすることが大事なんだ。

有造　どういうこと？

小祝　「いまは、からだを大きくしたいので、この細胞型肥料」「病害虫を防ぐセンイ型肥料のこれを選ぶ」というように、野菜の生育とからめて、資材を使いこなすことだね。

有造　なるほど、チッソだけ考えるんじゃなくて、細胞づくりかセンイづくりか、ねらいをはっきりさせないといけないってことか。

小祝　そうだね。そのためにも、有機の生育と施肥について、考え方の基本を知っておいてほしいんだ。

　生育では「炭水化物優先、チッソ後追い」、施肥では「ミネラル優先、チッソ後追い」。このニつが基本になる。

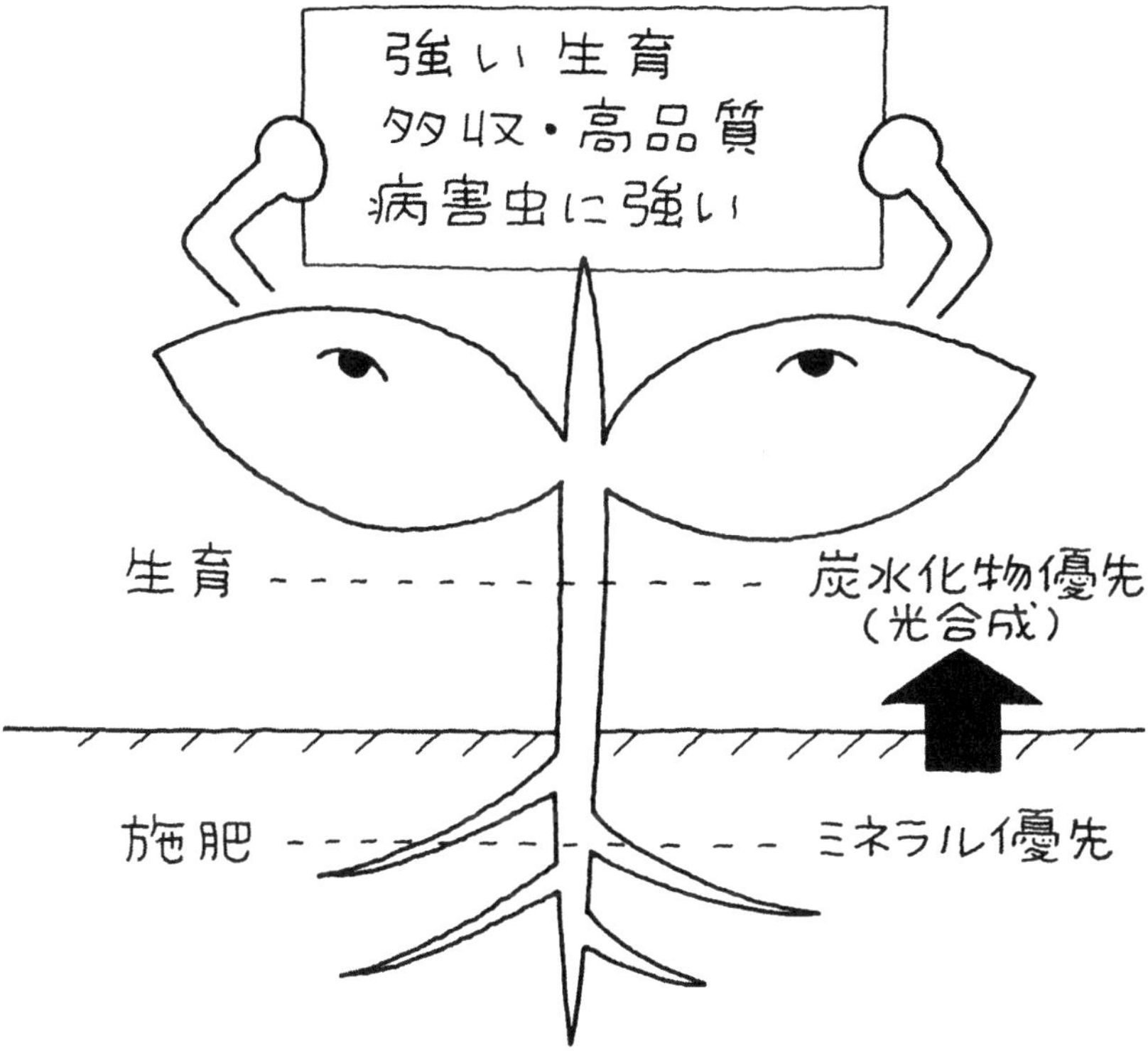

チッソは後まわしで考える

有造 炭水化物っていうのは光合成でつくられるんだったよね。

小祝 その光合成がしっかり行なわれ、炭水化物が十分ある状態でチッソが効くようにする、というのが、生育での「炭水化物優先」。「光合成優先」といい直してもいい。

有造 施肥のほうは？

小祝 これは栽培期間中のいつの時点でもミネラルが先に効いていて、その後に、チッソが効くようにする、ということ。

有造 ふーん、生育でも施肥でもチッソは後まわし、まずは炭水化物やミネラルを先に考えるってことになるのかな。

小祝 生育や施肥の話になると、まずチッソで……、という発想を改めることが大事。そして生育と施肥っていうのは、お互い関連しあっている。炭水化物優先の生育のためには、ミネラル優先の施肥が必要になるんだ。

お天気が
悪いときに
チッソやっても
平気かい？
生育を進めるのは
チッソだと思うな
私はどんな
ふうに生育して
いるんだろう
炭水化物？
チッソ？
チッソ？
炭水化物？
生育の基本は？
チッソ？ 炭水化物？

生育の基本はチッソ？　炭水化物？

有造　ふーん、生育を進めるのは何といってもチッソだと思っていたけど。

小祝　チッソももちろん重要。吸収されたチッソは葉や茎・根などの生長に利用される。チッソがなければアミノ酸やタンパク質、細胞はつくられないからね。

有造　やっぱり、チッソが基本じゃないの。

小祝　なるほど、じゃあ、チッソばかりやっていたら野菜の生育はどうなるかな？

有造　そりゃあ、お天気のよいときはよいとしても、悪いときは病気や害虫の総攻撃を受ける。よいものもとれないさ。

小祝　そうだよね。チッソをやってもよいのは、お天気がよいときだよね。お天気がよいときに、野菜は何をしているんだろう。

有造　お日様を受けて、あっ、光合成か。

小祝　そう、光合成によって、炭水化物がたくさんつくられているから、チッソをやって

《チッソ優先の生育をすると……》

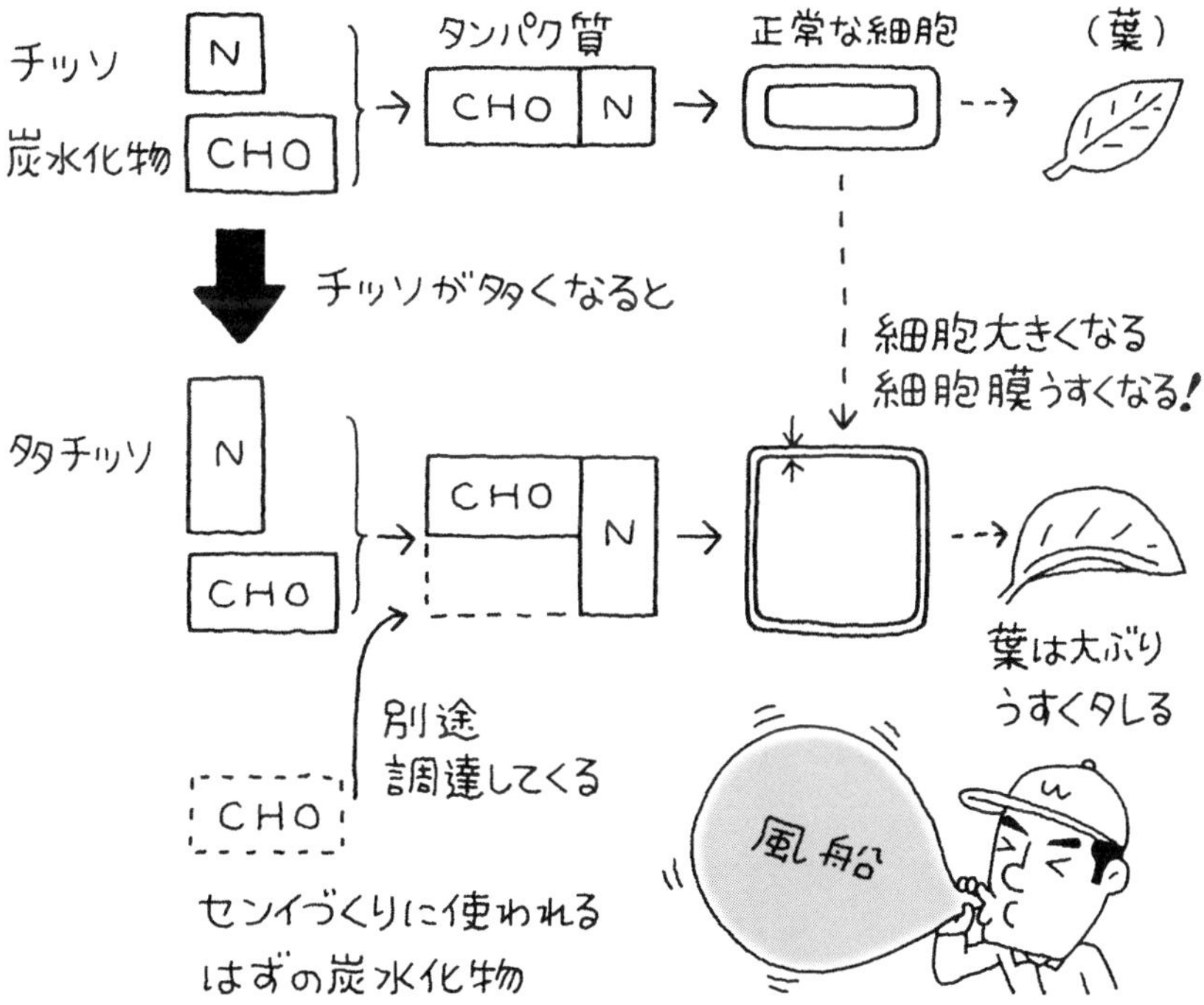

も生育がおかしくなることはない。もちろん、お天気のよいときもチッソのやりすぎはダメだけどね。

有造　だから、炭水化物優先なのか。炭水化物が少ないところへ、チッソが過剰吸収されると、生育が軟弱になるってわけだ。

チッソ優先の生育だと……

小祝　チッソ優先だとどうなるか図解してみた。

炭水化物とつり合う量より多いチッソがあるときは、その多い分のチッソにつり合う量の炭水化物をほかから調達してタンパク質をつくる。細胞一つひとつは大きくなるけれど、細胞膜は薄くなる。

有造　風船をふくらませたときと同じか。

小祝　そう。葉を例にとると、見かけ上は大ぶりになるけど、それを支えるセンイが少ないので、タレ葉になる。そして細胞膜や表皮をつくるセンイ（炭水化物）が薄くなり、病虫害を受けやすくなってしまう。

自然界でのチッソとミネラルの変化

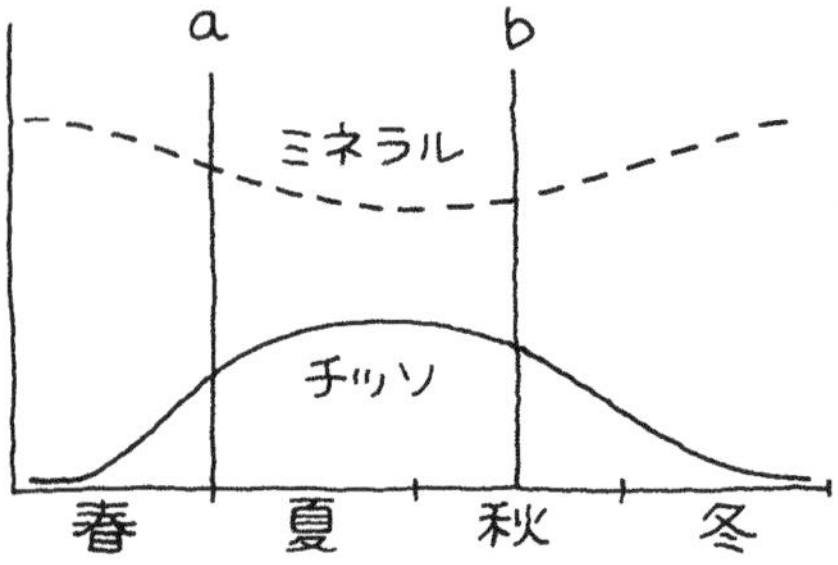
a
b
ミネラル
チッソ
春
夏
秋
冬

自然界では、いつでも
ミネラル＞チッソ
だから生育も健全で
病害虫の多発もない
その原理を畑でも使う
どの時点でも
ミネラル＞チッソ
となるよう工夫する

畑でのミネラル優先の肥効

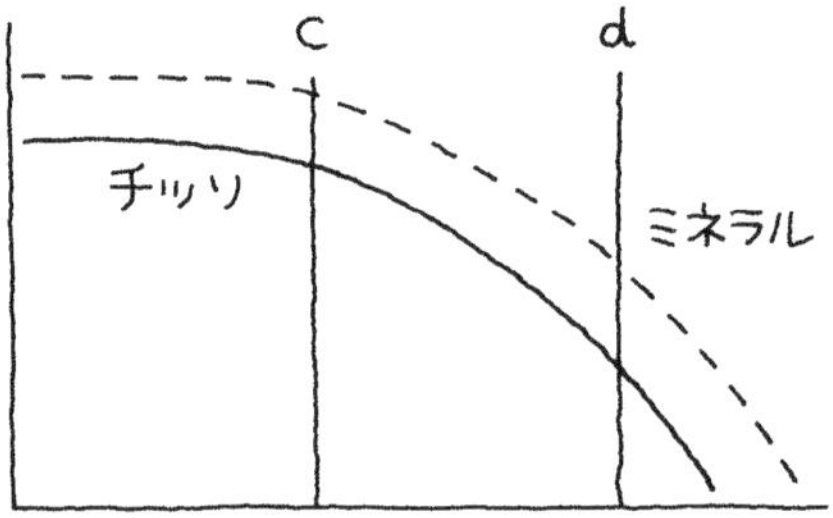
c
d
チッソ
ミネラル

＊図中のａ，ｂ，ｃ，ｄのどこでもミネラルが優先している

ミネラル優先の意味

有造　有機なのに、施肥ではミネラル優先？

小祝　植物の命の営みにミネラルは酵素としても関わっている。「ミネラル優先」っていうのは、そんな命の営みのシステムが機能することを優先するってこと。

有造　ミネラルでシステムをきちんと動かし、それからチッソを吸収するってこと？

小祝　そうだね。それに「ミネラル優先」は、自然界の原理でもあるんだ。

有造　自然界の原理？

小祝　土に溶け出したミネラルと、有機物が分解したチッソ分を吸収して植物は生長する。自然界では、つねにチッソよりミネラルが優先して効くおかげで、病害虫の発生も少なく、植物が健全に生育できている。

有造　その原理を畑にとり入れればよい？

小祝　ただし、畑では自然界と肥効のパターンは変わるけどね。

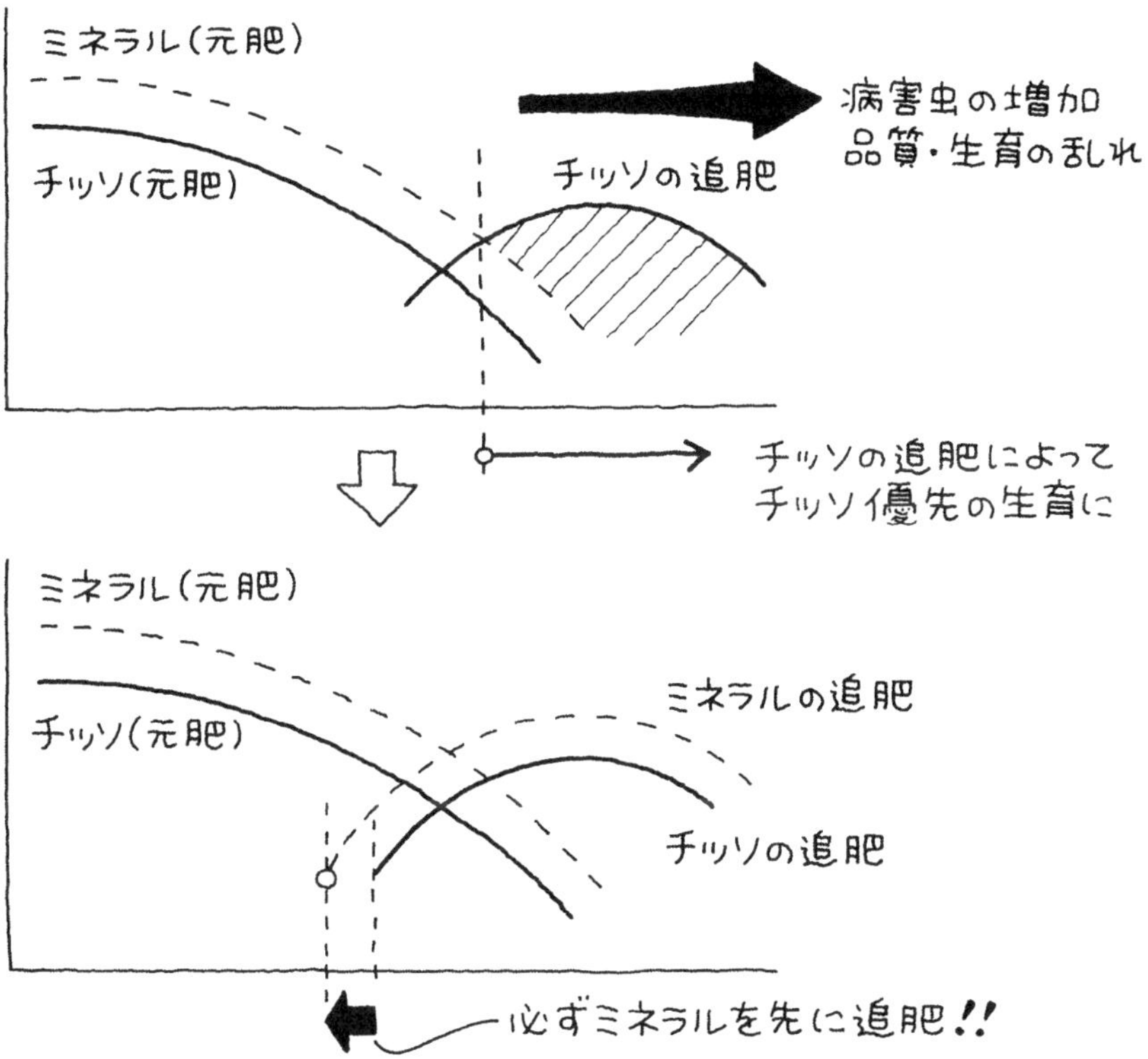

いつでも、ミネラル優先で

小祝　栽培期間中は、いつでも「ミネラル優先、チッソ後追い」という肥効が、有機栽培の成否を決めることになる。

有造　ずいぶん力説するね。

小祝　「栽培期間中、いつでも」というのが肝心で、追肥をするタイプの野菜を有機でつくるときのポイントになる。

有造　追肥のときもミネラル優先ってこと?

小祝　そう、「栽培期間中」だからね。追肥というと、すぐチッソを思い浮かべるかもしれないけど、追肥のときもミネラルが不足していれば、ミネラルを先に追肥して、それからチッソを追肥する。

有造　石灰や苦土の追肥か、聞かないな。

小祝　元肥のミネラルの肥効が落ちてきているときに、チッソだけの追肥をすると、チッソ優先の生育・肥効になり、病害虫を呼び込んだり、品質が悪くなってしまう。

《ミネラル肥料（ク溶性・水溶性）を元肥として施用したときの肥効の違い》

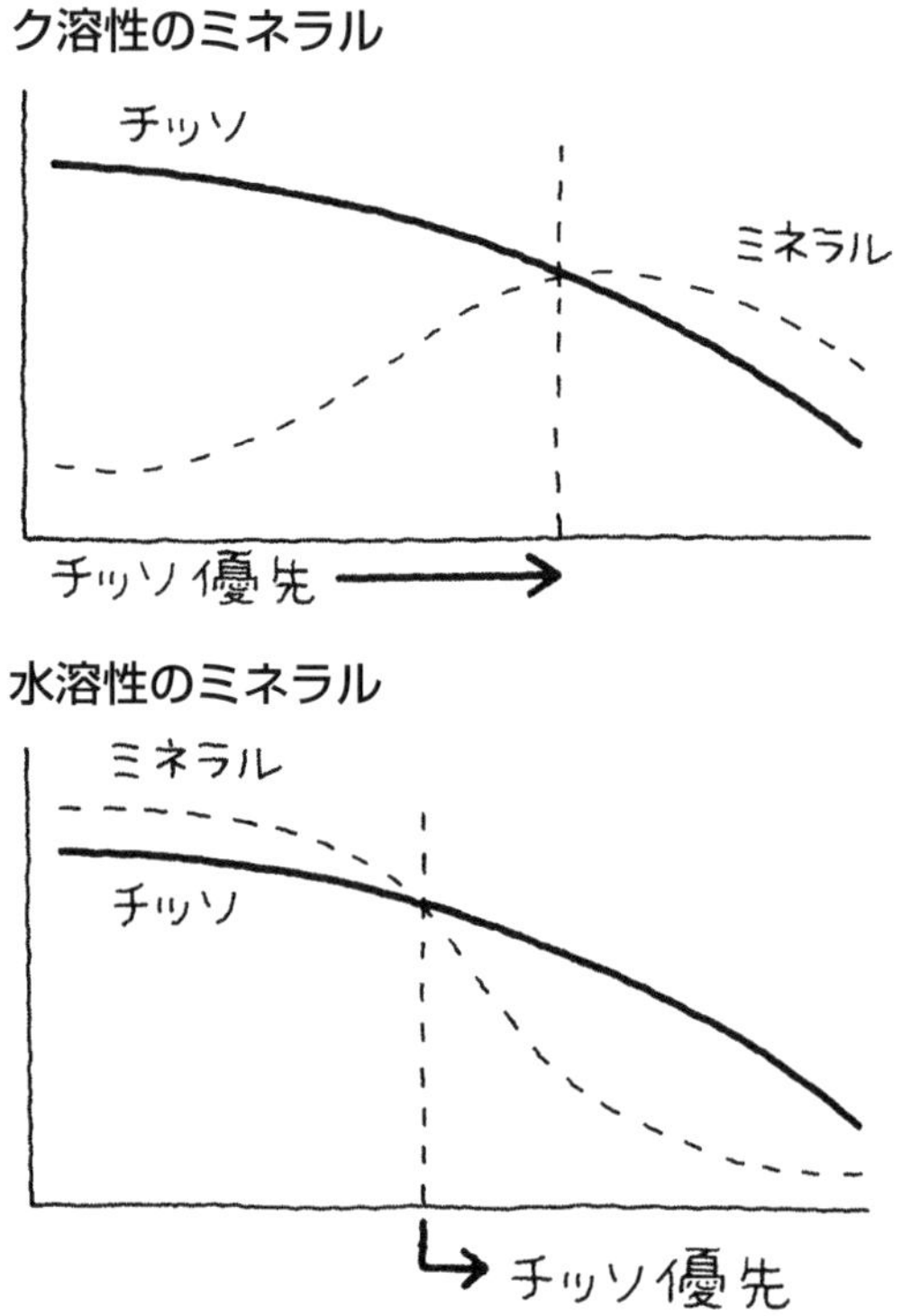

一瞬でもチッソ優先にしたくない

有造　チッソとミネラルを追肥するときは、順番を守らないといけないってことか。

小祝　とにかく、チッソ優先にならないように手当てすることが大切なんだ。同時に追肥するときも、必ずミネラルを先に施肥すること。一瞬でもチッソ優先にしたくないってことかな。

有造　何か面倒くさいような……。

小祝　だからミネラルが長効きするように工夫もする。有造さん、ミネラル肥料には**ク溶性**の資材と水溶性の資材があるよね?

有造　ク溶性は水溶性より溶けにくい。

小祝　そうだね。元肥に水溶性のミネラル肥料を使うと、生育前半はミネラル優先の施肥が実現できても、後半はミネラルの肥効が切れてチッソ優先になってしまう。ク溶性の場合は、この反対で、前半がチッソ優先の生育になってしまう。

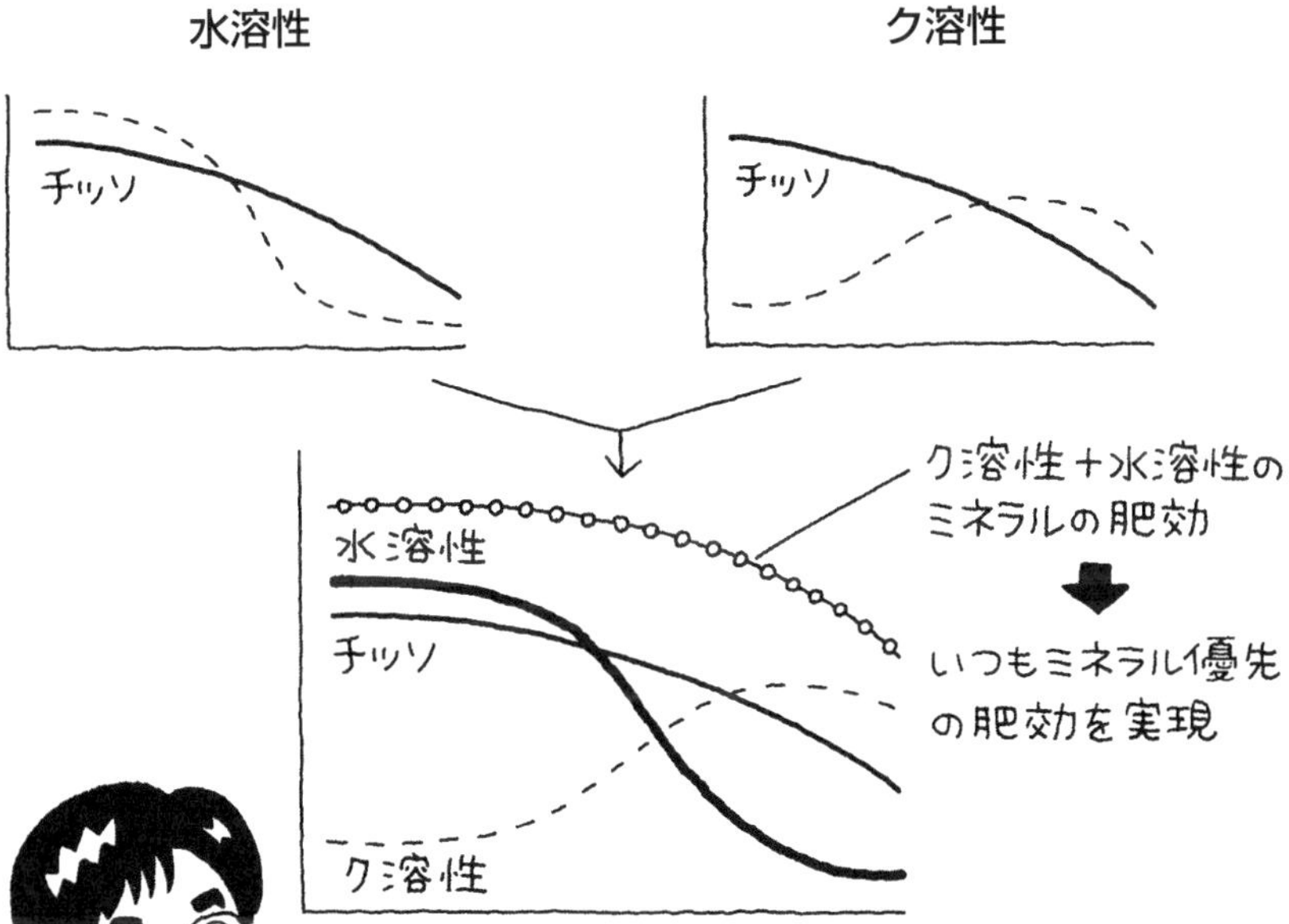

さらに、粒と粉の資材を組み合わせることもできる。溶けやすい順に「水溶性の粉」→「粒」→「ク溶性の粉」→「粒」ということになる

水溶性とク溶性、粉と粒を組み合わせる

有造 あ、わかった。水溶性とク溶性、両方使えば、前半は水溶性の肥効、後半はク溶性の肥効となって、栽培期間中、ずっとミネラル優先の施肥ができるってことだろう。

小祝 正解。とくに栽培期間の長い野菜の場合、生育途中でミネラルやチッソの肥効が切れて、追肥をしなければならなくなることが多い。追肥がぴたりと決まればよいけど、何かの都合で追肥が遅れたり、チッソの肥効が現われたり、と予期せぬこともある。そんなときでも、水溶性とク溶性、二つの資材を使っていれば、チッソ優先の施肥・生育になりにくい、というわけだね。

有造 なるほど。石灰や苦土で二種類の資材を使うなんて、考えたこともなかった。

小祝 さらに、ク溶性の資材に、形状が粒のものを使う手もある。粉よりも粒のほうが溶ける時間は長くかかるからね。

《ミネラルの性格（石灰・苦土・カリ）》

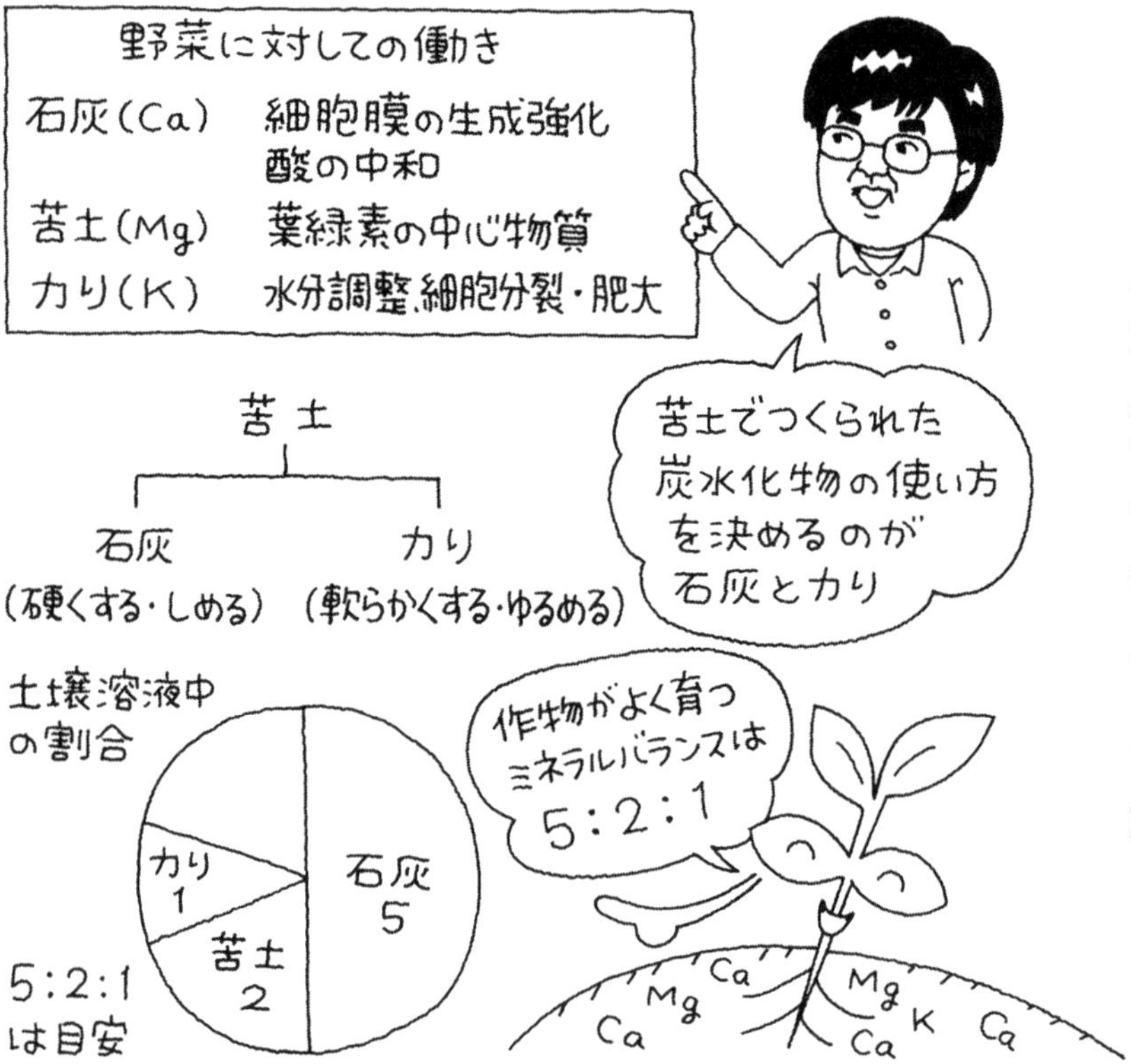

石灰・苦土・カリの性格

有造　どんなミネラルが必要かな。

小祝　まず基本になるのが、石灰、苦土、カリの三つ。吸収量も多いので施用量も多くなる。

有造　それぞれの役割は？

小祝　上に表にしたけど、簡単にいえば、苦土は光合成産物をつくって、石灰は「硬く、しめる」、カリは「軟らかく、ゆるめる」。

有造　石灰とカリは反対の性格なんだ。

小祝　実際の栽培では、そのミネラルの性格の違いを上手に利用するんだ。

たとえばトマトでは、石灰を多くすれば硬くしまった果実になるし、カリを多くすれば大玉になる。ただし、玉が割れることもあるので注意する、というようにね。

作物の生育には、石灰五：苦土二：カリ一という比率がよいことが知られているけれども、これは一つの目安で、経験からいうと、石灰は多めのほうが成績はよい。

《微量要素の役割》

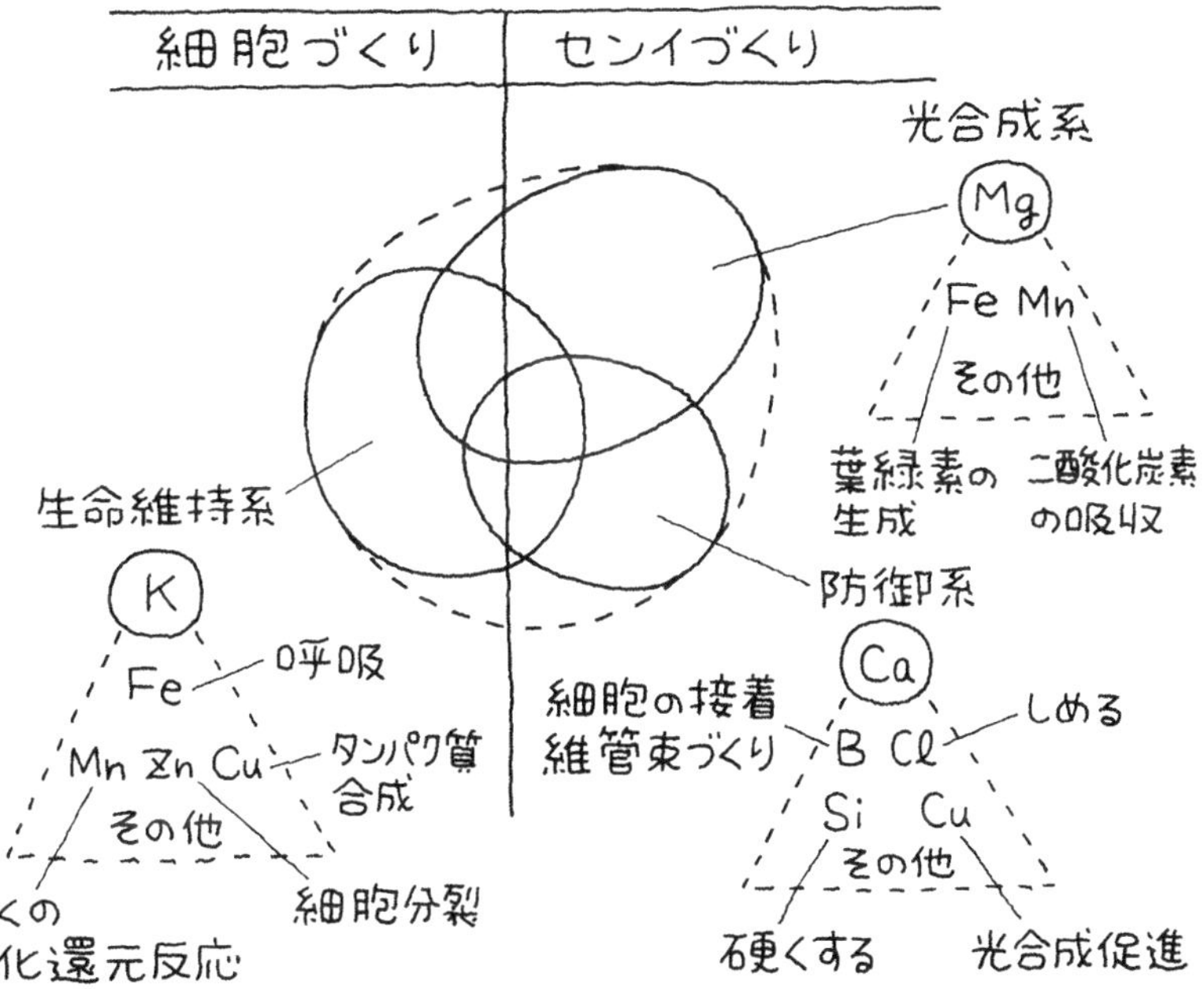

記号　Mg マグネシウム（苦土）, Fe 鉄, Mn マンガン, Ca カルシウム（石灰）, B ホウ素, Cl 塩素, Si ケイ素（ケイ酸）, Cu 銅, Zn 亜鉛

微量要素とその効果

有造　**微量要素**もミネラルだよね。たいていは土壌にあるので、特別な場合を除いて施肥する必要はないっていうけど……。

小祝　ただ、実際にいろいろ栽培してみると、微量要素の施用効果は大きいんだ。

有造　効果のある使い方っていうと……。

小祝　微量要素の場合には、上の図のように三つにグループ分けしている。

有造　光合成系と防御系、それに生命維持系か。ちょっとむずかしそうだね。

小祝　ポイントは、①三つのグループをバランスよく施肥する、②微量要素は野菜の種類によって重要度が違う、③生育が進んでから収穫するタイプの野菜ほどおろそかにはできない、という三つかな。

有造　さっきのお化けキュウリも微量要素はしっかり施肥されているってわけか。

小祝　高品質多収をねらうほど重要になるね。

《堆肥の役割①》
土壌病害虫を抑える

センチュウやフザリウム菌を溶かしてしまうぞ
放線菌
セルラーゼ
バチルス菌
悪いカビをやっつけるぞ〜
キチナーゼ
ヤラレタ〜
酵素パーンチ!!
堆肥
土壌病害虫が心配なときはバチルス菌や放線菌を培養した堆肥を施すといいんだ
逃げろ〜
病原菌
センチュウ

堆肥で土壌病害虫を抑える

有造　あと、堆肥の役割や使い方も教えてほしいな。

小祝　堆肥が残っていたね。私は、完熟の一歩手前の、**有用微生物**が多く、しかもエサも豊富にある**中熟堆肥**を勧めている。

有機の場合、農薬は使わないから、土壌病害虫を抑えられる力をもっていることが、堆肥の重要な条件になる。中熟堆肥はその条件を満たすことができるんだ。

有造　堆肥で土壌病害やセンチュウを抑えることができるの?

小祝　フザリウム菌やセンチュウを抑えることができる放線菌を培養した堆肥や、カビの仲間の土壌病害を抑えることができるバチルス菌を培養した堆肥（**機能性堆肥**）であれば、可能なんだ（『有機栽培の肥料と堆肥』（農文協刊）参照）。

《堆肥の役割②》
土壌団粒をつくる，維持する

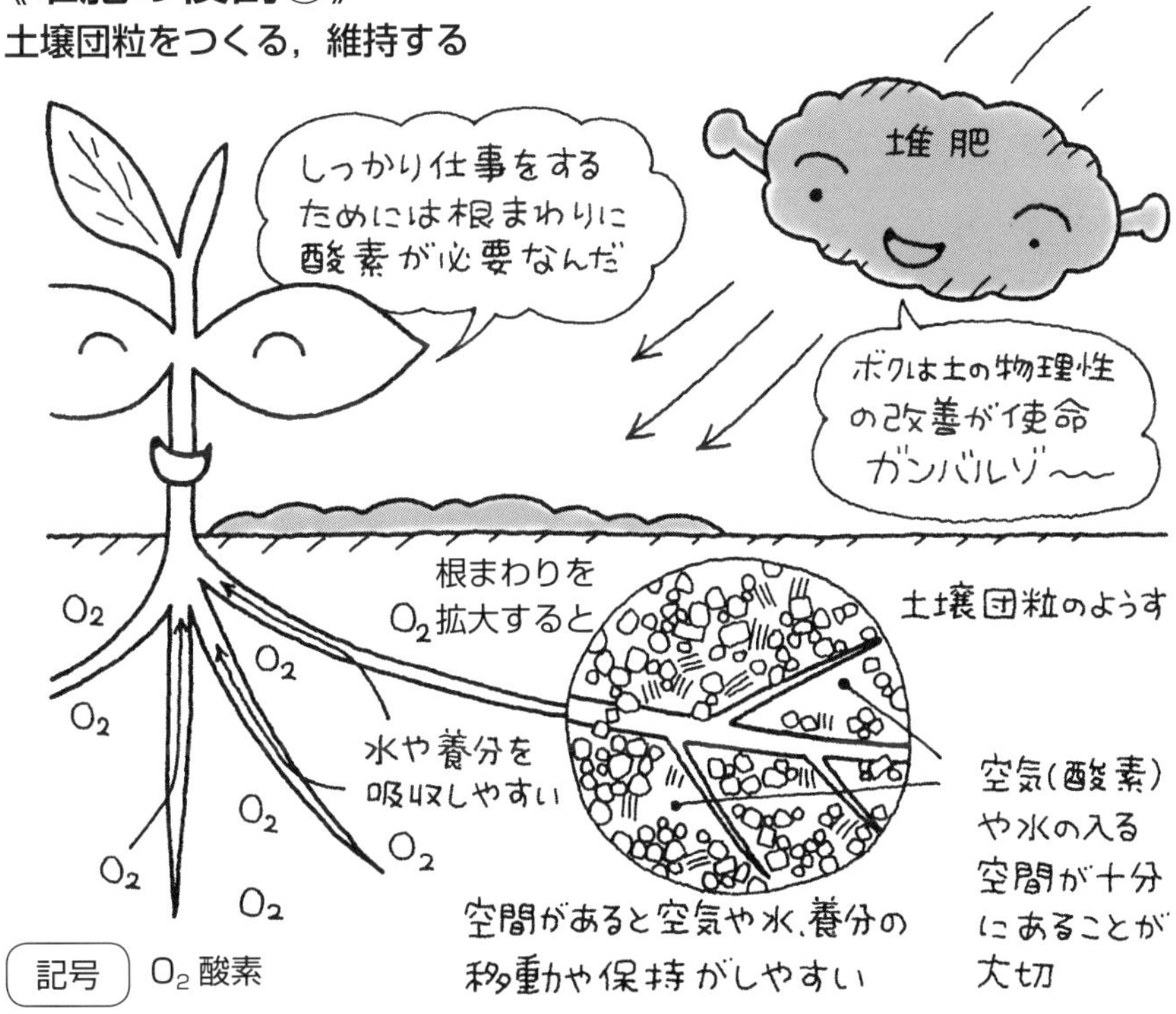

堆肥で団粒構造を維持

小祝　堆肥の役割のもうひとつが、**団粒構造**（土壌団粒）をつくり、維持すること。

有造　団粒構造って野菜にどういいんだい。

小祝　有造さんは、息を止めて二〇kgの野菜の入ったコンテナを運ぶことはできる?

有造　そりゃあ、短い距離なら運べるけど、長いと途中で息つぎしないと無理だな。

小祝　それは、仕事をするには酸素を呼吸しなければならないからだね。同じことが根でも行なわれているんだ。

有造　じゃあ、団粒構造は根の呼吸のため?

小祝　そう。根の周囲に十分な酸素がないと、根は呼吸できず、養分吸収ができない。

有造　人間や動物と同じってわけか。

小祝　とくに栽培期間が長い野菜では、土がだんだん締まってくるから、団粒構造を維持するってことがすごく大切なんだ。

《有機栽培でやっていること》

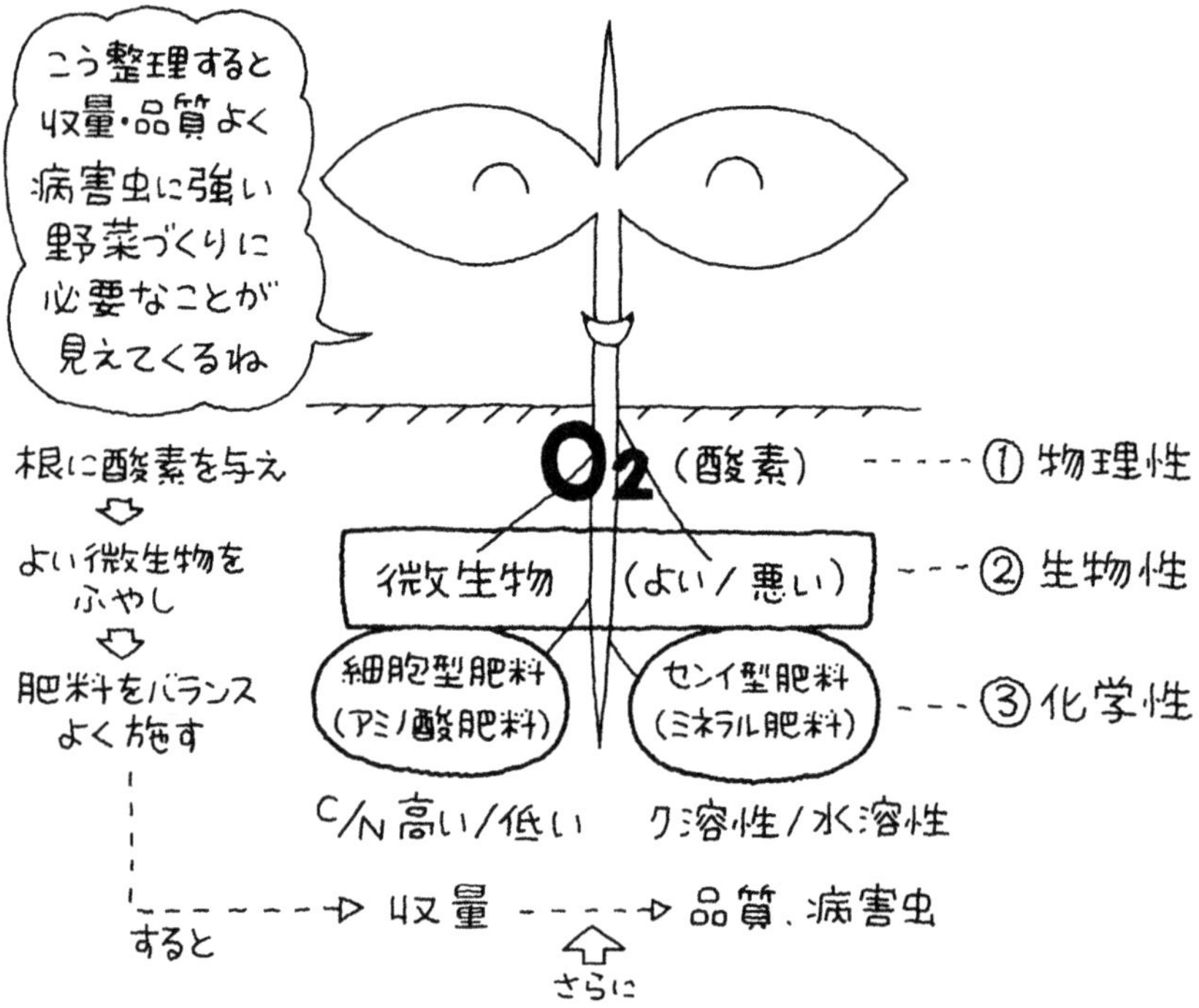

有機栽培でやっていること

有造　なるほどね。有機の生育や資材については、新しいことばかりだね。

小祝　そうかもしれないね。有機栽培で何をしているのか、まとめておこう。

有造　それはありがたい。

小祝　さっきの息を止めての野菜運びじゃないけど、もっとも肝心なのが根に酸素を供給するってこと。そのための資材が堆肥。

次は、よい微生物を増やすこと。土壌病害虫が多くいては野菜は健全に育たないからね。よい堆肥を施すことで、土壌病害虫を抑えて、野菜に有益な物質をつくり出してくれる有用微生物を増やすことができる。

そして野菜のからだ（細胞とセンイ）をつくること。そのためにアミノ酸肥料、ミネラル肥料を施す。ここまで来て、やっと収量や品質を高めることに直接関係する。

有造　ふーん、一番最初が「根に酸素」か。

《有機栽培のポイント》

①炭水化物優先の生育をめざす

チッソにすべきか…
ミネラルにすべきか
?
それが問題なのだ…
ミネラル
チッソ

②施肥はミネラル優先チッソ後追いで

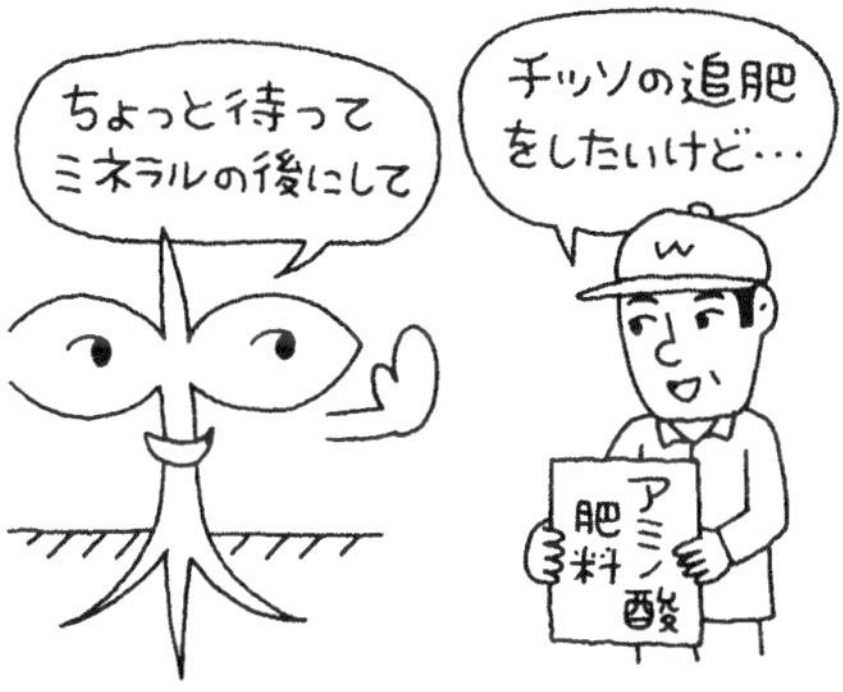
ちょっと待ってミネラルの後にして
チッソの追肥をしたいけど…
W
アミノ酸肥料

③不足しているミネラルを補う

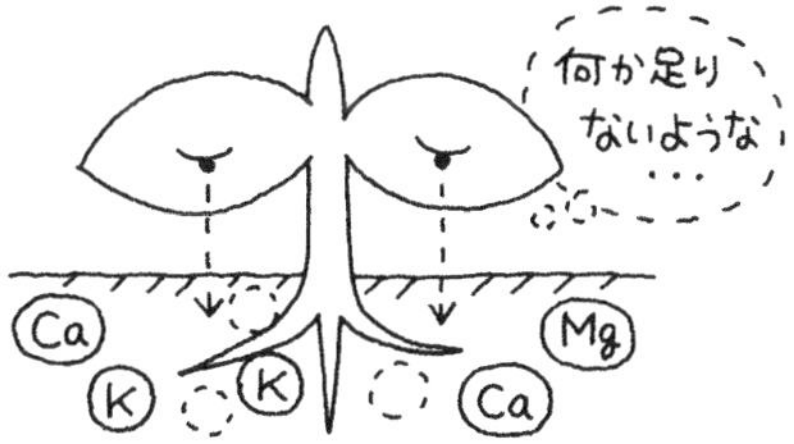
何か足りないような…
Ca
K
K
Ca
Mg

共通するのはチッソ優先にしないこと

ここが肝心、有機のポイント

小祝　チッソより、根まわりの環境だね。

有造　根に酸素、微生物、と来てから肥料。優先順位があるってことなんだ。

小祝　そのとおりだね。肥料に関係した大切なポイントをあげると……。

①炭水化物（光合成）優先の生育をめざして、チッソ優先にならないようにする。お天気や肥効のズレなど、チッソ優先になりやすい要因にはつねに気を付ける。

②施肥は「ミネラル優先、チッソ後追い」が原則。チッソの追肥の前には、必要なミネラルを必ず追肥しておくこと。

③有機では根の吸収力が大幅にアップして、ミネラルの減り方がすごい。毎作、その不足分を必ず補うこと。不足に気付かないで失敗している農家は非常に多い。

　共通するのは、チッソ優先は病害虫や品質の低下を招く、ということ。

《野菜を6つのタイプに分ける》

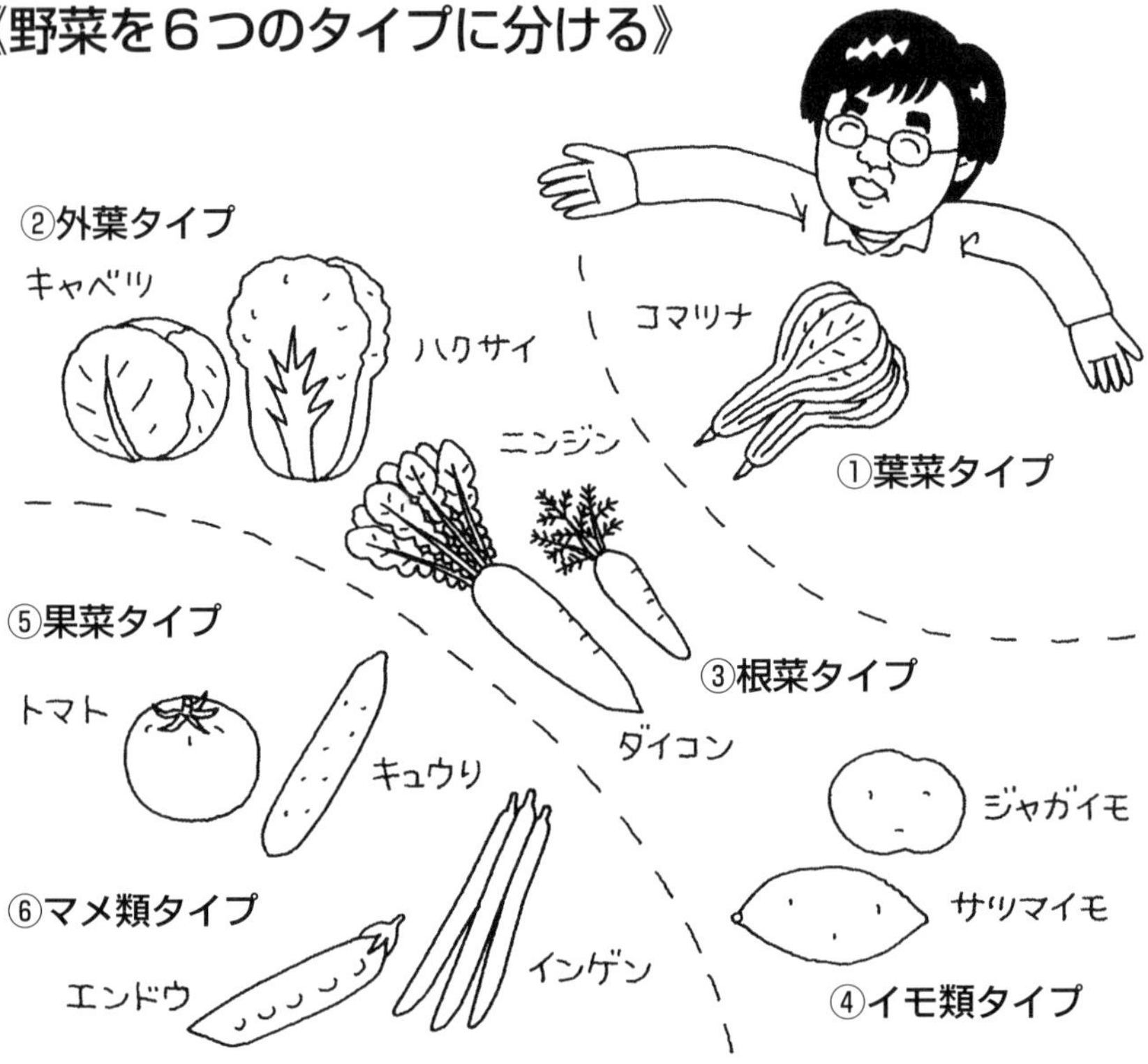

野菜のタイプを六つに分ける

有造　なるほどチッソ優先にしない、か。

小祝　あとは、野菜の特徴と有機の生育を知って、施肥を組み立てていくことになる。

有造　その野菜の特徴って、果菜とか根菜とかって分け方でよいのかい。

小祝　私はたくさんの野菜を大きく三つに分けて考えている。野菜の一生の中で、どこで収穫するかでタイプ分けしている。

　つまり、葉が生長しているときに収穫するのが葉菜、根が肥大して養分を貯蔵しているときに収穫するのが根菜って具合だね。この本では、上の図のように六つにタイプを分けている。

有造　ふーん、ふつうの分け方とあまり変わらないね。つくり方も同じでよいのかな。

小祝　そうだね、基本的には同じだけど、有機栽培の考え方・ポイントもあるから順に説明していこう。

《植物の一生と野菜のタイプ》

植物の一生 ↓

タイプ	収穫する部位	チッソの肥効と収穫期	とくにおろそかにできないミネラル
①葉菜	光合成を行なう工場	元肥　肥効途中	Ca, Mg, K
②外葉 ③根菜 ④イモ類	養分の貯蔵庫	元肥　肥効切れる	Ca, Mg, K さらに B, Fe, Mn
⑤果菜 ⑥マメ類	子孫を残すための器官	元肥　追肥	Ca, Mg, K B, Fe, Mn さらに Si, Zn, Cu

記号　Ca カルシウム（石灰），Mg マグネシウム（苦土），K カリウム（カリ），B ホウ素，Fe 鉄，Mn マンガン，Si ケイ素（ケイ酸），Zn 亜鉛，Cu 銅

植物の一生と野菜のタイプ

小祝　まず、収穫する部位を順に見ていくと、葉菜タイプは光合成を行なう工場、外葉・根菜・イモ類のタイプは養分の貯蔵庫、そして果菜・マメ類タイプは子孫を残すための器官、という具合になっている。

有造　なるほど。

小祝　上の図は、土中のチッソ肥効を見たもの。葉菜タイプは元肥の肥効が落ちる前に収穫するし、外葉タイプなどさらに進んで肥効が落ちてきて収穫する。果菜タイプは追肥をしてから収穫となる。

有造　順に収穫時期がズレていくわけだ。

小祝　ミネラルでは、タイプごとにおろそかにできないミネラルが違う。葉菜タイプにくらべて果菜タイプは、微量要素をきちんと入れないと、よいものを収穫し続けることはできない。子孫を残すタイプだから、いのちに関わる養分すべてが必要になる。

育ちの基本を知る

有造　ナルホドね。野菜のタイプによって資材の使い方が違ってくるんだ。
　次はいよいよ一節四本どりキュウリのつくり方を……。

小祝　そうあわてない。個々の野菜つくりは、あとできちんと紹介するから。その前に有機の野菜に共通する育ち方の基本を知っておいてほしいんだ。

有造　育ち方の基本か。

小祝　さっきの「お化けキュウリ」を例にすると、化成とどこが違っていると思う？

有造　そりゃあ、成りっぷりが違う。

小祝　その成りっぷりは、途中から急に現われたわけじゃない。大切なのは、あの成りっぷりがなぜ実現できるのかを、有機の野菜の育ち方との関連で知ることなんだ。

有造　同じ野菜で、生育が大きく違う？

小祝　その違いを知っておくことが大切なんだ。

《初期肥効・生育の違い》

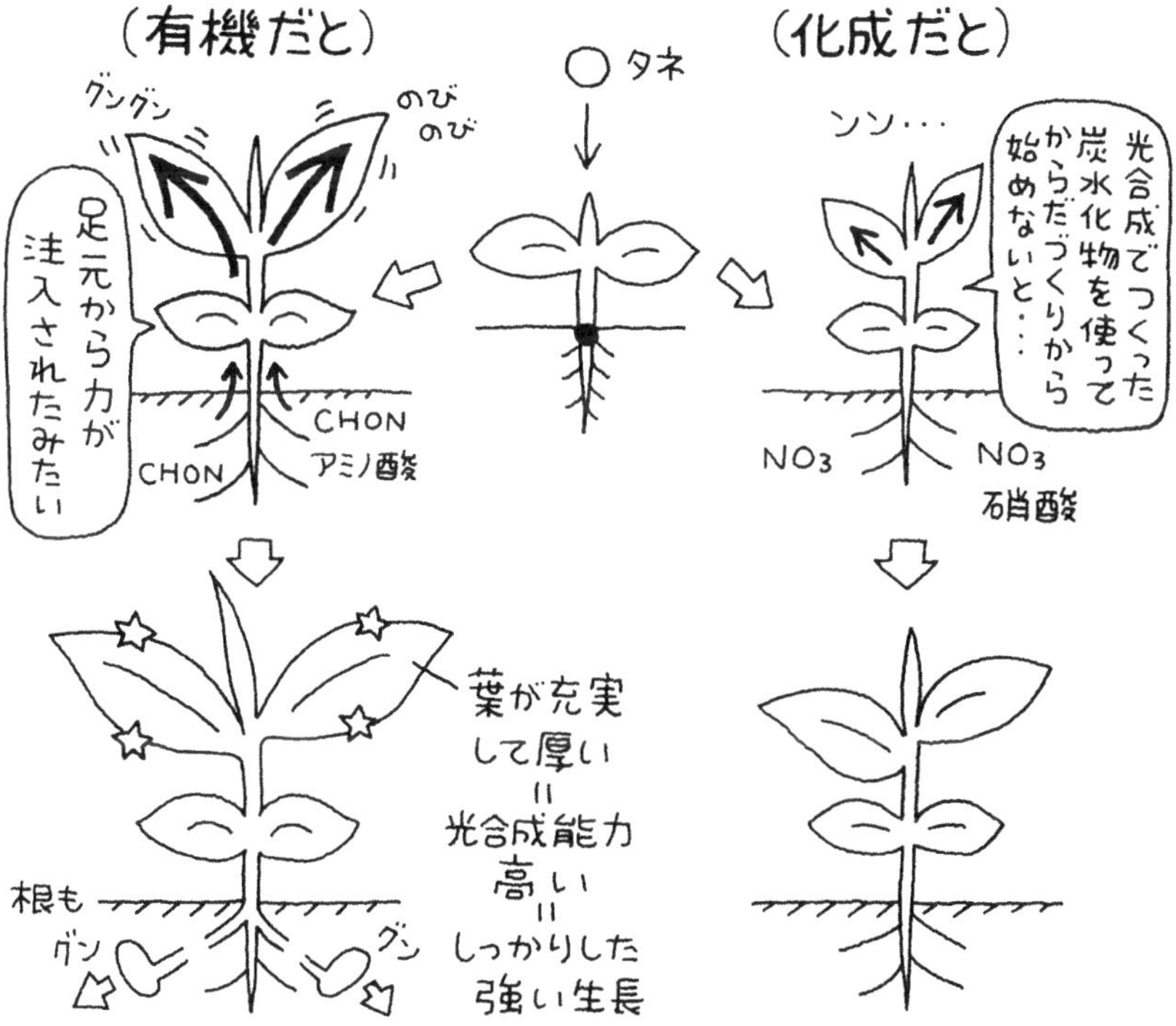
（有機だと）
（化成だと）
タネ
グングン
のびのび
足元から力が注入されたみたい
CHON
CHON
アミノ酸
ンン・・・
光合成でつくった炭水化物を使ってからだづくりから始めないと・・・
NO3
NO3
硝酸
葉が充実して厚い
=
光合成能力高い
=
しっかりした強い生長
根も
グン
グン

決定的な初期生育の差

小祝　お化けキュウリは、初期に出てくる葉が充実して厚くて大きい。節間も短い。

有造　初期の葉って、ふつう小さいよね。

小祝　そうだね。でも有機だと、葉の材料となる炭水化物が肥料として供給されるから、化成より初期の葉を大きくでき、よいスタートが切れるんだ。

有造　例のアミノ酸とか炭水化物だね。

小祝　有機だと、初期から葉が充実し、その充実した葉で光合成を行ない、同時に肥料として炭水化物が吸収、利用される。その結果、さらに充実した葉ができる……このようにして炭水化物の拡大再生産がどんどん進む。その積み重ねで、収量・品質に優れたキュウリが収穫できるんだ。

有造　その成果がお化けキュウリなんだ。

小祝　このスタートの違いが、収量・品質の違いとなって現われるんだ。

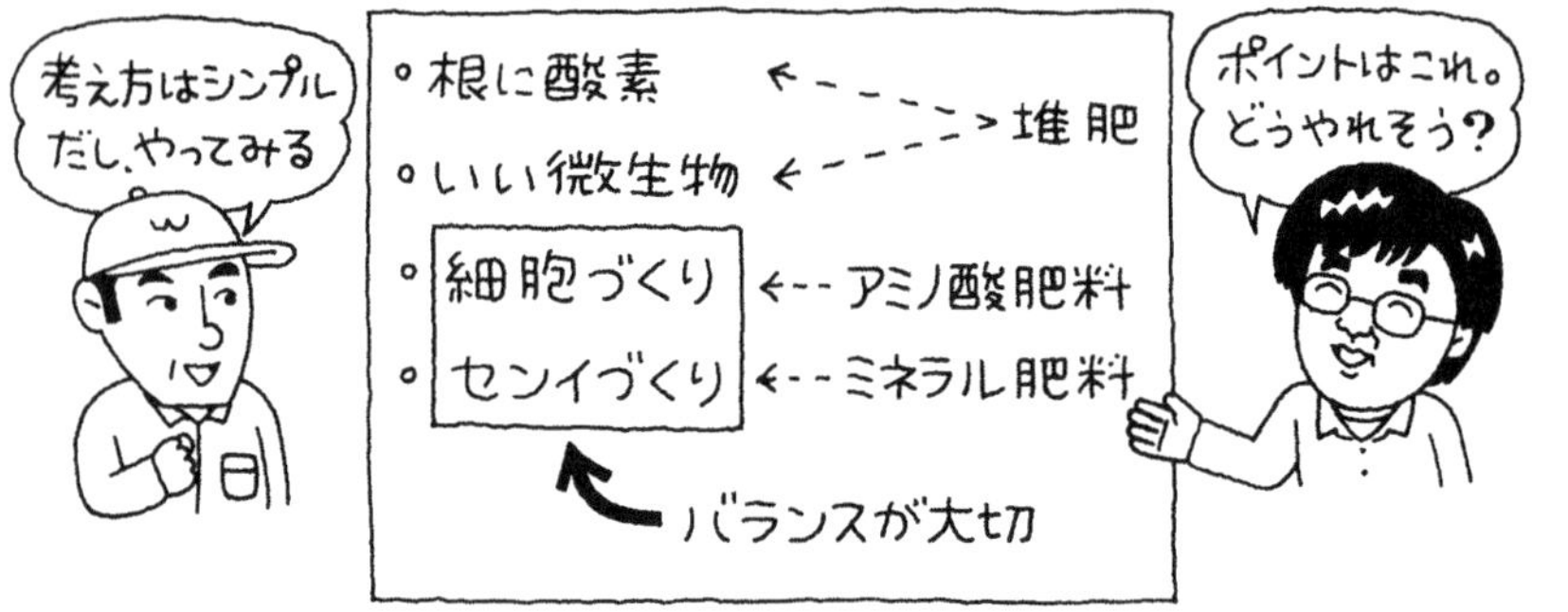

記号を下にまとめたので参考にして下さい

本書によく出てくる記号

・**有機物に関するもの**

C（炭素）／H（水素）／O（酸素）／N（チッソ）／CHO（炭水化物）／CHON（アミノ酸またはタンパク質）

・**よく出てくる分子**

H_2O（水）／CO_2（二酸化炭素，炭酸ガス）／O_2（酸素）／NO_3（硝酸）

・**ミネラルの元素記号**

P（リン，リンサンのこと）／K（カリウム，カリのこと）／Ca（カルシウム，石灰のこと）／Mg（マグネシウム，苦土のこと）／Fe（鉄）／Mn（マンガン）／B（ホウ素）／Zn（亜鉛）／Cu（銅）

＊ M（図の中でミネラルを表わすときに使用）

有機の基本はシンプル

小祝　野菜によいスタートを切らせるために、根に酸素を供給する、よい微生物を増やす、細胞とセンイづくりをバランスよく進める、ということがポイントになる。

有造　そのために中熟堆肥、アミノ酸肥料、ミネラル肥料という有機の資材を施す。

小祝　まあ、そのほかにも苗や水分管理など、資材だけでは解決しないことも多いけど、それらは各野菜ごとに紹介します。

どう、有造さん、有機の野菜つくりの基本を説明してきたけど、取り組めそう？

有造　炭水化物とかアミノ酸とかいろいろ出てきたけど、基本的な考え方はシンプルなんだな、というのはわかったね。

小祝　最後によく使う化学式や元素記号などを紹介しておきます。

有造　いろいろありがとうございました。

小祝　よい成果を期待しています。

第1章

野菜の一生と有機栽培
―六タイプ・三類型に分けてみる

花が大きく，一節から複数の果実を収穫

1 収穫時期で分かれる野菜のタイプ

野菜を収穫しないで一生をまっとうさせたとすると、その生育はおおよそ次のようになる。

①タネから芽や根が出る
②葉が次々と伸び出し、茎も伸びる
③花が咲く
④実がなる
⑤実が肥大しタネができる
⑥枯れる

②の段階で収穫するのが、ホウレンソウやコマツナなどの葉菜の仲間であり、②と③のあいだで養分を貯蔵するために特定の部位を肥大させるのがダイコン、ニンジンなどの根菜、キャベツ、ハクサイなどの結球野菜（本書では「外葉タイプ」と呼ぶ）、ジャガイモなどのイモ類である。ほかに花の咲く前のつぼみの段階で収穫するブロッコリーやカリフラワーなどもある。

さらに④、⑤の段階で収穫するのがトマトやイチゴ、スイカなどの果菜、エダマメ、サヤインゲンなどのマメ類である。なお、本書では取り上げないが、①の段階で収穫すればカイワレダイコンやモヤシといった芽物になる。

このように、植物の一生のどの時期に収穫するかで野菜のタイプを分けることができる。

本書では、「葉菜タイプ」「外葉タイプ」「根菜タイプ」「イモ類タイプ」「果菜タイプ」「マメ類タイプ」の六つに分けている。タイプごとに養分吸収などで共通する点や異なる点があり、それらを理解して栽培管理に役立てることが大切である。

2 炭水化物利用、養分吸収が違う

植物は**光合成**を行なって**炭水化物**をつくっている。できた炭水化物をからだづくりの原料とし、さまざまな養分の移動や細胞分裂などのエネルギー源として使う。植物の生長には、光合成によって得られる炭水化物と、根から吸収される養分が不可欠である。図1—1は野菜の生長を、この炭水化物の使われ方と土の中の養分量の推移で示したものである。これに野菜の各タイプを重ねてみた。

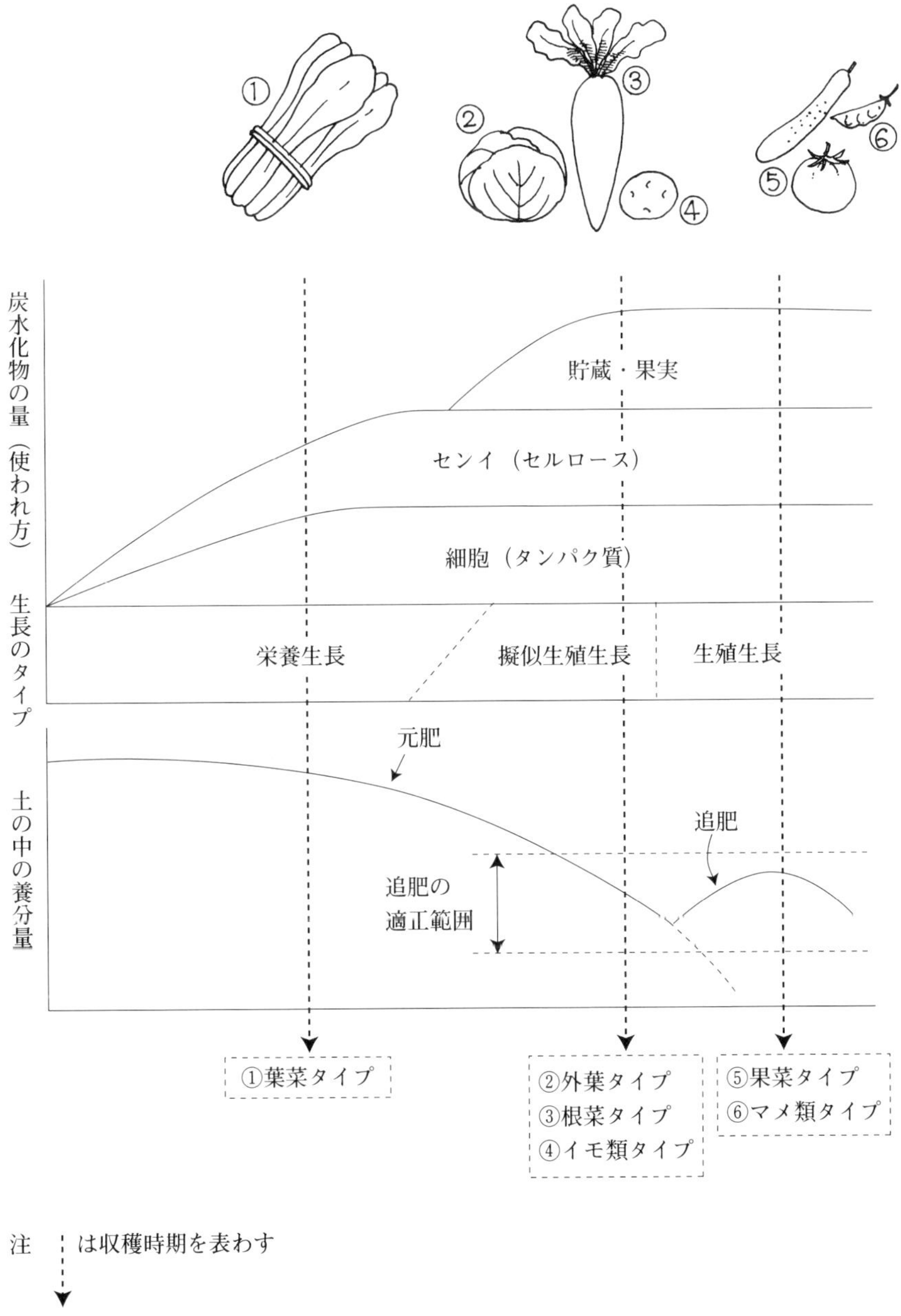

図1−1　野菜の一生と野菜の種類

(1) 炭水化物の使われ方

葉や茎、根など植物のからだは、図解ページでも紹介したように細胞とセンイからなっている。これらは炭水化物を原料にできている。

タネから芽を出してしばらくは、炭水化物は主に細胞とセンイづくりに使われ、からだを大きくしていく（**栄養生長**）。からだができてくると、主に花や実づくりに使われるようになる（**生殖生長**）。その前に、特定の部位にそれを養分として貯えていくものもある（**擬似生殖生長**）。図1―1の上の部分はそれを示している。

(2) 肥料養分の吸われ方

一方、図1―1の下の部分は元肥として施した肥料養分（ここではチッソとミネラル）が植物の生育にともなって吸収され、減少していくことを示している。何もしなければ土中から肥料養分は減り、生育は止まる。さらに減ると、ついには枯れてしまう。

このうち、とくにチッソ分がまだ土に十分あるうちに収穫するのが①葉菜で、徐々に減ってきたところで収穫するのが②結球野菜（外葉タイプ）、③根菜、④イモ類である。そして、元肥の肥料養分だけでは足らず、追肥をするのが、⑤果菜、⑥マメ類である（ただし、チッソ追肥が過ぎると、花がとんだり、ツルぼけしたりなど栄養生長に戻る）。

(3) 野菜のタイプ別特性

まとめると、野菜は、①葉菜タイプ→②外葉タイプ、③根菜タイプ、④イモ類タイプ→⑤果菜タイプ、⑥マメ類タイプ、の順で収穫し、使われる炭水化物量、肥料養分もこの順で多くなる、ということである。

言いかえると、葉菜タイプでは、炭水化物は細胞とセンイに使われ、収穫時、土には元肥の肥料養分がかなり残っている。

根菜・外葉・イモ類タイプでは、炭水化物は細胞とセンイと貯蔵分に使われ、収穫時に土に元肥のチッソ分はほぼなくなっている。

果菜・マメ類タイプでは、炭水化物は細胞とセンイと果実に使われ、土には元肥の肥料養分はほぼ、なくなって、追肥分の肥料養分がある。

このように野菜はそのタイプで炭水化物の利用や養分の使われ方が異なり、収穫部位によっても考慮しなくてはならないポイントもある。その特性に応じた施肥設計（量や内容）が求められる。

3　生育特性で分ける三類型

収穫時期と、肥料養分の吸収特性で分けた六タイプを、生育特性から分類すると次のようになる。

すなわち、「葉菜タイプ」は栄養生長型、「根菜タイプ」「外葉タイプ」「イモ類タイプ」は擬似生殖生長型（後述）、「果菜タイプ」「マメ類タイプ」は、生殖生長型に分けられる（図1―2）。トウモロコシ、アスパラガスは「その他」に分類する。それぞれの生育の特徴と施肥のポイントは以下のとおりである。

(1)　栄養生長型の野菜

栄養生長しているときに収穫してしまうのが、ホウレンソウやコマツナなどの①葉菜タイプ。炭水化物の使い方から見ると細胞とセンイをつくった段階で、光合成工場を収穫し、栽培期間は短い。

収穫時は葉がみずみずしい緑でないといけないので、栄養生長を盛んにしているとき、元肥の肥効が十分あるときに収穫する。このときはまだ土壌中に肥料養分がかなり残っている。次の作付けでは、このことをよく注意しておく。また、**硝酸態チッソ**が多く残らない施肥や水分管理が大切になる。

施肥方法としては元肥だけで栽培することが基本である。

(2)　擬似生殖生長型の野菜

葉菜タイプより生育が進んだ段階で収穫し、栽培期間は長くなる。

このタイプの野菜は、栄養生長が進み、土壌中の養分が吸収され、ある程度肥効が落ちて茎葉の生育がゆっくりになると（生殖生長の手前で）、根部や結球部など特定の部位に養分を貯える。私は、これを「擬似生殖生長型」と呼んでいる。その養分の貯蔵庫を収穫するタイプといえる。

基本的に追肥はしないが、土質や気候によっては追肥することもある。初期に肥効を高めて大きな葉をつくり、光合成をしっかり行ない、養分を貯めさせて、肥効を落としていくのがコツである。

このタイプの基本的な生育は変わらないが、根まわり環境の整え方や形状の違いから、②外葉、③根菜、④イモ類の三タイプに分けられる。

●外葉タイプ

②外葉タイプは、キャベツやハクサイ、レタスの仲間で、大きな外葉をつ

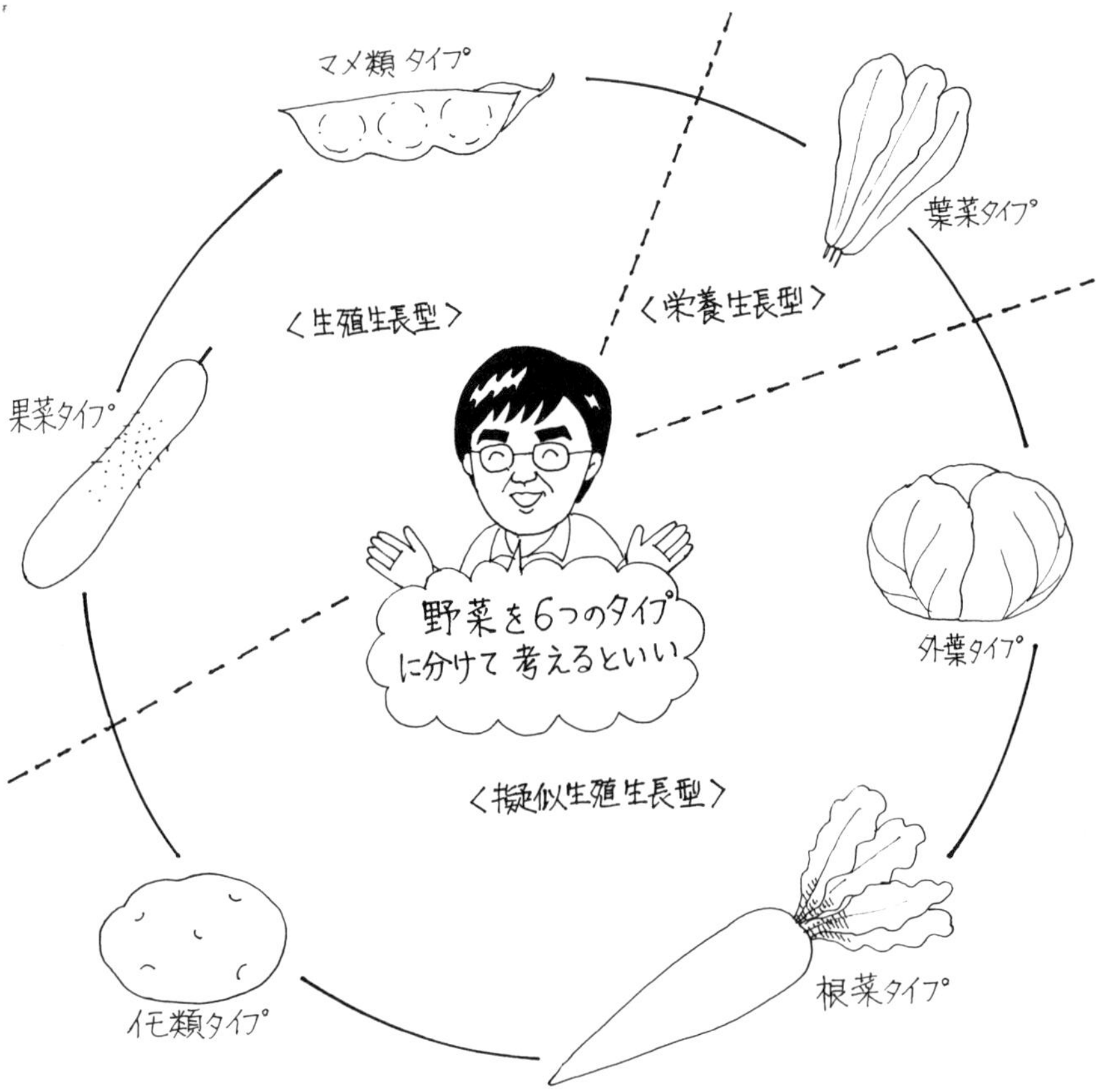

図1－2　野菜のタイプを6つに分ける

くってしっかり光合成を行ない、つくられた炭水化物などを収穫部に貯め込む。大きな外葉をつくることが栄培のポイントになるので、外葉タイプと呼ぶ。

●根菜タイプ

③根菜タイプは、ダイコンやニンジン、ゴボウなど、根に養分を貯えて大きく肥大した部位を収穫する。地下部を収穫するので、土壌病害虫や未熟有機物などが品質に与える影響が大きい。根が伸長する部分の土壌管理が重要になる。

●イモ類タイプ

④イモ類タイプは、ジャガイモやサトイモ、サツマイモ、ヤマイモなど、地下にイモをつくる野菜である。地下部の土壌管理が重要になるのは根菜タイプと同じだが、タネではなく、相当量の養分を貯えている種イモやツルを植え付けて栽培がスタートするので、

施肥の考え方が外葉タイプ・根菜タイプの野菜と若干異なる。

(3) 生殖生長型の野菜

この野菜の仲間は、生殖生長に入って花を着けて、そのあとに肥大した実を収穫する。子孫を残すための器官を収穫するタイプである。栽培期間が長いので、根を健全に維持するために土が締まりにくいよう、土の物理性を改良しておくことが大切である。また、実やタネを充実させるための十分な量のミネラルも必要になる。

チッソの肥効を落として花芽分化を促し、その一方で生育を支える追肥も行なう。ただし、追肥のチッソ分が多すぎると樹が若返って生育が旺盛になり、病虫害を受けやすくなる。ミネラルの追肥も必要だが、その施肥方法が大きなポイントになる。

●果菜タイプ

⑤果菜タイプには、スイカ、メロンなどのように収穫個数が少ないものと、トマトやナス、キュウリ、イチゴのように連続収穫するものとある。長期どりの場合は、追肥の回数も多くなる。**微量要素**も施肥設計にきちんと組み込み、おろそかにしない。

●マメ類タイプ

⑥マメ類タイプは、エダマメのように一度に収穫してしまうものと、インゲンやエンドウのように連続収穫するものとある（ここではダイズやアズキは除く）。マメ類は収穫物そのものは小さくて軽いが、サヤや実はタンパク質が豊富なので、必要とするチッソ量はけっこう多い。

以上六つのタイプのほかに、⑦その他として、アスパラガスやトウモロコシがある。

第2章

有機栽培と三つの資材

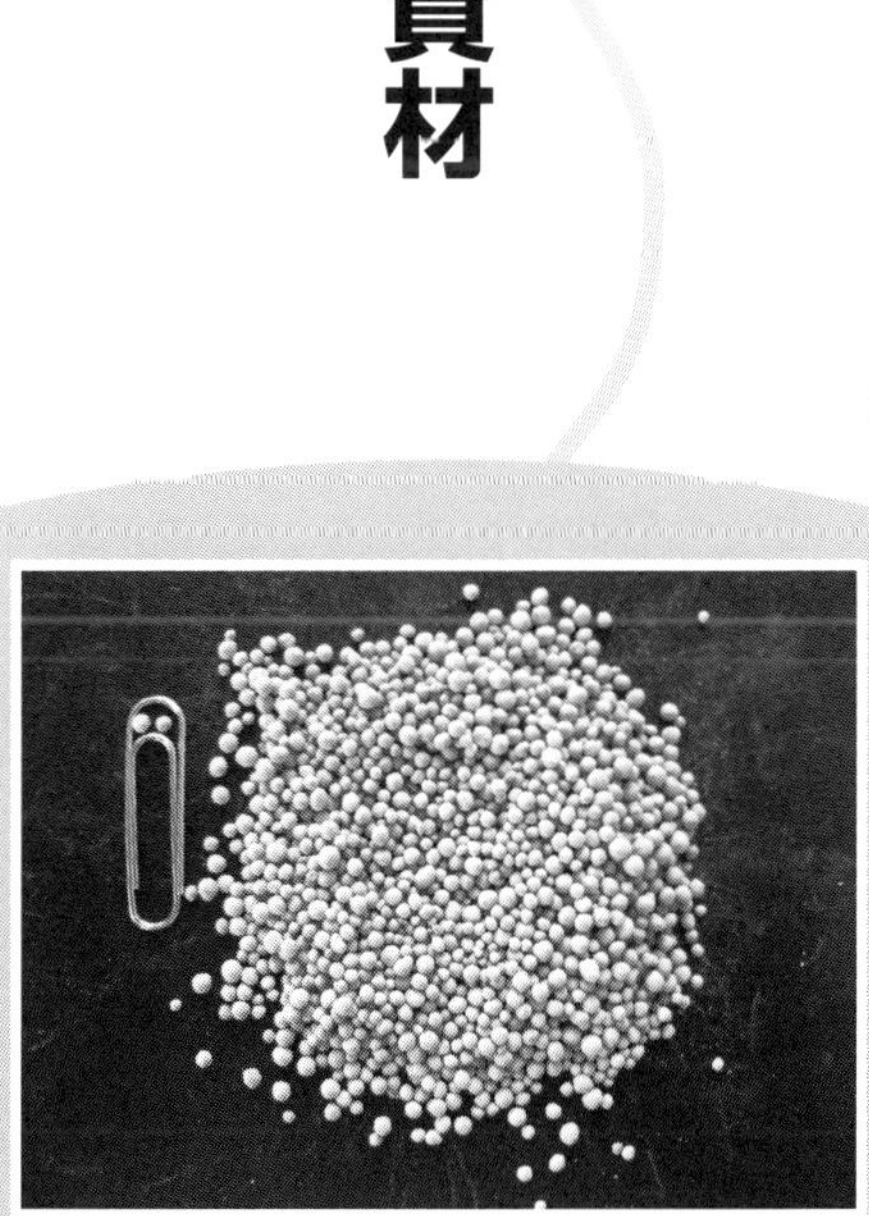

ミネラル肥料は形状を生かして施用する

1 野菜のからだの成り立ちと栄養

(1) 野菜は細胞とセンイでできている

野菜のからだは、細胞とセンイからできている。細胞だけで野菜は大地に立って生育できない。細胞を支えるセンイが必要だ。センイはセルロースが束になったようなものだが、植物のからだを支え、病害虫から植物を守る。養水分の通路としても機能している。

また野菜は、センイだけでも生きていけない。光合成は、細胞の中の**葉緑体**で行なわれるし、細胞が分裂することで生長する。また、細胞組織が分化して花芽となり、花や実、タネをつくる。細胞が主要な生命活動を担っている。

つまり、細胞とセンイ、両方がきちんと機能してはじめて野菜は生長できる。

では、その細胞とセンイは何からできているのか。

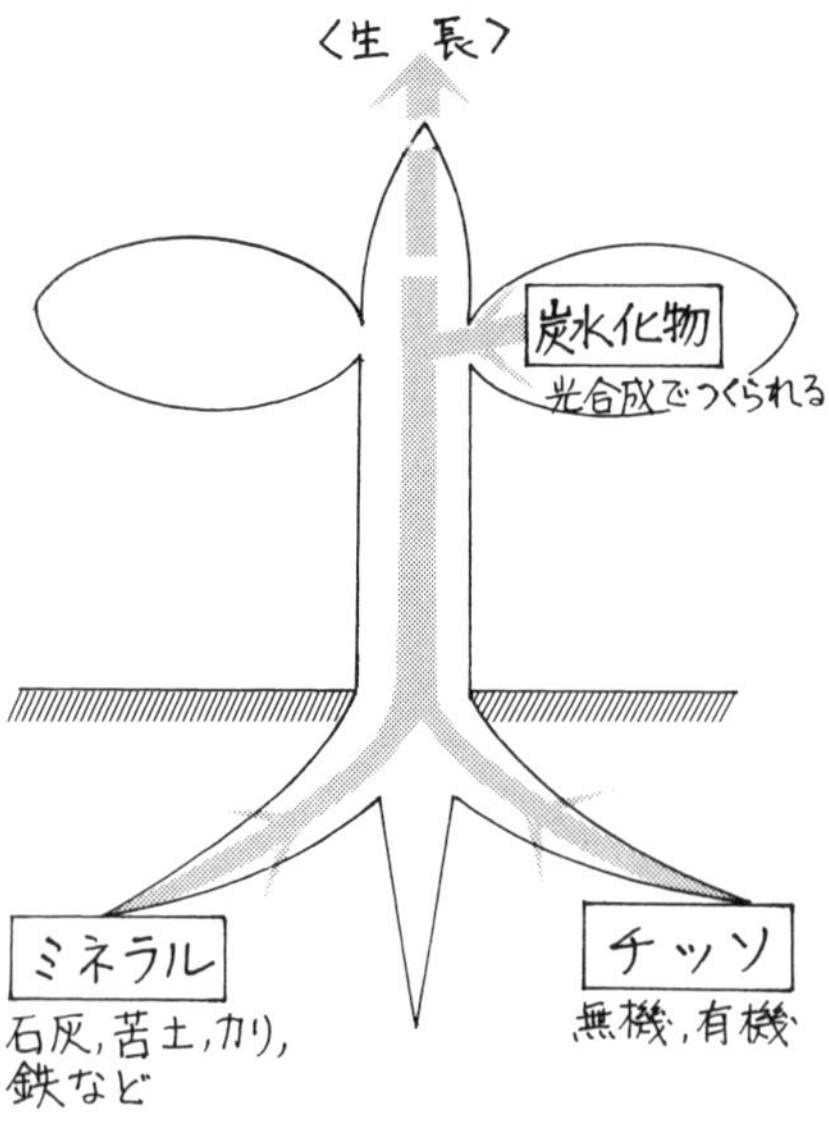

図2－1　野菜が生長するための3つの栄養

(2) 野菜に必要な三つの栄養

細胞がつくられる工程は大雑把にいうと、次のようになる。

野菜が吸収したチッソが**アミノ酸**に組み替えられ、アミノ酸が組み合わされてタンパク質、そしてタンパク質がさらに複雑に組み合わされて細胞の各器官がつくられ、それらが有機的に構造化されたものが細胞である。つまり、細胞の大元をたどるとチッソに行き着く。

一方のセンイはセルロースからできている。セルロースは、光合成でできた**炭水化物**（ブドウ糖）が直鎖状に連なったものである。センイの大元は炭水化物なのだ。

結局、野菜のからだをつくる栄養はチッソと炭水化物になる。あとこれに

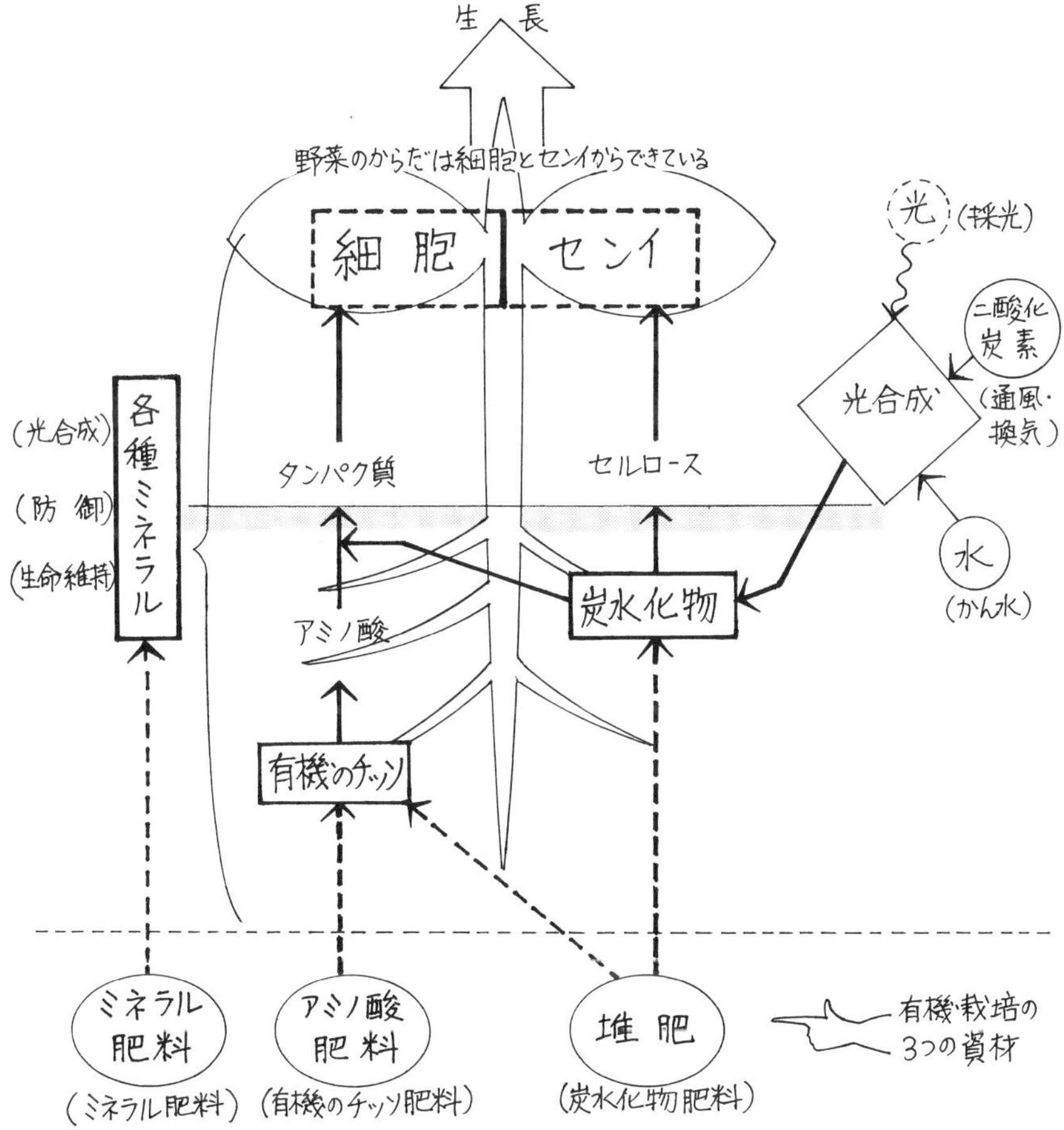

注　［□］生長に必要な栄養　［◯］肥料
注　有機のチッソの中には大小のアミノ酸，大小のタンパク質も含まれる
注　施用するアミノ酸肥料（発酵型）はさまざまな有機のチッソ複合体である

図2－2　野菜のからだの成り立ちと栄養，施肥

ミネラルが加わる。

　ミネラルは苦土（マグネシウム）が**葉緑素**の中心物質であるように、野菜の構成物質であり、細胞の中で行なわれる生化学的な反応に関係している。チッソや炭水化物がいくらあっても、ミネラルなしには一瞬たりとも生命を維持することはできない。

　（有機の）チッソと炭水化物、そしてミネラルという三つの栄養が、野菜の生長には必要なのである。

2 三つの基本資材と野菜の生育

この三つの栄養、（有機の）チッソ、炭水化物、ミネラルを効率よく野菜に与えることができるのが**有機栽培**の資材だ。

（1） アミノ酸、ミネラル、堆肥

●炭水化物をもったチッソ

私が勧める有機栽培では、チッソ肥料として有機質原料のタンパク質がアミノ酸などの**水溶性**の有機態のチッソにまで分解しているものを使う。チッソとしておもにアミノ酸を利用することから、「**アミノ酸肥料**」と呼んでいるものだ。

具体的には、みそやしょう油のにおいがするくらいまで分解**発酵**が進んだもの（発酵型アミノ酸肥料）、もしくは魚汁などから抽出精製したもの（抽出型アミノ酸肥料）である。

この肥料に含まれるアミノ酸（CHON）は分子構造上、チッソ（N）だけでなく炭水化物部分（CHO）をもっている。作物はこの炭水化物と、自身で**光合成**でつくる炭水化物とをあわせて利用できるので、大きなメリットを得られる。

●ミネラル肥料

ミネラルには多くの種類があり、野菜が必要とする量によって多量要素と**微量要素**と呼ばれる。

ミネラルの多くは土壌中に存在するが、きちんと肥料として施用しないと知らず知らずに不足する。とくに有機栽培では、根の活力が高まるためミネラル吸収が活発になり、急速に減少する傾向がある。ミネラルはきちんと肥料として位置づけて施用する必要がある。

●炭水化物肥料としての堆肥

もうひとつ、有機栽培で重要な資材が堆肥。堆肥にはチッソやミネラルも含まれているが、それ以上に重要なのが炭水化物の供給である。

センイの分解物でもある堆肥中の炭水化物は、アミノ酸肥料のそれにくらべて格段に多い。この大量の炭水化物が、土の**団粒構造**を発達させ、根まわりの物理性の改善、維持にきわめて重要な役割を果たす。

また、その炭水化物は水溶性なので作物に吸収される。生長の原料になったり、とくに**生殖生長**への転換をスムーズにして、着花を安定させ、果実を肥大させる。（果実の）糖やビタミンなど栄養成分を豊富にする優れた効用ももっている。炭水化物が堆肥からも

供給されることは、栄養価の高い、おいしい野菜を安定して生産することにつながる。

さらに堆肥の有用微生物は土壌病害虫も抑制する。しかも私の勧める「**中熟堆肥**」なら、有用微生物のエサとなる栄養分も豊富なので圃場で増殖しやすく、土壌病害虫への抵抗力を高めることになる（以上、『有機栽培の肥料と堆肥』も参照）。

有機栽培ではアミノ酸肥料、**ミネラル肥料**、堆肥と三つの資材を使うことが基本となる。次にこの三つの資材と野菜づくりとの関係を、見ていこう。

（2）アミノ酸肥料

●チッソ四％で分ける二タイプ

有機栽培でチッソ肥料として使うアミノ酸肥料は、炭水化物部分をもっていることを述べた。施肥を組み立てる際は、この炭水化物部分を考えることがポイントだ。

アミノ酸肥料は有機一〇〇％なので、チッソ成分以外は炭水化物と考えてよい。チッソ成分が多いアミノ酸肥料ほど炭水化物は少なく、チッソ成分が少ないものは炭水化物が多い。

私は経験上、チッソ成分四％を境に分けている。四％以上は、チッソが多く**栄養生長**に向かいやすい「栄養生長タイプ」、四％未満は炭水化物が多く、生殖生長にとって都合のよい「生殖生長タイプ」である。

●栄養生長タイプは葉菜・外葉タイプ向き

栄養生長タイプのアミノ酸肥料は、葉の枚数を増やしたり、葉を大きくしたいときに使うとよい。葉を収穫する葉菜はもちろん、外葉をすばやく大きく育てたいキャベツやブロッコリー、ナスやキュウリといった夏野菜に向いている。気温の高い時期であれば光合成も盛んで炭水化物生産も多い。このタイプの肥料を効かせてもチッソ優先の生育にはなりにくい。

●生殖生長タイプは果菜向き

もう一方の生殖生長タイプは、炭水化物量を多くすることができる肥料だ。そのためセルロースやセンイをつくったり、果実に炭水化物（糖）を蓄積させたいときに使うとよい。また光合成が十分できない季節に使えば、野菜は不足する炭水化物を補うことができる。春先や、秋から冬に向かう季節、気温が低く、日射しの弱い季節、雨の多い季節、光合成量が少ない時期の作型や作目に使うことで、アミノ酸肥料としての特性が発揮される。

生殖生長タイプの肥料は、花数を多くする傾向がある。このためキュウリやトマト、ピーマンなど果実数をとりたい果菜類、インゲン、エンドウなどのマメ類に適している。ただし、ナスでは花が着きすぎて一果ごとの生長速度が遅くなり、果実が太る前に硬くなってしまうことがある。品種にもよるが、ナスはチッソが多めの栄養生長タイプのアミノ酸肥料がよい。

また、一個一個の果実を大きくしたいメロンやスイカなども（露地栽培だが）、栄養生長タイプを使うことができる。ただし寒い時期の作型では栄養生長タイプと生殖生長タイプを、半々にして使うとよい。

どちらのアミノ酸肥料を使うかは、花の数や果実の大きさなど、生育の特性や使用する時期、作型などから判断する。

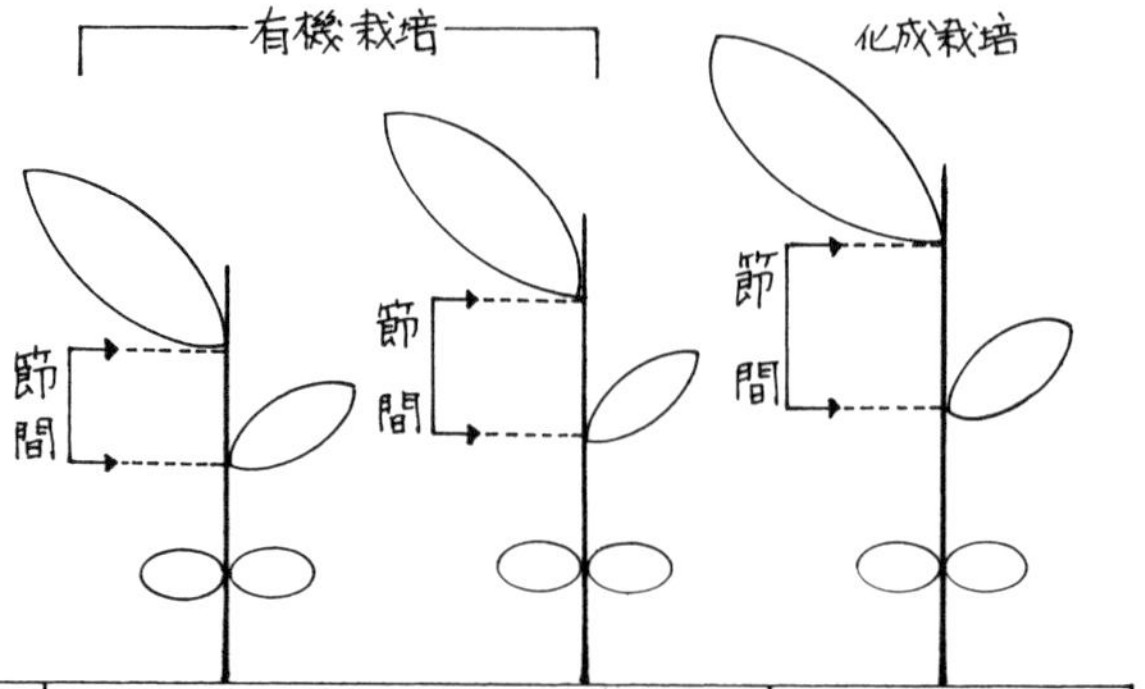

	アミノ酸肥料		化成肥料
	生殖生長タイプ（チッソ少・炭水化物多）	栄養生長タイプ（チッソ多・炭水化物少）	（チッソあり・炭水化物なし）
本葉の大きさ	小	中	大
本葉の厚さ	厚い	中	うすい
節間	短い	中	長い

← 炭水化物多い

図2−3　チッソ肥料の違いと生育のイメージ

●使い勝手の高い生殖生長タイプ

有機栽培では、チッソの少ない生殖生長タイプを使ったほうがよいものがとれる。重量比では生殖生長タイプのほうが炭水化物量が多いからだ。

炭水化物量が多いと、野菜の葉は小ぶりで厚く、節間が短くなりやすい。これは、炭水化物の相対的な充実によって葉の出葉テンポが速まるからと考えている。つまり細胞組織が充実するので、葉も厚くなる。すると葉の受光態勢もよくなって光の利用効率がアップする。その結果、光合成による炭水化物生産も増え、収量や品質の向上に役立つ。

他方、多くの炭水化物が土に施用されることで、微生物の活性や土壌団粒の維持に少なからず貢献する。このようなことが、天候が悪化したときに野菜の生育を支える力になる。安定して高品質・多収の野菜つくりができるというわけだ。

ただ、チッソ成分が少ないので、同じ量だけチッソを施用しようとすると、施用量が増え、肥料代が高くなる。

(3) ミネラル肥料

●いつでも必要十分であることが大事

くり返すように、ミネラルは植物の生長に欠かせないものだ。また有機栽培では、根の活力が増すのでミネラルの吸収量も多い。

このため、ミネラルは野菜の生育期のいつの時点でも根まわりにあって吸収できることが大切だ。だからときには追肥が必要な場合もある。とくに果菜類などは追肥は必須技術になる。きちんと追肥した肥料分が**下根**まで届くようにしなければならない。具体的にはミネラル肥料の「溶けやすさ」（水溶性・**ク溶性**）と「形状」（粉・粒）との組み合わせを考えて施肥することである（図2―4）。

●水溶性とク溶性

ミネラル肥料には水溶性と、ク溶性のものがある。水溶性のほうが水に溶けやすく、すばやく効くのに対して、ク溶性は水に徐々に溶け、長く効く。この性質をうまく施肥にいかすことができる。

基本的に、元肥として作土全体に施用する場合は、ク溶性のものを使う。じっくりと長く効いてほしいからだ。図解ページで紹介したように（詳しくは後述）、有機栽培では施肥は「ミネラル優先、チッソ後追い」を基本とするので、ミネラルは初期からしっかり効かせたい。そこで、元肥ではク溶性と水溶性とを半々で施用する場合が多い。

ただ、土壌分析ですでにミネラルがだいぶ少なくなっている圃場（私の**施肥設計ソフト**で**下限値**を切るような土）の場合、水溶性のミネラル肥料を適量施す。さもないと、作付け開始からミネラル欠乏をおこしてしまう。

また、ミネラルを追肥しなければならない場合も水溶性のものを使う。下根まで届いてすぐに効かせるには、水

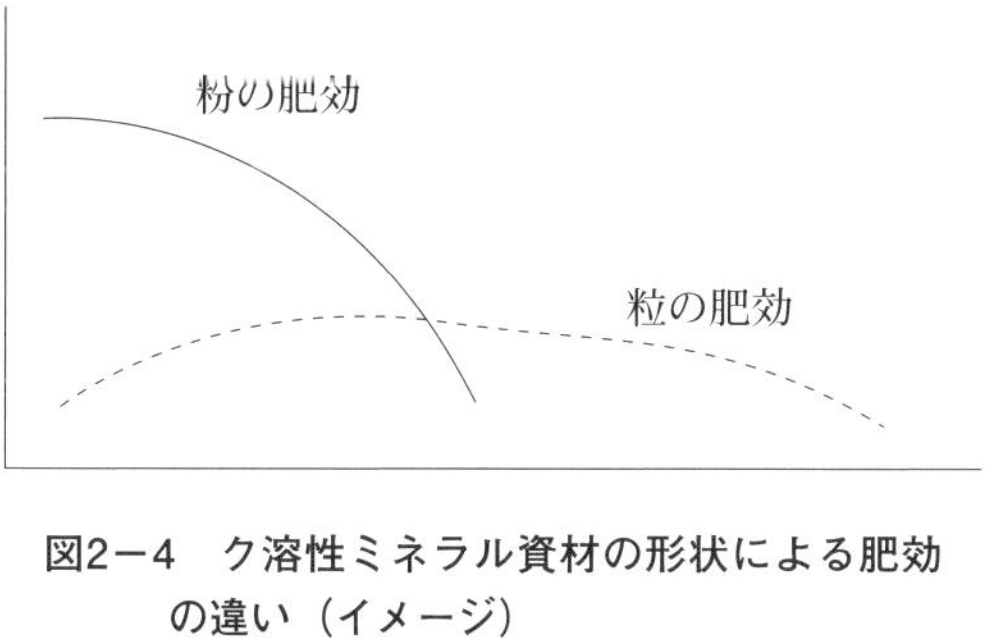

図2―4　ク溶性ミネラル資材の形状による肥効の違い（イメージ）

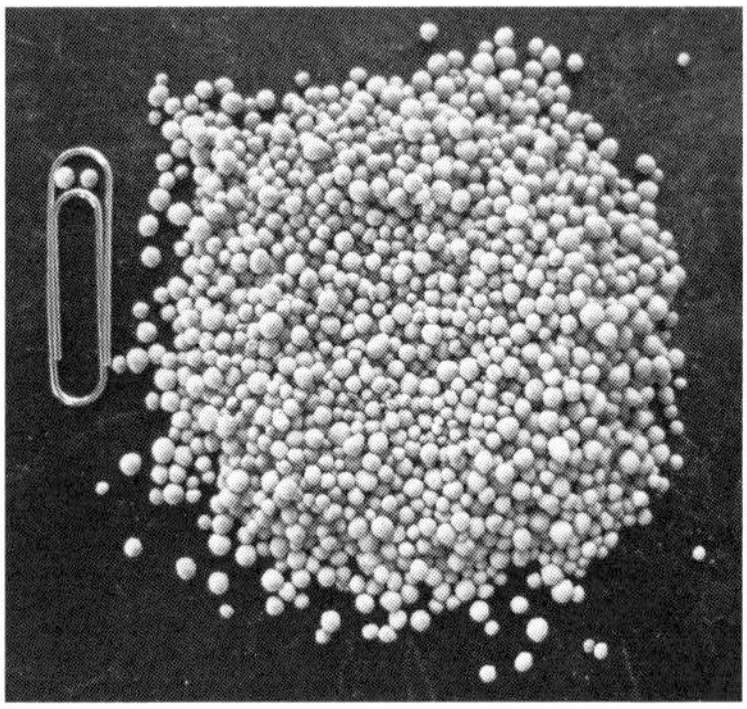

写真2−1　粒や粉といった肥料の形状の違いを利用する

溶性でなければならない。

ただし、水溶性のミネラル肥料は硫酸石灰（石こう）や硫酸苦土などイオウ（硫酸の「硫」はイオウを意味）を含むので、土壌水分が多いと硫化水素が発生して、根が萎縮したり根毛が出なくなったりすることがある。ナスのように土壌水分を高めに維持するような場合、光合成細菌を同時に施用して硫化水素を無害化する方法を勧めている。

●粒と粉を使い分ける

同じ成分のミネラル肥料でも、粉は、粒に比べると溶けやすい。すぐに効いてもらいたい追肥には、粉タイプを使うのが基本だ。反対に、より長期間にわたって肥効を持続させたいときは、ク溶性の粒状の資材を施せばよい。

つまり、元肥に使うミネラル肥料は、「ク溶性・粒」と「水溶性・粉」のものを半々で使えばよいということだ（水溶性の場合、粉でも粒でも大きな差にはならない）。

また、粒なら肥料分が少しずつゆっくり溶け出すので、ふつうなら過剰施肥になる量でも土壌溶液中では過剰にならずにすむ。そのためより長期間にわたって肥効を持続できるので、野菜を健全に育てることができる。実際、栽培期間の長い果菜類など、元肥に設計の**上限値**以上の粒状のミネラル肥料を施用して、成果をあげている。こうすることで、とくにマルチ栽培の野菜で、追肥の労力を減らすことができる。

（4）堆肥

●チッソ型と地力型

堆肥にはいろいろな効果があるが、野菜の生育との関係からいうと、チッソ成分で一・五％を目安にしたらよいと考えている。一・五％より多い堆肥（**C／N比**で一五〜二〇くらい）と少ない堆肥（C／N比で二〇〜二五くらい）の違いは、そのチッソ肥効の発現の違いにある。

チッソの多い堆肥は肥効の山が早く来る。逆に少ない堆肥は、多い堆肥の肥効の山より後ろにズレて、低くなだらかになる（図2—5）。つまり、肥効の山がただ低くなるだけなのではない。後ろにズレるのである。

この肥効の違いから、私はチッソの

多い堆肥を「チッソ型」、少ない堆肥を「地力型」とわけ、野菜の種類に応じた堆肥を選ぶよう勧めている。

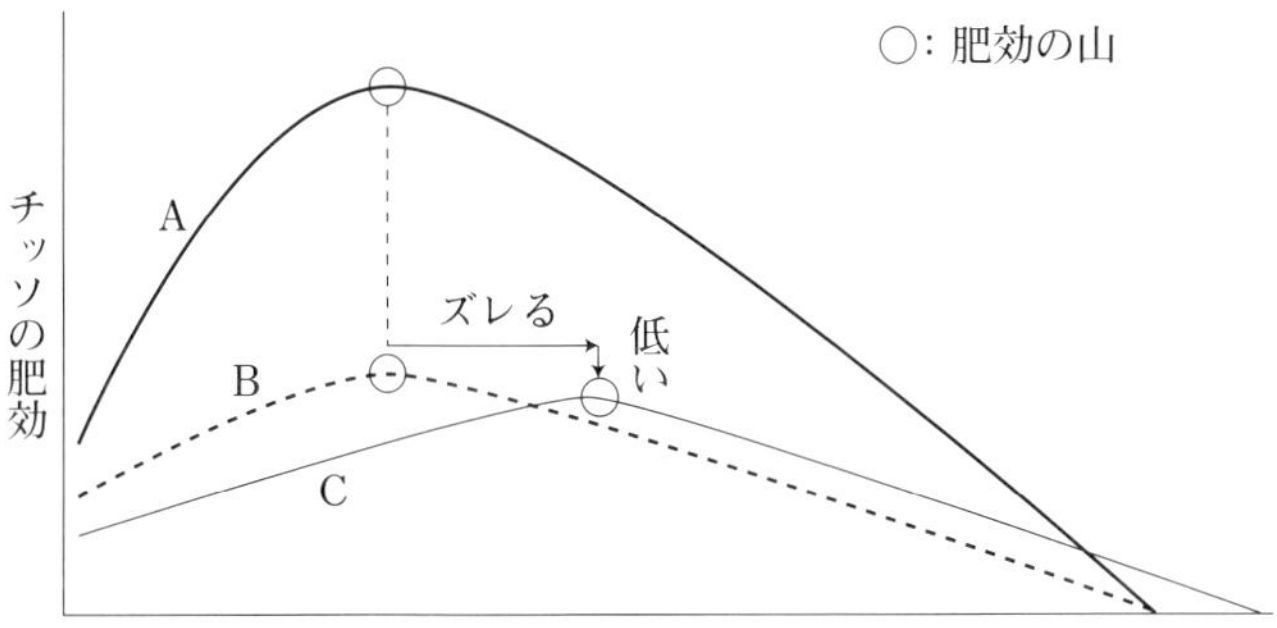

A：チッソ成分の多い堆肥A
B：堆肥Aの肥効を半分にして描いた肥効のグラフ
C：堆肥Aのチッソ成分の半分の堆肥の肥効の実際
堆肥の肥効の山はBよりも遅れ，山も低い

図2－5 堆肥のチッソ成分の多少による肥効の違い

●単純な二分法でなく、うまく使い分ける

葉菜タイプや外葉タイプのように、初期にしっかりとチッソを効かせ、後半にそれがうまく切れるような生育にもっていきたい野菜では、「チッソ型」の堆肥を使うとよい。

たとえばレタス。初期はチッソ肥効を高めて外葉を大きくつくる。後半はチッソが徐々に切れるようにして、内側からゆっくり葉の枚数を増やしていくと、玉締まりのよいレタスになる。

これを、チッソの少ない「地力型」の堆肥を使うと、肥効の山が後ろにズレて、チッソが切れてほしい後半に切れないことがある。チッソが効いているとレタスは葉を開こうとするので玉締まりが悪くなる。芯ぐされや縁ぐされにもなりやすい。

これに対し、生育をゆっくり保ちながら糖度を上げていく果菜タイプの野菜には、肥効の山が早い「チッソ型」より、なだらかな「地力型」の堆肥がよい。チッソが少ないぶん、炭水化物が多い

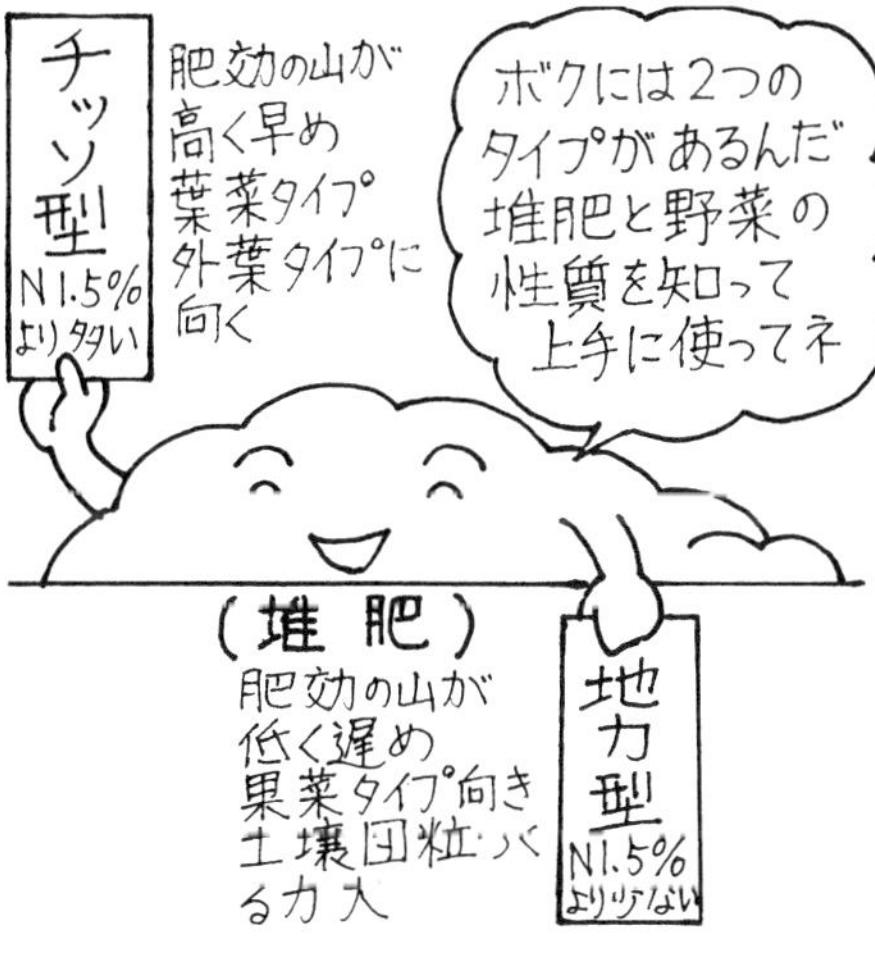

図2－6 チッソ型の堆肥，地力型の堆肥

ので生育が安定する。機能性成分を多くしたい野菜にもあっている。

ただ、レタスに「地力型」の堆肥を使うと玉締まりの悪いものができると述べたが、このような肥効を逆手にとって、葉物の春に収穫するような作型に使うと、トウ立ちを抑えることができる。

つまり、「地力型」はこの野菜、「チッソ型」はこの野菜、と単純に決めてかかるのではなく、それぞれの性質を上手に使い分けることが大事だ（図2―6）。

●チッソの効き方も知っておく
―チッソ定数

また堆肥を施用するときは、堆肥のチッソ量がどのくらい効くかを考えておくことも必要である。

アミノ酸肥料の場合、発酵型であれ抽出型であれ、十分につくり込んだものであれば、含まれているチッソ分は作期中にすべて効くと考えてよい。しかし、堆肥の場合は、アミノ酸肥料よりC／N比が高く、微生物による分解に時間がかかるために、施用した堆肥のすべてのチッソ分が効くとは限らない。

その割合を調べたのが、表2―1の「チッソ定数」と呼んでいるものである。定数一なら利用率は一〇〇％、チッソはすべて効き、〇・五なら半分が効いて、残りの半分は土壌中に残る。残ったチッソは次作以降の作物に使われたり、地力チッソとして残ることになる。

このチッソ定数は、堆肥のC／N比によって異なる。C／N比が低いほど、つまりチッソ成分が高いほど微生物による分解を受けやすくなり、定数は一に近くなって、含まれているチッソは野菜に利用されやすい。チッソ定数はほかに、土質や気候・季節によっても

表2―1　チッソ定数一覧

C／N比	利用率（％）	夏	冬
5	100	1.00	
6	100	1.00	
7	100	1.00	
8	100	1.00	
9	100	1.00	
10	100	1.00	
11	95	0.95	0.57
12	90	0.90	0.54
13	85	0.85	0.51
14	80	0.80	0.48
15	75	0.75	0.45
16	70	0.70	0.42
17	65	0.65	0.39
18	60	0.60	0.36
19	55	0.55	0.33
20	50	0.50	0.30
21	45	0.45	0.27
22	40	0.40	0.24
23	35	0.35	0.21
24	30	0.30	0.18
25	25	0.25	0.15
26	C／N比が高すぎる		

変動する。土の水分条件、地温などがチッソ定数を決める要因になる。

●土壌団粒をつくる力の違い

野菜の栽培期間はさまざまである。葉菜タイプは一ヵ月前後で収穫できるが、果菜タイプだと数ヵ月間かけて栽培される。このうち栽培期間が長い果菜類などは、後半になるとどうしても土が硬く締まってくる。団粒構造がくずれ、土壌中の酸素が追い出され、根の活力（呼吸）も低下してくる。養水分の吸収も、うまくできなくなる。

要は、栽培期間が長い野菜ほど、団粒構造を長く維持したいわけだが、そのためには、C／N比の高い「地力型」の堆肥が適している。

またこの堆肥は炭水化物が多いので、糖度を上げたい野菜にも適している。

●土壌病害虫を抑える

土壌病害虫がいる畑は、対処方法を間違えると年々被害が拡大し、作付けじたいがむずかしくなる。野菜を健全に生育させるにも、土壌病害虫対策は避けて通れない。これに有効なのが、放線菌やバチルス菌を増殖させた堆肥の施用である。

放線菌は土壌病原菌の拮抗微生物であるとともに、抗生物質をつくり出して土壌病原菌を抑える。フザリウム菌やネコブセンチュウを抑える力ももっている。バチルス菌は、土壌病原菌（多くはカビの仲間）を直接分解する力をもっている。

また、土壌病原菌は収穫残渣や残根をエサに増殖して勢力を拡大するが、バチルス菌はこの土壌病原菌をエサにすることで、土壌有機物の分解をよい方向へ向ける。つまり、放線菌やバチルス菌を増殖させた堆肥は、土壌病害虫対策に大きな力を発揮する**機能性堆肥**といえる。

このような機能性堆肥は、放線菌やバチルス菌の数が多いのはもちろん、施用後にそれらが活躍できるよう、エサの有機物を多くもたせてやる必要がある。そのような堆肥としては、**完熟堆肥**になる前の中熟堆肥が適している。有用微生物の数も多く、微生物のエサの有機物が多いからである（以上、『有機栽培の肥料と堆肥』を参照）。

ここまでのことをまとめると図2―7のようになる。

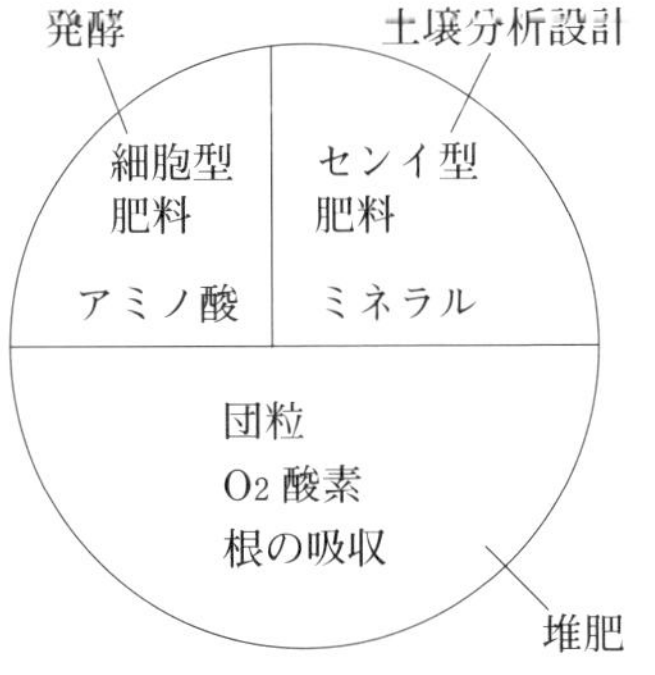

図2―7　有機栽培の基本となる考え方

3 生育と施肥の基本

(1) 野菜の育ちは、炭水化物優先、チッソ後追い

野菜の生育は「炭水化物優先、チッソ後（あと）追い」が原則。有機栽培を実践するときは、いつもこの関係を頭に思い描いておくことが大切だ。

●炭水化物量に見合うチッソを吸収させる

植物のからだは細胞とセンイからできている。そのどちらにも欠かせないのが、炭水化物である。この炭水化物を基本に、それに見合うチッソ量を整える。これが「炭水化物優先、チッソ後追い」ということだ。栽培的には、野菜に炭水化物を十分もたせたうえで（十分な光合成と有機的な施肥で）、その量に見合ったチッソが吸収、利用されるようにする、ということである。

この「炭水化物→チッソ」という順番、そして「炭水化物＞チッソ」という大小関係こそ、野菜の生育を健全にするポイントとなる。

●チッソ優先だと軟弱に、品質も落とす

炭水化物にくらべてチッソが多いと、タンパク質合成が不十分になり、チッソの多いアミドのような物質がつくられる。こうしたチッソ有機物は、遊離した状態で植物体内に残り、害虫を呼び寄せて、病原菌の増殖を促すように働く。

また、炭水化物が少ないとセンイや表皮なども十分につくられないため、軟弱になる。外敵から身を守る防壁を弱くし、受光態勢を悪くする。さらに、さまざまなストレスにも弱くなる。

たとえば、栄養生長のあいだに収穫する葉菜類はチッソ栄養が重要だが、多すぎると体内に**硝酸態チッソ**が多くなり、品質を落とす。収穫後も、呼吸による貯蔵養分の消耗が早くなり、輸送中の傷みや店頭での棚持ちを悪くしてしまう。

●炭水化物優先とは光合成優先

天気の悪いときにチッソは追肥しないが、炭水化物とのバランスを考えれば当然のことだ。曇雨天で光合成量が低下しているときに、チッソを追肥すれば、それまでのバランスをチッソ側に大きく傾けてしまう。その結果、草丈が伸び、葉は大きく垂れて色が濃くなり、病害虫がついて……、という典型的なチッソ優先の生育にしてしまう。

天候が回復して、急にチッソを追肥

するのもよくない。まだ十分な光合成が行なわれていないからだ。チッソの追肥は、樹勢などから光合成の回復を確認できてから行なう。光合成で炭水化物がつくられ、それに見合ったチッソを追肥する。これが、生育を乱さないポイントなのだ。逆にいえば、炭水化物が十分にあればチッソは安心して施肥できる（図2―8）。

「炭水化物優先」とは、つまり光合成優先ということだ。

(2) 施肥は、ミネラル優先、チッソ後追い

炭水化物優先という生育の原則に対応して、施肥は「ミネラル優先、チッソ後追い」となる。元肥や追肥の際に、野菜がまずミネラル肥料を、次いでチッソ肥料を吸えるように施肥や土壌管理を行なう、ということである（図2―9）。この施肥の原則のうえに、生育の原則も成り立つ。

●生体システムをコントロール

ミネラルは植物体内でさまざまな生化学反応に関わっていて、それを制御している。そのシステムの中でチッソ

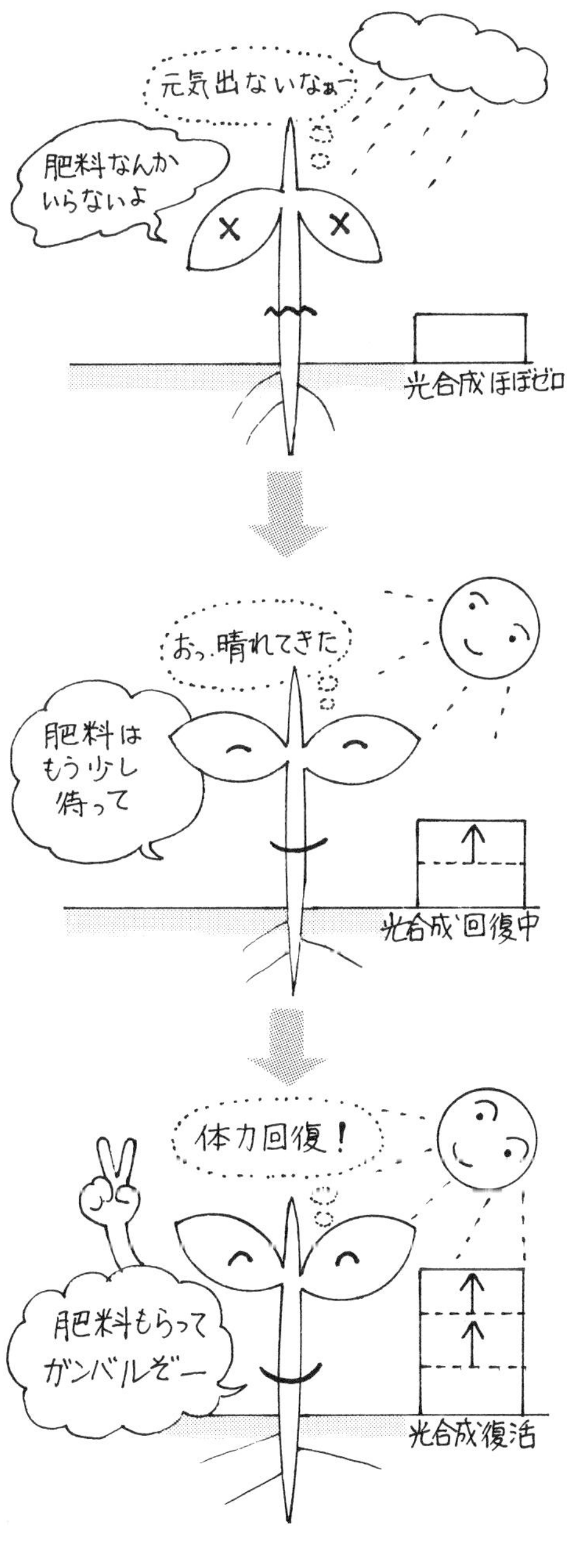

図2―8　チッソの追肥は光合成が十分行なわれるようになってから施す

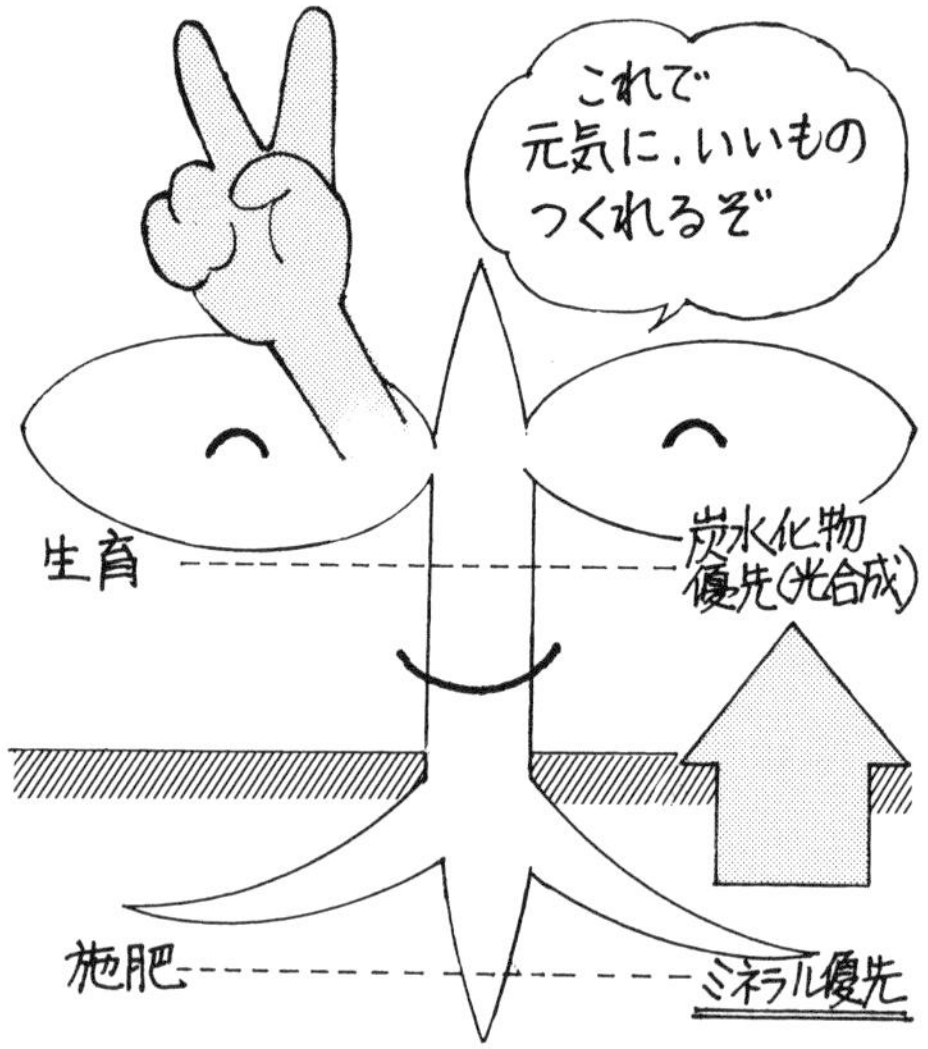

図2−9　施肥のミネラル優先が生育の炭水化物優先を支える

はアミノ酸やタンパク質に組み替えられ、細胞になり、複雑で多様な器官につくりかえられていく。ミネラルが十分にないと、きちんとした細胞もつくれないし、力強い生長もできない。

たとえば、キュウリでチッソを追肥したらアブラムシや灰色カビ病がついてしまった話はよく聞く。これもミネラル不足が原因であることが多い。それに気付かずチッソの追肥だけですませたのがよくない。

追肥が必要な場合、露地ならミネラル肥料を施して、ひと雨待ってチッソを追肥する。ハウスならミネラル肥料を施し、かん水をしてからチッソ肥料をやる。この「ミネラル↓チッソ」の順番が大事なので、同時に施用したのでは、水溶性のアミノ酸肥料が先に効いてチッソ優先になりやすい。面倒でもミネラル肥料を先にして、そのうえでチッソ肥料を施すのである。

●流亡や遅効きに注意

せっかくミネラルを適量施していても、それが水溶性ミネラルだったために降雨で流亡して、生育が徒長ぎみになり、病気が入ってしまう場合がある。

ふつうの雨でミネラル分が流されてしまうことはあまりないが、砂質土壌のように養分を保持する力が弱かったり、ミネラル肥料のなかでも水溶性の成分の多いものを使っていたりすると、このようなことがおきる。こんな畑は堆肥を施用して土の保肥力をつけることが肝心だが、さしあたってはク溶性のミネラル肥料を使うなどする。

また、流亡ではなく、ミネラルの効きが遅くてチッソ優先となってしまう例もある。

たとえば、アミノ酸肥料と粒状のミネラル肥料を元肥に施用してその一週間後に野菜苗を定植したら、しばらくして新芽にアブラムシがついた、病気にかかった、という場合である。

これは、量は適切であったものの、定植までの一週間に粒状のミネラル肥料が十分溶けなかったのが原因だ。そのために苗がチッソ優先の生育になってしまったのだ。67ページで述べたように、粒状のミネラル肥料はすぐに溶けない。土になじんで、土壌溶液中に十分な量が溶け出すまでには時間がかかる。その時間も考えて施用時期を決めることが大事だ。

以上に示すように、知らず知らずのうちにチッソ優先の生育になっていることは少なくない。天候がよければおきない場合もあるが、そのことが原因で思うような成果が上げられないことも多い。

生育期間を通して、「ミネラル優先、チッソ後追い」の施肥ができているか、またそれができる仕組みを自分の畑でつくっていくにはどうしたらよいかを、つねに考えていきたい（図2—10）。

図2—10　施肥はミネラル優先チッソ後追いで

4 栽培条件・環境と基本資材

(1) 土質

●砂質の畑

アミノ酸肥料は**化成栽培**のチッソ肥料にくらべてゆっくり効く。とはいっても、水溶性のチッソが多いので、砂質の畑では流亡が問題になる。化成栽培同様、こまめな追肥が必要になる。そこで、同じ吸収量でも十分なチッソ量が得られるよう、アミノ酸肥料でもチッソ成分の多いものを少量ずつ使う。

葉物のように栽培期間の短いものはそう気にしなくてもよいが、根菜のように少し長くなってきたら追肥を早めに、回数も多くしなければならない。

方では、堆肥を施用して土に保肥力

をつけていく。

●粘土質の畑

粘土質の畑では水はけが問題になる。植物は根まわりに酸素がないと養水分を吸収できないし、スムーズに排水されないと呼吸もできない。粘土質の畑はこの水はけの改善が何よりも大切である。

そこで、最初は堆肥を多めに使って、サトイモやナス、ピーマンなど水はけが多少悪くても苦にしない野菜をつくる（トマトやメロン、ゴボウやダイコン、ニンジンなどは不向き）。ウネを高くして作付けるとよいだろう。また、できれば堆肥を入れながら**太陽熱養生処理**（83ページ参照。詳しくは、『有機栽培の肥料と堆肥』）を行なうと団粒構造の発達が早い。

こうして徐々に団粒構造ができてくれば、水はけが改善されてよい土になっていく。

なお粘土質の畑は、保肥力が高いので、追肥の加減がむずかしいときがある。肥効が切れないとキャベツやレタスなど結球ものは玉締まりが悪くなったり、果菜タイプでは奇形果が多くなったりする。このような野菜はチッソ成分が少なめのアミノ酸肥料を利用するとよい。

●黒ボク、火山灰土

黒ボクや火山灰土はリンサン吸収係数が高く、リンサンの施用量が多くなりがちである。しかし有機の資材では、リンサンはすべて有機物の中に取り込まれているので、土壌に吸着されることは少ない。また黒ボクや火山灰土では、C／N比の高いアミノ酸肥料や堆肥を使うとよい。これらがもっている炭水化物が**腐植**や有機酸をつくり、土壌に固定されているリンサンを遊離させて、野菜に吸収しやすくするからだ。

なお、気を付けなければいけないのは、リンサンが十分施用されていて、可給態のリンサンがタップリあるのに、黒ボクはリンサン吸収係数が高いと思い込んで、さらに多量のリンサン資材を施してしまうことだ。リンサン含量の多い鶏ふん堆肥や豚ぷん堆肥を入れすぎて、かえって微量要素を効きにくくしている畑がある。きちんと土壌分析して自分の畑の養分状態を把握するようにしたい。

(2) 気候・季節

気候や季節によっても施肥は変わってくる。季節が夏に向かうか、冬に向かうか、ということから施肥の考え方を見る。

●夏に向かうとき

夏に向かうときは日照が強くなり、同時に気温・地温も高くなっていく。野菜の光合成能力は高まるので、炭水化物生産も多くなる。チッソを多く吸収しても十分に同化して、細胞づくりに利用できる。その分、チッソ肥効のメリハリがつけやすい。

表2−2 気象と施肥

	夏に向かう	冬に向かう
アミノ酸肥料	細胞型 チッソ多くてもよい	センイ型 炭水化物の多いものがよい
ミネラル肥料	石灰多め カリ少なめ	石灰少なめ カリ多め
堆肥	土質を参考に決める	

(野菜によって異なることもある)

ただ、雨も多く、気温も高い、チッソも十分に吸収できるので、生育が軟らかくなりやすい時期でもある。また害虫も活発に活動するし、病原菌の増殖も速い。病虫害対策をきちんと行なうことも重要だ。

そこでこの時期の施肥については、次のように考えておく。

アミノ酸肥料や堆肥は、比較的チッソ成分の高いものでも安心して使うことができる。

ミネラル肥料は、からだを締めたり硬くする石灰を多めに、軟らかく大きくするカリを少なめにする。病虫害対策と収穫物の比重を重くするために、これはとくに重要だ。ただ、作目によって、たとえばナスは果実を軟らかく大きく伸ばしたい野菜なので、石灰は少なめにしてカリは多めにする、などそれぞれの野菜に応じた加減は必要だ。

同じ野菜なら、夏に向かうときは冬に向かうときより「石灰多め、カリ少なめ」が基本である。

●冬に向かうとき

冬に向かうときは、夏に向かうときと反対になる。日射しが弱くなり、気温・地温は下がってくる。生育は遅くなり、光合成による炭水化物生産も夏に向かうときに比べると減少する。

アミノ酸肥料は炭水化物生産を補うという考え方から、チッソ成分より炭水化物含量の多いものを使う。アミノ酸肥料の炭水化物部分を少しでも多く野菜の生育へまわすことが、この時期の栽培には必要なのである。

ミネラル肥料は伸びをよくするカリを多めに、石灰は普通とする。そして光合成を高めるということで、葉緑素の中核物質である苦土を多めに設計する。

生育がゆっくりしているので、暑い

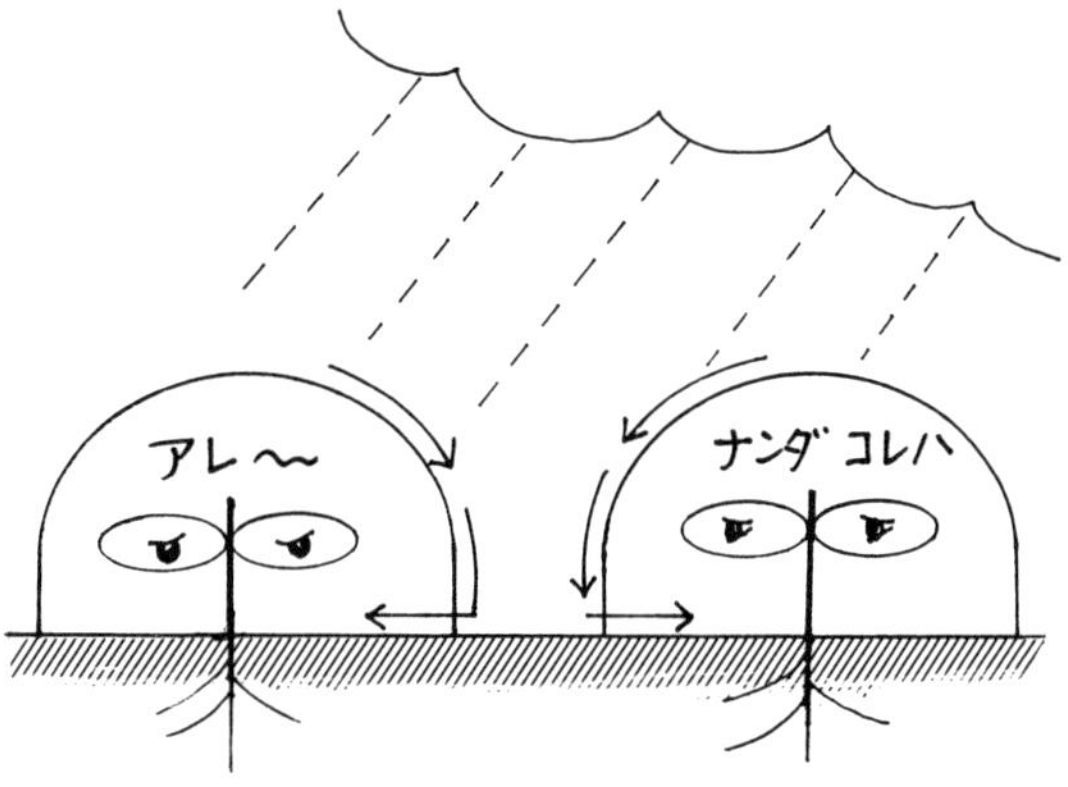

図2―11　雨水が流れ込むようなハウスでは土つくりの前に，排水する仕組みをつくる

ときにおきやすい石灰欠とか、腐れのようなことはおきにくい。夏に向かうときのように石灰を多めに施用する必要はない。

●梅雨のとき

梅雨は日照が少なく、土壌水分や湿度が高くなる。光合成でつくられる炭水化物は少なく、水分が多いので、どうしても作物は軟弱になりやすい。病原菌は増殖しやすく、野菜のからだは防除機構が弱まっている。

アミノ酸肥料は光合成の低下を補うために、C／N比の高い、チッソの少ないものを使う。

また堆肥は、野菜の種類によって異なるが、気を付けたいのは、C／N比の高い、チッソ成分の低いものは、この時期の低地温によって分解が遅れ、肥効が後へズレることがある。そうなると相対的に後半にチッソ優先の生育に陥りやすくなり、腐れとか病気にかかりやすくなる。この点、注意が必要だ。

なお、雨が多いと冠水しやすいとか、地下水位が高いといった条件の悪い畑では、資材の使い方を云々する前に必ず物理的に水を排除する仕組み（明渠や暗渠など）をつくっておくことが必要になる（図2―11）。

第3章

化成栽培から有機栽培への切り替え

有機栽培のスイカ。着果数が増えても生育は安定する

1 確認！ 化成栽培の土

化成栽培から**有機栽培**に切り替えるときのポイントを知らないと、失敗することも多い。

長年、化成栽培を続けてきた畑は、①堆肥の投入量が少ないので土が硬く締まっている、②土壌微生物相が貧弱で土壌病害虫も多い、という特徴がある。

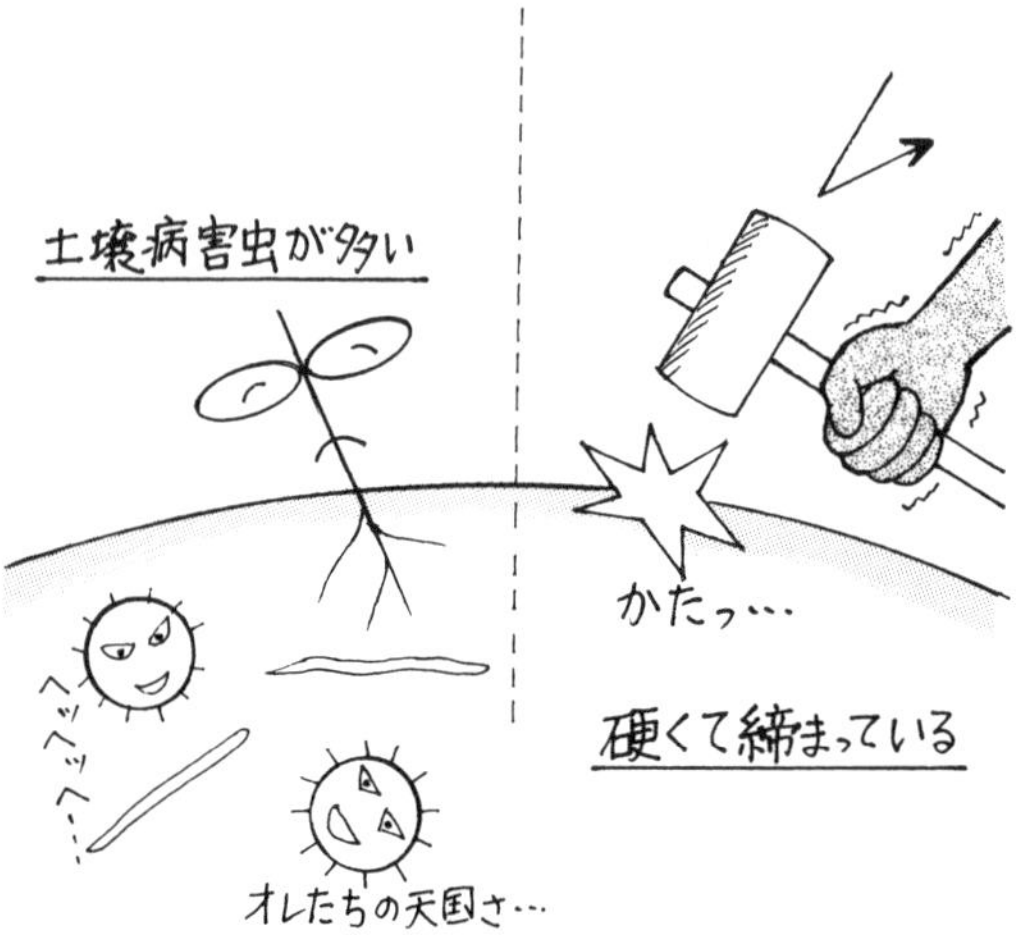

図3－1　長年，化成栽培を続けてきた土

(1) 土が硬く締まっている

化成栽培では堆肥や有機質肥料の投入量が少ないため、土壌団粒が十分発達することなく、土が硬く締まってしまう。

土壌団粒は、有機物が微生物によって分解されてできる糊状物質が、有機物そのものや粘土鉱物などをまとめてできる。その糊状物質の原料となる有機物が少ないために、**団粒構造**が発達せず、土が硬く締まってくる。水はけは悪く、根まわりに空気が少ないために、根張りも悪い。

また土が硬い畑は、施用した肥料分のおもにチッソが吸収され、肥効のバランスが悪い。土に残った肥料が遅効きして生育を乱すことも少なくない。当然、良品多収は叶わない。病虫害を招くことも多い。

(2) 微生物の量も種類も少ない

土の中の微生物が増えるには、エサとなる有機物が必要だが、化成栽培では少ない。そのため微生物の数は圧倒的に少なく、種類も限られる。

またこうした畑にある有機物といえば、野菜の根や残渣が一番多い。これらをエサにする微生物が増えやすい。その代表が野菜に害をなす病原微生物である。これに拮抗する微生物もあまりいないから増えるときは一気に増える。そんな畑に野菜を作付ければ、伸びてきた根は恰好のエサとなり、大きな被害を与える。

2 切り替え時におきやすい失敗と対策

こういう条件で有機栽培に切り替えるときに注意しなければならないことは以下のような点である。

(1) ここが危ないポイント

●なまの有機物施用、不用意な作付け

化成栽培の畑では堆肥の施用量は少なく、**有用微生物**は種類も数も少ない。そんな畑になまの有機物を施用したら、どうなるか。前述した野菜の根や残渣をエサにする病原菌のエサを新たに与えたのと同じことになり、かえって勢力を増大させてしまう。

また不用意な作付けも同様で、土壌病原菌に新たなエサを提供することになる。

●質の悪い堆肥の施用

なまの有機物は論外としても、堆肥の素性《すじょう》、質もよくチェックする。

バークやオガクズの堆肥では、**発酵度合**が不十分なものが多い。バークやオガクズは指でつぶれるくらいにまで分解していないと、かえってチッソ飢餓をおこしたり、有害な有機酸によって野菜の生育を阻害したりする。

また、有用微生物が棲みついていない堆肥は、ただ土壌病害虫に絶好のエサ（有機物）を与えただけになってしまう可能性がある。土壌病害を抑えると期待して施した堆肥で、逆に土壌病害を増やしてしまうことだってあるのだ。

●堆肥の力不足

土壌病害虫を抑える堆肥は、拮抗的な微生物が増殖していること、あるいは、抗生物質のような副産物があることが必要である。そうでないと堆肥の有機物が土壌病害虫のエサとなり、かえって被害を拡大してしまう。

有用微生物として注目しているのがバチルス菌や放線菌。これらが多く増殖している堆肥（「**機能性堆肥**」と呼んでいる）は、土壌病害虫を抑える効果は高い。ただし、有用微生物単独では効果は期待できない。エサも一緒に畑にもち込こまないと活躍できない。施用する堆肥には、有用微生物と、そのエサも多く含まれていることが大切なのである。

その意味でお勧めなのが**中熟堆肥**である。これは44ページでも述べたが、完熟一歩手前で発酵を止めてつくる（詳しくは『有機栽培の肥料と堆肥』参照）。化成栽培から有機栽培に切り替えるときは、この中熟堆肥を使って畑を有用微生物が優占した状態にする。作土全体を有用微生物で埋め尽くすつもりで一〇aに二t程度施用するとよい。

●土壌消毒の前歴のある畑

化成栽培でよく行なわれる土壌消毒によって土壌微生物は極端に少なくなる。そんな畑に、土壌病原菌が雨水で流れ込んだり、トラクタの爪や車輪などに付着してもち込まれたりすると、いっぺんに大増殖する。

不用意に作付けると、とたんに土壌病害に見舞われることになる。

●アミノ酸肥料の単独施肥

これも土壌病害に関連してよくある失敗。チッソ肥料の**アミノ酸肥料**を単独で使って土壌病害虫を増やしてしまう例だ。

とくに無菌状態で製造される抽出型のアミノ酸肥料には有機物（アミノ酸肥料）を守る有用微生物がいないため、土壌病害虫の多い畑で使うと恰好のエサになってしまうのだ。そこで化成栽培からの切り替えで、抽出型アミノ酸肥料を使うときは必ず良質の「機能性堆肥」と混ぜて施用することだ（図３―２）。

機能性堆肥には土壌病害虫に拮抗的な微生物が多く棲みついている。アミノ酸肥料がそのエサとなり、有用微生物を増やして土壌病害虫を駆逐するように作用する。

図3−2　アミノ酸肥料がエサとなってかえって土壌病害虫を増やすこともある

●ミネラル不足に気付かない

化成栽培から有機栽培に切り替えて三～四年は非常によかったのに、その後、収量・品質が低迷するということがよくある。これは端的にミネラル不足が原因であることが多い。

化成栽培時代に土改材として施していた石灰や苦土などのミネラル分が有機栽培に切り替えたことで効きだし（活力が高まった根に吸収される）、有機肥料との相乗効果でそれまでにない成果をあげることができた。しかし、ミネラルが効いているという意識がないため、有機だけの施肥で大丈夫と思い込む。土に蓄えられていたミネラル分が底をつくと、それまでのような成果がでなくなる。それが有機に切り替えてだいたい三～四年経った頃というわけである。

土壌分析を心がけ、過不足のないミネラル施肥が必要である

(2) 養生処理の方法

このように化成から有機への切り替え時にはいろいろな問題が発生する。とくに土壌病害虫がらみの問題は、収量や品質に直接関わるので、上手に切り替えないと有機栽培の成果がなかなか上がらない。切り替え時には、一度畑をリセットするような処理をとりたい。私は「(太陽熱) 養生処理」という方法を勧めている（図3―3）。

●土壌病害対策の切り札

これは、放線菌やバチルス菌が増殖した機能性堆肥を施用し、その後、しばらく作付けをしないで待つ、というものである。この間に土壌中に有用微生物が勢力範囲を広げていく。この方法を養生処理といい、その期間を**養生期間**と呼んでいる。

この養生処理を太陽熱を利用して土壌病害虫対策として、より効果的に行なうのが、太陽熱養生処理である。そのポイントは、

①対象とする土壌病害虫に対抗できる有用微生物（放線菌やバチルス菌）が増殖している機能性堆肥を施用

②古いビニールシートなどでマルチして、適度な水分（五〇％前後）と温度（地温二五℃以上）を保つ

③処理期間（二〇～三〇日、積算温度で八〇〇～九〇〇℃）

このポイントを守ることで、効果は年々上がり、一～三年で土壌病害虫の問題を克服できる。

●とくにハウスで大きな効果

ハウスは、露地以上に養生処理の効果が高い。

ハウスだと、太陽熱によって地表面の地温は六〇℃、地表面から一〇㎝の深さでも五〇℃くらいにまで温度が上がる。有機物の分解が進み、微生物の

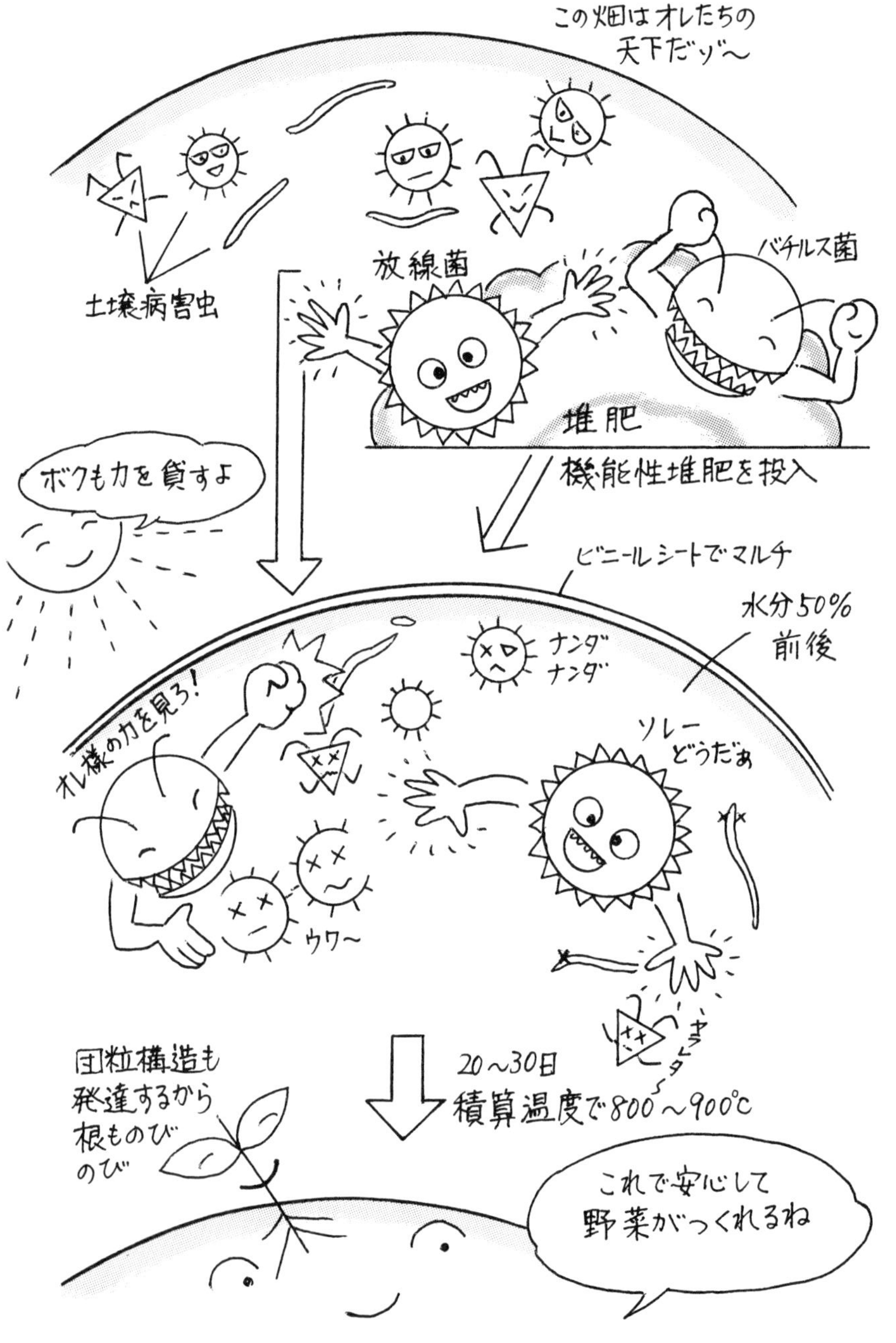

図3−3　化成から有機への切り替えの切り札「太陽熱養生処理」

せめぎ合いがおこり、有害微生物を抑え込むことができる。

また、五〇℃、六〇℃という温度は土壌病害虫にとって苦手な温度帯である。急速に増殖する中熟堆肥由来の有用微生物群に対抗できず、勢力争いに負けて、抑えられてしまう（写真3―1）。

写真3－1　ハウスでの太陽熱養生処理
（写真提供　(株) ぐり～んは～と）

●物理性も一緒に改善

このような処理を二〇～三〇日（積算最高温度で八〇〇～九〇〇℃）続けることで、物理性も改善される。処理後は、水はけのよいサラサラした土になる。

土壌病害虫対策という生物性の改善と同時に、**団粒構造**も発達するので物理性の改善効果も大きい。

●日射しがあれば冬でも可能

日射しがあれば、冬場でも太陽熱養生処理は可能である。熱はあまり上がらないが、有機物の分解が進み、土壌病害虫を抑える効果はある。ただし、処理の日数を三〇日以上（最低でも積算最高温度八〇〇～九〇〇℃）に延ばす必要がある。

以上、太陽熱養生処理について詳しくは、『有機栽培の肥料と堆肥』を参照していただきたい。

第4章

有機野菜の病虫害防除

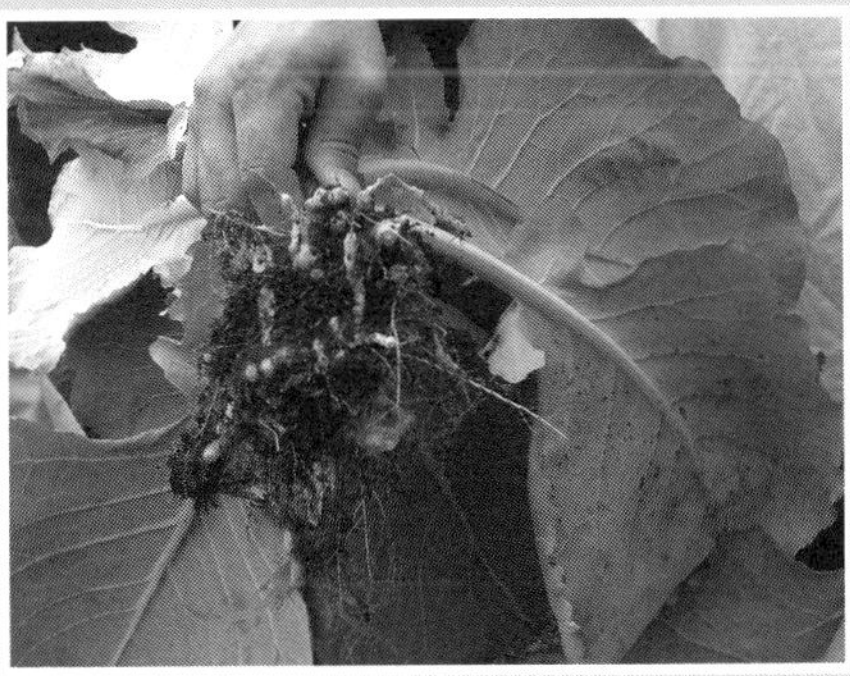

キャベツの根こぶ病

1 野菜の病虫害

野菜の病気や害虫をどのように防いでいくかは、農薬を使用しない**有機栽培**の大きな課題だ。

私は、野菜が健全に生育するように手当てすることで多くの病虫害は抑えられると思っている。病気、害虫のどちらの対策も、結局は植物として**光合成**をしっかり行なわせることが基本になる。そしてこの基本は、高品質な野菜を多収することと同じである。つまり、品質・収量を高めることと、病虫害を抑えるということとは両立する。

(1) 根の病気

病気は発生部位によって違う。おもには根と地上部の病害の違いである(図4―1)。まず、根の病気から見ていこう。

●根傷みからおきる場合

病原菌が根まわりにいても、侵入する入り口がなければ容易に病気にはならない。しかし、人為的なミスで根に弱い部分や傷口ができ、そこから病原菌が入り込み、病気が引きおこされる。いわゆる根傷みによる病気である。

根傷みの要因には、次のようなものがある。

①根が呼吸困難に陥って、根傷みをおこす場合

根は呼吸を行ないながら養水分を吸収し、伸長している。根のまわりには適度な空気が必要だが、空気のある空隙(気相)が水浸しになると、呼吸困難に陥ってしまう。また肥料濃度、とくにチッソの濃度が高いと根が焼けて、呼吸困難になる。

呼吸できないと根の表皮細胞が再生されず、焼けた部分が根傷みとなり、そこから土壌病原菌が侵入する。

②鉄の不足で根の呼吸量が少なくなる場合もある

鉄は呼吸に関わるミネラルで、不足すると呼吸量が低下する。すると根が機能不全をおこして、呼吸量の少ない部分から枯死が始まる。ここが土壌病原菌の侵入口となる。

③根の外壁が弱くて、伸長時に傷ついてしまう場合

根は地上部の葉や茎のような硬い表皮をもたない。根の外壁をつくる養分の石灰やホウ素が不足すると、その強度が弱まり、根が伸長する際、傷ついてしまう。この根傷み部分から土壌病害が引きおこされる。

●病原菌の増殖による場合

一方、根のまわりにはさまざまな種

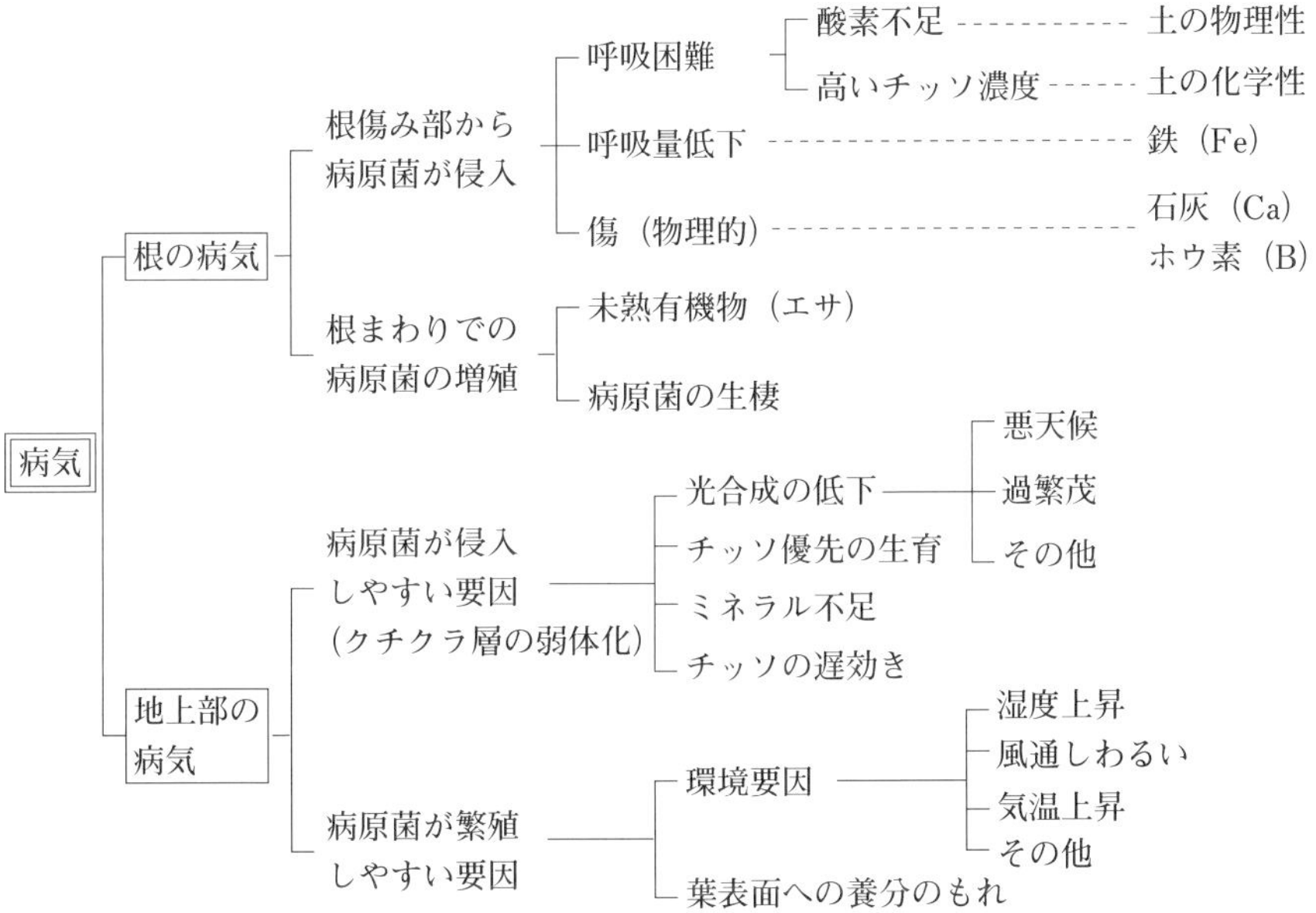

図4−1　病気のさまざまな要因

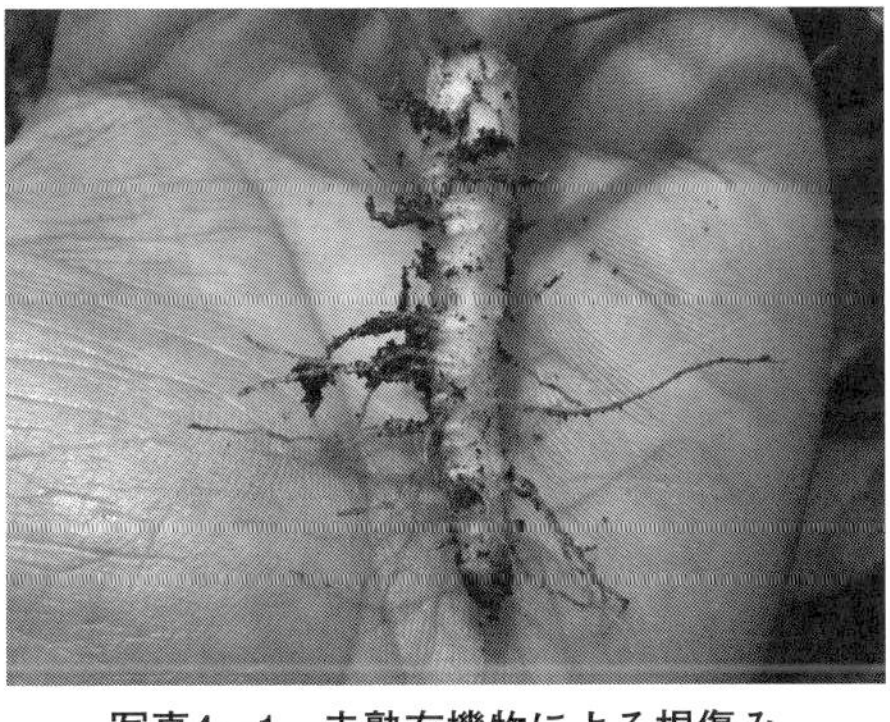

写真4−1　未熟有機物による根傷み
（写真提供（株）ぐり～んは～と）

類の微生物が棲みついている。多くは根から脱落する表皮細胞を分解して栄養としている。そして微生物が分解した有機物や、微生物の遺体の分解物を根は吸収、利用している。このようなやりとりをしながら、根と根圏微生物は共存している。

土壌病害に冒された根や、病原菌のエサとなる未熟有機物が土中にあると、根の組織を分解する**酵素**の量が多いある種のカビが増殖し、根を害するようになる。これが土壌病原菌だ。この土壌病原菌は、伸ばした菌糸から水分を得られるので、気相部分へも進出できる。

通常の微生物より格段に強い生命力で密度を高め、菌糸を組織の中にも伸ばしながら増殖し、根に大きなダメージを与える（写真4—2）。

以上の根傷みとなる要因を取り除いて

いくことで、根由来の病害は減らすことができる。

(2) 地上部の病気

地上部の病気は、地下部と同様、病原菌が侵入しやすくなっている場合と、病原菌が増えやすい条件になっている場合と、二つある。

●侵入しやすくする要因

野菜の葉や茎の表面にはクチクラ層というワックス層があり、病原菌の侵入に対する防御壁の役目をしている。このクチクラ層はセンイと同様、**炭水化物**からつくられる。しかし、次のような要因でクチクラ層が薄くなると、病原菌が侵入して、病気にかかりやすくなる。

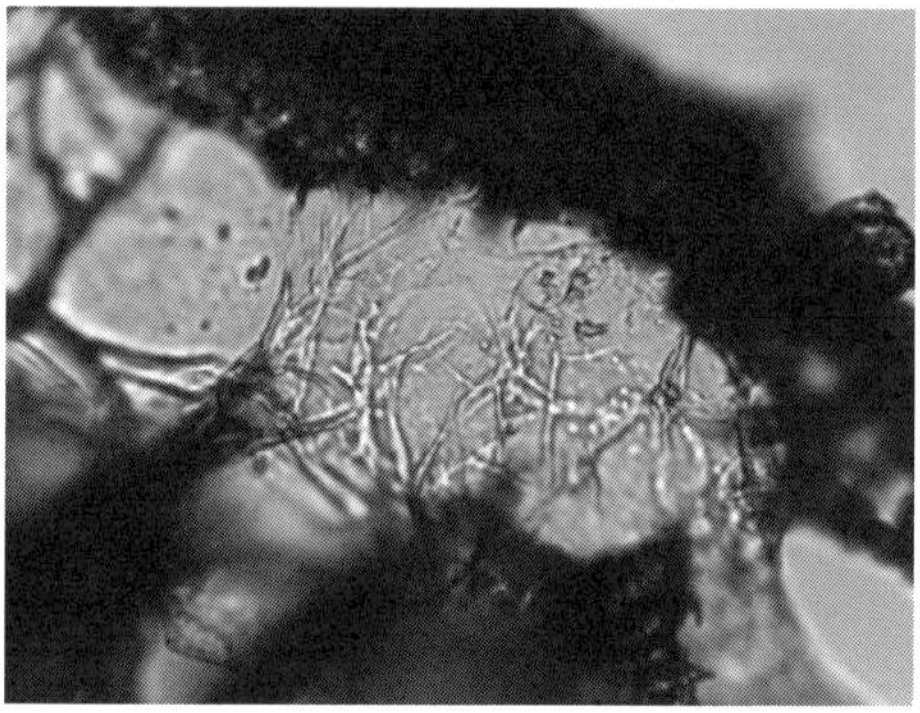
写真4－2　根傷みしている部分に伸び出している菌糸

①天候不順や、過繁茂などによって光合成による炭水化物生産が低下してクチクラ層や細胞壁が薄くなる。

②チッソ優先の生育になると、光合成でつくられた炭水化物が細胞づくりにまわって、センイづくりにまわる分が少なくなる。その結果、クチクラ層などが薄くなる。

③ミネラル不足で、光合成による炭水化物生産が低下、クチクラ層などが薄くなる。

④生育後半、すでに細胞数が決まっているときにチッソが遅効きすると、細胞が肥大する。風船に空気を入れてふくらませるのと同じで、細胞壁が薄くなり、表皮やクチクラ層も薄くなってしまう。

●増殖しやすい要因

野菜の病気の多くはカビの仲間が原因だ。カビが増えやすい条件、環境だと病気にかかりやすい。たとえば、水をやりすぎて湿度が高くなったり、風通しが悪い、気温が高い、といった環境要因はカビの増殖を助ける。

また、後半にチッソが遅効きした場合は、細胞の肥大によって細胞壁が薄くなるだけではない。吸収して、使い切れずに余ったチッソを、葉の表面から吐き出す。これが葉の表面にいる病原菌の栄養となり、増殖を許してしまう。チッソの後効きは、野菜を軟弱にして病原菌を侵入させやすくするだけでなく、病原菌の増殖を促し、病気にかかりやすくしてしまう。

地下部の病気と同様、それぞれの要因を取り除いていくことが防除上、重要である。

(3) 害虫

●害虫を誘う野菜のにおい

害虫はまず野菜のにおいに誘われてやってくるのではないか、と私は考えている。害虫が野菜を加害するのは、もちろん子孫を残すためである。この子孫を残すということを別のいい方でいえば、タンパク質をつくりながら増殖していくということだ。そしてタンパク質は有機のチッソ化合物である。つまり、害虫はこのチッソ系の物質のにおいに誘われてやってくるのだと考えている。強ければ強いほど、より誘われるだろう。

このにおいを外に漏れないようにしているのが、野菜のからだを包み込んでいる表皮だ。表皮が厚くて強靭なら、風雨にさらされても、茎葉がこすれ合っても傷が付きにくく、野菜のにおいは外に漏れ出すことは少ない。反対に表皮が薄くて弱いと、容易に外に漏れ出してしまうだろう。そのにおいに誘われて害虫がきて、加害、増殖をくり返すことになる（図4－2）。

●害虫が増える要因

以上から、害虫による被害がおきる要因は次のように整理できる。

①表皮が薄くて野菜のにおいが漏れ出しやすい

②野菜のにおいが害虫の好むものである

表皮が薄くなる原因は、前ページの「侵入しやすくする要因」のところで述べたように四つほどある。

また、表皮の強さは変わらなくても、何らかの要因で傷が付くことはある。そこから漏れ出たにおいは野菜の栄養

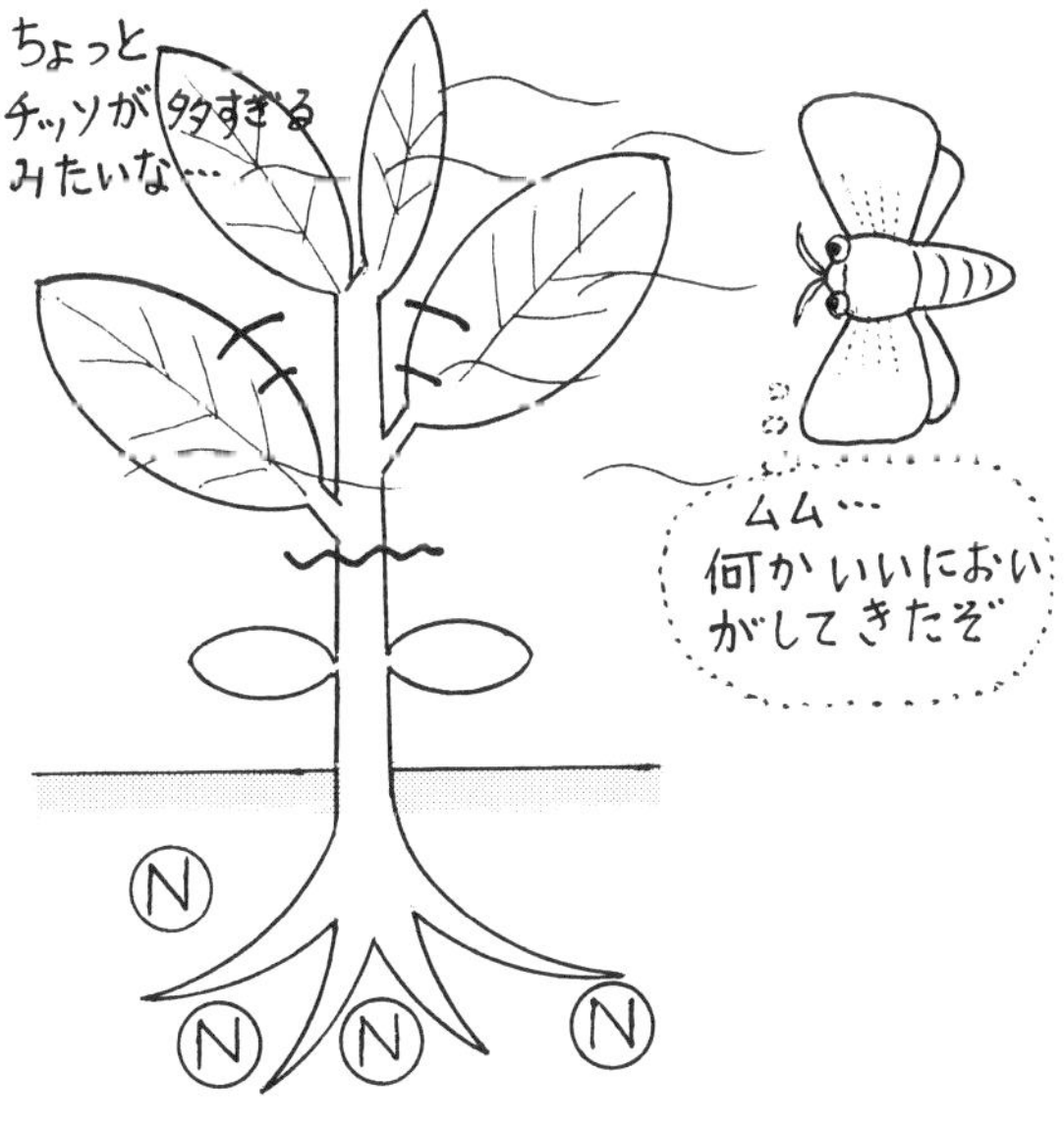

図4－2　野菜のにおいに誘われて害虫がやってくる

状態によって異なり、害虫の引き付け方も変わる。害虫が好むにおいを出す野菜のほうに害虫は誘われてやってくるのだ。

たとえば、チッソのよく効いた野菜にアブラムシが多いのは、経験的によく知られている（写真4―3）。チッソ優先になると植物体内にタンパク質に同化しきれない物質（アミドなど）ができ、このにおいが害虫を多く呼び寄せるためだ。

写真4－3　アブラムシの発生したトマト
（写真提供（株）ぐり～んは～と）

2　有機栽培の病虫害対策

(1) 苦土、マンガン、石灰を過不足なく効かす

表皮を硬くして病害虫の侵入を防ぐ、これが地上部の病害虫に対する最大の対策だ。

表皮を硬くするには、光合成をきちんと行なわせること。光合成を十二分にさせて、表皮の原料の炭水化物を目一杯つくらせる。そのためには、**アミノ酸肥料**や**ミネラル肥料**を適切に施すことだが、とくに光合成に関するミネラルとして苦土やマンガンが重要だ。

苦土は**葉緑素**の中核ミネラルで、これが不足すると下葉から葉に照りがなくなり、水を弾かなくなる。すると水滴が葉の上に長く残り、病原菌も増殖しやすい。

一方マンガンが不足すると、上位の葉の緑が薄くまだらになってくる。陽に透かして見るとよくわかる。薄くなっているところがマンガン不足の部分で、光合成力が落ち、表皮が薄くなっているのである。果菜などでは、ここに葉カビなどが侵入し、病斑をつくる。

また石灰は表皮を硬くする効果があり、病害虫対策には不可欠のミネラルである。これらをきちっと効かしていくことが重要である。

(2) 中熟堆肥の養生処理、かん水

根を侵す土壌病害を防ぐには、**団粒構造**をしっかりつくって、根が十分に呼吸できるようにすることである。また、土壌病原菌であるカビの仲間、センチュウの仲間の増殖を抑えることが大切だ。

83ページで紹介した**中熟堆肥**の施用が、ここでも重要である。中熟堆肥による**太陽熱養生処理**である。これをやることで団粒構造が発達するとともに、放線菌やバチルス菌が増殖して、土壌病害虫を駆逐できる。季節的に取り組みにくい時期もあるが、ぜひ実施してほしい。

また、中熟堆肥の放線菌は、抗生物質をつくりだしてカビの増殖を抑え、バチルス菌はカビを食べて増殖する。そこで、私は中熟堆肥を追肥したり、水に入れてエアレーションをかけて、かん水する方法を勧めている。こうすることで、空気の流れにのった放線菌やバチルス菌が地上部の病気の発生を抑えてくれるからだ（図4—3）。

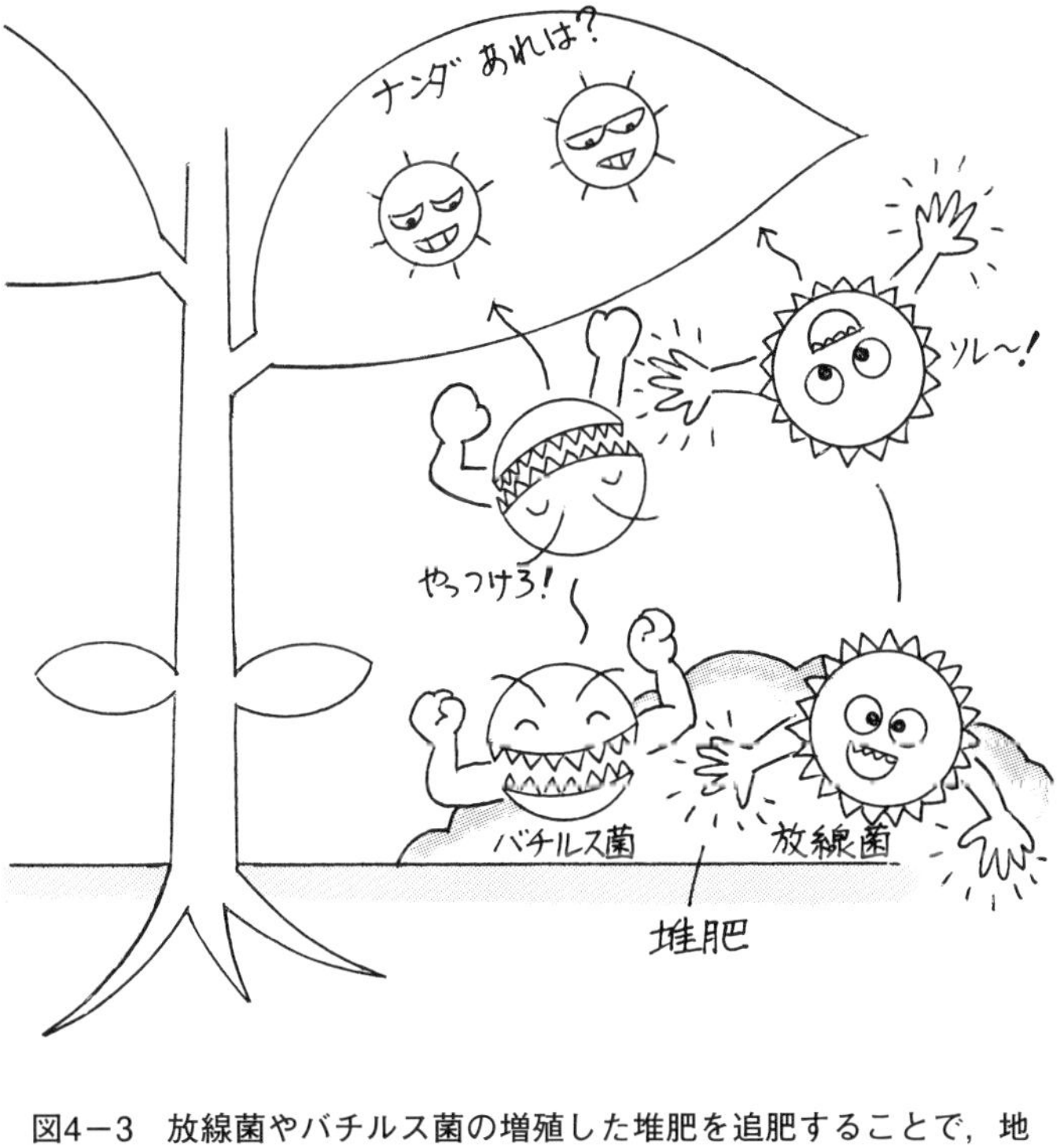

図4—3　放線菌やバチルス菌の増殖した堆肥を追肥することで，地上部の病気を抑えることもできる

（3）ミネラル優先、肥効のズレをなくす

野菜の健全生育には、適切な施肥が欠かせない。その基本は、くり返すが、ミネラル優先の施肥を心がけることだ。チッソ優先だとどうしても野菜は軟らかくなり、病害虫が侵入しやすい。茎葉が繁って日当たりや風通しを悪くし、病害虫が居着きやすい環境になりやすい。

また、遅効きしない施肥も大事だ。とくに発酵型のアミノ酸肥料を使うときは、品質に注意する。**発酵**が不十分で未熟な有機物が多いと、肥効が切れるべきときに効いてしまう。そうなると細胞が肥大し、表皮が薄くなったり、組織が軟らかくなって、病害虫の加害が増える。また、葉面に養分がもれ出してくれば、病原菌の増殖を助長することになる。

ミネラル肥料を適切に施肥することも大切だ。しっかり光合成をさせるには苦土やマンガンが、強い表皮やセンイをつくるには石灰や鉄が必要になる（図4―4）。

ただし、過剰害が出ないよう、畑ごとに土壌分析を行ない、施用する。牛ふんの多投でカリ過剰になると石灰や苦土が吸われにくくなる。すると光合成が低下して、センイづくりが滞る。表皮や根が弱くなり、病害虫に対する抵抗力が低下する。

また、米ヌカや鶏ふんを多投してリンサン過剰を招けば、鉄や亜鉛などの**微量要素**が吸収されにくくなる。根や地上部の活力は低下して、病気に弱い体質になるのである。

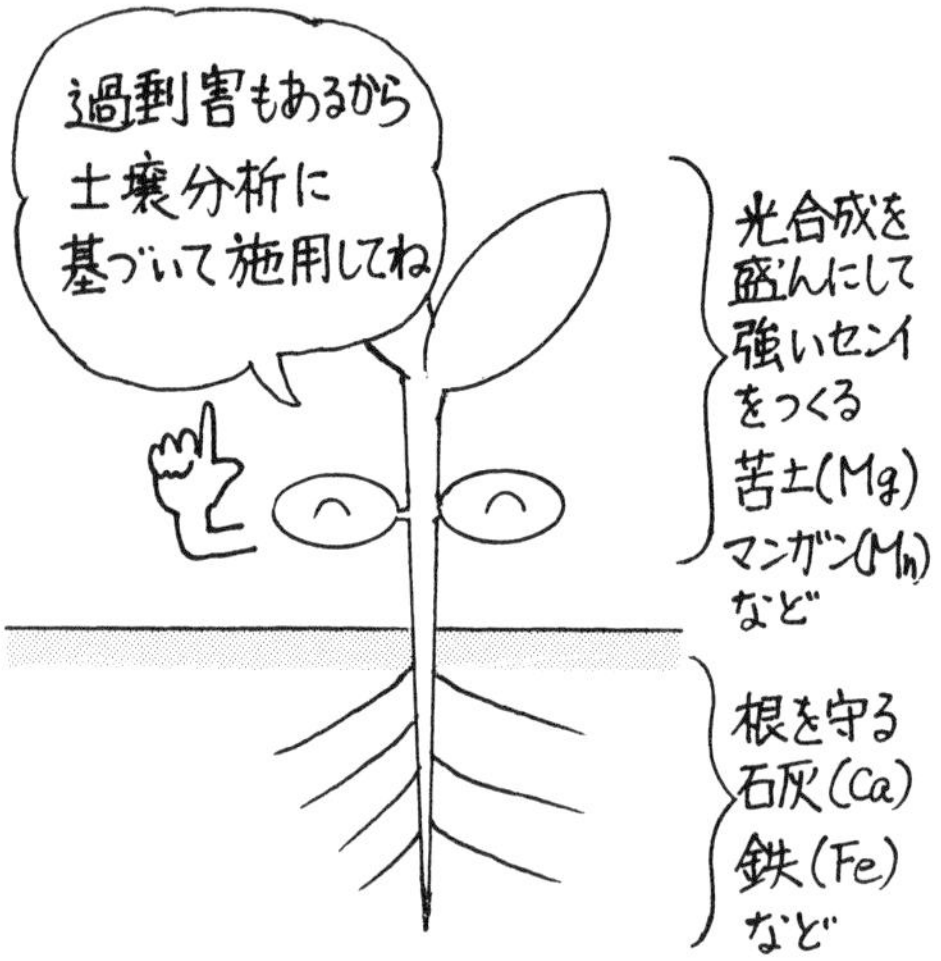

図4―4　ミネラルで病害虫に対する抵抗力を増強する

第5章

苗つくりと培土

―スムーズな活着をめざす

苗床は無肥料でなくミネラル優先の施肥で育苗する

1 野菜の生長と苗

(1) 野菜に「苗の時代」はない

苗の重要性は強調するまでもないことだが、実は野菜にとって苗という時代、育苗期間といった生育の区切りは存在しない。多くの野菜の一生はタネから根や芽を伸ばして生長し、茎葉を繁らせ、根を伸ばして、養水分を吸収、やがて花を着け、実を結び、タネをつくる、というものだが、この生育のなかに、特別「苗」という期間が独立して存在しているわけではないのだ（図5—1）。

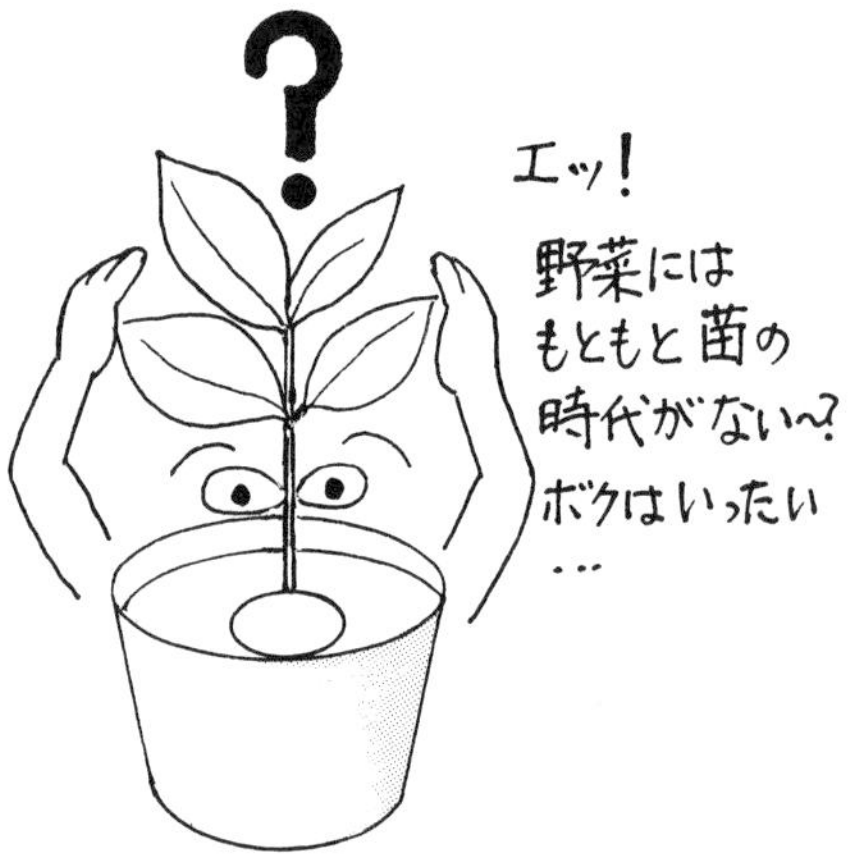

図5－1　「苗の時代」なんてない？

写真5－1　キュウリの苗
（写真提供　農事生産組合野菜村）

苗は、栽培する人間の側の事情からつくられるものである。

一般的には苗を定植すると、それまでの生長がいったん停滞して、しばらくしてからふたたび生長が始まる。これはそれまで苗が育ってきた環境と、定植された畑の環境が異なることが原因である。

苗のこの生育の停滞をできるだけ短くすることが、苗を定植して栽培する野菜のポイントになる。

(2) 環境変化をできるだけ少なく

本来の野菜の生育からいえば、苗のときの生長が定植後の畑でもそのまま続くようにスムーズに活着するのがよい。苗が、いつ定植されたかわからないうちに畑で根や葉を伸ばしていた、というようにしたいのである。

そのためには、苗つくりの場所と定植先の畑の環境変化をできるだけ少なくする。たとえば苗を、定植する畑に前日のうちに運んでおく、苗つくりの後半は温度を低めにする、外気にできるだけ当てるようにする、といったことが大事になる。

2 培土の施肥設計と実際

(1) 畑と同じ設計で

苗の停滞や植え傷みを避ける方法のひとつが、培土の調製である。ポットの土壌環境と、植付ける畑の土壌環境を、ほぼ同じにして、定植による環境の変化を極力少なくすることである。

つまり、畑で行なう施肥設計と同じ設計で苗の培土を調整し、定植された苗が新しい環境（畑）に違和感なく根を伸ばすことができるようにするのである。

(2) 老化苗にしない

●生長のバランス崩す老化苗

育苗で気を付けなければならないのは、老化苗にしないということである。養分の中でも、とくにチッソが減少してくると苗は葉色が薄くなり、さらに進むと老化苗になる。老化苗は、生長のバランスが崩れ、収量・品質に悪影響を及ぼす。

とくに**有機栽培**では、老化苗になると、細胞づくりに必要なチッソが不足するために、新根の出が遅く、少なくなって、地上部の生育まで遅らせてしまう。

●養分吸収が片寄り、チッソ優先に

新根が出ないと養分吸収が片寄ってしまう。水に溶けて集まってくる養分しか吸収しなくなってしまうのだ。その代表はチッソとカリである。逆に、苗が根を伸ばして**根酸**を出して吸収する養分のリンサンや石灰、苦土、鉄といったミネラルが減る。根がうまく張らないと、こうした養分がうまく吸収できずバランスが片寄って、チッソやカリが優先した、軟らかい育ちになってしまうのである。

チッソ優先の施肥・育ちになると病害虫被害にあいやすく、初期生育がさらにつまずく。**初期葉**を厚く大柄にして、初期から光合成量を高め、次々に展開する葉の能力を高めていくことが

収量・品質を高める基本だが、それができない。

　老化苗にしたことが初期のつまずきになり、それが尾を引いて、収量・品質に悪影響をもたらすということである。

●根が張ればミネラル優先の育ちになる

　苗つくりでは、根鉢の中で伸び出した根が四方八方に張り、施肥設計どおりにミネラル優先の形で養分を吸収できるかどうかがカギである。

　ミネラル優先になれば、生育も**炭水化物**優先の育ちになる。**光合成**による炭水化物生産も多く、センイを強化しながら生長でき、表皮も強固になる。病害虫による被害を少なくすることが可能になる。

(3) 培土つくりの考え方

　このような苗つくりができる培土の要件は、まず、通気性の確保である。通気性をよくすることで、細胞づくりに必要なエネルギーを呼吸によってスムーズに得ることができる。その結果、太い根が出やすくなる。太い根が出れば、茎も太くなりやすい。

　次に、苗の段階で土壌病害虫に侵されないために、バチルス菌や放線菌の増殖した堆肥を使う。使う堆肥の質は、培土全体でチッソが過剰にならなければ、C／N比の高低は気にしなくてよい。

　さらに培土の調製では、前述したように畑の施肥設計と同じにするのが基本だが、実際はチッソ、ミネラルの施用量を二〇%増しにすることだ。

　その理由は、順調に苗が育っても、畑や気象条件によって定植が遅れることがある。そんな場合でも、苗が老化しないようにするためである。具体的には次のように調製する。

写真5－2　通気性のよい培土に白い根が伸びる
（写真提供　農事生産組合野菜村）

(4) 培土調製の実際

●畑の二〇%増しで設計

　培土（市販のものでもよい）を準備

し、土壌分析を行なう。この培土に、**有用微生物**の増殖した中熟堆肥と**ミネラル肥料**を加え、まずここでミネラルを二〇%増量した設計を行なう。

次いで、**アミノ酸肥料**を加えて、中熟堆肥のチッソ分も加えた総チッソ量が、畑の元肥量の二〇%増しになるように設計する。

（なお、これらの計算は面倒なので培土を何m³準備したときに、どのくらい肥料・堆肥を加えたらよいかがわかる「培土設計ソフト」をつくっているので参考にしてほしい）。

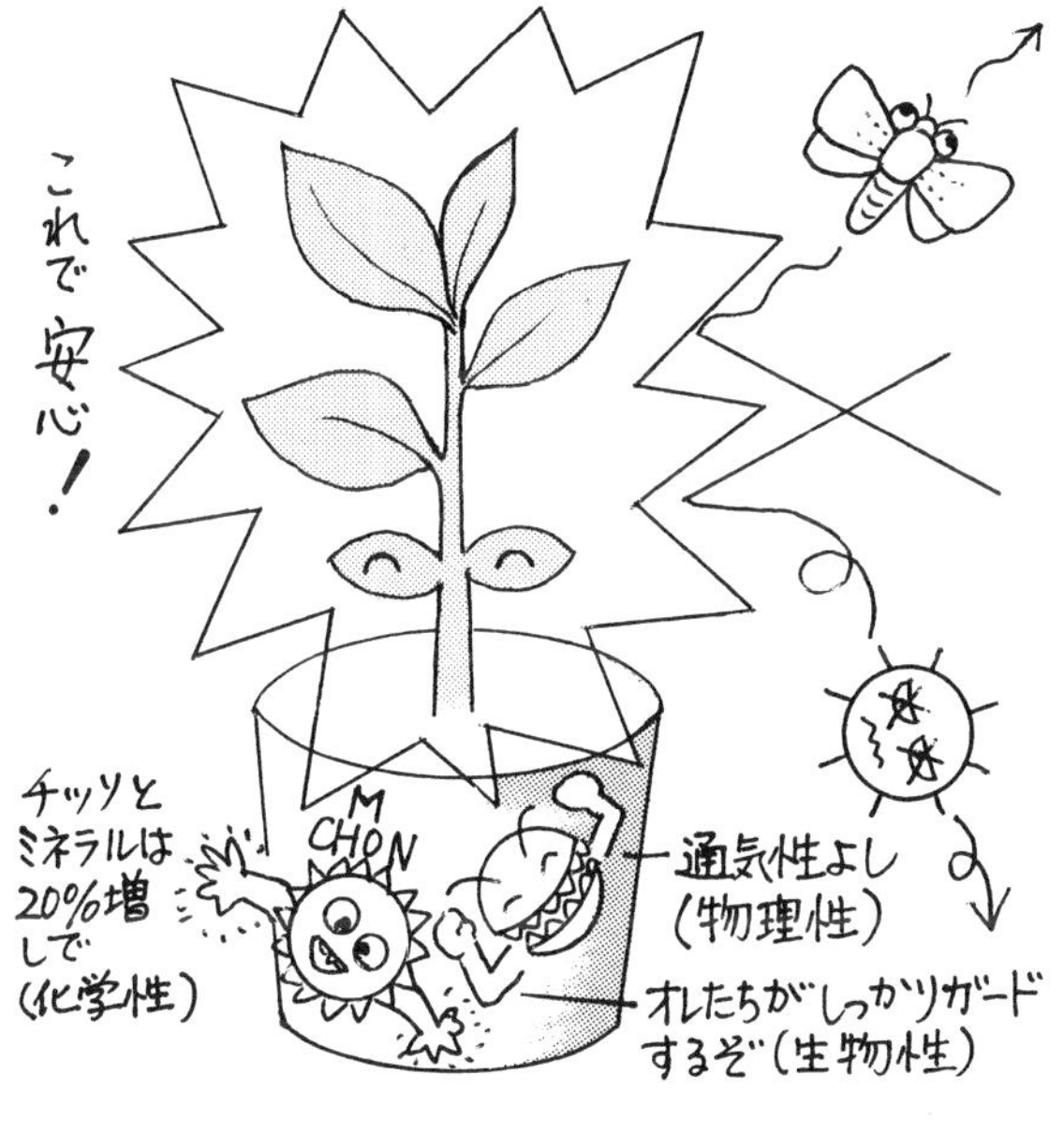

図5－2　病害虫を寄せ付けない苗つくりは培土が肝心

●調製した培土を太陽熱養生処理

以上のように調製した培土をそのまま利用してもよいが、もうひと手間かけて太陽熱養生処理するとなおよい。これを行なうことで、

①培土全体に土壌団粒が発達する

②培土全体に有用微生物が棲みついて、土壌病害虫を抑える力が強まる

③ミネラル肥料も培土になじんで、より吸収されやすくなる

この結果、苗はしっかりした初期葉を出し、硬くて、根張りのよい強い育ちになる。定植後の畑土への根の伸びだしもスムーズで、植え傷みや停滞の少ないスタートができるのである。

●積算温度九〇〇～一〇〇〇℃

この太陽熱養生処理は、具体的には堆積した培土に水をかけて、水分五〇%に調製し、透明のビニールかマルチなどをかけて、温度と水分を保つ。

養生する期間は、積算温度で九〇〇～一〇〇〇℃。途中二～三回切り返すとよい。培土の量にもよるが、堆積した中心部は三〇～四〇℃くらいになる（図5―3）。

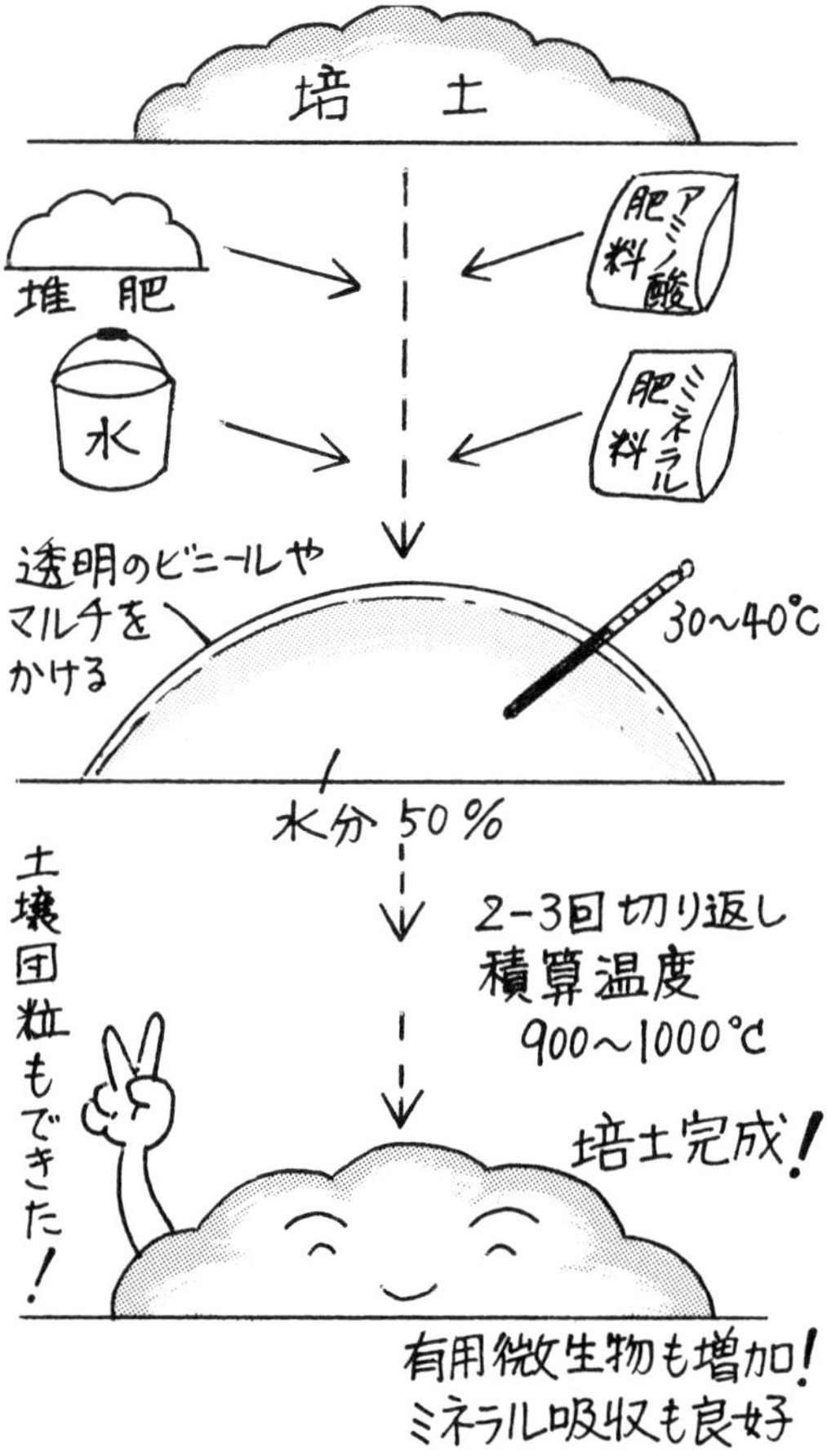

図5－3　育苗培土の調製

●堆積養生期間中の培土の変化

堆積養生期間中、堆肥の有用微生物がアミノ酸肥料やミネラル肥料をエサに増殖する。培土全体が**発酵**し、その過程で生じた有機酸などがミネラルと**キレート**をつくり、ミネラルはより吸収されやすい形になる。また、堆肥やアミノ酸肥料の有機物の分解も進み、土壌団粒が発達していく。

単に、素材を混ぜて、ポットやトレイに入れただけではこのような変化はおこらない。水分と温度、時間をかけることで、培土をグレードアップさせることができる。

こうしてできた培土で苗をつくると病害虫に強く、揃いのよい苗に仕上がる。

第6章

有機栽培の野菜つくり
（タイプ別）

肥大中のナガイモと吸収根

葉菜タイプの野菜は、施肥に大きな違いはないので、ひとくくりで紹介しよう。代表的な野菜の施肥は104～105ページの一覧表で示した。

1 生育の特徴と施肥

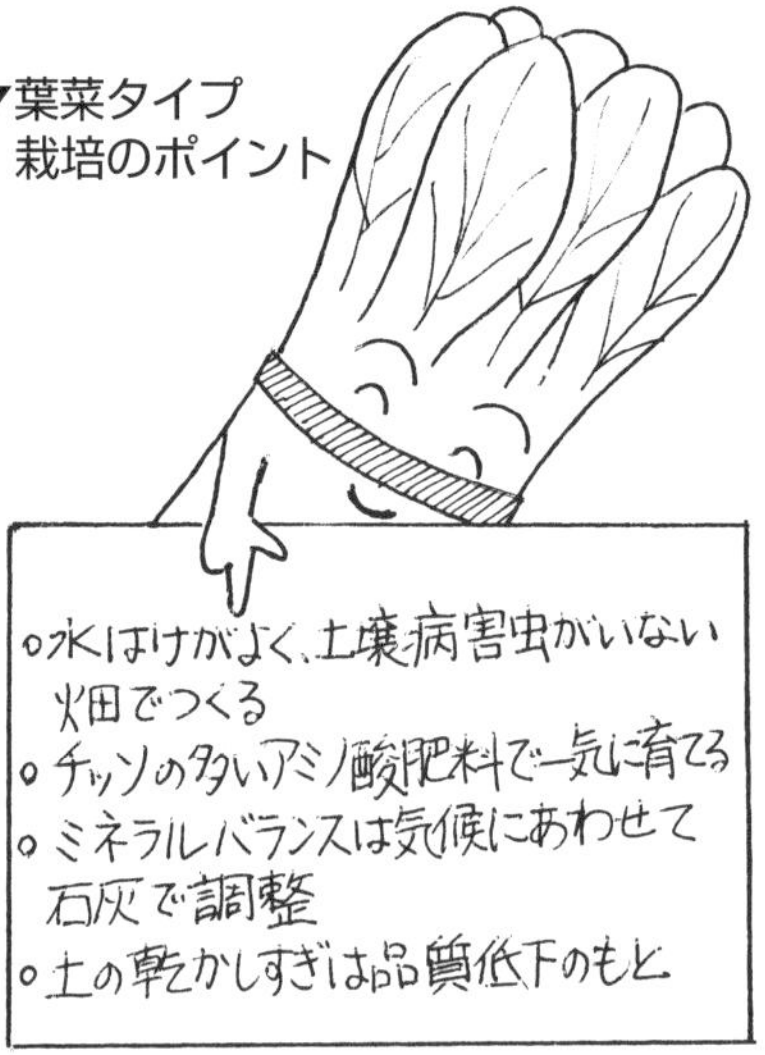

▼葉菜タイプ栽培のポイント

(1) 光合成器官の葉を収穫

このタイプの野菜は、植物の生育の初期に収穫するので栽培期間が短い。また、**光合成**の器官である葉そのものを、みずみずしいうちに収穫する（図6—1）。

元肥の肥効が残っているうちに収穫するが、その段階まで双葉が生き生きと残っているよう（写真6—1）、健全な生育をさせることが大事である。

(2) 一気に育てる

栽培期間が短く、葉を収穫するこのタイプの野菜は、葉をどんどん出させるように元肥をきちんと施しておけば栽培はむずかしくない。収穫後も、その一部が残るくらいの元肥量を施して、葉物の緑を残す。このため元肥の量としてはけっこう多く施用することになる。

このタイプの野菜は一気に育て上げることがポイントだが、そのためには元肥にチッソ成分の多い肥料を使うことと、水はけのよい、土壌病害虫の少ない畑で栽培することが肝心だ。

(3) 太陽熱養生処理

水はけのよい、土壌病害虫の少ない畑にするには**太陽熱養生処理**（83ページ参照）がもっともよい。この処理によって土の**団粒構造**が発達して通気性がよくなり、根の呼吸を助ける。根は呼吸によってつくり出したエネルギーでさまざまな養分を吸収することができるようになる。同時に、堆肥中のバチルス菌や放線菌が増殖することにより、土壌病虫害も防げる。一石二鳥の改良法である。

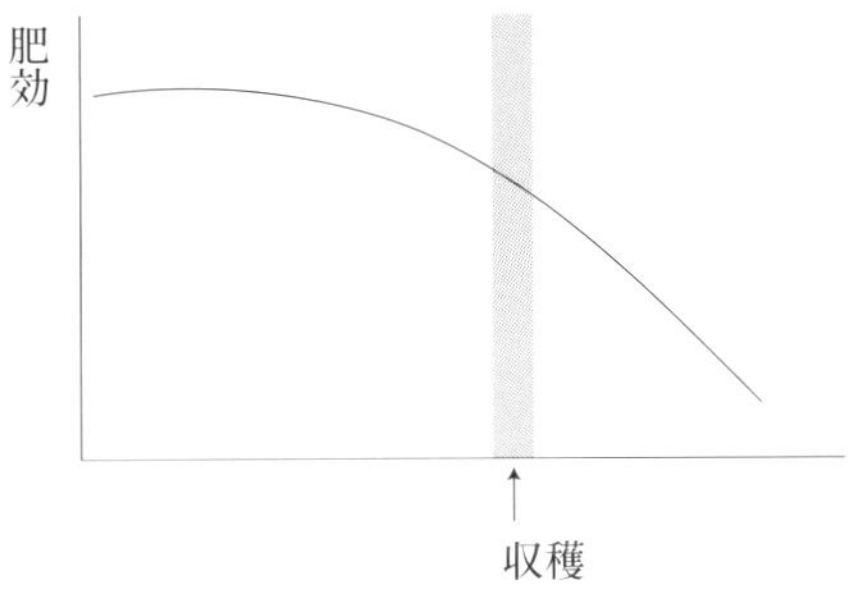

図6－1　葉菜タイプの肥効と収穫時期

（4）一気に育てるための施肥

栄養生長している葉を収穫するこのタイプの野菜に使う肥料は、細胞づくりのチッソ肥効が速く、C／N比の低いチッソ成分の高い**アミノ酸肥料**である。堆肥も、チッソ成分の高めのものを使う。チッソ成分が高めのアミノ酸肥料と堆肥を組み合わせて施すことで初期生育を旺盛にし、生育のスピードアップをはかる。

ちなみに、元肥チッソに占める堆肥とアミノ酸肥料の割合は、およそ六：四くらい。このような設計施肥で枚数の多い、伸びのよい葉菜がつくられる（表6—1）。

写真6－1　子葉がいきいきしているのは施肥のバランスがよい証拠（コマツナ）

（5）ミネラルは品質向上に必須

その一方で、**ミネラル肥料**ももちろん十分に施肥しておいたほうがよい。ミネラル豊富な葉菜はビタミン類も多く、組織がしっかりしているので輸送性や棚持ちがよい。とくに葉菜タイプの野菜には、〝溶け〟と呼ばれる、葉の一部が溶けてしまう障害が出る。要因はさまざまあるが、一つはミネラル不足で表皮が弱くなっているのと、光

肥一覧

肥			追　肥			
ラ　　ル（割合）						
（苦土）ク溶性／水溶性	（カリ）	重要な微量要素	堆肥	アミノ酸肥料	ミネラル肥料	微量要素
60（粒） 40	水溶性	Fe, Mn, B, Cu	—	—	—	—
60（粒） 40	水溶性	Fe, Mn, B, Cu	—	—	—	—
60（粒） 40	水溶性	Fe, Mn, B, Cu	—	—	—	—
50（粒） 50	水溶性	Fe, Mn, B, Cu	—	3 ～ 5kg	—	—
40（粒） 60	水溶性	Fe, Mn, B, Cu	—	—	—	—
40（粒） 60	水溶性	Fe, Mn, B, Cu	—	—	—	—
50（粒） 50	水溶性	Fe, Mn, B, Cu	—	—	—	—

大きく異なることがあるので注意する

合成不足でセンイが十分につくられなかったことによる軟弱化が考えられる。このような問題をおこさないためにもミネラルは十分に施しておく。

葉菜タイプは生育期間が短いので、初期からきっちり効くよう、元肥には**水溶性**のミネラルを四割、六割ほどは**ク溶性**のものとして、収穫の最後まで効いているようにする。

すべてク溶性でやってもよいがその場合は、作付けの二～三週間前に土とよく混和しておく。

なお、石灰、苦土、カリのミネラルバランスは次のように考える。

暖かい時期は、どうして

表6－1　葉菜タイプの野菜施

種類＼施肥	元					
	チッソ				ミネ	
	施用量（kg）	堆肥C／N比	アミノ酸肥料C／N比	チッソ割合 堆肥：アミノ酸肥料	バランス（石灰／苦土／カリ）	（石灰）（ク溶性／水溶性）
コマツナ	8～15	15～20	夏：低 冬：高	6：4	7～5 2 1	60（粒） 40
ホウレンソウ	10～15	15～20	夏：低 冬：高	6：4	7～5 2 1	60（粒） 40
シュンギク	10～16	15～20	夏：低 冬：高	6：4	7～5 2 1	60（粒） 40
ニラ	20～25	15～25	夏：低 冬：高	6：4	7～5 2 1	50（粒） 50
ノザワナ	25～30	15～20	夏：低 冬：高	5：5	6 2 1	50（粒） 50
ツケナ類	15～20	15～20	夏：低 冬：高	5：5	6 2 1	50（粒） 50
葉ネギ	8～10	15～20	夏：低 冬：高	6：4	6～5 2 1	50（粒） 50

＊数値はすべておおよその目安。とくに元肥チッソ施用量については品種・作型によって

もチッソ優先・カリ優先になりがちで、生育が軟弱になって、病害虫の被害にもあいやすいので、七：二：一と石灰を多めにして、生育を締め、病害虫に対する抵抗力を高める。寒い時期は病害虫も少なく気温も低いので、五：二：一でよい。

(6) 鉄、マンガン、ホウ素に注目

葉菜タイプで重要な**微量要素**は、鉄、マンガン、ホウ素、銅である。

まず、鉄は、呼吸に関係するミネラル。一気に生育させたい葉菜タイプの野菜は根の活力を維持して、養水分吸収をスムーズに行なうことが

写真6－2　ミネラルが効いているので葉が厚く，照りがある（ホウレンソウ）
（写真提供（株)ぐり～んは～と）

大切だ。養水分の吸収は、根が呼吸することで得たエネルギーで行なわれる。この呼吸に関わるミネラルの鉄は過不足なく施用することが必要なのである。

鉄が不足してくると、生長点の色が白っぽくなる。また、酸素の少ない土の下層部まで根が張らなくなり、**上根**だけになってくる。株を抜いてみると**下根**が張っていないことや、株がゆらゆら揺れることで判断できる。

マンガンは、さまざまな生化学反応や光合成をスムーズに行なうためになくてはならない。マンガンが不足してくると、生長点の新しい葉が斑になる。陽にかざすとよくわかる。

鉄同様、土壌分析に基づいて、畑ごとに過不足ないように施用する。

一方、ホウ素は、細胞の接着剤の役目をしたり、植物を支えるためになくてはならない要素だ。ホウ素の不足は、芯ぐされや茎折れ、葉柄の付け根の傷みなどに現われる。

こうした症状が見られたら、ホウ素欠乏を疑ってみる。程度にもよるが、ホウ素資材（ホウ砂）を一〇a当たり三〇〇gから一kg程度施用するとよい。

この他、銅は光合成を行なう**葉緑素**の形成や、ビタミンCの生成に関係する。植物が生きていくうえでこれまた不可欠の要素である。

銅の不足は鉄欠乏に似ているが、チッソ肥料を施用しているのに生長点の色が薄くなったり、チッソ過剰ではないのにアブラムシが着きやすくなったりする。このような場合は、銅の不足を疑ってみる。

銅資材（硫酸銅）は、一〇a当たり三〇〇～五〇〇g程度施用すれば十分である。

2 土つくり、土壌管理

(1) 土の乾きすぎに注意

水はけのよさは葉菜タイプの野菜にとって生育をよくする条件のひとつだがハウスや雨よけで栽培しているときの乾きすぎには要注意だ。野菜に目に見える変化がなくても、日持ちなどが悪くなることがある。

土が乾いてくると、アミノ酸肥料を使っているにもかかわらず土では硝酸化が進み、**硝酸態チッソ**が生じる。この硝酸態チッソを吸収すると、日持ちや輸送性が悪くなりやすいのだ。

これは、作物が吸収した硝酸をタンパク質に同化するために、**炭水化物**を消費する。その分、センイをつくる原料が減るので組織が弱くなったり、収穫後の呼吸による消耗が早くなって品質低下のスピードが速まったりする。その結果が、輸送中の腐れ・溶けであり、棚持ちの悪さになる。

写真6−3　モミガラを敷き，散水をして土が乾きすぎないようにしているハウス
（写真提供　農事生産組合野菜村）

そこで、地面がつねに湿っているよう、ハウスや雨よけではかん水やスプリンクラーなどの散水に努める。農家の中にはモミガラでマルチして、適宜スプリンクラー散水している農家もある（写真6—3）。

露地の場合も、好天が続いて土が乾きすぎたようなときは、適宜かん水・散水して品質の低下を防ぎたい。

(2) 土壌病害対策

葉菜タイプの野菜の土壌病害には、コマツナやツケナ類などアブラナ科の根こぶ病やホウレンソウのイチョウ病、立枯れ症などがある。この対策として有効なのは、**有用微生物**のバチル

写真6－4　バチルス菌の増殖した中熟堆肥によるコマツナの根こぶ病に対する効果（右の株）

（写真提供　有機栽培あゆみの会）

ス菌や放線菌を根まわりに棲みつかせて、根を守ることである。そしてこれら有用菌を多くもっているのが、71ページで紹介した**中熟堆肥**である。完熟の少し手前で**発酵**を止めて、有用微生物をそのエサと一緒にもたせた堆肥のことで、施用後、畑で有用微生物がスムーズに増殖できる。その過程で土壌病害虫を駆逐するというものだ。

さらにこの中熟堆肥で、先にふれた太陽熱養生処理を行なえば、葉菜タイプの野菜でやっかいな根こぶ病被害も大きく減らすことができる。数年で被害をなくすことも可能である。

できるだけ多くの有用微生物を投入するため、根こぶ病が発生している畑では元肥のチッソの配分を「堆肥六、アミノ酸肥料四」から「堆肥八、アミノ酸肥料二」に堆肥の施用量を多くして施す。堆肥を多くしてやることが、有用微生物の投入量を多くしてやることが、根こぶ病対策には必要である。

3　品質アップの工夫

(1) ミネラル優先で甘く

葉菜タイプの野菜は、短期間で栄養生長中に収穫してしまうために、季節感を出しにくく、体内のミネラル蓄積が少ないため、果菜タイプの野菜などにくらべて施肥によって味に差をつけることがむずかしい。

そこでミネラル優先の施肥を心がけ、チッソを適切に施肥することで光合成を盛んにして体内の炭水化物量を多くすることができる。炭水化物優先の生育であれば、甘みのあるものが収穫できる。

反対に、チッソ優先の生育になると体内の炭水化物を消費してしまい、甘みの少ない味気ないものになりがちである。

(2) イオウを効かして香りを強く

また、イオウを含んだミネラル肥料を使うことで、香りや味を濃くすることもできる。イオウは香りの元となる物質をつくるので、イオウを含むミネラル肥料を施すことで、その野菜特有の香りが強くなることが多い。

イオウを含むミネラル肥料とは、硫酸苦土、硫酸石灰、硫酸カリなど。これらの資材は水溶性のものが多いので、ミネラル吸収を考えた施肥をすれば自ずと、味の濃い葉菜類が収穫できることになる。

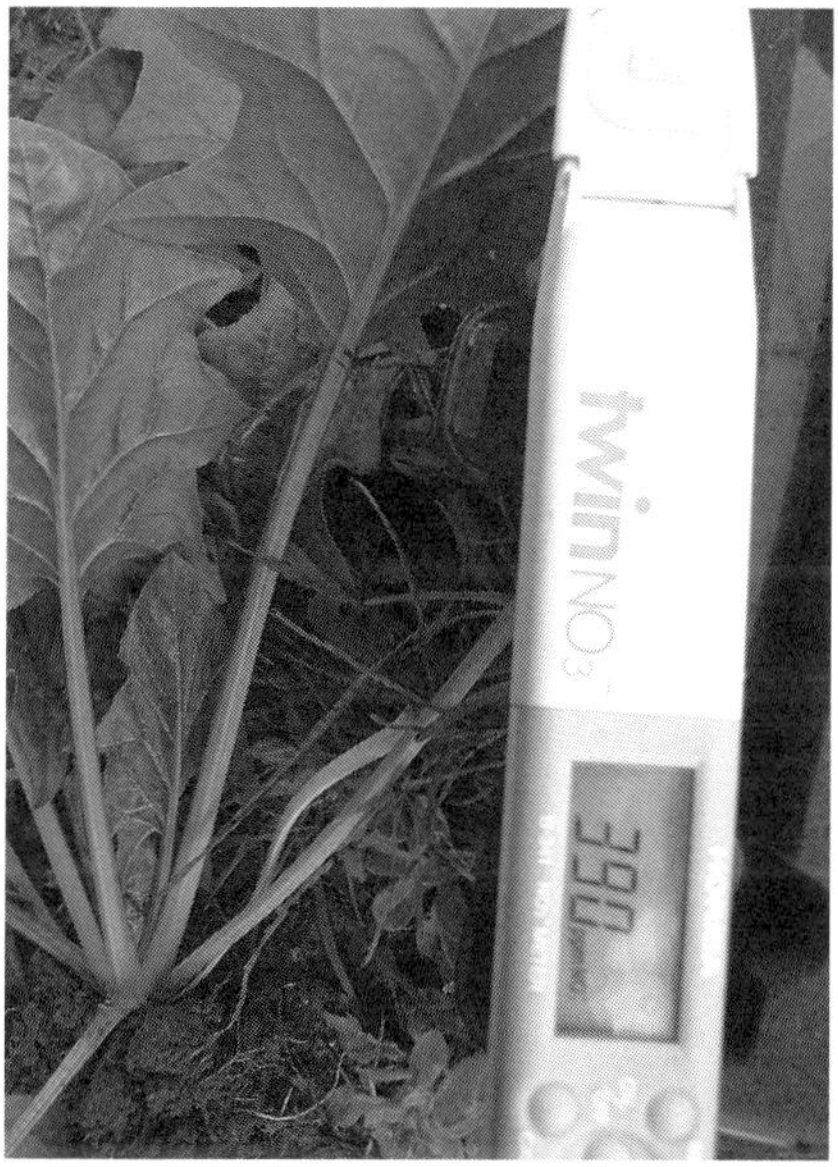

写真6−5 きちんと管理した有機栽培では硝酸イオンが少なくなる

写真はホウレンソウで，硝酸イオンは390ppmと通常の10分の1以下

（写真提供 (株)ぐり〜んは〜と）

(3) 堆肥由来のチッソを多くして味を濃く

葉菜タイプの元肥のチッソは、堆肥六、アミノ酸肥料四で施用する。この配分は、葉菜タイプの野菜を一気に育てることをねらったもので、生育を早めるためのチッソ割合である。

しかし生育が早いということは、タンパク合成も早いということで、炭水化物の消費も早い。そのぶん若干、甘みやうまみといったものが、薄くなってしまうことがある。

そこでこの配分を、堆肥七、アミノ酸肥料三に変えてやって味を濃くすることも考えられる。タンパク合成をスローダウンし、炭水化物の消費を緩やかにして消耗を抑え、甘みやうまみの多い葉物を収穫するのだ。

ただし、生育がゆっくりになるので、

同じ丈のものを収穫しようとしたら、日数が長くかかる。作付けの段階で、この点は留意しておきたい。

もっといえば、同じ元肥チッソ量でも堆肥による分を多くすれば生育がゆっくりになることをいかし、収穫開始を少し遅らせ、しかも収穫期間の幅を広げることも可能だ。七〜一〇日くらいの収穫期間がとれるし、畑に少し長く置いても品質が低下することも少ない。収穫労力を確保できない経営では都合のよい方法でもある。

反対に、アミノ酸肥料のチッソを多くして、堆肥のほうを少なくすれば、生育が早まる。葉伸びも早い。三日ぐらいで収穫を終えないと品質に響くこともある。こちらのやり方は、一斉収穫向きの方法といえる（図6―2）。

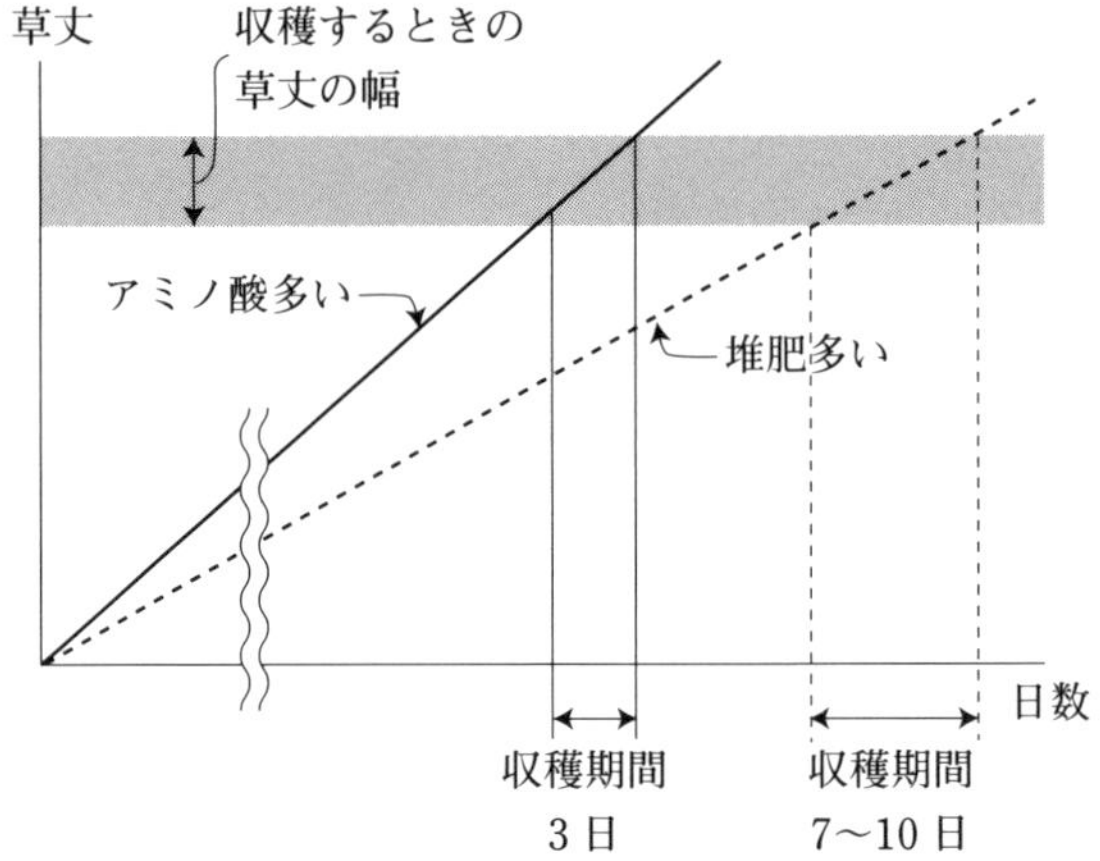

図6−2　元肥の違いによって生育・収穫期間は変わる
同じ元肥チッソ量でも，アミノ酸肥料が多いと生育は早く，収穫期間は短くなる。堆肥が多いほど生育はゆっくり，収穫期間は長くなる

4 その他、応用技術

葉菜タイプの野菜は、基本的に元肥だけで追肥は必要ない。ただし、シュンギクやニラで連続して摘採する場合は追肥が必要になる。

（1）シュンギク連続摘採の施肥

シュンギクでは、摘採の直前（だいたい二〜三日前）にチッソで一〇a当たり二〜三kg追肥する。摘採の回数に応じて追肥回数も増える。

また、ミネラル肥料は土壌分析値に応じて、苦土、鉄、マンガンを中心に追肥する。連続摘採とは、光合成器官である葉そのものを収穫して、その後に伸びてくる新芽を再生させて大きくすることだから、光合成に関係するミネラルである苦土とマンガンは必須の養分になる。鉄は、そのような再生を促すための養分を吸収する根の活力維持をはかるうえで必要である。

(2) ニラ連続摘採の施肥

ニラは、初めての摘採の前後から追肥を始めて、以後二～三週間に一回程度の割合で、チッソ三～五kgを施す。そして、摘採が終わるまで追肥を続ける。

ミネラル肥料は、シュンギクと同様に考えればよい。

チッソの量がミネラルにくらべて多くなると、アブラムシが着きやすくなるので注意する。また輸送中、あるいは店頭での腐れ・溶けが出やすくなる。チッソ多肥には十分気をつけなければならない。

6―2 外葉タイプ

1 生育の特徴と施肥

（1） 生育の特徴

キャベツやレタス、ブロッコリーなど、このタイプの野菜は、初期に葉を次々に出していき、収穫部（結球部や花蕾）が肥大を開始する頃には大きな外葉ができている。そして、チッソの肥効が少なくなるのと前後して収穫部が肥大を始める。キャベツやハクサイなど結球野菜では、内側に葉を巻き込むようにして肥大・充実していく。ブロッコリーやカリフラワーでは、花蕾部分が大きく肥大していく。

このように、初期は外葉部分を大きくし、次いで収穫部を肥大させていく（**擬似生殖生長**）という二段階の生長をするのが、外葉タイプの野菜の特徴である（図6―3）。

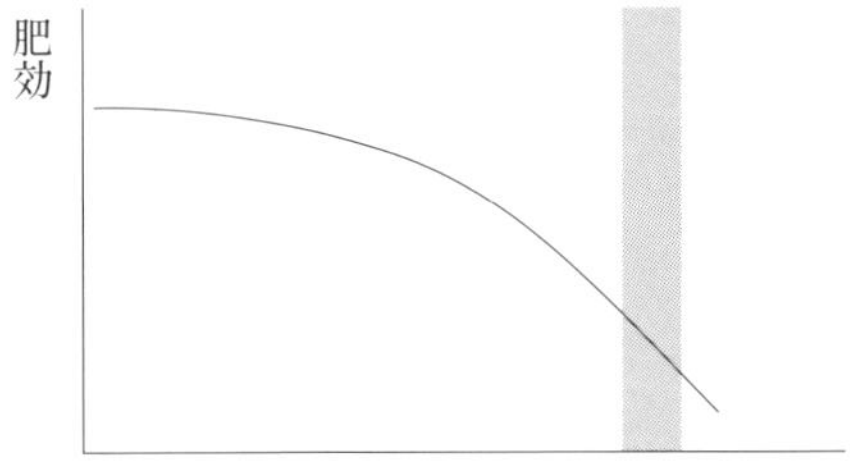

図6―3　外葉タイプの肥効と収穫時期

（2） 元肥のチッソ肥効と生育の変化

ねらいとする施肥は、まず初期にチッソから効かせ、**初期葉**を大きくする。この大きな葉で株を充実させる。そうして土壌中の養分を吸収し、チッソが少なくなってきたら、栄養生長から擬似生殖生長に切り替わって収穫部（結球部や花蕾）の肥大が始まるようにする。この肥大、充実に働くのも、初期の栄養生長でつくった大きな葉である（写真6―6）。

写真6―6　外葉タイプの野菜は初期肥効を高めて外葉を大きく育てる

このような生育に導くには、通気性のよい土壌団粒の発達した土をベースに、速効的な元肥が必要になる。栄養生長を助けるチッソと充実したからだをつくるミネラルがバランスよく吸収されやすい形で施肥されることである。

また、収穫部が肥大・充実する擬似生殖生長期間も、地上部のからだを支えるのに必要なチッソと、とくにこの期間の光合成を促進させるミネラルを切らさないようにすることが大切になる。

2 土つくり、施肥のポイント

(1) 土つくり・土壌管理

外葉タイプの野菜をつくる畑は、葉菜タイプの場合とほぼ同じだが、栽培期間が長いので、水はけがだんだん悪くなってくることがある。また、土壌病害虫が増殖したり、作物の根へ侵入する機会も多くなる。

つまり、葉菜タイプの野菜以上に、土壌の物理性や土壌病害虫対策をしっかり行なっておく必要がある。基本はやはり中熟堆肥をきちんと施用し、できれば太陽熱養生処理によって、物理性と生物性の改良を行なったうえで作付けたい。とくに土壌病害虫に悩まされていたり、被害が出始めた畑では必須の技術といってもよい。

(2) チッソ施肥

●元肥の施用

外葉タイプの野菜は元肥だけで、保肥力の低い砂地などの畑を除いて基本的に追肥はしない（表6—2）。

外葉タイプの野菜は栄養生長だけの生長ではなく、後半はチッソの肥効を低いレベルで維持しながら、収穫部への炭水化物やタンパク質、ミネラルの蓄積を進める。擬似生殖生長と呼んでいる生育である。

まず初期に出る葉（初期葉）を大きくつくるために、C／N比の低い、チッソ成分の多いアミノ酸肥料を施用する。同時に、C／N比で一五～二〇程度の比較的チッソの多い堆肥を施用して地力をつけ、擬似生殖生長時の肥効を維持する。

●土壌病害虫の多い畑では

外葉タイプの野

表6－2　外葉タイプの元肥のねらい

アミノ酸肥料	初期肥効を高め初期葉を大きくする
堆肥	肥大期の肥効のベース
ミネラル肥料（水溶性）	初期葉の充実
ミネラル肥料（ク溶性）	中期以降の光合成の維持

菜の元肥チッソは、堆肥六に、アミノ酸肥料四という割合での施用を勧めている。しかし、土壌病害虫に悩まされている畑では、堆肥八にアミノ酸肥料二の割合を勧めている。これは、堆肥に棲みついている有用微生物を大量に投入して土壌病害虫を抑えるためだ。

ただし、このように堆肥が多いと初期生育が弱くなってしまう。キャベツでは結球の締まりが悪くなったり、ブロッコリーやレタスでは花蕾部が凸凹になることがある。

しかし、この場合でも太陽熱養生処理を行なえば、微生物による有機物の分解が進んで水溶性の有機のチッソが多くなり、一定の初期生育を確保できる。ただし**養生処理**で硝酸態チッソも少しつくられるので、初期に害虫がつくことがある。この点、注意する。それでも養生処理をやらないよりは格段によいものが収穫できる。

●アミノ酸肥料の質

元肥には十分発酵の進んだ発酵型アミノ酸肥料か、抽出型のアミノ酸肥料を使う。発酵型のアミノ酸肥料の場合、発酵が十分でない、つくり込みの甘いものを使うと、次のような問題がおきる。

第一に、発酵が十分でないために、再発酵によって土壌中の酸素が奪われ、根の伸長を阻害したり、根を傷めたりして生育を悪くする。

第二に、発酵が十分でないために、収穫部の肥大開始以降に肥効がズレ込んでしまい、たとえばキャベツなどでは結球部の締まりが悪くなったり、ブロッコリーなどでは花蕾部に腐りが入ったりしてしまう。

(3) ミネラル施肥

●元肥の施用

初期葉が大きく充実するためには、チッソとともにミネラルも初期から吸収されなければならない。そのためには水溶性のミネラルが必要になる。

一方で、栽培期間の最後まで光合成がきちんと行なわれないと収穫部が肥大・充実しないので、収穫時期までミネラルを十分効かせたい。そのためには、ク溶性のミネラルも元肥で施用しておく。

外葉タイプの野菜の場合、水溶性とク溶性の割合は、半々と見ておけばよい。水溶性のミネラル肥料によって初期葉を充実させ、ク溶性のミネラル肥料で、中期以降の光合成をフォローするというイメージである。

そして、とくに石灰については、必

要量は十分施用しておく。なかでも夏に向かう作型は、どうしても葉が大きく軟弱になりやすい。石灰を多めに施用して、生育を締めることが大切である。石灰が十分でないと細胞膜が弱くなり、腐れなどを誘発する病原菌に冒されやすくなる。害虫もつきやすい。根も弱くなるので、土壌病害も増える傾向がある。

●収穫時までミネラル優先を守る

高原野菜地帯などでよく見受けられることに、収穫間近になって雨が降り、心ぐされや〝溶け〟が出たり、ベト病が広がったりすることがある。これは土壌中にまだ残っていたチッソが、雨によって吸収され、チッソ優先（細胞づくり優先）の生育になったためである。病気や害虫だけでなく、輸送性が落ちる、ということもおきる。

しかし、このような気候由来のチッソ肥効を抑制することはなかなかむずかしい。ミネラルがしっかり効いていれば、センイをつくり続けることができるので、腐れや病気などを回避しやすくなる。最後までミネラル優先になる施肥をすることが大切なのである。

(4) 微量要素の施肥

外葉タイプの野菜に必要な微量要素は多いが、とくに重要なものは以下のとおり。

なお、微量要素は基本的には堆肥に混ぜて施用する。堆肥中の有機酸が微量要素（ミネラル）と**キレート**をつくるので、野菜に吸収されやすくなるからだ。また、堆肥に混ぜて増量することで施用量の少ない微量要素でも、畑に均一にまくことができるようになるからだ。

●鉄

鉄が不足すると根の活力が低下する。呼吸に関係しているミネラルなので、呼吸によって養水分を吸収している植物は、鉄が不足すると十分な生長ができない。同時に根の張りも悪くなり、下層に伸びる直根が減る。その結果、ミネラルを吸収する力が弱くなり、野菜の育ちが吸収しやすいチッソ優先の生育になってしまう。

また、生長点で葉緑素をつくるときにも鉄が必要である。鉄が不足すると、生長点は白っぽくなり、光合成能力も落ちる。結球部の緑が薄く白っぽくなったり、日焼けして、葉が紙のように薄くペラペラした状態になったりする。またウドンコ病とか葉カビを招きやすくなる。

●マンガン

マンガンが不足すると、外葉ができる少し前くらいから、葉脈の間の色が薄くなり、まだらになる。色の薄い部分では光合成が十分行なわれないので、センイづくりがうまくいかず、表皮が薄くなり、カビ病が増える。また、マンガンは**アミノ酸**やタンパク質などの物質の合成にも関わっているので、不足すると収穫物が軽い感じになり、甘みも少なく、味気ないものになってしまう。

●ホウ素

ホウ素が不足してくると収穫物がもろく、弾力のないものになる。みずみずしさ、若々しさがなく、どこかカサカサした感じになる。

欠乏症としては、ハクサイにゴマ症が出たり、ブロッコリーの花蕾部でつぼみ抜けや腐りが出たりする。

●銅

銅が不足すると炭水化物の生産量が減少する。また、**アミノ酸**がタンパク質になれずに液体のまま体内にとどまって害虫の被害を受けやすくなる。

土壌分析によって各種のミネラルは十分にあるのに、どうもアブラムシが多い、というようなときは銅資材（硫酸銅）を施用してみると改善されることもある。

以上の各症状に照らし、もしやと思ったら土壌分析のデータをもとにそれぞれの資材を施用する。

3 各野菜別の勘どころ、注意点

＊各野菜の具体的な施肥例は、表6—3（118～119ページ）に示した。

◆キャベツ、ハクサイ

(1) 腐れを出さない

キャベツ、ハクサイは施肥のし方で腐れが多くなりやすい。これは結球開始以降にチッソ肥効がズレ込み、本来は内側に巻いて締まっていくはずの葉が伸びて締まりが悪くなっているところへ、水がたまり、病原菌などが繁殖して腐りが入るのである。

▼キャベツ，ハクサイの栽培のポイント

○初期肥効のよい資材を使って、肥効のズレを出さない
○石灰でカリを抑えて玉割れ防止
○根こぶ病には中熟堆肥で太陽熱養生処理
○排水のよい畑に作付ける

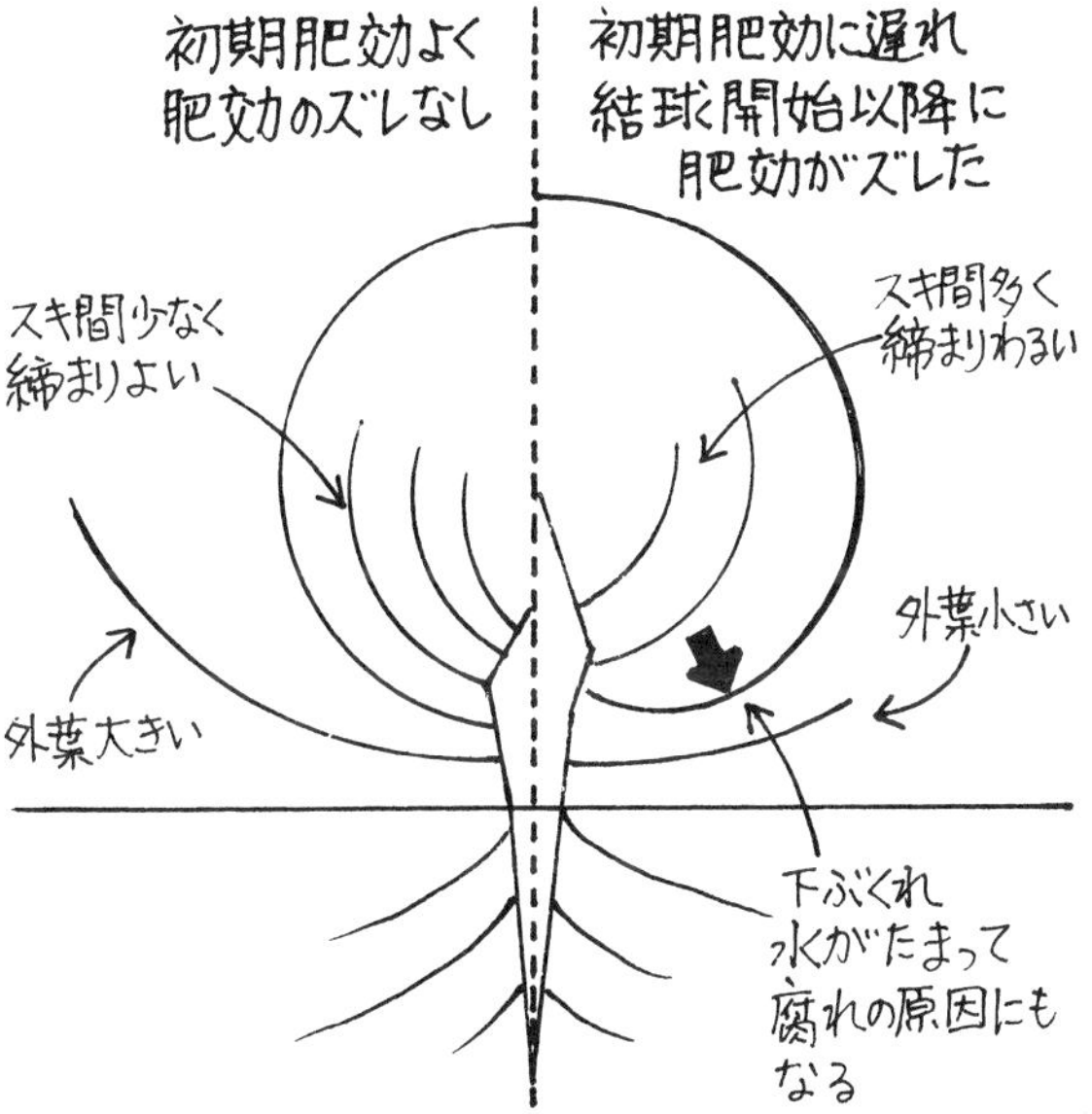

図6－4　肥効のズレが球の締まりを悪くし，腐れを招く

また、細胞が肥大し、センイが薄くなる。そのために輸送性や棚持ちが悪くなったりする（図6―4）。

このように腐れの要因は、結球開始期になっても元肥のチッソ肥効がうまく切れないためだが、それは元肥（アミノ酸肥料や堆肥）のチッソ量が多いか、あるいは地力チッソの発現量が多いか、チッソ肥料の質に問題があるかなどによる。

このうち量の問題についてはミネラル優先（光合成優先）の施肥を心がければ、チッソ優先に歯止めをかけることができる。土壌分析値に基づいて、ミネラル肥料をしっかり施用することである。

一方、チッソ肥料の質の問題は、発酵が不十分なものを使ったために肥効がズレて、腐れやすくなるということだ。

このような肥料は初期肥効も悪く、初期葉も大きくならない。肥料吸収も少なく、土壌中には多くのチッソが残る。このため、後半に肥効がズレやすくなるし、腐れもおきやすくなる。

チッソ肥料には水溶性の有機態チッソを多く含んだアミノ酸肥料（発酵型、抽出型）を使うことが大事だ。

(2) 玉割れ防止はミネラルで

とくに夏作のキャベツで、収穫時期に入ってから玉割れがおきることがある。雨が降った後、急に養水分を吸収したようなときにおきやすい。しかしこれはミネラルの施用比率を変えることで、ある程度抑えることができる。石灰、苦土、カリの比率を調製して、キャベツの養水分の動きを変えてやるのである。

具体的には、石灰と苦土は多めに、カリを少なめにする。とくに気象的な

野菜施肥一覧

肥			追　肥			
ラ　　ル（割合）			堆肥	アミノ酸肥料	ミネラル肥料	微量要素
（苦土）ク溶性／水溶性	（カリ）	重要な微量要素				
50（粒） 50	水溶性	Fe, Mn, B, Cu	—	—	—	—
50（粒） 50	水溶性	Fe, Mn, B, Cu, Si, Cl	—	—	—	—
30（粒） 70	水溶性	Fe, Mn, B, Cu, Si, Cl	—	—	—	—
50（粒） 50	水溶性	Fe, Mn, B, Cu	—	（2kg）	—	—
50（粒） 50	水溶性	Fe, Mn, B, Cu	—	（2kg）	—	—
30（粒） 70	水溶性	Fe, Mn, B, Cu, Si, Cl	—	（2～3kg）	—	—
30（粒） 70	水溶性	Fe, Mn, B, Cu, Si, Cl	アミノ酸肥料と同時	2～3kg ×2回	—	—
30（粒） 70	水溶性	Fe, Mn, B, Cu	—	—	—	—
50（粒） 50	水溶性	Fe, Mn, B, Cu, Si, Cl	—	（3kg）	—	—

大きく異なることがあるので注意する

表6−3　外葉タイプの

種類＼施肥	元 チッソ 施用量 (kg)	堆肥 C／N比	アミノ酸肥料 C／N比	チッソ割合 堆肥：アミノ酸肥料	ミネ バランス {石灰 苦土 カリ	(石灰) {ク溶性 水溶性
キャベツ	20～30	15～20	低	6：4	7～5 2 1	50（粒） 50
ハクサイ	20～30	15～20	低	6：4	7～5 2 1	50（粒） 50
レタス	9～14	15～20	低	5：5	8～5 2～3 1	50（粒） 50
ブロッコリー	22～30	15～20	低	6：4	6～5 2 1	50（粒） 50
カリフラワー	22～30	15～20	低	6：4	6～5 2 1	50（粒） 50
タマネギ	18～23	15～20	低	5：5	7～5 2 1	50（粒） 50
ネギ（根深）	25	15～20	低	6：4	6～5 2 1	50（粒） 50
ニンニク	15～20	15～20	低	6：4	6 2 1	50（粒） 50
セルリー	25～30	15～20	低	6：4	6～5 2 1	50（粒） 50

＊数値はすべておおよその目安。とくに元肥チッソ施用量については品種・作型によって

要因から玉割れが多い地域や作型では、石灰、苦土は筆者の施肥ソフトに定める基準の三割増し、カリは**上限値**と**下限値**の中間くらいで設計するとよい。

カリは作物体内の水を動かす作用がある。雨が降ると、その水を吸い上げて各部位に送る。硬く締まっている結球部に多くの水が送られると、玉割れをおこしてしまう。このカリを少なく、さらにカリの吸収を抑制する石灰と苦土を多めに設計することでその働きを抑え、玉割れを少なくすることができるのである。

写真6−7　初期肥効がよく生育がよく揃っているキャベツ。害虫被害も少ない

(3) 排水確保に留意

キャベツではとくに注意したいのが、畑の排水性である。ウネを高めにするとか、傾斜地での栽培ではウネの方向を等高線からずらして、水が流れやすくする。

また、粘土の多い畑では、堆肥をC／N比が二〇程度の、チッソが少なくセンイの多いものを使う。団粒構造をつくる力の強い堆肥を使って、排水のよい土にしていくのである。

◆レタス

(1) 肥効は「先行逃げ切り」で

レタスは、外葉タイプの中でも葉が軟らかく品質低下がおきやすい野菜である。そのため、チッソ量を決めるのがなかなかむずかしいし、品種によっても大きく異なる。そのため品種育成者の施肥を基準に、土質や季節を考え

▼レタスの栽培のポイント

◦先行逃げ切りで収量・品質アップ
◦石灰・苦土をしっかり施して傷みにくくする
◦定植は土が湿っているときを逃がさず行なう

て決めていくことになる。

作型では、春レタスは夏に向かう生育で光合成が盛んになるので、チッソはひかえめにする。

反対に、冬に向かう秋レタスでは光合成が低下しやすく、気温・地温ともに低くなっていくので、チッソは多めにする。

レタスでチッソ量を決めにくいというのは、ただ少なくすればよいというわけではないからだ。そうではなく、レタスの肥効イメージは、「先行逃げ切り」。初期肥効=初期生育をよくすることを意識して、元肥チッソ量のうちの半分を速効的なアミノ酸肥料でまかなう。初期葉を大きく育てて、かつ、結球開始期のチッソの切れ上がりをよくするというイメージである。

実際、レタスではキャベツやハクサイと同様、後半に肥効がズレると結球の外葉が下ぶくれのようになり、雨水がたまって軟弱化し、透き通って溶けたようになる。ここに病気が侵入しやすく、輸送中の荷傷みや〝溶け〟の原因になる。当然、棚持ちも悪くなる。傷みやすい野菜の代表がレタスであることを十分意識して栽培したい。

(2) 石灰重視のミネラル施肥

その意味で、とくに意識したいのはミネラルの施用である。

私は、気温の高い時期の栽培では、石灰、苦土、カリの比を八：三：一で施用するよう勧めている（写真6―8）。

暖かい時期は生長も早く、軟らかい育ちになりやすい。そこで育ちを硬くし、表皮の形成や病害虫の被害軽減に効果のある石灰をもっとも重視する。そのうえで光合成をしっかり行なわせてセンイづくりをスムーズに進めるために苦土を、それも水溶性のものを多めにして施用する（ク溶性三に対して水溶性七で設計）。

反対に、細胞を肥大させて育ちを軟らかくするカリは相対的に少なめに設計する。

写真6―8　石灰と苦土を効かせることで葉の厚いレタスが収穫できる

(3) ホウ素・ケイ酸・塩素も施用

さらに、病害虫防除に効果のある微量要素であるホウ素、ケイ酸、塩素も施用したい。

ホウ素はホウ砂を一〜二kg、ケイ酸はパウダー状の資材（ケイ酸カルシウムでよい。パウダー状でないと溶けにくい）を一〇a当たり一〇〇〜二〇〇kg程度、塩素はニガリを一〇〜二〇kg程度施用する。

ホウ素は組織の細胞同士の結合を強くする作用があり、ケイ酸はセンイを硬くする。また塩素はリグニン形成に必要である。どれもセンイや組織を強固にして、病害虫からレタスを守る働きをする。

(4) 土壌水分を確保して定植

老化苗を植えないことはもちろん、初期生育を順調に進めることが大切である。

初期生育を順調にするためには土が湿っているときに定植することが肝心である。

初期に十分な土壌水分がないと、養分吸収がスムーズに進まず、生育が停滞する。初期葉を大きくして出発できないだけでなく、チッソの後効きを招いて、品質の低下や病害虫の被害を受けやすくする。

また、乾燥によって有機チッソが硝酸態チッソに変わり、チッソ優先の育ちになりやすい。

硝酸態チッソがアミノ酸やタンパク質になるには、光合成でつくられた炭水化物を多く使う。そのぶん、病害虫を防ぐ障壁の役目をするセンイや、糖の合成に必要な炭水化物が少なくなる。その結果、病害虫に弱くなったり、品質も悪くなる。

◆ブロッコリー・カリフラワー

▼ブロッコリー，カリフラワーの栽培のポイント

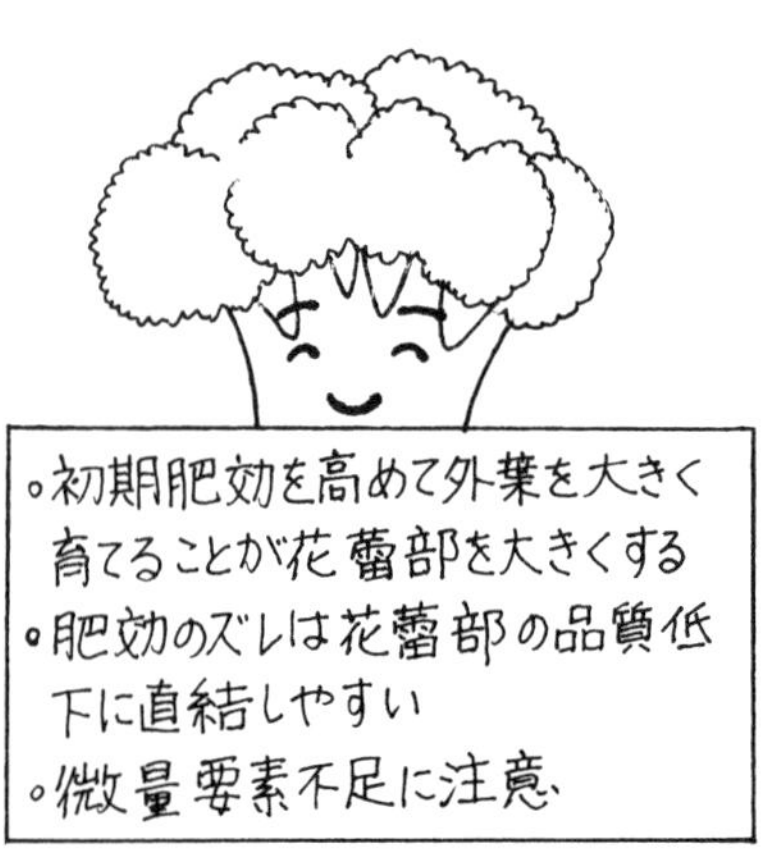

○初期肥効を高めて外葉を大きく育てることが花蕾部を大きくする
○肥効のズレは花蕾部の品質低下に直結しやすい
○微量要素不足に注意

(1) 養分、ミネラルを最後まで切らさず

ブロッコリー・カリフラワーは肥大した花蕾を収穫する。つまり、トマトやキュウリなど果菜タイプとも違うが、キャベツやレタスなど他の外葉タイプの野菜よりはもうひとつ先に生育ステージが進んだ野菜ということになる。花蕾が充実して花が咲く直前の収穫になるので、チッソやミネラルの施用量が多く、必要量をきちんと施用しなければいけない。

また子孫を残す手前まで生育は進んでいるので、微量要素のごまかしも利かない。

(2) やはり大事な初期の外葉づくり

そうしたブロッコリー・カリフラワーで収量を多くするには、花蕾部のつけ根部分を太くすることである。それにはほかの外葉タイプの野菜と同様、初期葉を大きくつくる。

すなわち、

大きく形のよい花蕾部　⇓　花蕾部のつけ根部分が太い　⇓　外葉が大きい　⇓　初期葉が大きい

なのである。

つまり、初期葉を大きくつくるためのスタート時点の準備がきちんとできていることが大切で、このためにはC／N比の低い、チッソの多いアミノ酸肥料を初期から効かせていく。

こうすると外葉が大きく伸び出し、株も大きくなる。チッソ肥効が落ちてくると外葉は小さくなり、やがて花蕾が出てくる。こんな生育なら、外葉の一枚一枚によく陽が当たるので、出てくる花蕾は大きく、形のよいものになる（写真6―9）。

逆に、初期の肥効が悪いと初期葉が小さくなり、下葉に十分な陽があたらない形で花蕾が出てくる。肥効が後ろにズレているので花蕾は凸凹して形の悪いものになってしまう（図6―5）。こうなるとまた、花蕾は**腐敗**しやすく

写真6−9　収量を高めるには外葉を大きくつくることがポイント

（写真提供　農事生産組合野菜村）

もなる。とくに花蕾の充実期に雨が降ったような場合、土壌中に残っていたチッソが吸収されて、代謝が追いつかず（体内でチッソを細胞につくり替えることが十分できなくなる）、いっそう腐敗しやすくなる

　ブロッコリー・カリフラワーではとにかく初期肥効重視とし、十分発酵の進んだアミノ酸肥料と十分なミネラル肥料、団粒構造をつくって根まわりの環境をよくする堆肥の施用をしっかりと行なうことが大切である。

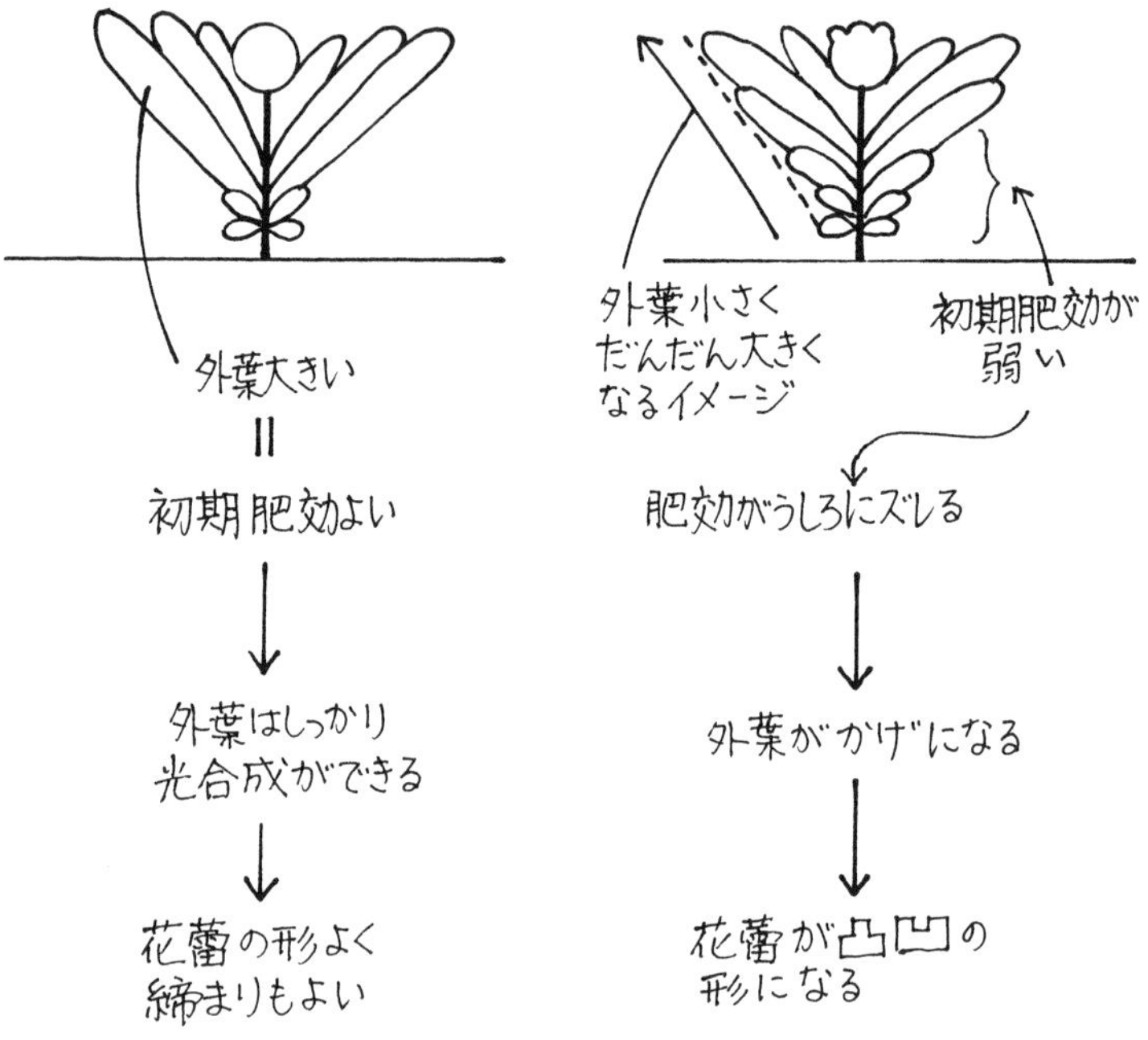

図6－5　初期肥効で生育の姿は異なる

(3) 砂質畑では追肥も必要

　ブロッコリー・カリフラワーも、基本的には元肥だけでつくる。しかし砂質の畑など肥料流亡の多いところは追肥が必要だ。その場合、花台ができた時点でアミノ酸肥料を一回、チッソ成分で二kg程度追肥する。時期が遅れるか量が多すぎるかした場合、花蕾が凸凹して形が悪くなるので注意する。

(4) 石灰と大事な微量要素群

　ミネラルは石灰を多少多めに施用したほうが安心して栽培できる。病害虫の侵入を防ぎ、生育をしっかりとしたものにしてくれるからだ。また他のミネラルも十分に施しておく。栽培期間も長いので、収穫期までミネラルが不足しないようにする。

写真6―10　花蕾部が腐敗したブロッコリー

微量要素では、鉄、マンガン、ホウ素、銅がとくに重要である。なかでもホウ素が欠乏すると、ブロッコリーは花蕾の蕾が一つひとつ黒く欠損したようになる（写真6―10）。カリフラワーは花蕾部が茶色くなる。またマンガンが不足すると、ブロッコリーの花蕾は色が薄くなってしまう。

鉄、マンガンは土壌分析に基づいて施肥を行ない、ホウ素は不足している兆候があったら一〇a当たり、ホウ砂を三kg、銅は硫酸銅を八〇〇gほど施用すれば十分である。微量要素は、堆肥に混ぜて施用すると効果が高い。

その他、土壌病害対策などは他の外葉タイプの野菜に準じる。

◆タマネギ

▼タマネギの栽培のポイント

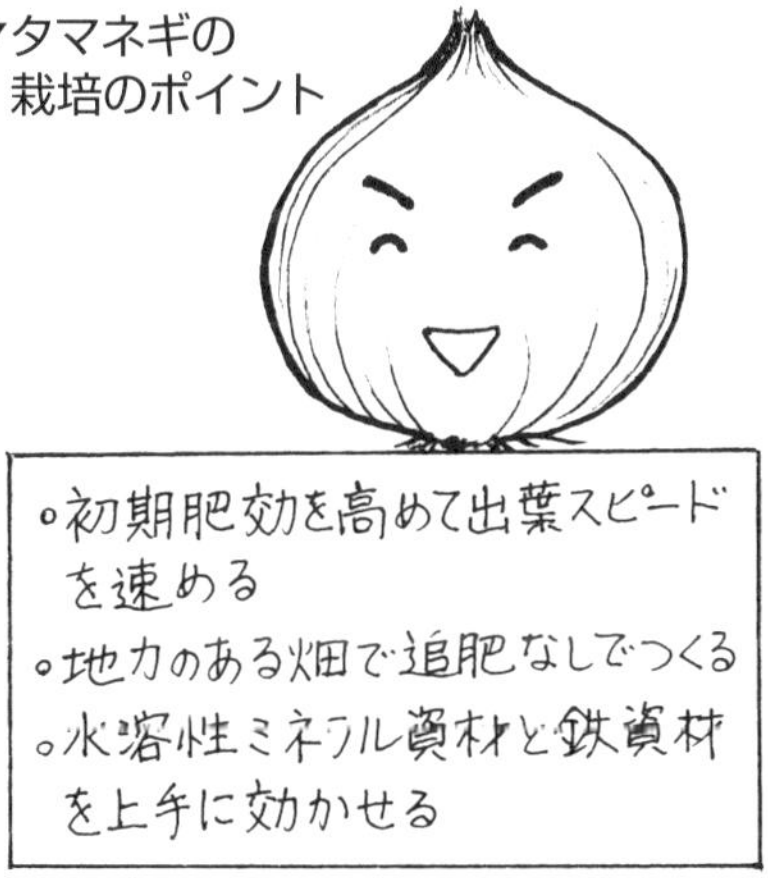

○初期肥効を高めて出葉スピードを速める
○地力のある畑で追肥なしでつくる
○水溶性ミネラル資材と鉄資材を上手に効かせる

(1) 出葉スピードの速さが収量につながる

タマネギは、伸び出してくる葉の一枚一枚が球の鱗片につながっている。そのため、葉の枚数をいかに早くとるかが、良品多収を実現するポイントになる。とくに秋遅くに植付けた場合の春の立ち上がり時に、早く確保しておきたい。

出葉スピードが速いということは、鱗片が多いということ。この鱗片部分に養分が蓄積される。鱗片が多ければ一球の比重が高くなり、締まった球になる。収量はもちろん、養分（糖度）の高い、貯蔵性のよいタマネギになる。

葉の枚数を早くとれるかどうかで、タマネギの形も違ってくる。

じわじわとゆっくり葉の枚数をとるような生育では、球の首（球と葉のつけ根の部分）が長くゆるくなり、縦長の「レモン球」と呼ばれるB級品になってしまう。反対に、葉の枚数を速くとる生育だと、球の首は短く締まり、球形のものが収穫できる（図6—6）。

(2) 初期出葉スピードを速めるには

このような初期生育をめざすには、初期の肥効を高めて出葉スピードを速め、球の肥大期にはチッソ肥効がだんだん切れていくようにしたい。このような肥効であれば、球の肥大期には茎葉（鱗片葉）の生長がゆっくりになり、光合成でつくられた炭水化物が余ってくる。余った炭水化物によって球の肥大を進めることができる。

こうした肥効パターンにもち込むには、キャベツ、レタスと同様に、C／N比の低い、チッソの多い栄養生長タイプのアミノ酸肥料を施用することである。元肥チッソに占めるアミノ酸肥料と堆肥の割合は半々を目安にすればよい。

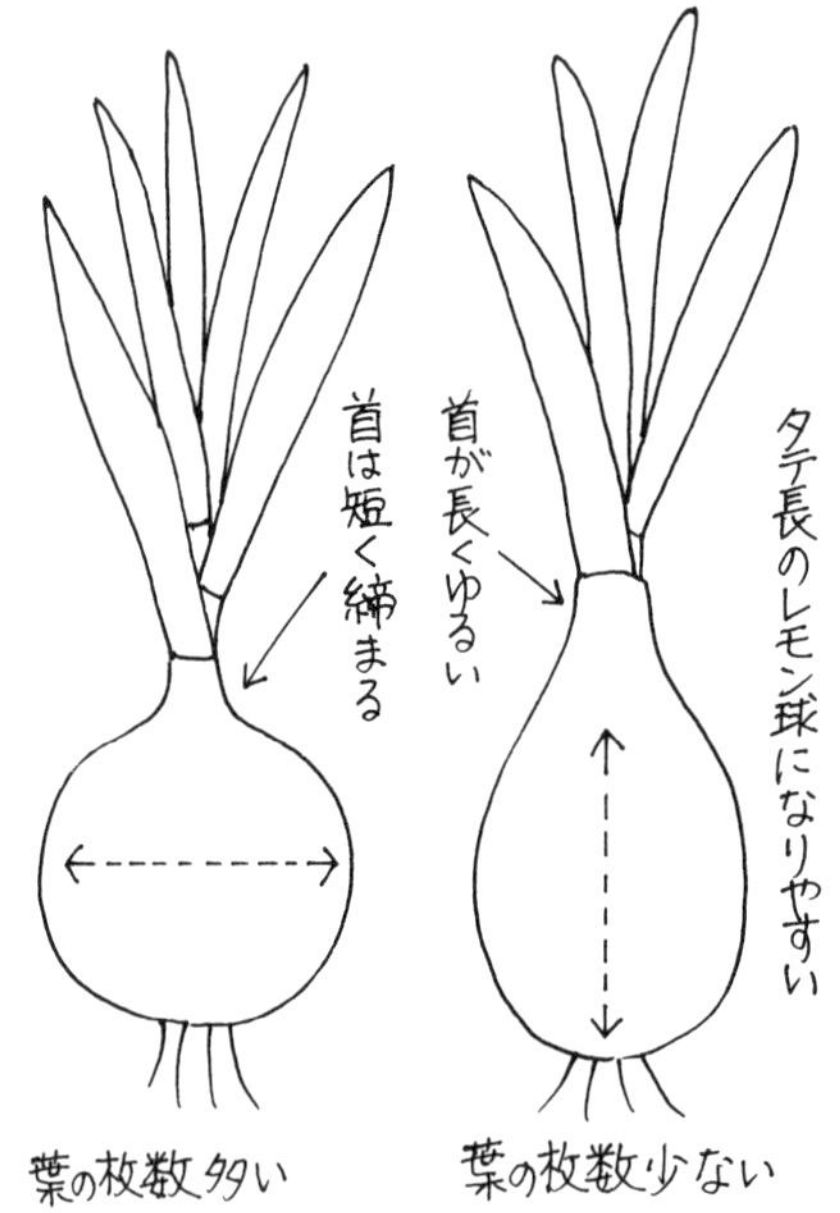

図6−6　葉の枚数によって形が異なる

(3) できれば地力のある畑で栽培

タマネギは基本的に追肥は必要ないが、やはり砂地の畑では肥料の流亡によって追肥が必要なこともある。その場合は、収穫一ヵ月半前にチッソで二～三kgのアミノ酸肥料を施用する。早生品種や、球を大きくしたいと考えるなら、三kg施用する。

なお、タマネギでは追肥すると腐りが多くなって、日持ちが悪くなるデメリットもあるので、この点よく理解して追肥する。

逆にいえば、タマネギは追肥を必要としない地力のある畑で栽培したいということだ。そうでないと、**有機栽培**のメリットも得にくい。

(4) 大事な石灰と苦土

タマネギでも、ミネラルは石灰を多めにしたほうが作柄が安定する。石灰はタマネギの表皮を強くし、病害虫に対する抵抗力をつける。タマネギは根は浅く、強くないので、石灰を効かしてしっかりした根を伸ばすことが大切だ。カリが多いと石灰の吸収を抑制して、球の肩が腐ったりするので注意したい。

苦土は、土壌分析をもとに標準的な施肥でよいが、水溶性の割合を多くしたほうがよい。苦土が不足すると葉の枯れ上がりを助長する。タマネギの場合、葉と鱗片はつながっているので、葉の枯れ上がりは、収穫部位である球の鱗片の腐れを招く。苦土は初期の葉からしっかりと吸収されるよう、水溶性の苦土を七割程度と多くする。

(5) 微量要素の施肥ポイント

●イオウを意識する

イオウを微量要素とはいわないが、あまり意識しないミネラルといえる。しかし、タマネギやニンニクなどユリ科の野菜には硫化物が含まれ、独特の香りの元となっている。血液の流れをよくする機能性物質としても知られている。

イオウは、硫酸石灰や硫酸苦土など水溶性のミネラル肥料に含まれ、これらを使えば必要量はまかなうことができるので、ことさらイオウだけを施肥する必要はない。ただ、タマネギではきちんと意識しておきたい。イオウが少ないと根張りが悪くなる。根の張りが悪いと養分吸収が遅くなり、葉の出方、生育が遅くなる肥効パターンになってしまうからである。

●根の伸張に大事な鉄

タマネギの根は浅く、吸肥力も強くない。土壌中の酸素が不足すると、すぐに浅根になり、養分吸収が滞る。この根の養分吸収を助けるのが鉄だ。

鉄は呼吸に関係するミネラルで、養分吸収は呼吸で生じたエネルギーによって行なわれる。鉄が不足すると、球の内側の根が呼吸できなくなり、消えてしまう。するとチッソがおもに吸収され、このチッソが鱗片の中で遊離チッソとなって、腐りの原因となっていく。

鉄はまた、タマネギの皮の色素にも関係している。赤くて丸いタマネギなら、養分吸収や施肥はうまくいっていると考えてよい。

鉄についても十分意識しておく必要がある。

●病害虫よけになる塩素と銅

病害虫との関連で押さえておきたい

のは、塩素と銅である。

塩素は組織を硬くする性質があり、スリップスなどの被害を少なくできる。また、銅と塩素の施用でサビ病を抑制できる。塩素はニガリを一〇a当たり一〇〜二〇kgほど。ただし入れすぎるとスジっぽくなるので注意する。銅は硫酸銅を一〇a当たり三〇〇〜五〇〇gほどを堆肥に混ぜて施用する。

また、ケイ酸で病害虫抵抗性を高めることができる。ケイ酸資材は溶けにくいので、必ずパウダー状のものを使う。施用量は一〇〇〜二〇〇kg程度でよい。

(6) 発酵の十分進んだ肥料、堆肥で

タマネギは冬越して、春になってから急速に葉が伸びる。そのスタートダッシュに合わせ、有機の原料には分解しやすいものを使いたい。蹄角《ていかく》や牛皮といったものはよくない。肥効がズレて、後半チッソ型になり、品質のよいものはとれない。

アミノ酸肥料や堆肥は十分に発酵が進んでいることが前提である。

◆ネギ（根深）

(1) 酸素大好きの野菜

ネギは酸素が大好きである。根深ネギなど土寄せをすると地上部に向かって根を伸ばすほどである。

逆に、粘土が多くて排水が悪い畑、道路より下にある畑などでは病気が多く、よいものがとれない。

排水性と保水性のよい畑でつくることがネギには何にもまして大切である。

(2) ネギ坊主を出さない肥効を維持

ネギは、初期はゆっくり生育するものの、葉が伸び出すと勢いが増す。チッソ肥効が切れるとネギ坊主を出すので、栄養生長を続けるように追肥で養分を補うのが肥効パターンである。

チッソ肥効の切れ具合は、葉の付け

▼ネギの栽培のポイント

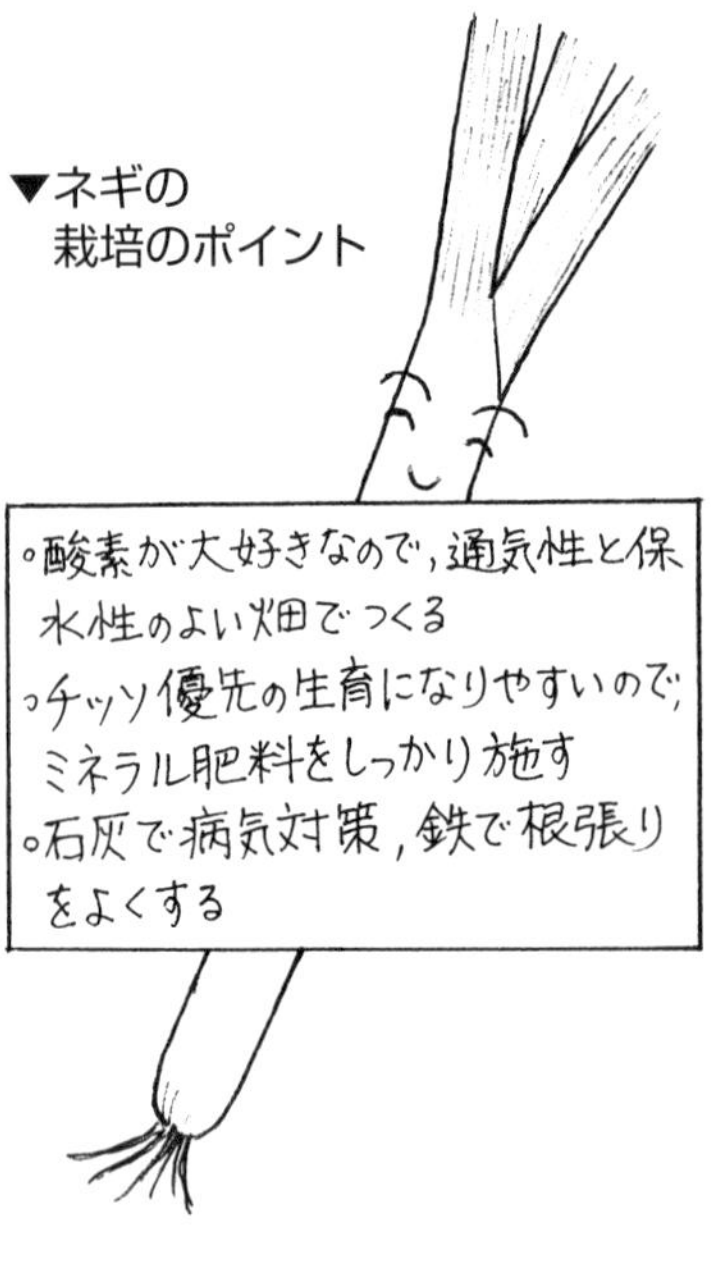

◦酸素が大好きなので、通気性と保水性のよい畑でつくる
◦チッソ優先の生育になりやすいので、ミネラル肥料をしっかり施す
◦石灰で病気対策，鉄で根張りをよくする

根の芯の伸びでわかる。この芯がいつも伸びていればチッソが効いて栄養生長が進んでいる証拠。止まると、体内の糖度が高まって硬くなり、やがてトウ立ちする。

葉が盛んに伸びるようになってきたら、この芯の伸びに注目して、伸びが悪いようなら追肥を考える。

ただ、ネギは葉面積が小さく、光合成による炭水化物生産が少ない。追肥で炭水化物とのバランスを崩すとチッソ優先（過剰）の生育になり、病気が入りやすくなったり、とろけやすくもなる。

写真6－11　太く節間の短い有機栽培のネギ
（写真提供　農事生産組合野菜村）

そこで、追肥でチッソ優先の生育にならないよう、ミネラル先行の施肥を行なう。場合によっては（土壌分析して足らなければ）ミネラルの追肥も行なう。

(3) 元肥は堆肥を多めで設計

ネギは酸素を好むので、元肥チッソの六割は堆肥で施用する。土の物理性をよくしておくのである。

土の団粒構造が発達して、根まわりに多くの気相をつくる太陽熱養生処理を作付け前に行なっておけば、ネギにとってさらに好ましい土壌環境となる。

一方、ミネラル肥料は、石灰を多めに設計する。前述のとおり、ネギはチッソ優先の生育になりやすい。チッソ優先だと葉が水をはじかなくなり、病気にかかりやすい。そこで、石灰を効かして表皮を強くする。病気に対する抵抗力をつけておこうというのである。苦土は、水溶性の割合を七割と多めに設計して、光合成を少しでも高めるようにする。

(4) チッソ追肥は二回

チッソの追肥は二回行なえば十分である。収穫の二ヵ月前に一回、その後、芯の伸びが悪くなってきたらもう一回施す。量はチッソで二〜三kg。アミノ酸肥料を主体に、その二割ほどの堆肥と混ぜて施用する。これは有機物からのカビの発生を堆肥の有用微生物で抑えるため。ネギのサビ病や軟腐病に有効だ。

追肥は必ずウネ間にまいて、土と混ぜながら土寄せする。株元に直接まくとネギの首が腐ることがある。

なお、追肥を行なう前に土壌分析をして、不足しているミネラルがあれば、一緒に施肥する。

そのほか、微量要素は呼吸に関連するミネラルの鉄が不足しないようにする。鉄が不足すると根の張りが極端に悪くなる。

またケイ酸（ケイカルなど）や塩素（ニガリなど）の施用は病害虫への抵抗力を高めてくれる。とくに黒ボクの畑ではネギに腐りが入りやすいので、効果が高い。ただ、入れすぎるとネギを硬くしてしまうので注意する。

◆ニンニク

(1) 冬は根張り優先、春、一気に葉を出させる

ニンニクは秋に種球を植えると、数枚の葉を出して冬を越し、春になって急速に葉を伸ばす。冬を越すまでは、地上部は抑え気味にして根を張って、体内の養分濃度を高めて耐寒性をつける。そして、春、暖かくなってから一気に葉を出し、球を肥大させて、充実していく。

これが冬前に生育を進ませたり、春の葉の出方がダラダラ遅かったりすると、ニンニク本来の育ちにならない。寒さや雪で枯れたり、溶けたり、タマネギと同じように首の長い球になりやすい。また、球の肥大期にチッソが効きすぎると品質が低下する。

▼ニンニクの栽培のポイント

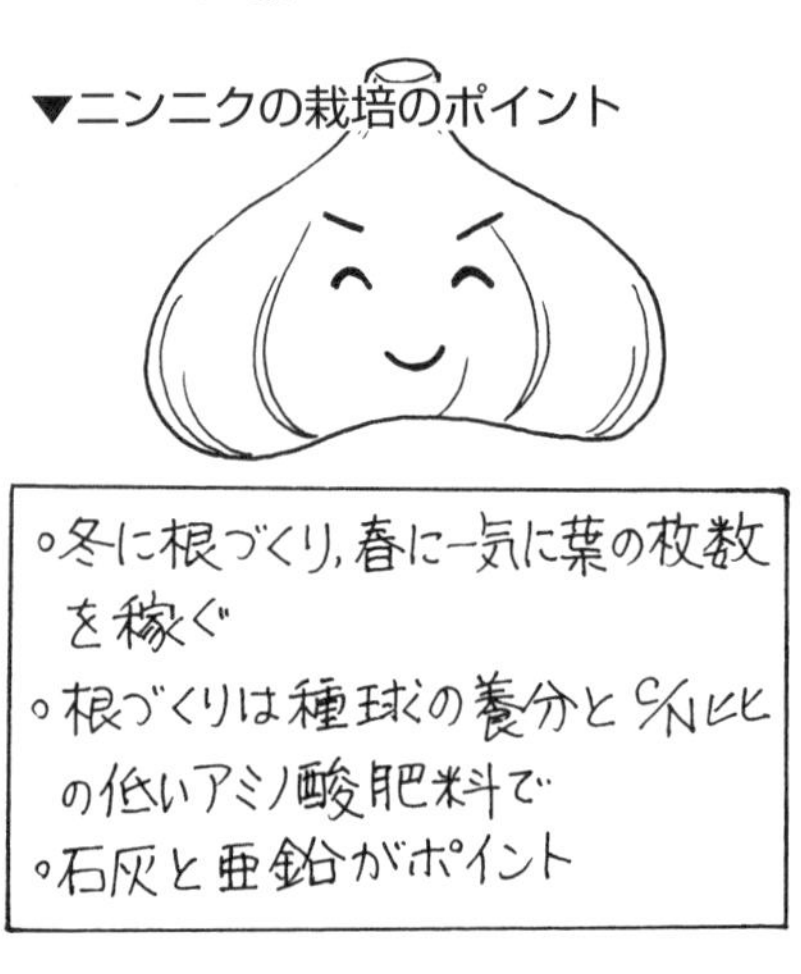
○冬に根づくり，春に一気に葉の枚数を稼ぐ
○根づくりは種球の養分とC/N比の低いアミノ酸肥料で
○石灰と亜鉛がポイント

以上から、ニンニクでねらう肥効パターンは次のようになる。

まず、初期は根づくりの施肥を行なう。ただしあまりチッソが効きすぎると生育が進み、冬の寒さにやられるので要注意。冬の根づくりをベースに春からは一気に葉の枚数を増やしたいので、吸収されやすい養分を土の中にバランスよく整えておく。

春からは、葉でつくった炭水化物で

球が肥大。チッソ肥効が強いと二次生長による小さい側球ができ、品質が低下するので、この時期はチッソがスーッと抜けるようにもっていく。

(2) 元肥チッソとミネラル

ニンニクは栽培期間が長いが、冬場は生長を止めているので基本的には元肥だけの施肥になる。

アミノ酸肥料はC／N比の低い、チッソの多いものを使う。少々チッソの多い肥料でもニンニクは種球を植付けているので、チッソ優先の生育になりにくい。この種球の養分とアミノ酸肥料とで冬までの根張りを確保する。

堆肥は、肥料的効果とともに団粒もつくりやすいC／N比一五～二〇のものを使う。春先はこの堆肥の肥効で葉づくりを行なわせる。

元肥チッソは、堆肥六、アミノ酸肥料四の配分でよいが、土壌病害の発生している畑では堆肥八、アミノ酸肥料二にして、有用微生物を多く入れる。できれば太陽熱養生処理も行ないたい。

一方、ミネラル肥料は石灰を多めの、六：二：一のバランスとする。根づくりを進めるうえでその表皮をしっかりさせるためと、生育を締めて冬の寒さに対処できるようにするためである。

また、生育中は、葉の枯れを防ぐことが球の肥大に欠かせない。硫酸苦土（硫マグ）など水溶性の苦土を全体の七割程度にして、初期からしっかり効かせていく。苦土を効かせることで光合成が盛んになり、球の糖度も上がる。辛いだけではない、甘みのある上質のニンニクとなる。

石灰も半量は水溶性の資材を使う。硫酸石灰（石こう）などだが、苦土の硫マグも含めて、これらはイオウを含んでいる。ニンニクの大好きな養分であり、根づくりには必要である。

(3) 海藻肥料で亜鉛を効かす

微量要素で重要なのは、鉄、マンガン、ホウ素、銅、それに亜鉛である。

写真6－12　春からの葉づくりがスムーズに進んだニンニク
皮の割れがなく，大玉で揃いがよい

ニンニクは薬効が高いが、それは微量要素をたくさん含んでいるからでもある。鉄、マンガン、ホウ素、銅はタマネギと同じだが、ニンニクで意識したいのは亜鉛である。

ニンニクは吸収した養分をもとに側球が分裂していく。このときの細胞分裂に関係しているのが亜鉛である。私が海藻肥料を使うことを勧めるのは、このためである。

なお、ニンニクは乾燥には強いが過湿を嫌う。水はけのよい畑に植え付け、できるだけウネを高くしておく。

◆セルリー

(1) 収穫まで栄養生長、葉柄に養分を貯める

セルリーは葉柄部分が枝分かれするように生長し、株が大きくなって葉面積が確保されると葉柄に養分が蓄積する。その株を支えるために根が深く張る。

生育期間は長く、チッソは収穫までずっと効き続けていることが必要である。また、セルリーは葉柄部分に糖やアミノ酸を蓄積するので、有機栽培で施用するアミノ酸肥料の質によって、味をより甘く、あるいはうまみの多いものにすることができる。

こうしたセルリーでめざす肥効パターンは、収穫まで栄養生長しかしないので、葉菜タイプのように最後まで肥効が切れないようにする。畑への定植後は肥効を高めに維持するため、肥料を多く必要とする野菜である。

▼セルリーの栽培のポイント

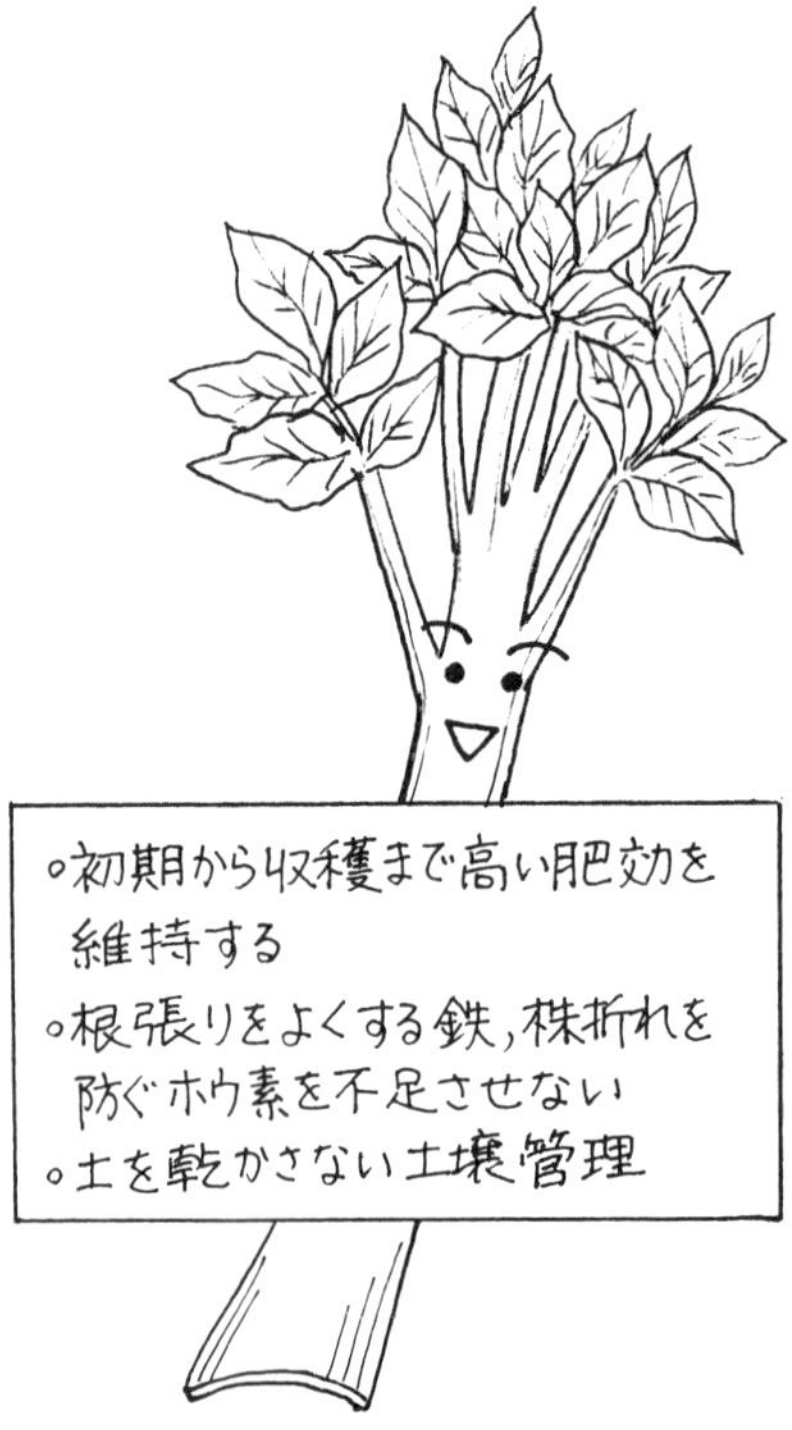

○初期から収穫まで高い肥効を維持する
○根張りをよくする鉄，株折れを防ぐホウ素を不足させない
○土を乾かさない土壌管理

(2) チッソ肥効がとぎれない施肥を

肥効がとぎれないように生育を進めるため、元肥のアミノ酸肥料はC／N比の低い、チッソの多いものとし、堆肥も同様にC／N比一五～二〇程度の比較的チッソの多いものを施用する。そして、元肥チッソでの割合は、堆肥六、アミノ酸肥料を四とする。

基本的に多肥栽培なので施肥量は多くなるが、気を付けなければいけないのは、施用量を補うため未熟な資材を投入してしまうことだ。なまの有機資材は、分解するときに土の中の酸素を奪い、根張りを悪くする。根張りが悪くなると、十分な養水分を吸収できないので、株が大きくならず、重量がとれない。それればかりか、ミネラルを吸収する力が弱く、チッソ優先の吸収になるので、病害虫に弱くなり、緻密な食感にならない。

有機資材の施用量が多いだけに、根張りを損なうなまの有機物はよくよく注意する。十分に発酵を進めた堆肥やアミノ酸肥料を使うことが大事だ。

(3) アミノ酸肥料で〝味付け〟

●甘みは植物系、うまみは魚系で

先述のようにアミノ酸肥料の質によってセルリーの味を変えることが可能である。

アミノ酸肥料の原料には、ナタネかすやダイズかすなどの植物系と、魚かすや魚汁などの魚系とある。植物系のアミノ酸肥料はC／N比が比較的高く、炭水化物量が多い。そのため、植物系のアミノ酸肥料を使うとセルリーは甘みが増す。これに対し、魚系のアミノ酸肥料はC／N比が低めになり、炭水化物量は植物系に比べると少ない。魚系のC／N比の低いアミノ酸肥料を使うと出汁のような味がし、うまみが増す。

●追肥でも間に合う味付け

通常の畑で追肥は必要ないが、砂質畑の場合は流亡も多いので、収穫の一カ月前にアミノ酸肥料をチッソで三kgほど施用する。このときも、アミノ酸肥料を上手に選んで味付けを変えることができる（図6―7）。

通常の畑でも追肥で甘みやうまみを増したい場合は、収穫の三週間前に追肥する。量は、植物系、魚系ともにチッソで一・五～二kg程度である。

(4) ミネラルは石灰を多めに施用

セルリーはチッソ肥効を維持しながら栄養生長を続けるので、どうしても軟らかい育ちになる。そこで、とくに暖かい時期の栽培では石灰、苦土、カ

図6−7　セルリーは追肥するアミノ酸肥料で味に違いを出すことができる

リの比を六：二：一と石灰を多めにして、表皮を硬くする方向でミネラル肥料を使っていく。寒い時期であれば、通常の五：二：一のバランスでよい。

(5) 鉄とホウ素を大事に

セルリーでとくに留意すべき微量要素は、鉄とホウ素である。

まず鉄だが、セルリーは大きな株を支えるため根を深く、広く張る。深く張るには、根が呼吸する力が強くなければならない。呼吸に関係する鉄が重要になる。土壌分析値をもとに不足分をきちんと施用したい。

またホウ素は、センイのつなぎ役として大切な微量要素になる。

セルリーの株は大きく、風などで揺すられると、分けつした枝の付け根が傷む。丈夫な株を最後まで維持するためには維管束やセンイがしっかりしている必要があるが、これにホウ素が関わっている。ホウ砂を10ａ当たり三kgほど堆肥に混ぜて施用するとよい。

実際、セルリーはホウ素欠（葉柄の内側に赤ぎれ状の横裂が入る）が出やすく、このような症状が出た畑での施用効果は高い。ただし、過剰症も出やすいので注意する。

その他、黒ボク土壌では生育を引き締めるケイ酸、塩素を施用して、病害虫被害を抑えることができる。ただしケイ酸資材は必ずパウダー状のものを使う。

また、セルリー独特の香りにはイオウが含まれている。イオウ単独で施用する必要はないが、イオウを含む水溶性のミネラル肥料を使うことで、必要量は確保できる。

(6) 土は乾かさない

セルリーは乾燥を嫌う。土が乾くと生育が抑えられるだけでなく、品質も悪くなる。

有機栽培のメリットはアミノ酸などの有機態チッソを直接利用できることだが、土が乾きすぎると有機態チッソが硝酸態チッソに変わる。作物は、吸収した硝酸態チッソをアミノ酸に組み立てていくときに、光合成で得た炭水化物を消費する。すると、センイなどが十分つくられなくなり、虫や病気を招きやすくなる。

また、土が乾くと土壌水分が少なくなってチッソがスムーズに効かない。生育にムラができ、全体にスジっぽくなって食感や品質で劣ってしまう。

さらに、収穫後の品質低下が早まる。セルリーは、収穫されてからは液胞の中の糖をエネルギー源にして生きている。ところが、土が乾いて硝酸態チッソが吸収されると、からだの中の液胞にたまっている糖（炭水化物）が消費されて、収穫後の劣化が早まってしまうのである。

株元に敷ワラなどをして乾燥を防ぐ。ただし、水分が多すぎるのは軟腐病を招くおそれが高いので、水はけにも注意が必要である。

1 生育の特徴と施肥

(1) 葉をつくって根を太らす二段階の生長

根菜タイプの野菜の代表はダイコンやニンジン、ゴボウなどである。このタイプの野菜は、土の中へ伸ばした根を肥大させる擬似生殖生長をする。土の中にある根が収穫物になるわけで、地上部を食用とする葉菜タイプや外葉タイプとは、栽培上、注意する点が異なる。

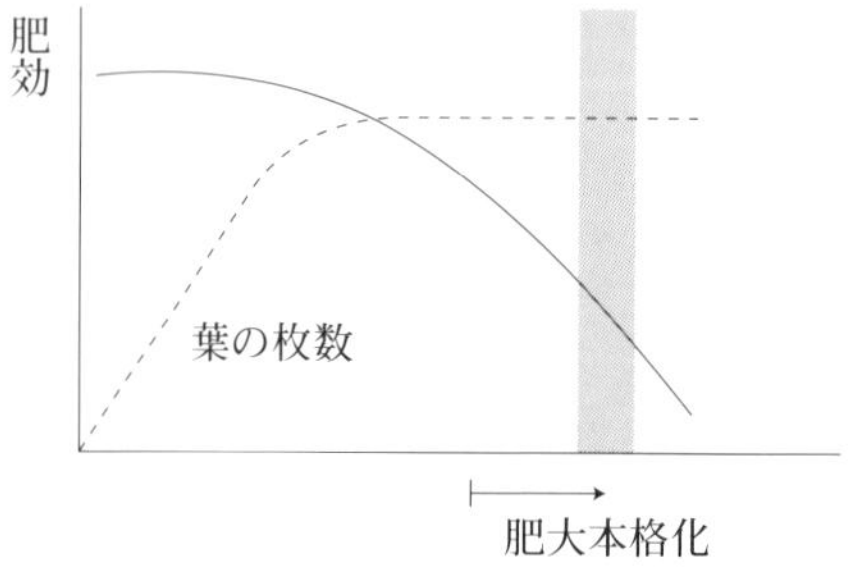

図6−8　根菜タイプの肥効と収穫時期

根菜タイプの野菜は、まずは葉を次々と出してからだを大きくしていく。葉の生長がゆっくりになってくると、地下部に伸ばした根の本格的な肥大が始まる。

初期葉が厚く大柄であれば、その光合成能力は高い。そんな初期葉がつくりだす多くの光合成産物によって、次の葉がすぐに伸び出してくる。スタート時の生育がその後の生育の土台となり、さらによい生育をつくる。

このような光合成能力の高い葉は、葉身にくらべて葉柄が短く、地上部はあまり繁って見えないのに、葉の数を数えてみると多い、という姿をしている。

生育の進み方としては外葉タイプに似て、初期の栄養生長は葉を伸ばし、次いで収穫部の根を肥大させていく、二段階の生長をするのが特徴である。

(2) 根と葉にメリハリのある施肥・肥効をめざす

したがって施肥のねらいは外葉タイプと似て、まず素質のよい初期葉をつくるために初期のチッソ肥効を高めてやる。そして厚くて葉柄の短い葉を数多く確保する。次に、根の肥大が本格的に始まる頃には、葉の生長が止まる程度の肥効がよい。こうすればそれまで地上部の生長に使われていた光合成産物が、根に蓄えられていくことになる。

根菜タイプはこのように、葉をつく

る、根を肥大させる、というメリハリのある施肥、肥効をめざす。

2　土つくり、施肥のポイント

(1) 根にダメージを与えない土壌管理

根菜タイプの野菜は、直根を土の中に伸ばし、太らせていく。この根をいかにスムーズに伸ばし、ダメージがない状態で収穫するかがポイントになる。土つくり・土壌管理は、他の野菜以上に重要である。

●団粒構造の発達した土

まずは、スムーズに根が伸びていくための作土層の深さと軟らかさが重要になる。

作土層の深さは、根の肥大部分の長さ程度、軟らかさは根が素直に伸びていけるだけの軟らかさである。また、その根が養水分を吸収するだけの十分な空気が根まわりには必要になる。つまり、団粒構造が十分に発達して、保水性や通気性、排水性といった物理性が備わっている土であることが大切である。良質な堆肥を施用して、そうした条件に近づけていくことである。

●未熟有機物は使わない

根が伸びていく先に未熟有機物があると、股根や枝根が多くなる。堆肥中のなまの部分やボカシ肥料でも発酵が十分でない部分など、問題になるのは主にチッソ系の有機物である。こうしたものを使うと、後半にチッソやカリが効きだして、肥大した根にス（鬆）が入ることがある。

●土壌病虫害対策の太陽熱養生処理

根菜タイプの野菜には土壌病害虫も多い。その被害は直接、商品としての根にダメージを与える。そこで、土壌病害虫を抑える力のある放線菌やバチルス菌の増殖した中熟堆肥を施用し、できるだけ太陽熱養生処理を行なって、作付け前に土壌病害虫の数を少なくしておきたい。この処理を行なうことで土壌団粒を発達させることもできるので、物理性の改善効果も大きい。

(2) チッソ施肥

●元肥の施用

根菜タイプの野菜は、チッソ肥効が切れて葉の生長がゆっくりになってくると、根の肥大が本格的に始まる。ところが、根の肥大が始まる頃に必要以上のチッソが残っていると、栄養生長が続く状態になり、先端部分が肥大せずにとがったり、スが入ったりする。また、地上部の生長がぶり返す形になり、病害虫の被害にあったりする。根菜タイプではゴボウを除いて、追肥なしで育てるのが基本である（表6―4）。

表6－4　根菜タイプの施肥（元肥のみ）のねらいと資材

	初期	肥大期
生育のねらい	充実した葉を多く確保	光合成を維持するための地力的な肥効
チッソ	C／N比が低くチッソの多いアミノ酸肥料	堆肥の地力的肥効
ミネラル	水溶性の資材	ク溶性の資材

根の肥大の始まる頃には、その後の光合成を保つ程度のチッソ肥効があればよい。その目安で元肥量を畑の地力などと相談しながら決める。しかし、たとえ元肥量が適切でも初期生育が十分でなければ、養分吸収は少なくなり、土壌中にチッソを残して、根の肥大を悪くしてしまう。

●葉の枚数を早く、多く確保する

元肥チッソ量は堆肥五、アミノ酸肥料から五と、半々の設計とする。これはアミノ酸肥料を多めにして初期に充実した葉をスピーディーに確保したいからだ。もちろん、根に影響しないよう十分発酵の進んだ水溶性の有機態チッソを用いる。そして堆肥に期待するのは、後半に光合成を行ない続けるための地力的な肥効である。

●土壌病害虫の多い畑では

根菜タイプの野菜は収穫部が根であるだけに、土壌病害虫の被害が出ると深刻なものになる。イオウ病やイチョウ病、センチュウなどの被害を受けると商品にならない。

そこで、土壌病害虫の多い畑では、元肥の堆肥を八に増量して、アミノ酸肥料を二にする。堆肥中の有用微生物を大量に畑に棲みつかせるためだ。

ただし、これだとどうしても初期生育が遅れ、肥効が長く続く。このため、元肥チッソの全体量を減らさなければならなくなる。そこで、先に紹介した太陽熱養生処理を行なう。この方法なら、処理期間中に有機物の分解が進み、アミノ酸などの水溶性の有機態チッソが増え、初期生育もスムーズに進む。元肥八、アミノ酸肥料二の割合でも、施用量を減らさず、収量、品質ともに優れたものを収穫できる。

●施用有機物の質

堆肥にしろ、アミノ酸肥料にしろ、

施用する有機物は十分発酵したものでなければならない。私は、ナタネかすとか魚かすもこれらがなまであるということから施用を勧めていない。同じ理由で、抽出型のアミノ酸肥料も単独で施用せず、必ず堆肥と一緒に施用するよう勧めている。抽出型アミノ酸肥料は、いうなれば微生物の培養エキスのようなものなので、なまに近い有機物と一緒になるとかえって土壌病害虫を増やしてしまうからだ。

(3) ミネラル施肥

●水溶性、ク溶性を半々で

初期から一気に葉の枚数を増やすには、ミネラルの吸収も重要である。元肥として施用するC／N比の低い、チッソの多いアミノ酸肥料でチッソ優先の生育・施肥にならないよう、ミネラルも初期から十分に効かせたい。そのためには、水溶性のミネラルが必要になる。

また、肥大期に効かすミネラルにはク溶性のものも元肥で施用して、収穫時期までミネラル優先の施肥になるようにする。水溶性とク溶性の割合は、半々と見ておけばよい（種類によって多少違う）。

●石灰の重要性

ミネラルのうち、とくに石灰は必要量を十分施用しておく。石灰は根の表皮を守る重要なミネラル、根そのものを収穫する根菜タイプの野菜には、必要不可欠である。石灰がきちんと施されていないと、根の表皮が軟らかくなり、土壌病害虫の被害を受けやすい。

また、夏に向かう作型の場合は、とくに生育が軟弱になりやすいので、石灰を多めに施用して、生育を締めるようにする。

●カリは少なめにする

一方、カリが多めだと、裂根になることがある。カリは水を運ぶ性質をもっている。カリが効きすぎると、それまで干ばつ気味できたところに急に大雨が降ったりしたような場合、根が肥大し、縦に裂けてしまうことがある。

石灰、苦土はしっかり施用するが、カリは少し控えめにしておくのが、無難である。

なお、ミネラル肥料についても基本的に追肥はしない。

(4) 微量要素の施肥

●必要不可欠なのはホウ素

根菜タイプの野菜も、微量要素が不足していたらきちんと施用しなければならない。中でも重要なのが、ホウ素である。

ホウ素は細胞壁をつくるうえで欠か

せない。しかも、多くの日本の農耕地では潜在欠乏レベル以下と指摘されている。とくに火山灰土壌では低い。

ホウ素欠乏は根の生長阻害が発生したり、スが入ったり、土壌病害虫が侵入しやすくなるので、根菜タイプの野菜には必要不可欠なミネラルといえる。

図6−9　必要な微量要素と役割

●鉄・マンガン・銅

鉄は呼吸に関係するミネラルで、鉄が不足すると根は伸びないし、養分を吸収するときのエネルギーをつくり出せない。

マンガンは光合成に関係し、葉緑素をつくるときに必要になる。マンガン不足の兆候は新葉に緑の薄い部分がまだらに出てくることでわかる。マンガンが不足すると光合成が低下し、根に蓄積する養分が少なくなる。また、表皮が薄くなり、病害虫の被害にあいやすくなる。

銅も葉緑素に関係していて、これが不足すると、やはり光合成が低下し、炭水化物の生産量が減少する。また、アミノ酸をタンパク質に合成するときに銅が不足すると、アミノ酸が液体のまま体内にとどまって、害虫の被害を受けやすくなる。

各種ミネラルはあるのに、どうもア

ブラムシが多い、というようなときは銅資材（硫酸銅）を施用してみると改善されることがある（図6―9）。

以下、根菜タイプの野菜について、各野菜ごとに特徴となる点、栽培上で注意する点などを紹介する。

3 各野菜別の勘どころ、注意点

代表的な根菜の施肥内容については、表6―5に示した。

◆ダイコン

▼ダイコンの栽培のポイント

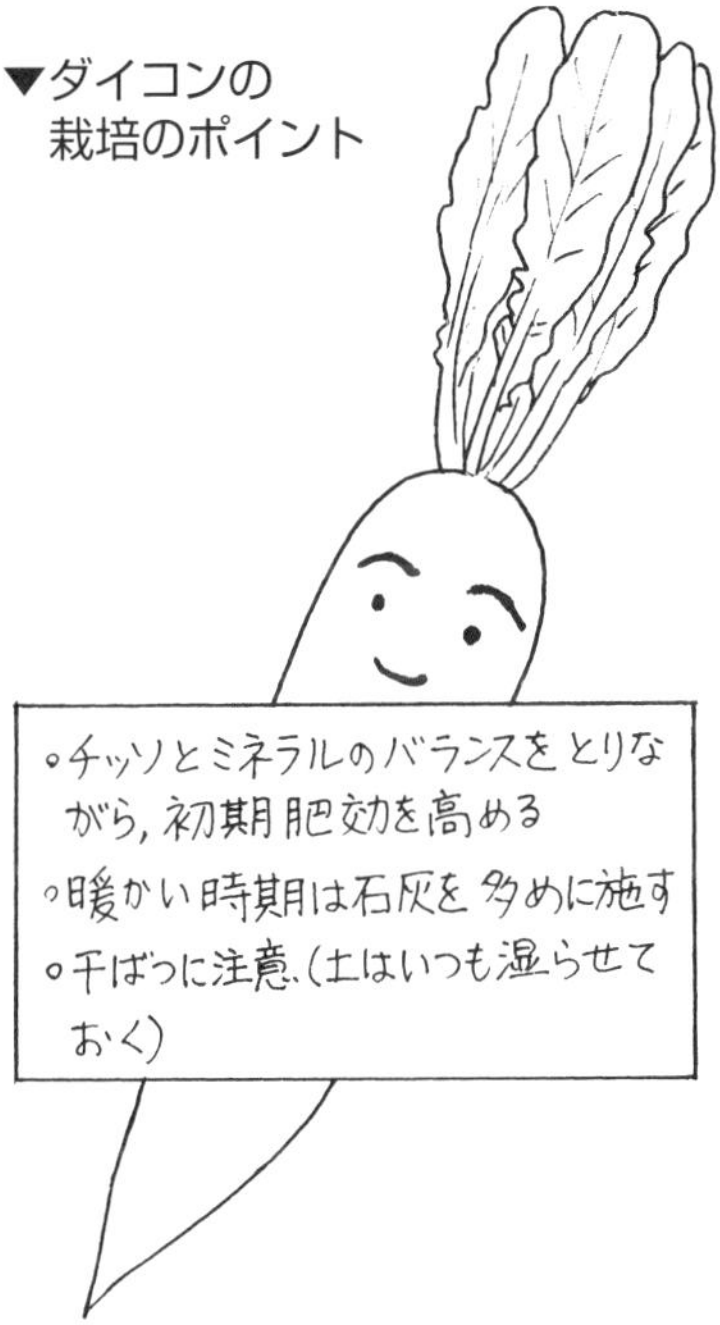

○チッソとミネラルのバランスをとりながら，初期肥効を高める
○暖かい時期は石灰を多めに施す
○干ばつに注意．（土はいつも湿らせておく）

（1）太陽熱養生処理で膨軟な作土

土は排水性、保水性、通気性のある深い作土が適している。分解の進んだC／N比の高めの堆肥を施用して、土を軟らかくしておきたい。堆肥に未熟なものが含まれているとさまざまな障害がおきるので、品質の見極めも肝心である（『有機栽培の肥料と堆肥』を参照）。

ダイコンは土壌病害虫が多く、被害は品質に重大なダメージを与えるので、堆肥は放線菌やバチルス菌の増殖した中熟堆肥を使う。とくに土壌病害虫に悩まされている畑では、太陽熱養生処理を行なう。土壌病害虫の防除とともに団粒構造の発達したダイコンにとってよい土になる。

（2）アミノ酸肥料を初期からきっちり効かす

元肥のチッソは、堆肥とアミノ酸肥料から同量（五：五）ずつまかなう。他の野菜にくらべアミノ酸肥料からのチッソが多いが、このような施肥で初期葉を厚く大柄にして、葉の枚数を多く、早く確保できる。

アミノ酸肥料はダイコンの作期によっても替える。暖かい時期は、C／N

比の低い、チッソの多いアミノ酸肥料を使う。光合成による炭水化物生産が多いので、チッソの多いアミノ酸肥料でも炭水化物優先の生育を乱すことはないからだ。反対に、寒い時期は光合成量も少なくなるので、C／N比の高い、チッソの少ないアミノ酸肥料を使う。C／N比の高いアミノ酸肥料は、炭水化物部分が多いので、光合成低下に伴なう炭水化物生産の不足を補う恰好になる。

野菜施肥一覧

肥			追　肥			
ラ　ル（割合）			堆肥	アミノ酸肥料	ミネラル肥料	微量要素
（苦土）{ク溶性 水溶性	（カリ）	重要な微量要素				
40（粒） 60	水溶性	Fe, Mn, B, Cu	—	—	—	—
50（粒） 50	水溶性	Fe, Mn, B, Cu	—	—	—	—
50（粒） 50	水溶性	Fe, Mn, B, Cu	—	—	—	—
40（粒） 60	水溶性	Fe, Mn, B, Cu	—	2kg × 2	—	—

大きく異なることがあるので注意する

(3) 春〜夏どりの作型では石灰を多く、カリを少なく

ミネラルは石灰・苦土・カリのバランスをきちんととること。秋、冬どりの作型では五：二：一の通常のバランスでよいが、春から夏にかけて収穫する作型では石灰を多くして、相対的にカリを少なくする。七：二：一ぐらいにするとよい。気温上昇期は軟弱な生育になりやすく、水の吸収も多くなり根が割れることもある。石灰を多めにして生育を締め、カリを抑えて水の吸収が過多にならないようにする。

表6－5 根菜タイプの

施肥 ＼ 種類	元					
	チッソ				ミネ	
	施用量（kg）	堆肥 C／N比	アミノ酸肥料 C／N比	チッソ割合 堆肥：アミノ酸肥料	バランス 石灰／苦土／カリ	（石灰） ク溶性／水溶性
ダイコン	8～14	15～20	低	5：5	7～5 2 1	50（粒） 50
ニンジン	8～14	15～20	低	5：5	7～5 2 1	50（粒） 50
カブ	8～12	15～20	低	5：5	6～5 2 1	50（粒） 50
ゴボウ	8～22	15～20	低	6：4	6 2 1	50（粒） 50

＊数値はすべておおよその目安。とくに元肥チッソ施用量については品種・作型によって

写真6－13 ダイコンは根が素直に伸びるよう育てる
（写真提供 有機栽培あゆみの会）

(4) 肥大期は土を乾かさない

ダイコンでは、とくに肥大期に入ってからのチッソ肥効をできるだけ一定にすることである。

肥大期には元肥の肥効が落ち、堆肥と地力中心の肥効となっている。チッソの肥効が急に高まることは少ないが、注意したいのは、干ばつ気味でき

て土が乾き、有機態チッソが硝酸態チッソに変わることだ。硝酸態チッソを吸収したダイコンは、苦みが出て、アミノ酸肥料で育てた有機のダイコンのおいしさを損ねてしまう。

そこで、好天がずっと続いているときは、ときどきかん水をして、土を湿らせておく。土を湿らせておけば、硝酸態チッソの生成も少なく、有機栽培の特徴である緻密でなめらかな食感と甘みをもったダイコンが収穫できる。

◆カブ

カブは基本的にはダイコンと同じで、元肥チッソの量を品種、作型などに合わせて少なくして栽培すればよい。

微量要素で注意するのは、やはりホウ素で、不足してくると根の表皮の二～三mm内側が剥けやすくなる。スジっぽくなって、境目ができる感じだ。こうなると甘みも少なく、品質的にも劣る。

◆ニンジン

ニンジンは品種によってチッソ量が大きく異なる。種苗店などタネの購入先で確認しておく。

写真6－14　揃いのよいカブ
（写真提供　有機栽培あゆみの会）

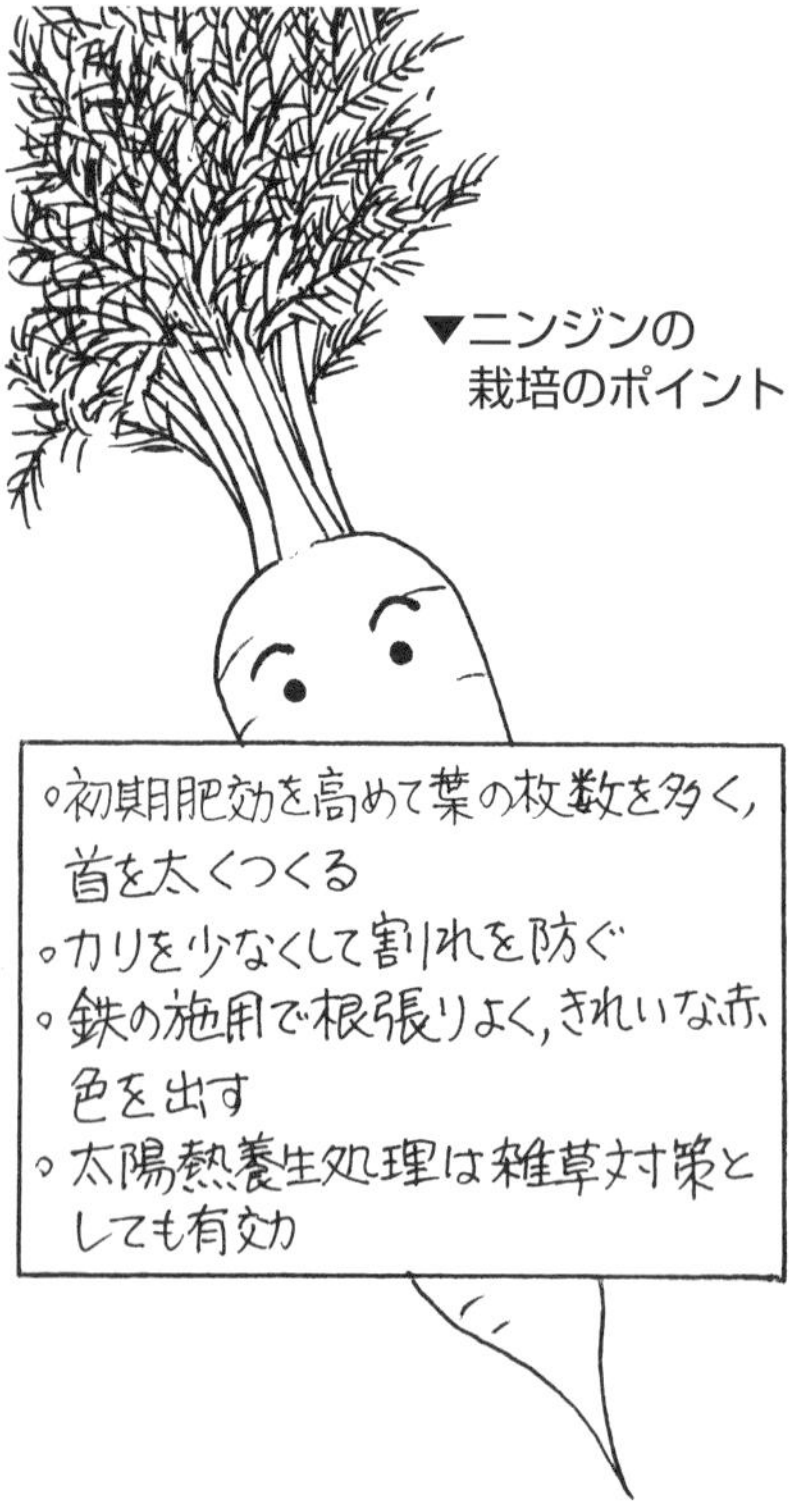
▼ニンジンの
栽培のポイント
○初期肥効を高めて葉の枚数を多く，首を太くつくる
○カリを少なくして割れを防ぐ
○鉄の施用で根張りよく，きれいな赤色を出す
○太陽熱養生処理は雑草対策としても有効

(1) 初期葉を多くして首を太くする

品質のよいニンジンは、首が太く、肩が張っている。首が太くなるのは、葉の枚数が多いからで、そのようなニンジンは先まで太っていて重量がある。

このようなニンジンをつくるには、初期からどんどん葉を出すような施肥設計をする。

写真6－15　生育がよく揃ったニンジン畑
（写真提供　有機栽培あゆみの会）

具体的には、C／N比の低い、チッソの多いアミノ酸肥料が欠かせない。堆肥はC／N比で一五～二〇程度のものを使って、土を軟らかくしておく。元肥チッソに占める堆肥とアミノ酸の割合は、五：五の半々とする。

(2) カリはダイコンより少なく

写真6－16　揃いのよいニンジン
（写真提供　有機栽培あゆみの会）

ニンジンは、〝割れ〟がほかの根菜より生じやすい。とくに暖かい時期は水あげも旺盛になり、雨の後などはとくに生じやすい。そこで、ミネラルではダイコンなどよりカリの施用を少なめにする。寒い時期だと石灰五、苦土一、カリ一という標準のバランスでもよいのだが、暖かい時期の作型では、石灰を七に増量して、苦土二、カリ一という量にする。石灰が生育を引き締め、カリを抑えるように働くので、割れを抑えてくれる。

(3) ホウ素と鉄が大事

鉄は、ニンジンの赤紫色の色素であるカロテンをつくる。鉄が不足すると色が褪せたようになり、商品として見栄えが悪くなる。当然、栄養価も低下してしまう。

また鉄は、根の張りとも関係し、とくに深根性のニンジンには必要なミネラルである。鉄の不足は根張りの不足を招き、養水分の吸収が悪くなるのはもちろん、収穫部位の生長も抑えられる。

(4) 太陽熱養生処理は雑草対策にもなる

ニンジンは雑草に負けやすく、除草は欠かせない。ところが、センチュウなどの土壌病害虫対策として勧めている太陽熱養生処理を行なえば、土の表層部をかなりの高温にして、雑草のタネに相当なダメージを与えることができる。太陽熱養生処理は、センチュウ被害や〝肩溶け〟などの腐りを防ぐだけでなく、雑草対策としても効果がある。

◆ゴボウ

(1) 肥料を深く施すのは有害

ゴボウ栽培で大切なことは、食用にする部分の直根が養分を吸収するのではなく、地表から二〇cmくらいに張る横根（吸収根）が肥料養分を吸収することである。

だから、深い位置に施肥しても、直根の伸長・肥大がよくなるわけではない。それどころか、有機物の分解による根傷みや岐根などが発生しやすくなる。さらに、有機物の分解に酸素が使われ、もともと少ない酸素がさらに少なくなり、嫌気的な環境で有害な分解物が生じることもある。根傷みや根ぐされ、さらにセンチュウ害などがおきやすくなってしまうのだ。

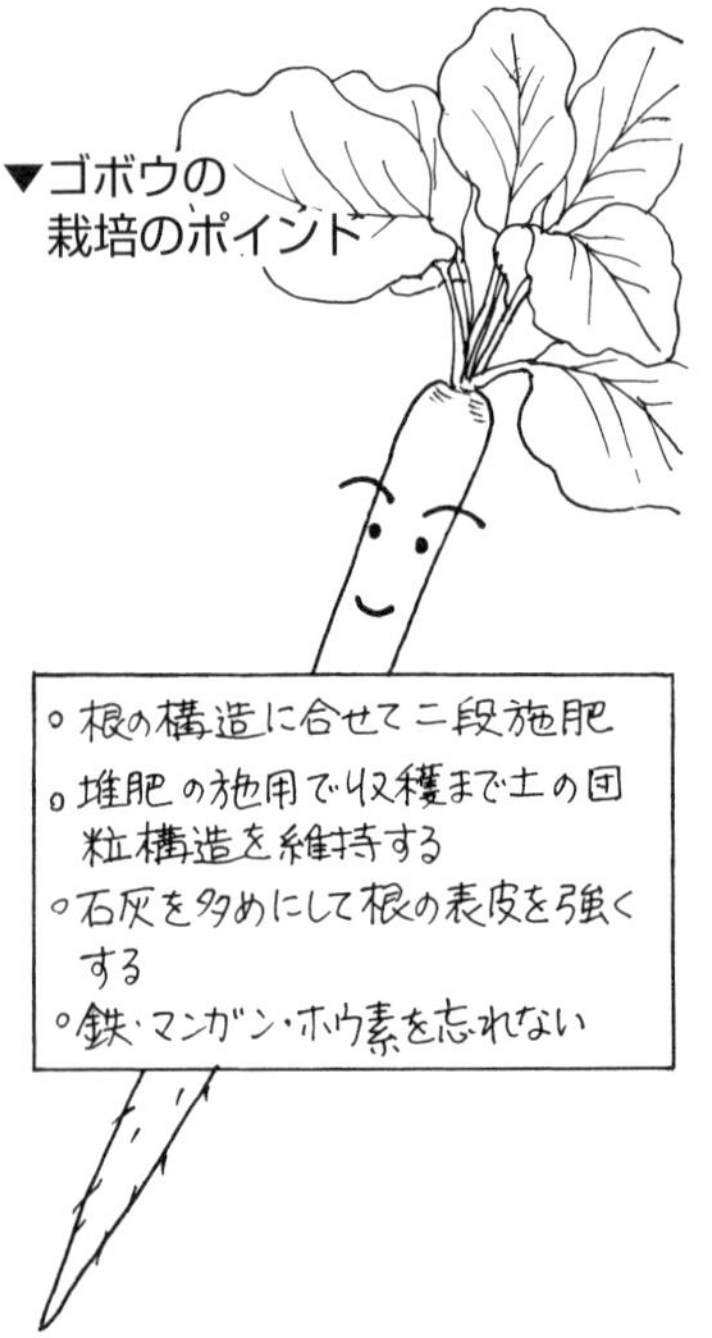
▼ゴボウの栽培のポイント
○根の構造に合せて二段施肥
○堆肥の施用で収穫まで土の団粒構造を維持する
○石灰を多めにして根の表皮を強くする
○鉄・マンガン・ホウ素を忘れない

(2) 根の構造にあわせて二段施肥

ゴボウの施肥は、地表二〇cmの吸収根と地下一mほどまで伸びている直根という、その根の構造に合わせたやり方が必要である（図6―10）。

吸収根に向けては

アミノ酸肥料や堆肥とミネラル肥料を土壌分析に基づいて施用する。一方、直根に対しては一mほどトレンチャーなどで掘り下げているので、石灰資材を施用してpHを六・五に調整する。地表から一mほどの空間を同じpHにして、直根がストレスなく伸びるようにするためだ。

石灰はpH調整だけでなく、ゴボウ根の表皮を強くもする。強い表皮をつくれば、さまざまな土壌病害虫から根を守ることもできる。石灰の量はカキガラ石灰で一〇a当たり三〇～四〇kgぐらいでよい。

なお、この溝部分にはチッソ分は施さない。もちろん地表二〇cm部分には吸収根のためのアミノ酸肥料と堆肥は施すが、その下は無チッソにしておく。先述したように、有機のチッソがあっても有害だからである。しかし、鉄やホウ素などの微量要素については施用したほうがよい。

ゴボウではこのような二段施肥の考え方が大事である。

(3) 細胞型のアミノ酸肥料で初期肥効を高める

品質がよく、揃いのよいゴボウを収穫するには、初期肥効、初期生育をよくすることである。そのためには、C／N比の低い、細胞型のアミノ酸肥料を施す。

堆肥はC／N比で一五～二〇程度のものを施用する。元肥チッソに占める堆肥とアミノ酸肥料の割合は、堆肥六に対してアミノ酸肥料四にする。根が長く栽培期間も長いので、できるだけ土の団粒構造を維持するため、堆肥の割合を多くする。土壌病害虫を抑えたい場合はさらに堆肥の割合を多くし

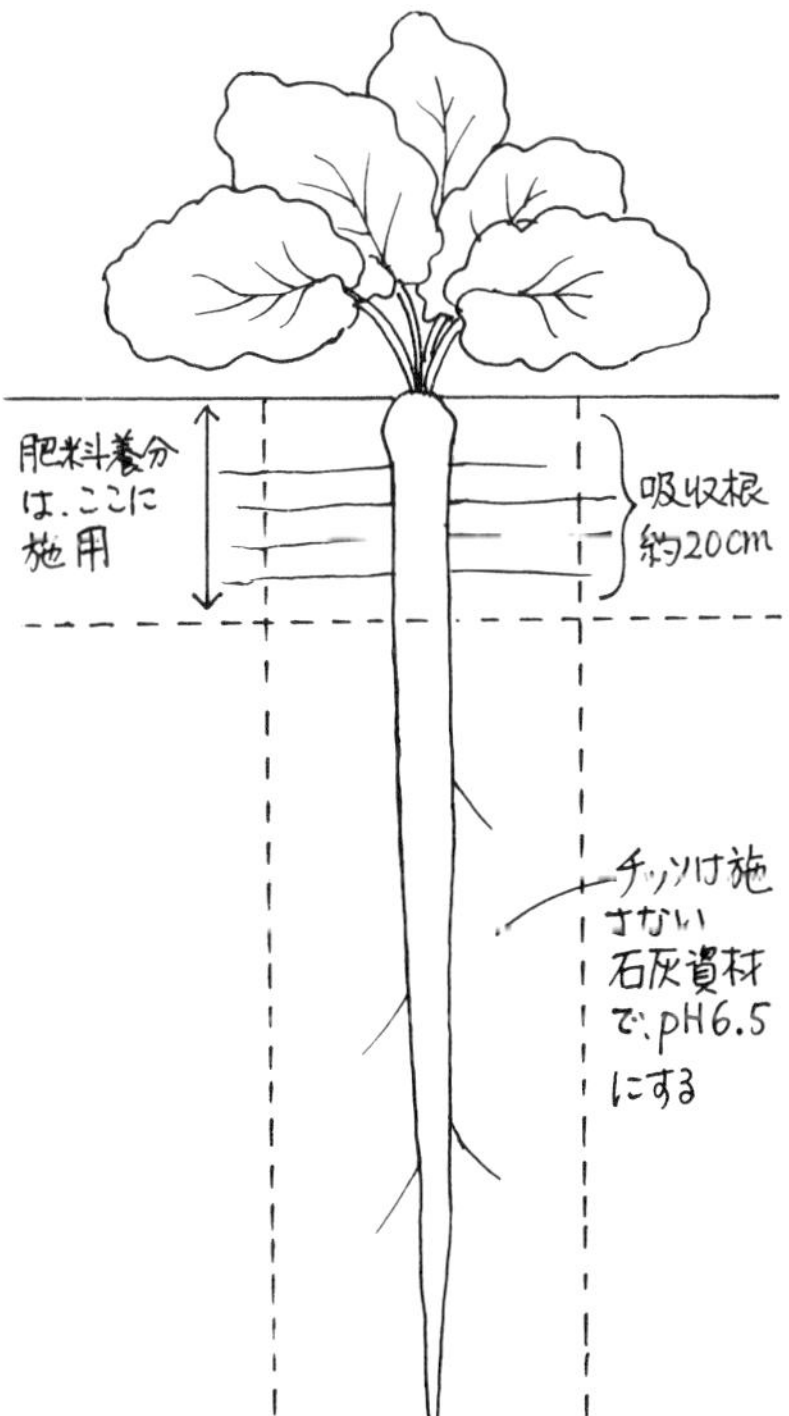

図6−10　二段施肥のやり方
吸収根に向けて施肥。直根が伸びる部分は無チッソでpH調整

て、堆肥八にアミノ酸肥料二とする。
なお、センチュウ害などが懸念される場合は、放線菌の増殖した中熟堆肥を施し、夏場に太陽熱養生処理を行なっておけば、次作から悩まされることは少なくなる。

写真6－17　二段施肥で，白くて太さが下まで揃ったゴボウをつくる

(4) チッソの半分は追肥で

栽培期間の長いゴボウは、元肥に施肥チッソの全量を施すと、生育がチッソ優先になり、アブラムシやネキリムシなどの害虫や病気がつきやすい。そこで、半分を元肥で、残り半分を二回に分け追肥する。肥料はC／N比の低い、チッソの多いアミノ酸肥料を使う。追肥時期は暖かく日照も多いので、このような肥料でもチッソ優先の生育にはなりにくい。

追肥の時期は、一回目は本葉六枚目の頃、二回目はその後二～三週間経ってから行なう。一回目は株の葉数を増やすため、二回目は根を太らせるための追肥である。ただし、地力チッソの発現などで生育がよい場合は二回目は省略する。二回目の追肥が、降雨後の地力チッソの発現と重なったりすると、直根が割れることもあるので注意する。

(5) ミネラルバランスは六：二：一

ミネラル肥料は土壌分析のデータに基づいて、不足分を施用する。石灰：苦土：カリのバランスは、前述のとおり石灰を多めに、六：二：一で設計する。

石灰はク溶性と水溶性の資材を半々に、苦土はク溶性四、水溶性六程度で設計する。苦土で水溶性を多くするのは、光合成の中核物質である苦土をしっかりと施用して初期生育をよくするためである。

ミネラル肥料の追肥は、チッソの追肥を行なう前に土壌分析を行ない、そのデータを元に不足分を補う。追肥なので水溶性の資材を使い、すぐに効くようにする。水溶性の資材に「硫酸●●」というものが多いが、イオウを含んでいるので、ゴボウの香りを強くするのに効果がある。

写真6－18　根が伸びやすい土壌環境をつくっておく

(6) 鉄、マンガン、ホウ素の施用

ゴボウに重要な微量要素は、鉄、マンガン、ホウ素などである。ゴボウは葉が大きいので、ミネラルの吸収も多く、微量要素もしっかりと施用したい。

鉄は呼吸に関連し、地下深く直根を伸ばすゴボウにとってはもっとも重要なミネラルになる。直根は表面で呼吸を行なっている。鉄が不足すると呼吸が十分行なわれないために表面の細胞が弱り、その箇所が病原菌に冒されやすくなる。

マンガンは光合成に関連し、ゴボウの中身を充実させるために必要である。光合成を盛んに行なって炭水化物をつくり、直根部分にため込ませていくには、十分なマンガンが必要である。

ホウ素はセンイをつなげる役目をする。ホウ素が不足すると、直根がタテに割れ、商品価値がなくなってしまう。

直根が伸びる溝部分は石灰資材を施用してpHを調整するが、鉄とホウ素を施用しておくと、肌のきれいな品質のよいゴボウが収穫できる。とくに肌の白さをねらうなら、これらの施用が欠かせない。

1 生育の特徴と施肥

(1) 生育の特徴

イモ類は種イモやツルなどを植え付けて栽培する。種イモには多くのタンパク質や糖、ミネラルなどが含まれ、初期はその栄養分をもとに生長する。

種イモを植え付けると、まず芽が伸び、種イモの栄養分が少なくなってくると根を伸ばす。伸び出た芽が地上部で葉を繁らせる一方で、「貯蔵根」が伸びる。この貯蔵根は、炭水化物などをため込むための「部屋」となる。

そして、地上部がある程度大きくなり、生長が止まってくる頃と相前後して、イモの本格的な肥大が始まる。光合成でつくられた炭水化物が地上部の生長にではなく、この貯蔵根にため込まれるようになるからだ。

イモ類タイプの野菜は、まず地上部や根を生長させ（栄養生長）、ある程度地上部が大きくなると、イモを肥大させる擬似生殖生長をする。

(2) 施肥のねらい

●初期肥効を高めて貯蔵根をつくる

このような生育をするイモ類タイプの施肥は、種イモの養分と肥料養分とによってまず初期肥効を高め、大柄で厚みのある葉をスムーズに展開させ、十分な数の「貯蔵根」を確保することがねらいになる。そして、イモの肥大期には、チッソ肥効は地上部を維持する程度にとどめる。

大柄で厚みのある葉をスムーズに展開できないと、チッソ肥効がズレて、イモを肥大させたいときにも地上部が生長し続ける。ツルが止まらなくなったり（ツルぼけ）、地上部の生長がぶり返したり（樹戻り）する。こうなると光合成でつくられた炭水化物が地上部で使われてイモの肥大は悪くなる。

●イモの肥大するところはチッソをやらない

イモ類タイプの作物の施肥でよく見

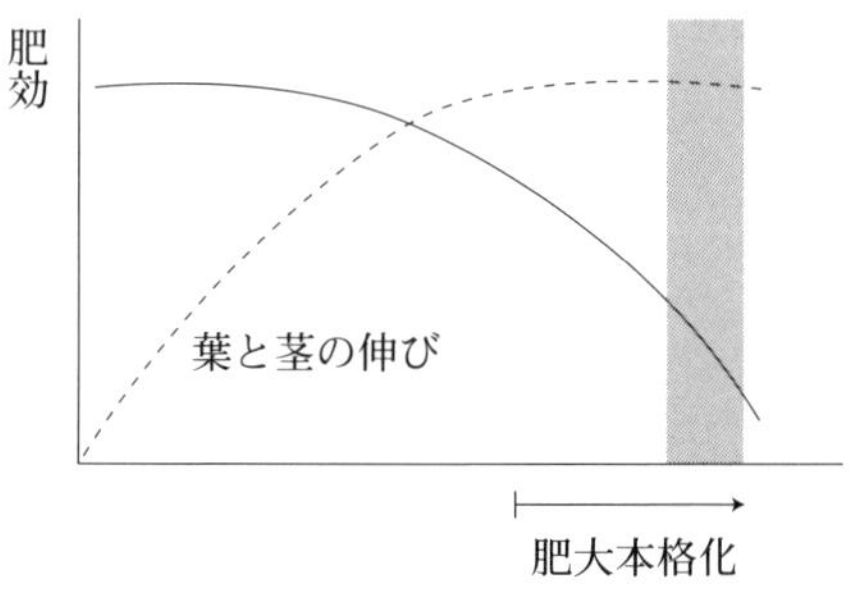

図6—11　イモ類タイプの肥効と収穫時期

るのは、チッソ肥料を二〇～三〇cmの深いところに施していることである。しかし、イモ類が肥料養分を吸収する根は、イモの位置より上にある。肥料は二〇cm程度まで入れておけば十分なのである。

これが、吸収根より下にチッソ（有機物）があると、イモがうまく太れない。有機物の分解で周辺の酸素が奪われるので、イモの皮が傷み、腐りや病気が出たり、形が悪くなったりするのだ。

イモ類では、イモの育つ（肥大する）箇所にチッソを施用しないことが、品質・収量を安定させるために非常に重要である。

2　土つくりと施肥のポイント

(1) イモの皮を侵すカビ、センチュウを防ぐ

イモ類は土中で育つ。有機栽培は肥料に有機物を施用するため、土の中にはさまざまな微生物が棲息する。中には、土中のイモを害する微生物も少なくない。とくに問題になるのが、イモの皮を侵す病気やセンチュウの害である。土つくりでは、これらイモの皮を侵す土壌病害虫を抑えるバチルス菌や放線菌を増殖した堆肥を施用する（放線菌が原因のソウカ病が問題になるジャガイモは別。詳しくはジャガイモの項で）。

また、イモの吸収根（地面から一〇cmくらいにある）がしっかり養水分を吸収できるよう、物理性もよくしておきたい。

(2) 施肥の考え方

●イモ表皮の荒れは極力減らす

イモ類は、イモの表皮がきれいな状態であることが安定した収量・品質につながる。カビの仲間やセンチュウ、小動物の食害、肥料焼けなどによる肌荒れは極力減らす。

●作土層とイモの肥大部は分けて考える

また養分を吸収する吸収根がイモの上にあるので、施肥は、地表から二〇cm程度までの作土層と、イモが肥大する部分との二つに分けて考える（図6—12）。作土にはチッソやミネラルなどを元肥として施用するが、イモが肥大する層には基本的にチッソは施用しない、ということ。ただし土壌pHが低い

場合は、石灰資材を入れて、六・五程度に調整する。

●水溶性のアミノ酸肥料で初期肥効を確保

作土層へのチッソ施肥は、C／N比の低い（つまりチッソ分の多い）、栄養生長タイプのアミノ酸肥料を使う。

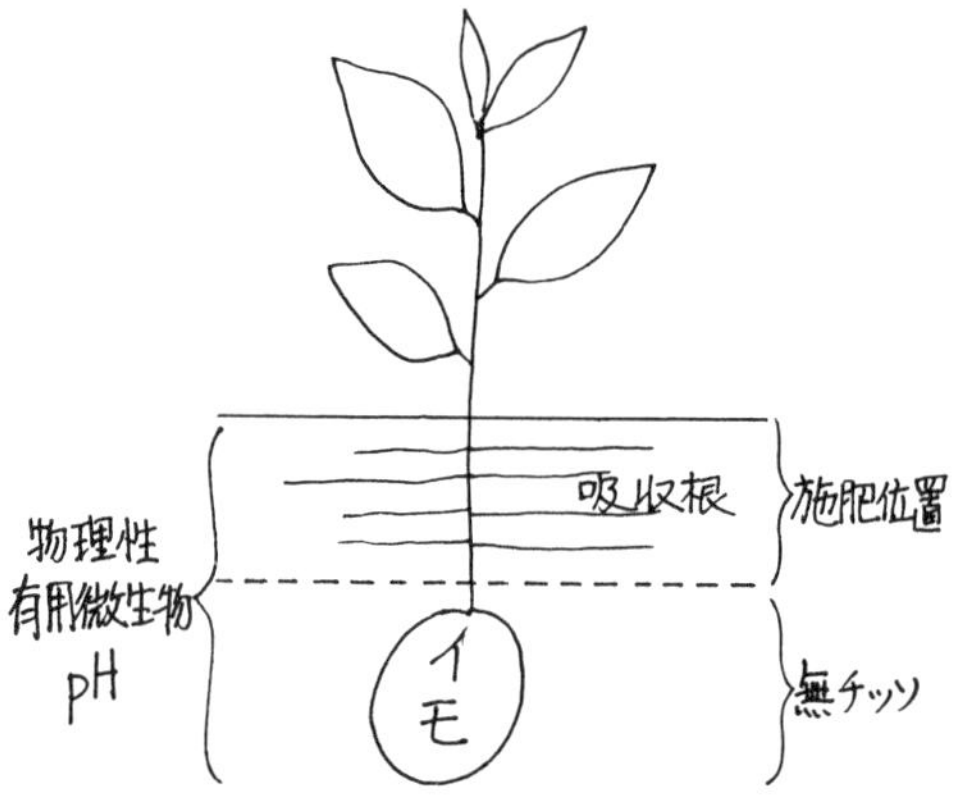

図6－12　イモ類タイプの土壌管理のイメージ

地温のまだ上がらない時期の作付けでも、種イモのもつ貯蔵養分と合わせてスタートダッシュが効く水溶性の資材がよい。吸収、利用しやすいからだ。イモ類では「発酵型」か、有用菌を添加した（堆肥を一～三割混和）「抽出型」のアミノ酸肥料がよいだろう。

そしてイモの肥大期には肥効が切れて、堆肥からの地力的なチッソで地上部のからだを維持していくというようにする。

なお、イモ類はナガイモ、ジネンジョを除いて基本的に追肥しない。土の保肥力が小さい場合や、イモを大きくしたい場合に行なうこともあるが、詳しくは各作目のところで説明する。

●光合成に関わるミネラルが大事

ミネラル肥料は、土壌分析に基づいて不足分を補うことを基本に、栽培期間を通していつもチッソより先行して効いているようにする。そのために、水溶性とク溶性の肥料を併用し、初期は水溶性が、後期・肥大期はク溶性のミネラル肥料が効くようにする。

イモ類が貯える炭水化物は光合成産物そのもの。したがって、イモ類は他のタイプの野菜以上に光合成に関係するミネラル（苦土、鉄、マンガン、銅など）が重要になる。不足しないよう気を付けたい。

(3) 土壌水分の管理

有機栽培では、土はある程度湿っている状態が好ましい。土が乾き続けると有機のチッソが硝酸態チッソに分解し、吸収される。このチッソはタンパクに改めて合成されるが、その際に、炭水化物が消費される。その結果、イモに貯蔵される分の炭水化物が少なくなり、糖度や貯蔵性が低下して、おいしくないイモができる。

以上はイモ類全般にいえることだが、サトイモはさらに水をたくさん必要とするし、サツマイモやジャガイモは生育後半に水が多いと、病害虫が発生したり、イモが水っぽくなっておいしくない。これらについては、それぞれのイモのところで説明する。

表6－6　イモ類タイプの施肥（元肥のみ）のねらいと資材

	初　期	肥大期
生育のねらい	初期葉を大きく，光合成を促進して，節間を短く	地力的な肥効で光合成を行ないイモに養分をためる
チッソ	C／N比の低いチッソの多いアミノ酸肥料	堆肥の地力的肥効
	イモが肥大する領域は無チッソ	
ミネラル	水溶性の資材	ク溶性の資材
（石灰資材）	イモの肥大する領域のpH改善（6.5）と表皮の強化	

3 各野菜別の勘どころ、注意点

表6―6にイモ類タイプの野菜の施肥一覧を示す。

◆ジャガイモ

▼ジャガイモの栽培のポイント

- 初期肥効を高めて，ストロンをすばやく多く出す
- 石灰を抑えめに、カリの肥効を高めてイモの肥大を促す
- ソウカ病、エキ病対策をしっかりとる

(1) ストロンを多く、すばやく出させる

ジャガイモは種イモから伸び出た茎の地下部からストロン（ほふく枝）を伸ばし、その先端が肥大してイモになる。

種イモ一つを無肥料で育てると、二～二本の茎が立ち、一本から一～二本のストロンが伸びて、その先端に小さなイモがつく。元肥を施用しないと種イモ一個で四～五本のストロンしか伸びない。しかし元肥を施用すると、一本の茎から四～五本、種イモ一個から

野菜施肥一覧

肥			追 肥			
ラ ル（割合）			堆肥	アミノ酸肥料	ミネラル肥料	微量要素
（苦土）ク溶性／水溶性	（カリ）	重要な微量要素				
50（粒） 50	水溶性	Fe, Mn, B, Cu, Si, Cl	—	1.5～2kg	硫酸苦土を成分で5～7kg	—
50（粒） 50	水溶性	Fe, Mn, B, Cu	—	（1kg）	—	—
50（粒） 50	水溶性	Fe, Mn, B, Cu	—	（2kg）	硫酸苦土を成分で4kg	—
40（粒） 60	水溶性	Fe, Mn, B, Cu	アミノ酸肥料と同時	3kg／回	土壌分析水溶性	—
50（粒） 50	水溶性	Fe, Mn, B, Cu, Si, Cl	—	（2kg）	—	—
50（粒） 50	水溶性	Fe, Mn, B, Cu, Zn	—	2kg	—	—

大きく異なることがあるので注意する

一〇本以上のストロンを伸ばすようになる。

出芽後二〇日くらいからストロン先端部の肥大が始まり、開花前から本格的に養分（炭水化物）が蓄積され、イモが肥大していく（図6―13）。

では、このジャガイモを、大きさを揃えて数多く収穫するにどんな施肥したらよいか。

(2) 元肥チッソで初期肥効を高めてスタート

●C／N比の低いアミノ酸肥料と堆肥

ジャガイモでは何よりも初期肥効を確実にする。初期肥効を高めて、伸び出すストロンの数を多くする。そうしてイモの肥大が早くから行な

表6−7　イモ類タイプの

種類＼施肥	元				ミネ	
	チッソ					
	施用量(kg)	堆肥 C／N比	アミノ酸肥料 C／N比	チッソ割合 堆肥：アミノ酸肥料	バランス 石灰 苦土 カリ	(石灰) ク溶性 水溶性
ジャガイモ	12～15	15～20	低	5：5	4～5 2 1	50（粒） 50
サツマイモ	4～6	15～20	高	4：6	5 2 1	50（粒） 50
サトイモ	15～25	15～20	低	6：4	4～5 2 1	50（粒） 50
ナガイモ ジネンジョ	15～25	15～20	低	6：4	6 2 1	50（粒） 50
コンニャクイモ	1年：3~5 2年：5~8 3年：8~12	15～20	低	6：4	6～5 2 1	50（粒） 50
ショウガ	15～20	15～20	低	6：4	6～5 2 1	50（粒） 50

＊数値はすべておおよその目安。とくに元肥チッソ施用量については品種・作型によって

えるようにする。

ストロンを多く出せば、それだけデンプンをため込む部屋の細胞が多くなる。おかげで元肥の肥効がこの細胞づくりでスムーズに切れ、後半、茎葉を繁らせる栄養生長が抑えられる。この結果、光合成でつくられたデンプンも無駄なく貯蔵でき、イモを肥大させることができる。

こうした肥効にもち込むにはまず、元肥チッソにC／N比の低い、栄養生長タイプのアミノ酸肥料を使う。水溶性の資材がよく、「発酵型」ならみそ・しょう油のにおいがするくらいに十分つくり込んだものを、「抽出型」なら性状をより溶けやすくしたものを選ぶ。

同様に、元肥の堆肥もC／N比一五～二〇くらいのチッソの多いものを使い、初期生育を進めることに重点を置く。これよりC／N比が高い

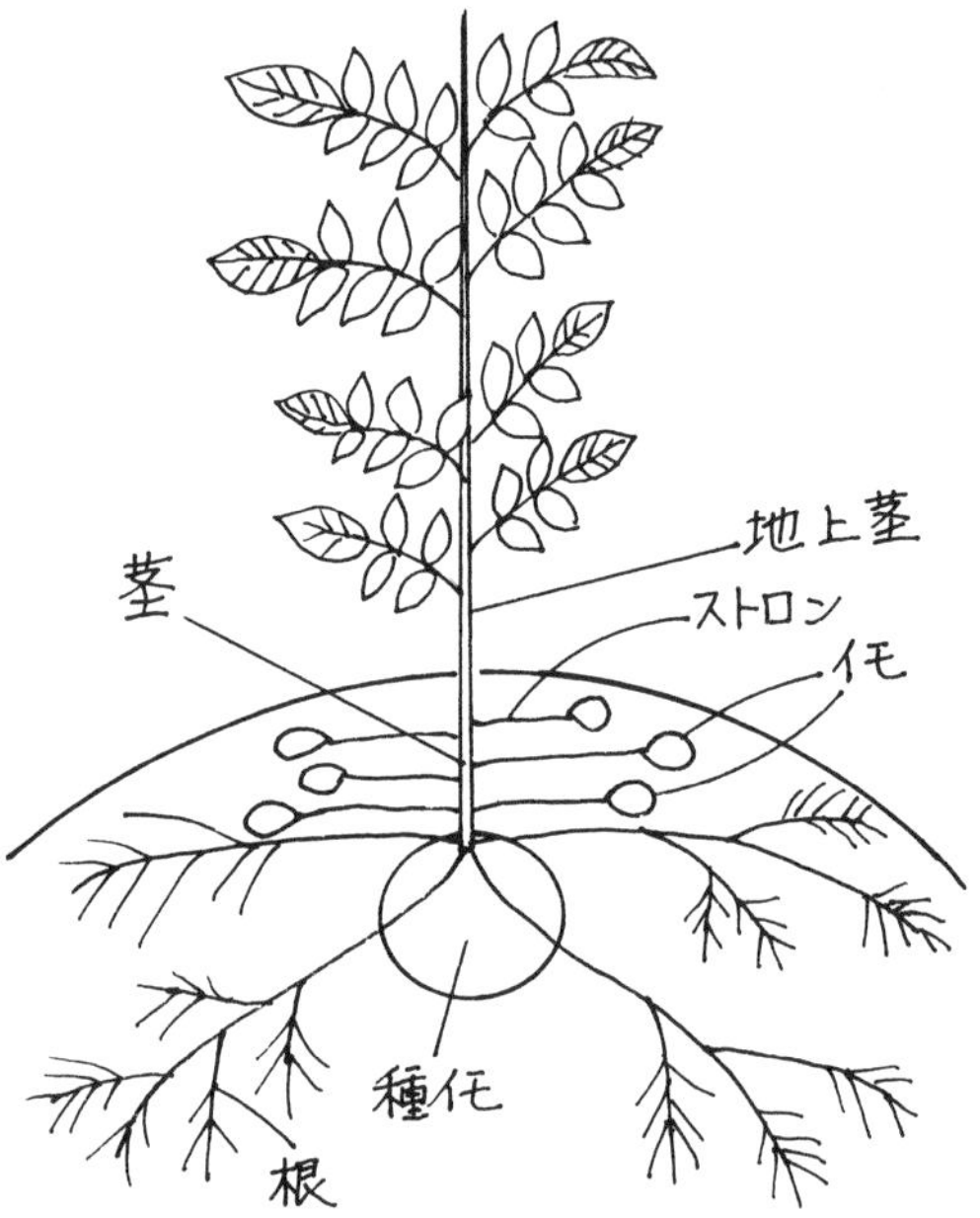

図6―13　ジャガイモの生長（1本の芽だけ作図）

と、初期肥効に貢献するチッソが少なく、初めに伸び出す茎が細く、ストロンを出す力も弱まる。生育後半になってその肥効がジワジワと効いて、株が若返ってしまう。実詰まりの悪い、チッソが効いたために芽のまわりが肥大してゴツゴツした形のイモになる。

同じ理由から、なるべく未熟有機物を含まない堆肥を使う。イモの肥大期に、未熟有機物の分解がズレて肥効が現われたりすると「樹戻り」して、病害虫を招き、腐れの原因になるからだ。

元肥チッソには、アミノ酸肥料と堆肥を半々で施用する。

●春先に植え付ける作型はC／N比の高いアミノ酸肥料

なお、春早く、気温・地温が低い時期に定植して、梅雨時期に収穫する産地では、C／N比の高い抽出型のアミノ酸肥料を使う。チッソが少ない分、施用量は多くなるが、炭水化物が多いので節間が短くなり、丈が高くならずに、収量・品質のよいものを収穫できる。

(3) 株状態によって チッソ一・五〜二kgを追肥

追肥は基本的に必要ない。元肥チッソの堆肥の肥効でイモをじっくり肥大させるのが基本。しかし、堆肥を使えない、量が十分施用できない場合は追肥でその肥効を補うこともある。また、収量をねらう場合も、追肥によってイモの肥大を進ませることができる。

追肥の時期は、花が咲く前、蕾の頃

に樹戻りしない程度のチッソ量（一〇a当たり一・五〜二kg）を、アミノ酸肥料で施す。この時期の、この程度のチッソ量であれば、経験上、樹戻りすることはまずない。が、あらかじめ樹戻りしない量を畑ごとに把握しておくようにする。

追肥の時期は地上部が繁っているので、株の上からまいてもすぐに溶けるアミノ酸肥料を使う。

写真6−19　太いストロンが伸び出している有機栽培のジャガイモ
（写真提供　有機栽培あゆみの会）

（4）生育を通し石灰肥効は維持したい

●秋ジャガ、春ジャガのミネラルバランスは違う

石灰、苦土、カリのミネラルバランスは、寒い時期を経過する秋ジャガでは四：二：一と、石灰を少なめに、相対的にカリを多くしてイモの肥大を進めるようにする。

逆に、暖かい時期を経過する春ジャガでは、通常の五：二：一として石灰も効かし、生育を引き締める。気温・地温も高いときはイモの肥大は進むので、十分、商品価値の高い大きさのイモは収穫できる。その一方で、生育を締めることで暖かい時期に多い害虫の被害を少なくできる。栽培の全期間で石灰が不足しないよう、粒状と粉状の資材を半々に施用する。

●カリのやりすぎに注意

イモを大きくしようとして、カリを多く入れすぎる傾向がある。確かに小さいイモは大きくなるが、大きいイモはさらに肥大して中心部が空洞になることも多い。調理の段階で空洞が見つかり、評価を落とすこともある。カリの施用は、著者開発の**施肥設計ソフト**が示す上限値以上にはやらない。

●苦土が効かなければイモはできない

苦土は栽培期間を通じて不足しないよう、元肥で施用しておく。

イモの中身はデンプンで、光合成の産物そのものだ。光合成がきちんと行なわれていなければ、よいジャガイモはできない。苦土は葉緑素の中核物質なので、不足することのないよう、ク溶性（粒状がよい）の資材と、水溶性（粉状がよい）の資材を半々で設計しておく。

　ソウカ病の対策上、石灰や苦土は炭カルや炭酸苦土などのアルカリ性の資材でなく、硫酸カルシウム（石こう）や硫酸苦土のような、pHを上げない資材を選ぶとよい。

写真6－20　ミネラルもしっかり効いているので葉は厚く照りがある

（5）微量要素は生育を見ながらかしこく使う

　ジャガイモに必要な微量要素としては鉄、マンガン、ホウ素、銅などがある。生育を見ながらかしこく使いたい。

●鉄—欠乏すると皮が薄くなる

　まず、鉄は呼吸によってエネルギーを得るときになくてはならない。鉄が不足すると、エネルギー不足によって生育全般が低下する。ジャガイモでとくに問題になるのは、イモの皮が薄くなることでおきる病気や傷だが、鉄不足で養分を移動させるエネルギーが不足すると、皮が薄くなってしまうのである。

●ホウ素—不足は空洞を助長

　ホウ素は細胞組織の結着を高める。これが不足すると、イモに空洞ができてしまう。大きなイモだけでなく、通常なら空洞などできない大きさなのに空洞ができていたら、ホウ素欠乏を疑ってみてもよい。

●ケイ酸—黒ボク土ではぜひ施用

　黒ボクの畑でエキ病の被害が多いのは、ケイ酸が少ないためだと考えている。ケイ酸が少ないと、菌の侵入を防ぐ防御組織が弱くなるのだ。そこで、黒ボクの畑ではケイ酸を含んだ粘土鉱物を一〇a当たり二〇〇kg以上、施用するとよいだろう。エキ病が発生しにくく、発生しても広がりにくくなる。

●病気の予防にニガリの散布

　地上部の病気に対しては、ニガリ（塩化マグネシウム）の散布がお勧め。塩素の作用で表皮組織が締まって強くなり、マグネシウムが光合成を促進させて表皮を硬くする。その結果、病原菌の侵入に対する抵抗力が高まる。

　たとえばエキ病が発生しやすい天候

が続くようなとき、ニガリ五kgを二〇〇～五〇〇倍に薄めて、朝早くか夕方に散布すると、発生や被害を軽減できる。エキ病の発生が多い畑では、元肥にニガリを一〇a当たり二〇kgほど施用しておく方法もある。

●銅―病害虫の発生と関係

また、病害虫の発生は私の経験上、銅が不足しているときに多い。銅は、アミノ酸をタンパク質につくり替えるときに必要なミネラルで、不足すると、遊離アミノ酸やアミドといったタンパク質に合成される前の物質が多くなる。これらは病害虫を引き寄せたり、増殖を促したりするものだ。

いろいろやっているのに、どうもアブラムシが多い、などというときは銅が不足しているかもしれない。硫酸銅を一〇a当たり最大で三〇〇～五〇〇g、堆肥に混ぜて散布するとよい。

(6) 土を乾かさない水分管理を

初期から樹が止まるまでは水を切らさないように管理し、初期から肥効を高めていきたい。初期生育をよくするには土壌水分が適度にあって、溶け出した有機のチッソをスムーズに根から吸収できるのがよい。

(7) ソウカ病対策に乳酸菌発酵液

●pHが低いと、出ないソウカ病

ジャガイモの土壌病害でもっともやっかいなソウカ病は、放線菌の一種で、pHが高いと出やすい。逆にpHが低いと活動が抑えられるという性質をもっている。

そこで、ソウカ病が多い畑、心配な畑では、乳酸菌を有機肥料に含ませたものを調製して施用するよう、勧めている。

米ヌカ一五〇kgに、市販のヨーグルト五〇〇gを混ぜ、水分を少し多めにして、二五℃で三週間ほど発酵を進める。すっぱいにおいがしてきたら乳酸菌が増殖してきた証拠で、これをアミノ酸肥料や堆肥に混ぜて施用するのである。使う乳酸菌は、できれば低温でも増殖するタイプのものが適している。

●放線菌堆肥は使わないように

土壌病害虫対策に有効な方法として本書では放線菌堆肥を、くり返し紹介している。しかしこの堆肥では、放線菌の仲間であるソウカ病菌を抑えることはむずかしく、かえって増やしてしまうこともあるので、施用しないほうがよい。

また、前述したように、石灰や苦土も、pHを上げない硫酸カルシウムや硫酸苦土などを使って、ソウカ病菌の繁殖を抑えるようにする。

(8) 粉状ソウカ病対策は納豆堆肥で抑える

病徴も名前もよく似ているが、粉状ソウカ病とソウカ病は病原菌の種類・性質がまったく異なる。ソウカ病は放線菌の仲間だが、粉状ソウカ病はカビの仲間。発生地域も、ソウカ病は全国的に見られるが、粉状ソウカ病はどちらかというと北の産地に多いようだ。

病原菌はカビの仲間なので、対策としては納豆菌の仲間のバチルス菌を増殖させた堆肥を施用する。バチルス菌はセルロース分解酵素をもっている。その作用で粉状ソウカ病の細胞膜を分解する。その結果、被害が広がるのを防げる。

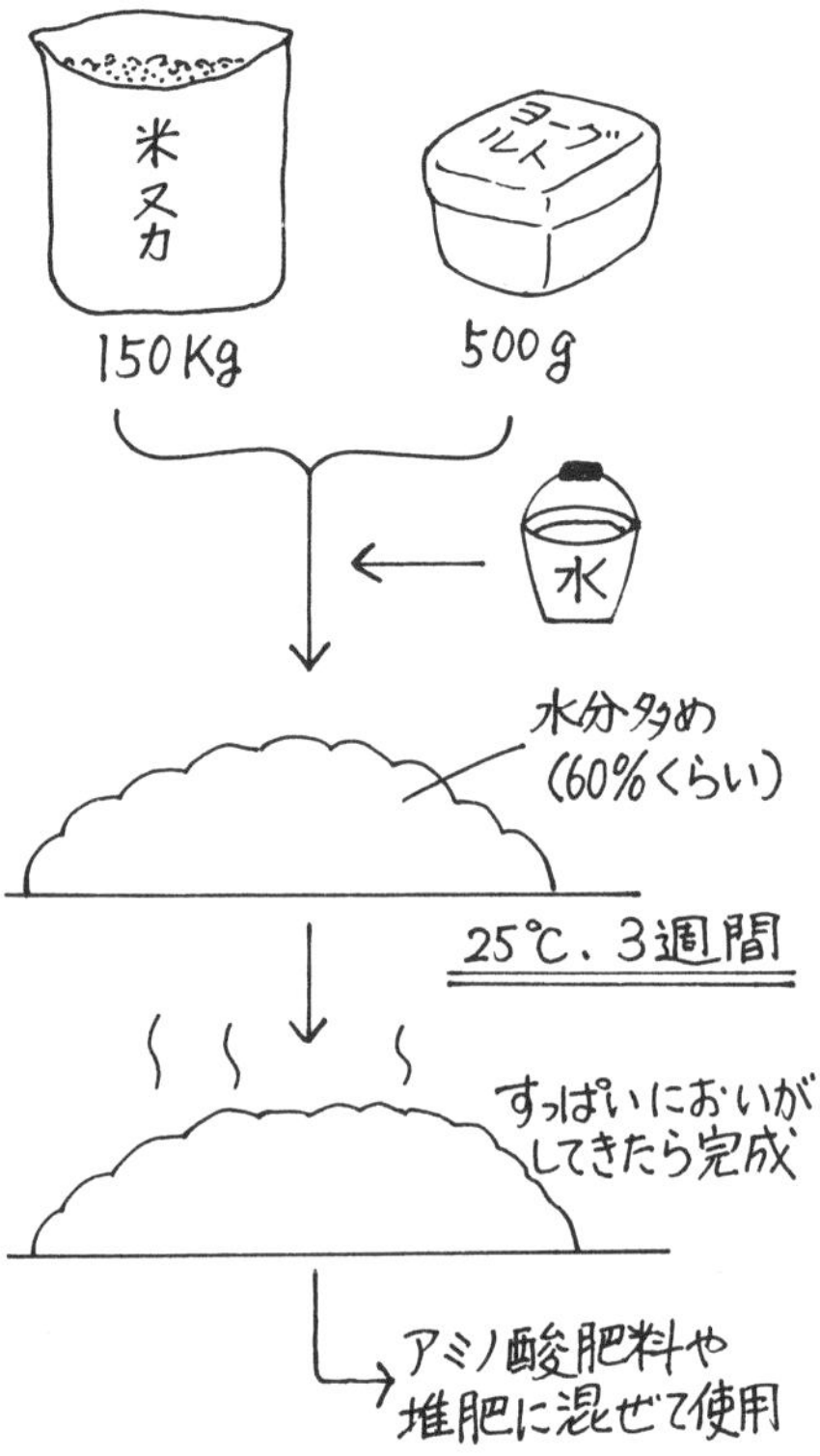

図6−14　ソウカ病対策のための乳酸菌の増殖法

(9) エキ病対策に効く石灰

エキ病もジャガイモの重要病害である。他の病気と同様、光合成が低下してセンイが少ないと菌が侵入しやすくなる。また後半にチッソ肥効がズレ込んだ場合や、光合成に必要なミネラルが不足しているときも発病しやすい。

光合成を低下させないことが大事だが、隠し技として、消石灰でエキ病菌の伝播を抑える方法がある。

生育の後半、エキ病菌の発生が心配なときに、葉の表面や土にうっすらとかかるくらい消石灰を散布する。消石灰のアルカリ効果か、伝染を防ぐことができる。

エキ病菌は土壌伝染をし、降雨による表面水などの流れにのって移動し、被害が拡大する。傾斜のある畑などでは、初発の場所から水の流れにのって広がり、手が付けられなくなる。そうなる前に、消石灰をうっすらとまいておくと、エキ病の拡大を防ぐことができる。

(10) 品質アップの手立て

有機栽培ではここまで紹介してきたような方法をとれば、化成よりも品質のよいイモがとれる。とくにミネラルをきちんと効かせると、イモの味が濃くなり、甘みが出る。そしてカロチンが増えるためか、イモの色が黄色っぽくなる。

また、銅やマンガンなどの微量要素を多くしたら味も収量も上がったという例は多い。

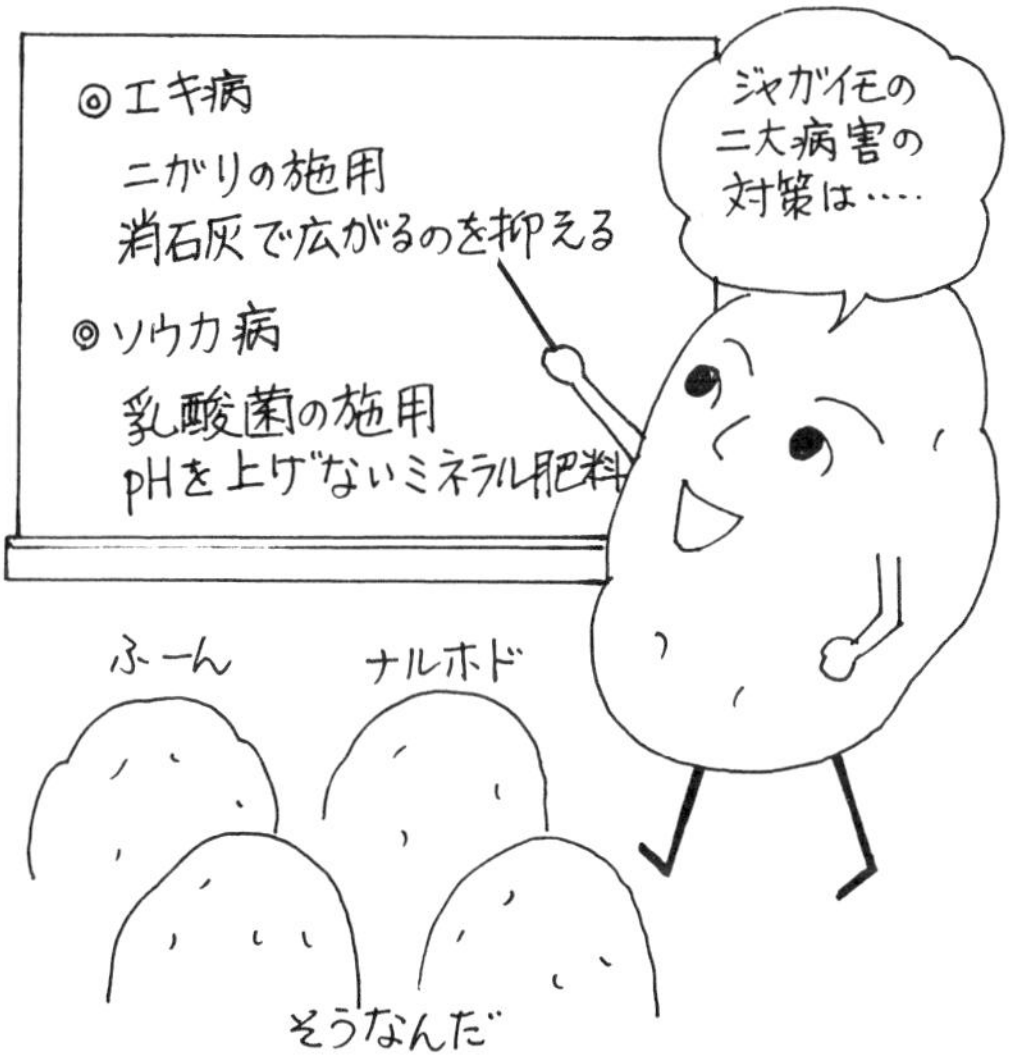
ジャガイモの二大病害の対策は….
◎エキ病
ニガリの施用
消石灰で広がるのを抑える
◎ソウカ病
乳酸菌の施用
pHを上げないミネラル肥料
ふーん
ナルホド
そうなんだ

図6－15　ジャガイモの病気対策

〈種イモの切り口は上に〉

種イモの切り口を上にして植えるか、下にするかでいろいろ言われている。どちらがよいのだろう。

切り口を下にすると、芽の出は速いが、芽の数の多い種イモだと、生育が進んだ時点で芽欠きが必要になる。また、種イモの上からしかストロンは伸び出さないことになる。

切り口を上にすると、芽は下向きに伸び出て方向を変え、地上部に顔を出す。根は下向きに出やすいので肥料を万遍なく吸える。芽と芽の間が離れているので、芽欠きは不要になるか、少なくてすむ。また、地上までの茎が長いと、ストレスがかかるため、ストロンの数も多くなりやすい。

どちらかというと、切り口を上向きに植えたほうがメリットは多いように思う。

◆サツマイモ

(1) 肥沃さより、水はけのよい土

サツマイモは基本的に施肥量は少なくてよい。土が肥沃かどうかより、軽く水はけがよいことが求められる。そこでまずC／N比の高い堆肥を施して土壌団粒の形成をはかる。もっとも、ツルぼけを招くほど堆肥をやりすぎてもよくない。

また、サツマイモにはセンチュウ被害があるので、放線菌がよく増殖した中熟堆肥を施用するとよい。太陽熱養生処理を行なうとさらに効果的である。

▼サツマイモの栽培のポイント

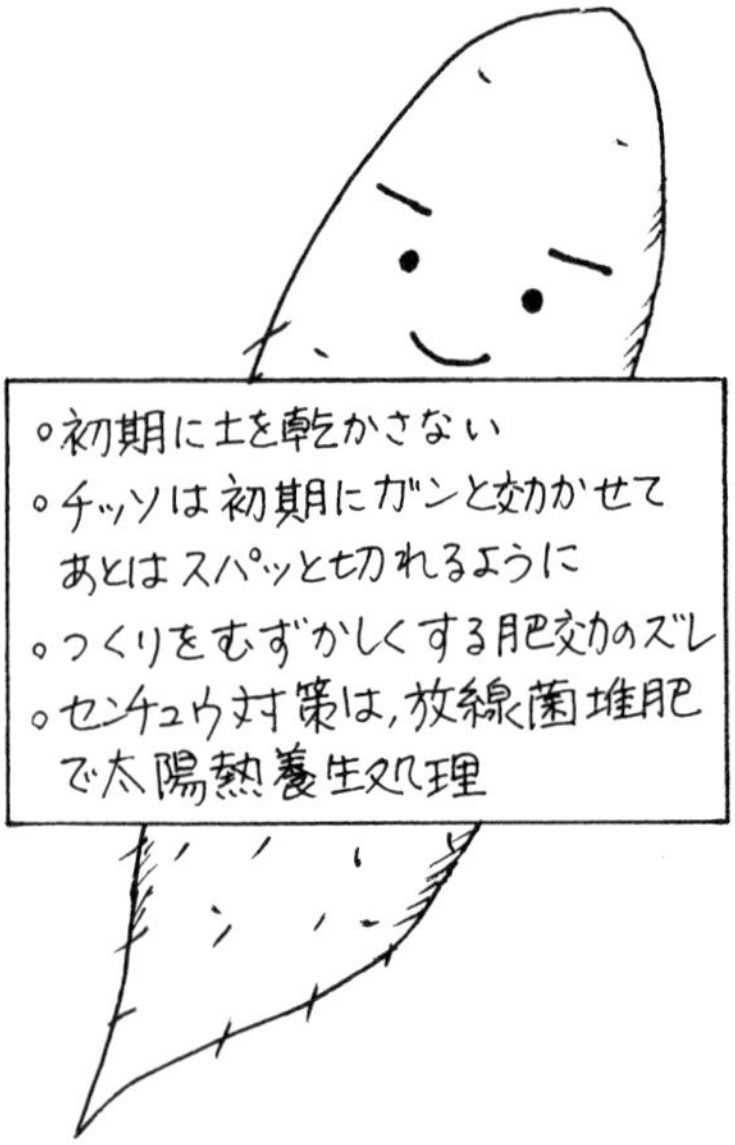

○初期に土を乾かさない
○チッソは初期にガンと効かせてあとはスパッと切れるように
○つくりをむずかしくする肥効のズレ
○センチュウ対策は，放線菌堆肥で太陽熱養生処理

(2) 早い活着、厚くて大きな初期葉が大事

サツマイモは、種イモから萌芽・生長した茎（ツル）を畑に挿し、栽培する。苗は植え付けて一週間くらいで葉柄の付け根から発根し、活着する。その後もさらに根が伸長し、増加していくと同時に、茎の伸長や葉の繁茂が進む。

初期生育のスタートダッシュがきけば、葉は厚く大きく、節間が詰まり、見た目は小ぶりでも葉の枚数の多い株になる。こうなると光合成も盛んだ。そして葉から根に炭水化物が送り込まれ、デンプンとして蓄積される。そのデンプンが蓄積して肥大した根がイモ（塊根）である。

このサツマイモの収量・品質を上げるには、充実した根をいかに早くいっせいに出させるかが重要である。どうするか。

たとえば、イモそのものを苗に育ててみると、種イモから採穂した茎を植えたときより多くの貯蔵根を出す。つまり、イモとなる貯蔵根をつくるには多くの炭水化物が必要ということである。

茎（ツル）を苗にする場合は、利用できる炭水化物が、地上部の葉でつく

る炭水化物と、肥料として与えられ吸収する炭水化物しかない。より多くの炭水化物が供給できる資材が必要になる。そのようなねらいをもって、施肥を設計することである。

(3) 水溶性のアミノ酸肥料でスパッと効かす

炭水化物を十分に供給して初期生育をよくし、地上部のツル止まりを早くする。このために施用するチッソ肥料は、C／N比の高い（チッソ分の少ない）**生殖生長**タイプのアミノ酸肥料が適している。なまのもの、十分発酵が進んでいないものだと初期生育が鈍り、肥効が後にズレてしまう。ツルの伸びが止まらず、炭水化物の根への送り込みが悪くなる。その結果イモの肥大が悪くなり、また害虫を呼び寄せることにもなる。十分発酵させた水溶性のアミノ酸肥料を使いたい。

堆肥も、チッソがいつまでも長効きしないようC／N比は一五〜二〇程度のものを用いる。ただしあまり量（チッソ）が多くならないよう注意する。

元肥チッソに占めるアミノ酸肥料と堆肥の割合は、六：四くらい。初期にチッソをガンと効かし、後はスパッと切れるような肥効がサツマイモには適している。

ただしあまり量が多いとツルぼけしたり、害虫が多発する。全チッソは一〇a当たり四〜六kg程度とし、ツルの伸びや量を目安に加減する。

追肥は基本的に必要ない。ただ、畑が砂質で、肥料の流亡が多いような場合は、収穫の一ヵ月前くらいに一〇a当たり一kg程度の追肥をしてもよい。

(4) 植え付けて二ヵ月は土を乾かさない

サツマイモで初期の水不足は品質に決定的である。土が乾くと有機のチッソが硝酸態チッソにかわり、これを吸収したイモはスジっぽくなってしまう。植え付けてから二ヵ月は土を乾かさないよう、適宜かん水するなど手立てが必要である。

(5) ミネラル、微量要素

●カリが多いと焼き芋に適したイモに

ミネラル肥料は石灰五、苦土二、カリ一の比率でよい。栽培期間を通して不足しないよう、元肥で石灰は粒状と粉状の資材を半々に、苦土はク溶性と水溶性の資材を半々で施用する。

なお、石灰や苦土にくらべてカリが

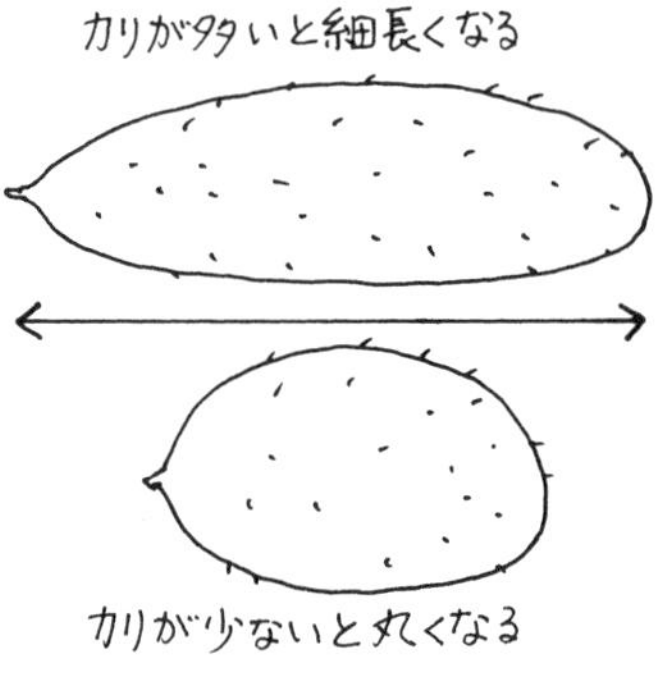
カリが多いと細長くなる
カリが少ないと丸くなる

図6―16　イモの形とカリの量

多いとイモは細長く、焼き芋などに適した形になる。反対にカリが少ないと、丸みのある形になりやすい。焼酎原料用などに向いている（図6―16）。

　また、石灰や苦土が多いとガチガチの硬くて重いイモになりやすい。光合成が盛んになってデンプンは多いのだが、甘みが少なく、焼き芋にしても甘さがもうひとつだ。

　なおミネラルも追肥は無用。

●高ミネラル、高ビタミンのイモ

　サツマイモはデンプン・糖が多く高エネルギーの野菜である。この野菜に微量要素・ミネラルをきっちり効かして、高ミネラルの野菜にできれば食品として面白いものになる。サツマイモに必要な微量要素は、他の野菜同様、鉄、マンガン、ホウ素、銅などである。とくにサツマイモは皮や果肉にアントシアニンやカロチンという色素があるので、鉄やマンガンが必要になる。

　また、サツマイモはビタミンも豊富なので、ビタミンをつくるときに必要な微量要素も重要だ。

(6) ワンランクアップのわざ

●カニ殻、エビ殻でイモに甘み

　サツマイモの甘みをさらに増して付加価値をつけたいときは、元肥チッソの三割程度を、カニ殻やエビ殻の肥料に置き替えるとよい。アミノ酸肥料や堆肥をつくるときに、チッソ量で全体の三割程度混ぜて発酵させる。これらのチッソ成分は五～八％程度である。

　このアミノ酸肥料や堆肥を使うことで、イモにオリゴ糖が増え、甘みが増すことになる。果肉の色も、赤や黄色が強く出るようになる。

　また、これらの資材をアミノ酸肥料、堆肥と発酵させることで放線菌が増え、センチュウ対策としても有効である。

　甘さだけでなく、コクのようなものをつけ加えたい場合には、海藻肥料を勧めている。海藻は海のミネラルの宝庫で、サツマイモの生命活動そのものを強くする。元肥に乾物で一〇a当たり四〇kg程度の海藻肥料を施用すればよい。

●初期生育を早めてヨトウムシ被害を避ける

　サツマイモは害虫に悩まされることが多い。

　ヨトウムシの被害で、先端の葉だ

けが残って株元がほとんど食害されていることがよくある。初期の肥効が悪く、後半にチッソが効いて根に近い元葉が軟らかくなったためである。逆に株の元の葉が小さく残って先が食害される例もある。これも初期肥効が十分でないために元葉が小さくなり、その分、後半に肥効がズレて葉が軟らかくなる。そこを食害されたと考えられる（図6―17）。

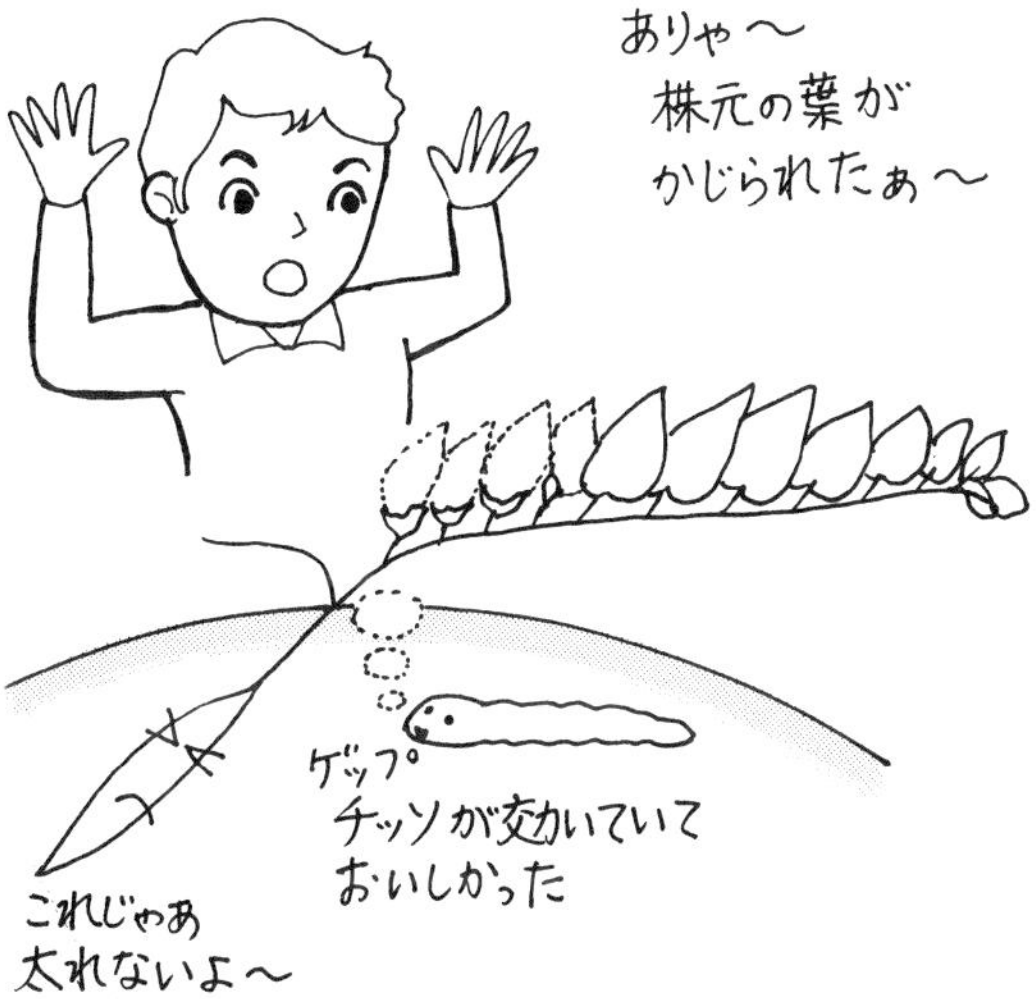
ありゃ～
株元の葉が
かじられたぁ～
ゲップ
チッソが効いていて
おいしかった
これじゃあ
太れないよ～
図6－17　チッソ優先で株元の葉が害虫の被害に

初期生育がよければ、ヨトウムシの発生時期には肥効が切れて茎葉は硬くなり、被害は受けにくい。初期肥効をよくすることは、害虫対策にもつながる。

その茎葉を硬くすることと、ミネラルの補給という意味で、ヨトウガが飛来する前に、三～五kg程度のニガリを三〇〇倍以上に薄めて葉面散布する方法もある。

ニガリ（塩化マグネシウム）の塩素がセンイを硬くし、マグネシウムが光合成を盛んにしてセンイを強化する。おかげでヨトウムシが食害しにくくなるのである。ただし、昼間に散布するとニガリが結晶化して葉に障害が出るおそれがある。必ず朝早くか、夕方に行なう。

サトイモ

(1) チッソの肥効は子イモ確保まで

サトイモは種イモの芽が伸び、大き

▼サトイモの栽培のポイント

○水の便がよく保水力の高い畑でつくる
○初期のチッソ肥効を高めてスタートダッシュ，子イモで元肥チッソを吸い切る
○苦土，鉄の不足に注意
○夏の水不足は大敵

写真6－21　有機栽培のサトイモ

な葉を広げて生長するとその葉柄基部が肥大して親イモをつくる。親イモのまわりに子イモ、さらに孫イモがつくられるが、これも葉茎の基部が肥大したものだ（塊茎）。

イモの肥大は、地上部がある程度大きくなり、光合成が十分できるようになってからで、サトイモは栄養生長してから養分をため込む〝擬似生殖生長〟タイプの野菜である。

このようなサトイモの栽培のポイントとしては、まず溶けやすい有機のチッソを施用して、初期のチッソ肥効を高めることだ。

サトイモは初めから大きな葉を広げて生長する。水揚げの量も多く、この水と一緒に、溶けている養分を吸い上げて生長する。十分の肥効で子イモの芽の細胞分裂を促す。これで子イモの数がおおよそ決まる。

子イモができてチッソ分が残っていると、孫イモがつくられる。孫イモができると、子から孫へ養分を送る部位が発達してスジっぽくなる。また子イモの芽が吹いて先がとがったイモになり、形のよい丸いイモができない。

孫イモは収量アップより、子イモの品質を低下させることが多いので、子イモの数が決まったら、チッソ肥効は自然と切れていくようにしたい。その後は、大きな葉で光合成を行なわせて、炭水化物をイモにため込むようにさせたい。

なお、サトイモは吸肥力が強い作物で、一作終わると土壌養分が少なくなる。サトイモ畑の養分バランスは崩れやすく、生育の乱れや病害虫なども見られる。この点も十分注意する。

（2）まず中熟堆肥をタップリ

サトイモは、有機物が多く保水力のある肥沃な土壌を好む。また、サトイモには乾腐病やセンチュウなどのやっかいな土壌病害虫の被害もあるので、放線菌やバチルス菌が増殖した中熟堆肥をタップリ施用して、団粒構造の発達による保水力のアップと、土壌病害虫の抑制をはかる。

すでに土壌病害虫の被害がある畑

は、太陽熱養生処理を行なう。土壌病害虫の抑制と同時に、団粒構造も発達させられ、サトイモにとってよい条件の土になる。

(3) 初期肥効を高める施肥

子イモで元肥チッソを吸いきる、という生育を進めるため、水溶性でC／N比の低い（チッソの多い）栄養生長タイプのアミノ酸肥料を施用する。

元肥で用いる堆肥も、中熟堆肥よりもう少し発酵の進んだものを使って（C／N比一五～二〇程度）、肥効の立ち上がりをよくしたい。

元肥チッソに占めるアミノ酸肥料と堆肥の割合は、四：六とする。

追肥は原則しない。しかし、砂質の畑で肥料分が流亡しやすいところは、収穫一ヵ月前頃に、チッソ成分で二～三kgのアミノ酸肥料を土寄せしながら追肥する。

なお、追肥量が多いと子イモが芽を吹いて先のとがったイモになり、商品価値が下がる。子イモが芽を吹くようでは、追肥量が多い、ということになる。

写真6－22　マンガンなど微量要素欠乏のために生育のわるいサトイモ
（写真提供　有機栽培あゆみの会）

般の畑はアミノ酸肥料と堆肥で適当な元肥を施用すれば、土寄せによる追肥は必要ない。昔から土寄せは行なわれてきたが、これは除草の意味あいが強い。晩生の品種で孫イモまで収穫したい、というなら土寄せの意味はあるかもしれないが、根を切ったり、作業の手間が増えたりするのを考えるとやらないほうがよいと思う。

(4) ミネラルはカリ重視、苦土欠にも要注意

吸肥力の強いサトイモで、一作後に土壌分析をすると、多くのミネラルが減っていることがわかる。これに十分対応せず作付けを続けると、土壌養分のバランスが崩れて、葉が茶色くなったり、イモが腐ったりすることがある。必ず土壌分析をして、土壌中の肥料養分の消長を確かめておきたい。

ミネラルもチッソと同様、元肥だけになるので、ク溶性と水溶性の資材を半々にして施用する。

サトイモはカリ植物でもあるので、石灰、苦土、カリのミネラルバランスは、石灰四〜五、苦土二、カリ一と、カリを相対的に多めに設計することが安定して多収する秘訣である。

またミネラルも基本的に追肥しないが、流亡の多い砂質畑などでは土壌分析をして不足分を追肥する。

なお、苦土は不足しやすいミネラルで、苦土欠になるとサトイモの葉が枯れ込んでしまう。チッソを追肥する際、一緒に水溶性の苦土肥料を追肥すると、葉の枯れ上がりを防ぎ、光合成を維持してイモの肥大を進めることができる。

(5) 鉄不足、マンガン不足に注意

サトイモは微量要素もよく吸収する。元肥として不足分はきちんと施用しておきたい。

とくに、鉄はよく吸収される。サトイモは呼吸量が多く、そのため、関係するミネラルの鉄も多く吸収されるのだろうと思う。

鉄が不足すると根が張らなくなる。酸素の少ない土の中へ根が入っていかず、横根ばかり多くなる。さらに不足すると、根が茶色く腐ってくる。このような部位に病原菌が侵入してくるのでは、と考えている。

また、マンガンは光合成に関係するミネラルだが、これが不足すると葉脈の色が薄く、色が抜けたようになり、全体が黄色くなってくる。

土壌分析して不足していたら元肥と

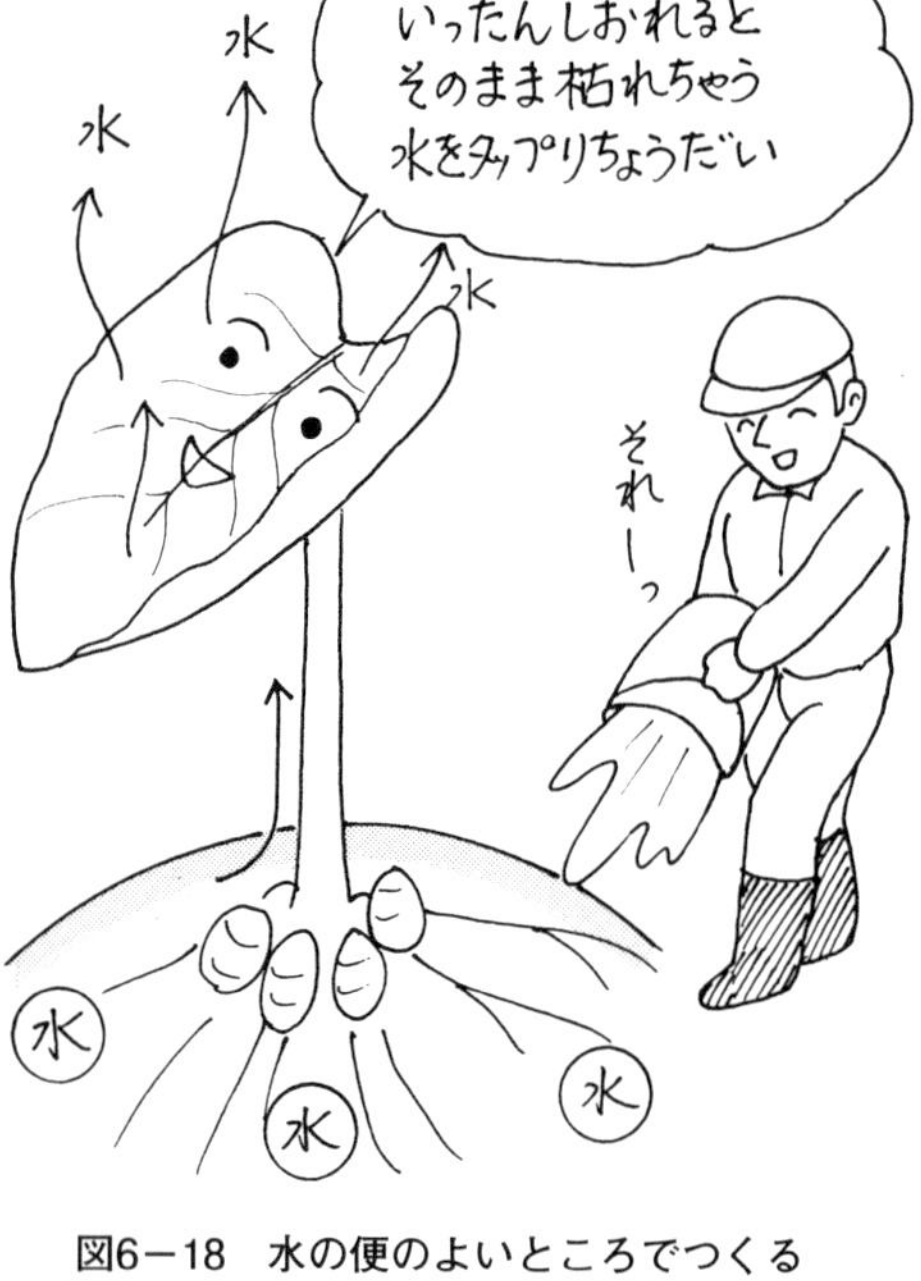

図6－18　水の便のよいところでつくる

して施肥するのが基本だが、栽培中に右のような症状が現れたら、硫酸マンガンを三～五kg程度ウネ間に施肥する。

(6) 干ばつ時は十分にかん水

サトイモは、とくに子イモが肥大する時期に、多くの水を必要とする。サトイモの葉は、いったん萎れ始めると回復することはなく、そのまま枯れてしまう。葉面積が大きいため蒸散が激しく、水の要求量が高いのである。夏の干ばつ時には、水を意図的にやらないと、葉が枯れて、イモが太らない。スプリンクラーかん水や転作田だったら用水から水を引いてウネ間に流してやる、といったことが必要になる。

◆ナガイモ、ジネンジョ

(1) 種イモの養分で初期生育、イモは追肥で太らせる

ナガイモやジネンジョは種イモの養分をもとに、ツルや根を伸ばして生長する。種イモには葉や根の細胞をつくるタンパク質やセンイをつくる炭水化物が貯まっており、その養分を使って生育初期は進む。その種イモが消耗するまでは、養分の吸収は少ない。

その後、肥料を吸収する根ができあがると養分吸収は盛んになり、地上部も繁茂してくる。ミネラルなどの吸収も盛んになるので、さらに光合成量は多くなり、収穫部であるイモの肥大が進む。

このような生育をするために、ナガイモやジネンジョは元肥のチッソを多く必要としない。多くの肥料養分が必要になるのは、吸収根ができあがってからである。

そこで施肥では、元肥を少なくスタートして、追肥で養分を補給していく。

また、収穫部のイモは、種イモの芽

▼ナガイモ，ジネンジョの栽培のポイント

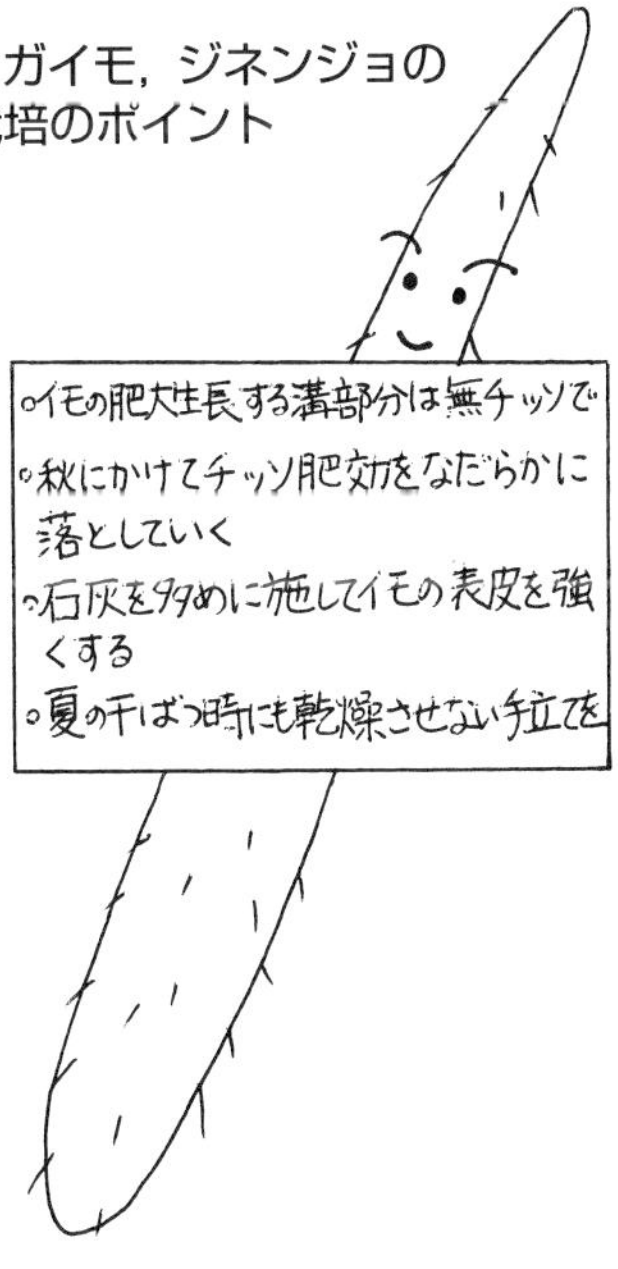
○イモの肥大生長する溝部分は無チッソで
○秋にかけてチッソ肥効をなだらかに落としていく
○石灰を多めに施してイモの表皮を強くする
○夏の干ばつ時にも乾燥させない手立てを

写真6－23　肥料養分を吸う吸収根は，地表から20～30cmまでに分布している

が下部に生長したもので、長いもので一mほどにもなるが、吸収根の分布は地表から二〇～三〇cm程度までである（写真6―23）。したがって、元肥は二〇cm程度までに施用すればよい。雨水などで浸透し、吸収根のある層全体で吸収される。イモが長いからといって、イモの先端にまで肥料を施す必要はない。

(2) 土つくりには中熟堆肥

ナガイモやジネンジョは栽培期間が長く、追肥で栽培していくので、排水のよい、作土の深い畑が適している。また、土壌病害虫の対策も十分にやっておく。

こうしたねらいにピッタリなのが、C／N比の高い、中熟堆肥の施用だ。放線菌やバチルス菌の増殖した中熟堆肥なら、土の物理性を改善しながら、土壌病害虫の抑制が期待できる。

(3) 作土層とイモ肥大層との二段施肥

前述したように、土壌管理や施肥で重要なのは、

①吸収根が集中する地表から二〇cmまでの部分に、チッソやミネラル、堆肥を施用する

②イモが生長、肥大する一mまでの溝部分にはチッソ（アミノ酸肥料、堆肥）は施さず、pH調整（六・五以上に）とイモの表皮を強化するための石灰、微量要素を施用する

ということである（図6―19）。

肥料でイモを太らせようと、深層にチッソや堆肥を施用している人がよくいる。しかし、吸収根がないところに肥料を施しても吸われない。まったく無駄になるどころか、イモの周囲にチッソ分があると表皮が腐ったり、病害虫の発生を招いたり、平べったいイモになったりする。

作土層には肥料養分を施用し、生長、肥大するイモの周囲には石灰・微量要素のみ施用する、二段施肥を行なうことが、収量・品質にすぐれたナガイモやジネンジョを収穫するポイントである。

(4) 元肥は全チッソ量の二分の一～三分の一

生育初期は種イモの養分を使って生長するから、元肥は全チッソ量の多くても二分の一～三分の一を施す程度とする。

チッソが多いと種イモが腐ることがある。種イモは、炭水化物やタンパク質など養分をバランスよく蓄えている。これを吸収した水で分解し、糖やアミノ酸といった移動しやすいものに変えて、芽や根などを生長させる。この吸収した水にチッソが多いと、種イモ内の生理が乱れる。その結果、腐りやすくなってしまうのである。

施用するアミノ酸肥料は暖かい時期の栽培になるので、C／N比の低い、栄養生長タイプを用いる。

一方、元肥に使う堆肥は、C／N比で五～二〇程度のものがよい。団粒構造を維持し、栽培期間中、土が締まらないようにするためだ。堆肥もチッソ成分が多いと（三～四％）、悪天候のときにツルだけ伸びてチッソ優先の生育になり、病気や害虫の被害を招きやすいので注意する。

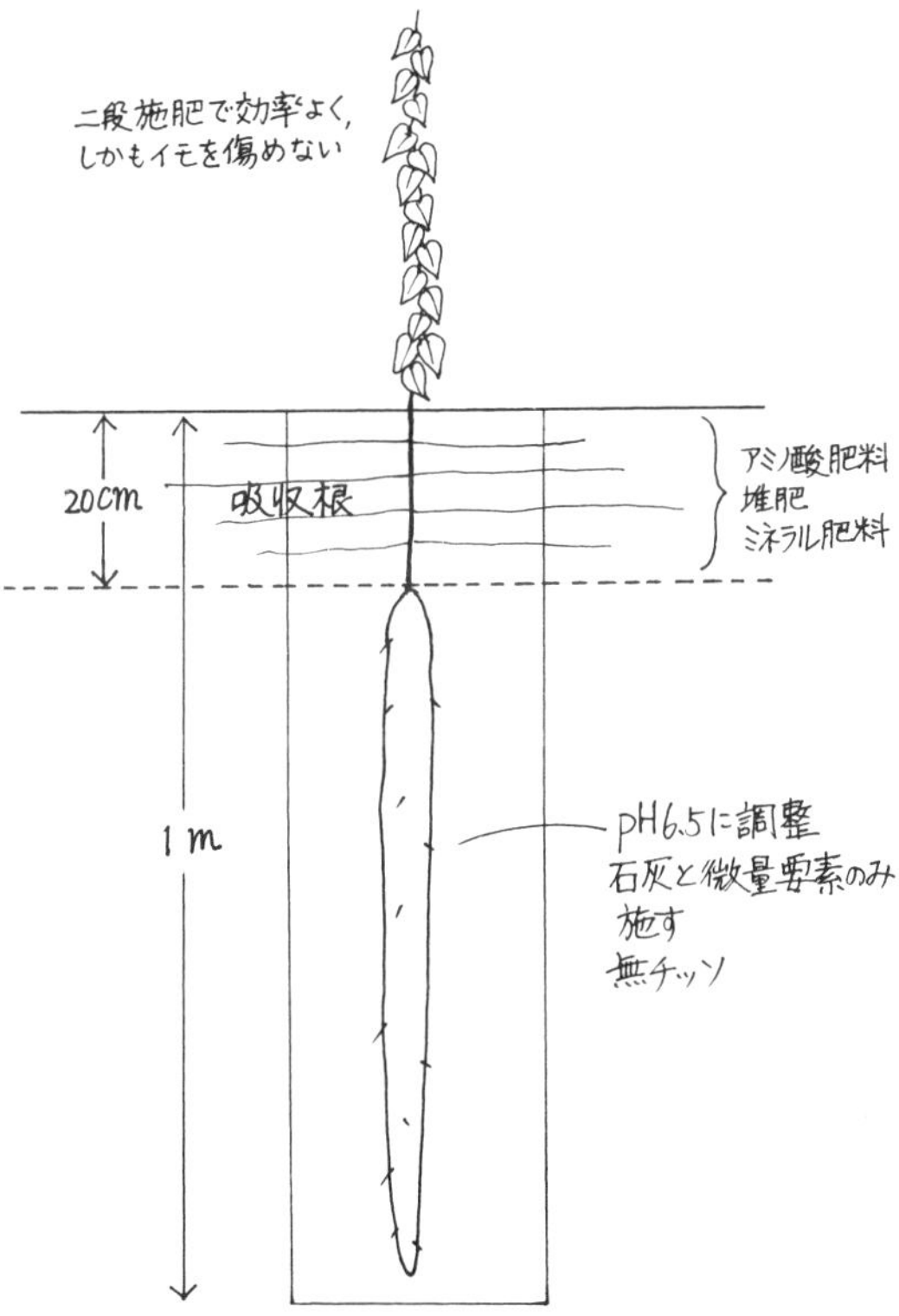

図6－19　ナガイモの二段施肥

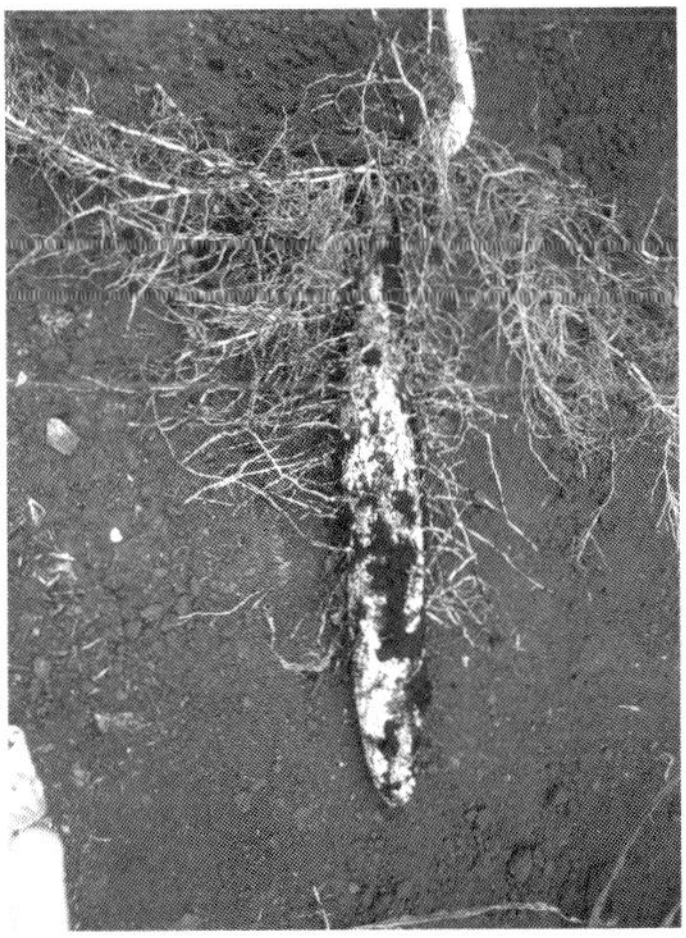

写真6－24　肥大中のイモと吸収根

元肥チッソのアミノ酸肥料と堆肥の割合は、四：六。できるだけ堆肥を多くして、土壌病害虫の抑制、堆肥からの炭水化物の供給、団粒構造の維持を長期間はかりたい。

(5) 残りのチッソは少量多回数の追肥で

全チッソ量の残り、二分の一～三分の二は追肥で施す。

追肥で気をつけたいことは、八月頃の生育の最盛期からチッソの肥効をなだらかに落としていくことである。イモには炭水化物だけでなくタンパク質も多い。このタンパク質をつくるためにはチッソが必要になる。もちろん、過繁茂になるほどは必要ないが、ジワリジワリと効かして、なだらかに切れていくようにしたい。

チッソ肥効が急に切れるような栽培だとイモの表皮が硬く仕上がってしまう。また、追肥や天候の加減でチッソ肥効がぶり返すとイモにイボができてしまう。

追肥の基本は、肥効の波を大きくしない、少量多回数である。

追肥で使うのは、気温・地温が高く、日照も多くなっていく時期の施用になるので、C／N比の低い、栄養生長タイプのアミノ酸肥料がよい。量は品種によっても違うが、丸イモのタイプでは少なく、長イモのタイプは多めにする。基本は、一回にチッソで三kgが目安になる。

なお、施肥量が多いと、土が乾いたときに有機態のチッソが硝酸態チッソに変わり、イモが腐りやすくなる。えぐみを感じさせたり、手がかゆくなったりするシュウ酸カルシウムも多くなる。注意したい。

追肥位置はベッドの肩でよいが、このとき土壌病害虫対策と団粒構造を維持するため、堆肥と混ぜて施用するとよい。

(6) 追肥タイミングの見つけ方は

元肥チッソの肥効が落ちてくると、葉色は変わらないようでも、ツルに着く葉が小さくなり、節間が狭まってくる。この兆候を見たらできるだけ早く追肥し、肥効に段差がでないようにする。段差がつくと、イモがくびれるなど形が悪くなってしまう。二回目は、一回目の追肥から三週間後に行なう。

追肥タイミングを逃がさないために、畑の隅に無チッソの株を育ててその生育を指標にするやり方もある。すなわち、葉が黄色くなってきたら種イモの養分が切れてきた証拠なので、その一～一・五ヵ月後に元肥を入れて栽培している株のほうに追肥をする。

追肥はふつう七月末までには終え、チッソ肥効が後ろにズレないようにする。

(7) 忘れがちな元肥のミネラル

種イモには、初期の生育に必要なミネラルは含まれている。そのためミネラル肥料をやらなくても最初は育つ。ところが生育が進んでくると、ツルは伸びるものの葉色が薄くなる。苦土などのミネラル不足によるものだが、たいていの人はツルが伸びているので、気にしない。しかし、じつは光合成は低下して、炭水化物の生産は鈍っている。

こうなると、葉の養分バランスが崩れてチッソが過剰になる。葉の表皮・ワックス層の形成が鈍るため、水をはじかないようになって、濡れやすくなり、病原菌の侵入も容易になる。炭そ病や葉渋病などやっかいな病気の発生につながる。

土壌分析によって不足している石灰、苦土、カリのミネラルを二〇cmの作土層にしっかりと補って、スタートすることである。

写真6－25　ミネラルが効いていると葉に照りがあり水をはじく

(8) ミネラルバランスは六：二：一で

そのミネラルバランスは六：二：一と、石灰を多めにする。これはイモの表皮を厚く、硬くして病害虫を防ぐためである。

この設計では、**塩基飽和度**は九〇％になるが、溶出の程度が違うク溶性と水溶性の資材、粒状と粉状の資材をあわせて使うことで、根を害するほど養分が土壌溶液中に溶け出さずにすむ。

石灰は、土壌pHが七以上なら水溶性の資材を使うが、そうでなければ、ク溶性の粒状の資材と水溶性の粉状の資材を半々で施用する。

苦土はク溶性四、水溶性六程度の割合にする。カリは水溶性の資材でよい。

なお、イモが伸長、肥大する溝部分は、そこの土壌pHが六・五になるように石灰資材を投入する。イモの表皮を強くすることと、イモ周囲の病原菌を抑えるためである。この溝部分の設計は、作土層のそれとは別立てで行なう。

（9）チッソ追肥とミネラルも不足分を追肥

ミネラルは、チッソ追肥の前に土壌分析を行ない、不足分を水溶性の資材で対応する。必ずミネラル、次いでチッソ（アミノ酸肥料）の順に施肥する。

この追肥のとき、カリを多めに施用すると、炭水化物の転流を促してイモの肥大を進めるのに効果がある。

（10）微量要素の重要性

ナガイモ、ジネンジョで、とくに重要なのが、鉄、マンガン、ホウ素である。

鉄は呼吸に関係し、ナガイモやジネンジョが地中深く、酸素の乏しい環境できちんと呼吸して、活動エネルギーを得ていくにはとても大切だ。不足すると、根やイモが酸素の少ない土中深くに伸びていけなくなる。

マンガンは、光合成を進めていくのに必要で、不足すると、ツルの先端の葉がまだらに色抜けしたようになる。光合成能は落ち、色抜けした部分では表皮が薄くなって、病気や害虫の被害を受けやすくなる。

生育中に、このような症状が見られたら、土壌分析に基づいてただちに硫酸マンガンを施用する。

土中に育つナガイモやジネンジョは、さまざまな土壌病害虫の攻撃にさらされているが、表皮がしっかりしていれば、被害の出方は大きく異なる。ホウ素は、カルシウムとともにその表皮を強固にするミネラルだ。

いずれにしても、ナガイモ、ジネンジョは、他の作目にくらべて非常に微量要素の要求量が多い。これは、これらのイモのチッソ吸収量が多く、それに見合うだけの微量要素も必要だからである。

そこで微量要素については二〇cmの作土層だけでなく、イモが生長する溝部分にも作土層の一〇分の一程度、元肥で施用しておくとよい。

（11）夏の乾燥に注意

品質のよいイモを収穫するには、土を乾かさないことも大事だ。

もともとジネンジョが生育している環境は、落ち葉がたまっているような、いつも湿り気のあるところである。そのような環境を畑でも準備したいが、栽培期間が春から秋と長く、夏を越すので、土が乾くことも多い。しかし、高温で土が乾くと地表近くにある吸収根が傷む。一方で、有機態のチッソが硝酸態チッソに変わり、雨が降ると、下の根からこの硝酸態チッソが一気に吸収されてチッソ過剰になってしまう。これで栄養生長を促されたイモは、形がゴツゴツしたものになったり、味に渋みのようなものが出たりする。またイモをすり下ろしたときに黒褐色になりやすくなる。地上部は軟弱な生育になり、病害虫の被害も受けやすい。

　干ばつ時にも土を乾かさない準備は、ぜひしておきたい。緊急には水を運んでくることも考える。それ以前にまず水の便のよいところで栽培することが基本である。

(12) 粘りをつけたい、収量を多くしたいときは

イモの粘りを多く、甘みを強くしたいときは、ミネラルバランスのカリを少し控えるようにする。カリは水を吸い、運ぶ役割をもっている。カリをひかえめにすることで内容の濃いイモになる。

　反対に、収量をとりたいときはカリを多めにする。追肥のときにカリを少し多めに施すと、イモを大きくできる。ただしやりすぎると、イモが割れることがあるので注意する。

　ナガイモやジネンジョの皮を剥くと手がかゆくなったり、食べた後に口のまわりがかゆくなるのは、シュウ酸カルシウムが原因である。このシュウ酸カルシウムも、これまで述べたような栽培をすれば驚くほど少なくできる。

　以前、有機栽培でつくられたナガイモを大学にもち込んで分析してもらったところ、シュウ酸カルシウムがゼロという値になり、研究室の教授を驚かせたこともある。

▼コンニャクイモの栽培のポイント

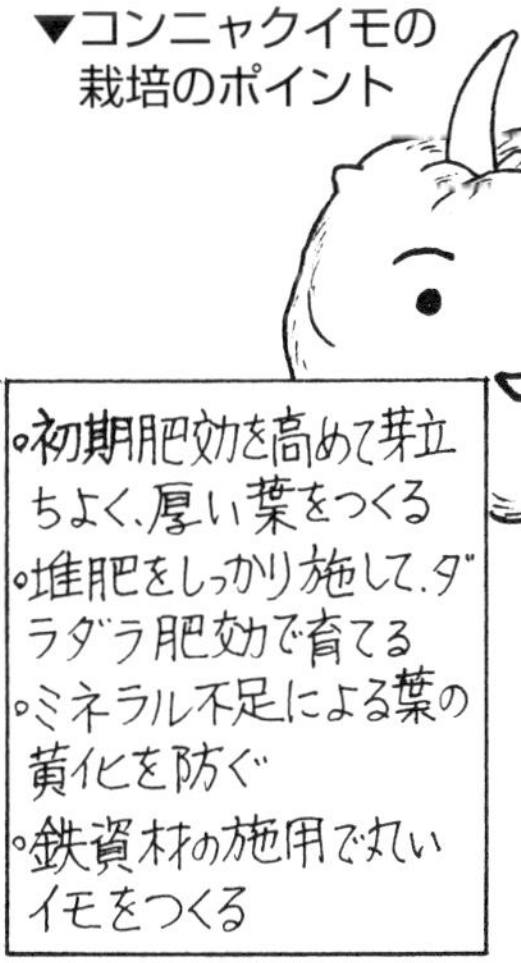

◦初期肥効を高めて芽立ちよく、厚い葉をつくる
◦堆肥をしっかり施して、ダラダラ肥効で育てる
◦ミネラル不足による葉の黄化を防ぐ
◦鉄資材の施用で丸いイモをつくる

◆コンニャク

(1) 炭水化物をマンナンとして蓄積

　コンニャクイモは生子《きご》を植えて栽培し、大きくなったイモを掘り上げて、翌年そのイモをまた植える。これをくり返してイモを大きくしていき、三年

写真6－26　本来コンニャクイモは丸い球状

ほどかけて収穫する。イモにはマンナンという多糖類が蓄えられており、これを加工したのがこんにゃくだ。イモが大きいからといって含まれるマンナンが多いとは限らない。マンナン収量を多くすることが、コンニャク栽培の大きなねらいになる。

コンニャクイモの生育も、ほかのイモ類と同様、はじめは種イモの養分を利用して生長するが、やがて葉が大きくなるにつれて、葉の光合成に依存した生長にかわっていく。

根はイモの全体から伸びだし、チッソを吸収して細胞分裂を促す。つくられた細胞（養分をため込む部屋）に地上部から光合成産物の炭水化物を、マンナンとして送り込む、というのがその生育イメージである。

こうした生育をするコンニャクイモ栽培のポイントは、いかに初期の芽立ちをよくし、厚い葉をしっかり広げて光合成の効率を上げるかにつきる。吸収しやすいチッソ肥料と、光合成を進めるためのミネラル肥料を初期からしっかり効かせることと、根をイモの全体から出させる土壌環境づくりと微量要素の施用が重要である。根がイモの全体から出ることで、通常は扁平な饅頭のようなイモが、丸いボールのような形になる（写真6―26）。イモがこのような形状になれば、イモは収量も歩留まりも高まる。

(2) 強光、滞水などを避ける

コンニャクは日陰植物で、日射しが強いと葉色が白くなって生育が弱ってしまう。樹に囲まれたような畑でつくるほうがよいイモができる。

また水はけがよく、湿ったところを好むが、水がたまるようなところは嫌う。

高い光合成を生育期間を通じて維持するには、こうした強光、滞水などのストレスを避けるようにする。なお、光合成に関係する微量要素を多く必要とする。

(3) C／N比一五〜二〇の中熟堆肥

土つくりは他のイモ類と同様、中熟堆肥（C／N比一五〜二〇程度）を施用する。できればやはり放線菌を増殖させたものがよく、これでシラキヌ病やモンパ病を抑えたい。作付けの前年に太陽熱養生処理ができれば土壌病害虫の抑制効果はさらに大きい。

(4) 初期肥効を高く、そしてダラダラと効くように

元肥は初期肥効を高める内容にする。十分に発酵した水溶性のアミノ酸肥料でC／N比の低いものを使えばよい（C／N比が高くても必要チッソ量を充たせばかまわない）。

元肥チッソの六割は堆肥、四割をアミノ酸肥料でまかなうようにして、初期肥効をよくしつつ、その後もダラダラと肥効が続くようにもっていく。イモから周囲に伸び出す根から吸収した元肥チッソで細胞分裂を促し、マンナンを貯める部屋をつくるのである。

ただし、土壌病害虫が多い畑では堆肥（放線菌堆肥）を増量して、堆肥八、アミノ酸肥料二とする。

なお、保肥力の小さい畑ではイモの収穫の二ヵ月くらい前に、チッソで一〜二kg程度の追肥を行なう。量は葉色を維持する程度でよい。多すぎると害虫の被害を招きやすい。

コンニャクは大きくなってくると地上部が灌木のように繁って、畑の中に入りにくくなるので、堆肥とアミノ酸肥料を併用した元肥で肥効がダラダラと続くようにしたい。

(5) ミネラルは石灰多めで

コンニャクでは、苦土のような光合成に関係するミネラルが切れると、「色抜け」と呼ぶ葉色の低下がおこる。チッソ不足ではなく、ミネラル不足による葉の黄化である。こうなると、土中にチッソはあるのに、それに見合った光合成が行なわれず、チッソ優先の生育に傾く。病害虫がつきやすく、茎（葉柄）が腐る被害を招くことが多い。

ミネラルは土壌分析データに基づいて、それぞれ施肥ソフトの上限値で施用する。石灰・苦土・カリのミネラルバランスは、六〜五：二：一にする。表皮をしっかりしたものにして、シラキヌ病菌などカビの侵入を防ぐため、石灰は多めに考える。カリが多いと、イモの肥大はよいが割れをおこすこともあり、そこから病害虫が侵入する。

原料のコンニャクイモの
本来の姿は
どっちなんだ？
コンニャク
扁平な球
丸い球
図6−20　コンニャクイモの本来の形はどっち？

石灰肥料は、土壌pHが七以上なら水溶性の資材を使うが、そうでなければ粒状と粉状のク溶性の資材を半々に施用する。苦土肥料も、ク溶性と水溶性の資材を半々にして、長く効き続けるようにする。

ミネラルも、チッソを追肥する際、土壌分析を行なって不足しているようなら追肥する。生育期間中、ミネラルが切れている状態でチッソの追肥はしない。必ずミネラルを補ってからチッソをやるようにする。

(6) 鉄の施用で丸いイモ、マンナン含量も増える

●イモの下の根を伸ばす鉄

コンニャクイモが必要とする微量要素の中でもとくに重要なのが鉄である。

コンニャクイモは扁平な饅頭のような形をしていると思っている人が大部分だが、そうではない。鉄を施用して、きちんと栽培すると、イモはバレーボールのように丸くなる（図6―20）。収量も多く、二～三割増えたという例もある。マンナン含量も多い。

どうしてこういうことがおこるかというと、イモの下部の根がきちんと伸びるからである。

コンニャクイモはもともとイモの周囲全体から根を出す。ところがイモの下からは根が出にくい。これはイモの下部の酸素が少なく、根を十分伸ばすことができないからである。その結果、イモの下に施用した肥料、水分が吸われずに残る。有機の肥料と水、これに酸素が少ないという条件が加わって、嫌気的な分解となり、雑菌が繁殖して根が腐る。底の部分に根のないイモになってしまうわけである（図6―21）。

根がないので養分が吸収できず、基

部の細胞分裂も進まない。その部分の肥大が進まないから、底が平らで扁平な形になるのである。

ところが、鉄が十分に土中にあると、酸素の少ない場所でも根が伸びる。養分や水の吸収が可能になり、イモ下部の過湿や酸素不足が解消される。おかげでイモの下側部分でもしっかり細胞分裂が行なわれて、肥大してくる。だから丸いイモができるのである。イモの腐りも減る。こうしたイモを、翌年また植え付ければ格段によい初期生育が得られる。

イモの下側の嫌気的な土壌環境が解消されれば、土壌病害虫の被害も減り、恰好の初期生育がスタートできる。こうしたことが、収量・品質の高いイモを収穫することにつながる。

●鉄以外の重要なミネラル

マンナンは光合成産物でもあるので、光合成に関係するミネラルはもちろん、その他のミネラルも重要である。丸いボールのようなイモをつくるのに不可欠な鉄のほかにマンガン、ホウ素、銅、それにケイ酸、塩素などである。これらの微量要素もできるだけ設計ソフトの上限値で施用する。

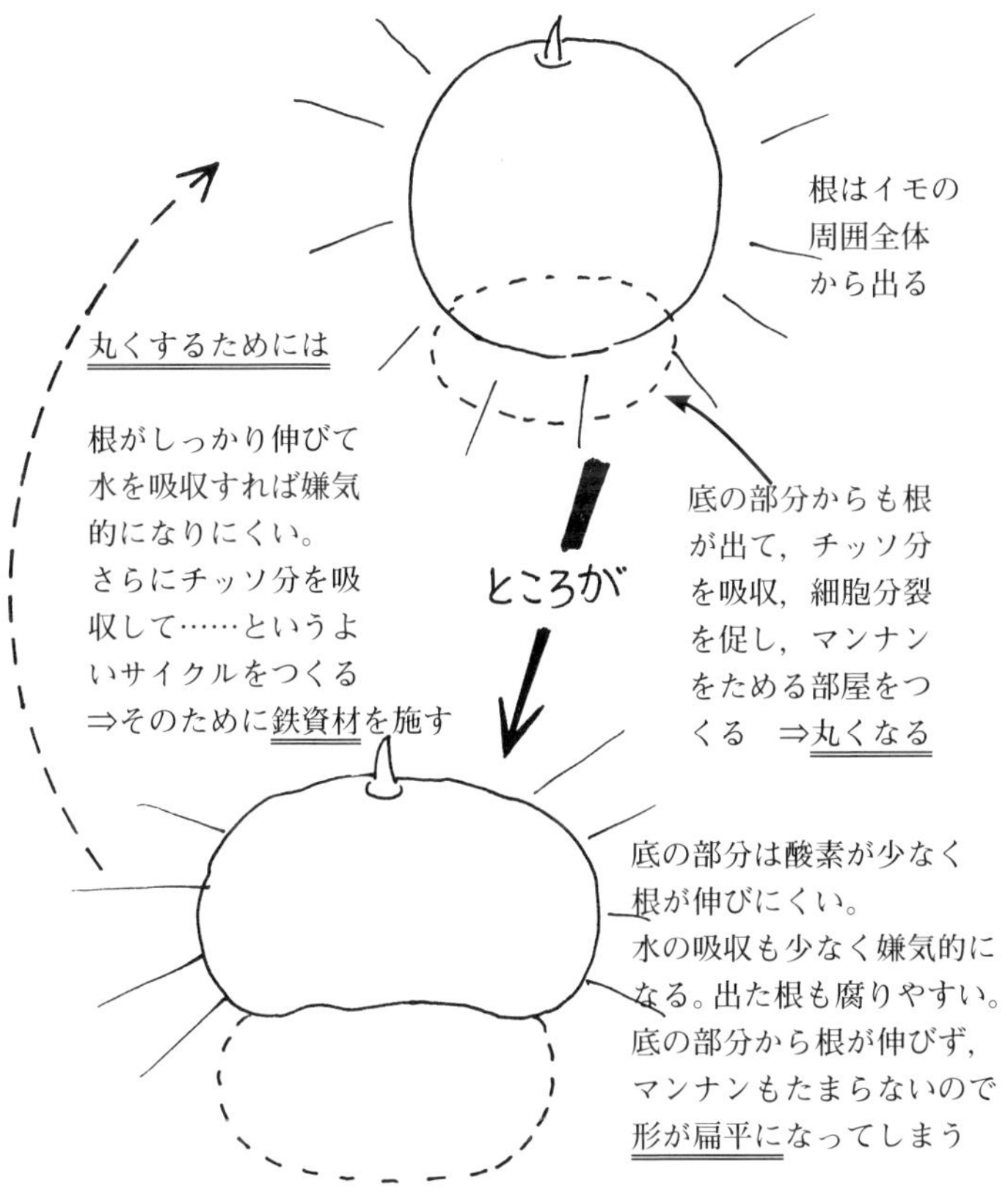
根はイモの
周囲全体
から出る
丸くするためには
根がしっかり伸びて
水を吸収すれば嫌気
的になりにくい。
さらにチッソ分を吸
収して……というよ
いサイクルをつくる
⇒そのために鉄資材を施す
ところが
底の部分からも根
が出て，チッソ分
を吸収，細胞分裂
を促し，マンナン
をためる部屋をつ
くる　⇒丸くなる
底の部分は酸素が少なく
根が伸びにくい。
水の吸収も少なく嫌気的に
なる。出た根も腐りやすい。
底の部分から根が伸びず，
マンナンもたまらないので
形が扁平になってしまう

図6－21　扁平な球になる理由と丸い球にする手立て

(7) 葉温を下げる石灰ボルドー散布

コンニャクは強い日射しに弱い。光が当たりすぎると葉温が上がって、葉緑素が破壊され、光合成が低下する。チッソは吸収しているのに炭水化物生産が低下するので、チッソ優先の生育になり、病害虫を呼び寄せる。

そこで、石灰ボルドーを散布して葉を白くコーティングしてやると、葉温を下げることができる。石灰によるカビの増殖抑制効果と併せ、病害虫を抑える効果が期待できる。

◆ショウガ

(1) 葉づくりと塊茎の肥大が同時進行

ショウガも他のイモ類と同様、初めは種ショウガの養分を使いながら、生長する。

芽は植付け後、一ヵ月ほどで地上部に出て葉を伸ばす。新しい塊茎は、この芽の左右横方向に順次つながって、前の塊茎の葉が五枚伸び出すごとに生長する規則性をもっている。地上部に葉が出ると、光合成を行ない、炭水化物を塊茎に貯めながら肥大していく。

このようなショウガの生育を支えるためには、吸収した養分ですぐに細胞づくりに取りかかれる水溶性のチッソと、光合成がしっかり行なわれるためのミネラルが必要になる。

また、もともとは薬効のある植物として栽培されていたことからもわかるように、微量要素も多く必要とする。

▼ショウガの栽培のポイント

(2) 湿った状態が維持できる土に

ショウガは過湿になったり滞水したりすると塊茎が腐ることがある。ショウガ栽培には、膨軟で水はけがよく、湿った状態を維持できる保水力のある土が適している。こうした条件に近づけるにはやはり、放線菌やバチルス菌の増殖した中熟堆肥を施用して、団粒構造を発達させると同時に、土壌病害虫を抑制するようにしたい。

根茎腐敗病やネコブセンチュウといった土壌病害虫に悩まされている畑では、作付けの前年に太陽熱養生処理を行なうことを勧める。

(3) C／N比の低いアミノ酸肥料を細かく施肥

ショウガの栽培は、日照量も多く光合成も盛んな時期に行なわれる。そのため、元肥のアミノ酸肥料はC／N比の低い（チッソの多い）タイプでも、炭水化物優先の生育にもち込みやすい。堆肥はC／N比一五～二〇程度のものを施用する。

元肥チッソでの堆肥とアミノ酸肥料の割合は、六対四。この割合で施用して地上部の葉を繁らせ、同時に塊茎をつくり続ける肥効を実現する。

なお、土壌病害虫が多い場合はこの割合を堆肥八、アミノ酸肥料二にする。

ショウガは土壌中のチッソがなくなってくると、土を割って出てくる芽の出方が鈍く、数が少なくなってくる。そして、塊茎から分けつして順次伸び出す地上部の葉の高さが揃ってくる。このような兆候が見えたら追肥を行なう。一回目の追肥はだいたい収穫の二ヵ月ほど前である。

追肥の量は、それで栄養生長を再度促すため、チッソで二～三kgは必要だ。追肥時期は日照も多い。C／N比の低い（チッソ分の多い）アミノ酸肥料が適している。

その後も同様の判断をしながら二～三回目を施用する。

(4) ミネラルはずっと効かせ続ける

石灰、苦土、カリのミネラルバランスは、六～五：二：一とする。基本的に施用量は施肥ソフトの上限値で設計し、病害虫などの対応を考える場合は石灰を多めにする。

栽培期間中、ミネラルの肥効が持続するように、石灰肥料は土壌pHが七以上であれば水溶性の資材を使い、そうでなければ粒状と粉状の資材を半々に施用する。苦土肥料は、ク溶性と水溶性の割合を半々にして施用する。

なお、水溶性の硫酸石灰や硫酸苦土といった資材にはイオウが含まれており、これらを施用するとショウガの香りをよくする効果がある。

ミネラルの追肥は基本的には必要ない。ただ、チッソを追肥する際、できれば土壌分析を行なって不足しているミネラルを水溶性肥料で施す。肥料養分が流亡しやすい砂質土壌などで追肥が必要となることがある。

(5) ショウガで大事な鉄とマンガン

●根の活力を高める鉄

赤い色素をもつ植物は、鉄を多く必要とするものが多く、ショウガもそのひとつである。

これまでのイモ類と同様に、酸素の少ない土中で塊茎が肥大していくには、呼吸に関係する鉄の助けが必要になる。鉄があることで、根が伸びやすくなり、周囲の養水分を万遍なく吸収できるのだ。その結果、塊茎まわりに余分な有機態チッソや水分が残らず、嫌気的な環境になりにくい。おかげで、塊茎の腐りや根ぐされも減少する。

鉄の施用は根の機能を高めて、品質・収量を安定させることにつながる。

●夏の光合成を支えるマンガン

マンガンも重要な微量要素である。マンガンは光合成に関係している。

コンニャクイモもそうだったが、夏の強い日射しに当たるとショウガの葉温が上がり「色抜け」の現象が現われる。葉緑素が傷んで緑色が薄くなる症状だ。光合成は当然低下する。塊茎に送る炭水化物量が減るので、太りは悪くなる。しかも、悪いことにはその間も土中のチッソは吸収されているから、チッソ優先の軟らかい育ちに傾き、病気や害虫を招きやすくなる。

マンガンが効いていることで、暑い時期の光合成生産が維持されて、塊茎の肥大を確保し、病害虫に強いからだがつくられる。土壌分析をして必要量を補うことである。

●黒ボク土のケイ酸不足

黒ボク土壌ではケイ酸の不足も懸念される。

黒ボク土壌で、葉が軟らかい、病害虫が多い、といった生育が見られたらケイ酸不足かもしれない。元肥の施用時に粘土などケイ酸資材を一〇a当たり二〇〇kg以上施用する。

●連作障害の一因にも

この他、ホウ素、銅も重要な微量要素である。

これらのミネラルはいずれも土中にあるので施用する必要はないといわれてきている。しかし私はこれらの不足が連作障害を招いている一因ではないかと考えている。

(6) ワンランクアップのわざ

●面白い、転換田での高ウネ栽培

ショウガは水もち、水はけのともによい畑を好む。過湿の土や、滞水しやすい畑などでは塊茎に腐りが多く出やすい。堆肥の施用で団粒構造を発達させることが大切だ。

その一方で、転換田は水の便がよく、イネの作付けによるミネラルの持ち出しも少なく、鉄分も多いので、ショウガ栽培には適している。湿気や滞水を防ぐために、高ウネにして栽培すれば良品多収も可能だ。

●カリを少し減らして味の濃いショウガ

カリの量を、施肥ソフトの上限値でなく、少し減らして上限値と下限値の中間ぐらいで施肥設計すると、収量は若干減るものの、味の濃い、甘みのあるショウガができる。ショウガの辛さに、ほのかな甘みが加わる。付加価値をつけた販売も可能である。

またイオウを含む資材を使うことで、ショウガの香りをより強くすることができる。

1 生育の特徴と施肥

(1) 栄養・生殖生長が並行、だから「ミネラル優先、チッソ後追い」

果菜タイプの野菜は、栄養生長で葉を増やすのと並行して、光合成によって炭水化物の生産を増やしていく。そして生長が遅くなってくると余った炭水化物が生殖生長にまわり、花を着け、果実を肥大させる。

このように栄養生長と生殖生長と並行した生育をする果菜タイプの野菜には、光合成を維持できるミネラル肥料とともに、栄養生長を持続させる程度の追肥（チッソ）が必要になる。

ただそれは、ミネラルがバランスよく吸収され、光合成によって炭水化物がつくられ、そのうえでチッソが吸収されるというイメージで施肥を行なうことが肝心だ。つまり、「ミネラル優先、チッソ後追い」ということが基本になる。

ミネラルを優先して吸収させるためには、堆肥やアミノ酸肥料は弱酸性に調製しておく。それには、酵母菌を主体にした有機物の発酵を進めておくのがよい。この過程で有機物は、アミノ酸や有機酸をつくり、その酸によって元肥や追肥のミネラル肥料が効率よく効くようになる。弱酸性の有機資材は、

写真6−27　有機栽培のキュウリ
（写真提供　農事生産組合野菜村）

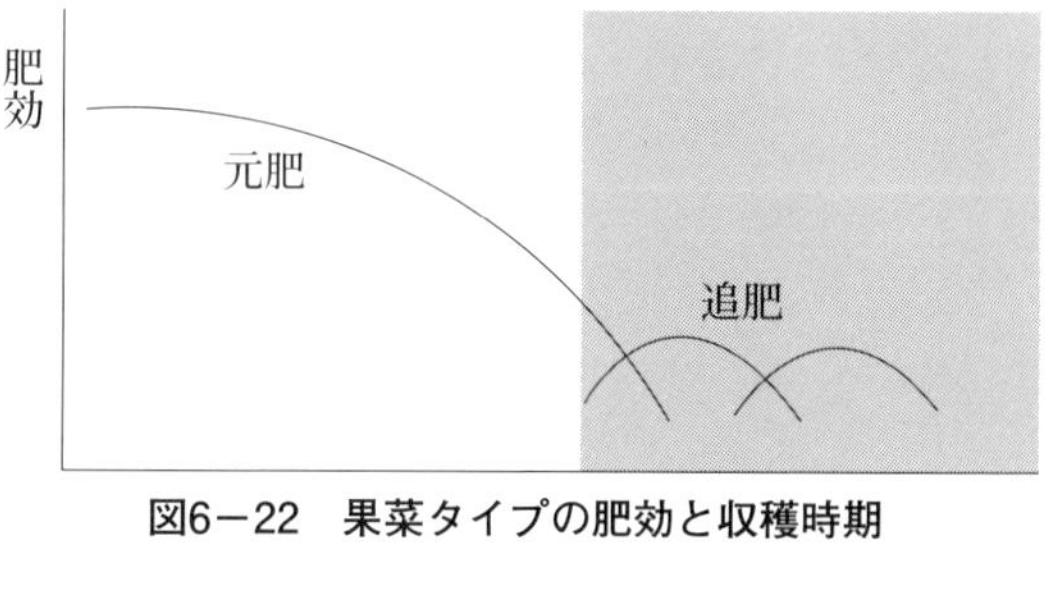

図6−22　果菜タイプの肥効と収穫時期

ミネラルを効かせるための仕組みづくりでもある。

(2) 根の呼吸を支える土、太陽熱養生処理

また果菜類は栽培期間が長く、からだを維持しながら実づくりを行なうので、根からの養水分の吸収が長期間続く。こうした仕事を根が行なうためには〝呼吸〟がきちんとなされていなければならない。根まわりに十分の空気が必要だ。つまり、果菜タイプの野菜の栽培では団粒構造の発達した土を栽培期間中、維持しなければならない。

しかし、栽培期間が長くなるほど、畑の土は締まって硬くなる。そうならないよう、良質な堆肥を十分に施用することが求められる。センイをベースとしたC／N比の高い（一五～二五程度の）中熟堆肥を施すことだ。

また、土壌病害虫対策も果菜類の土つくりでは重要なポイントだが、これには団粒化促進を兼ねた太陽熱養生処理を行なうことを勧めている。

83ページでも紹介したが、これは放線菌やバチルス菌の密度を高めた中熟堆肥を施して、適当な水分状態のもと、太陽熱を利用して積算温度を九〇〇℃までもっていくことにより有用微生物の増殖と土壌団粒の形成を促す方法である。

この処理を行なうと、土壌の団粒化が一気に促進すると同時に、中熟堆肥中の放線菌やバチルス菌が増殖する過程で、土壌病害虫が駆逐される。作付け前の土壌環境、物理性と生物性を整えるうえで非常に有効な方法である。

2 土つくりと施肥のポイント

(1) 元肥のチッソとミネラル

●基本はC／N比の高いアミノ酸肥料

元肥チッソは、他の野菜と同じように堆肥とアミノ酸肥料を組み合わせて施用する。その施用量は果菜の種類によって異なる（表6―8）。

果実を収穫する果菜類では、アミノ酸肥料はC／N比の高い（炭水化物部分が多く、チッソ分が少ない）生殖生長タイプのものが適している。しかし、リスやキュウリなど葉が大きくなる野菜を夏を中心に栽培する場合は、盛んに光合成が行なわれ炭水化物生産も高いので、C／N比の低い（チッソ分が

表6－8　果菜タイプの施肥（元肥）とねらい

	品　質	ねらい
堆肥	C／N比の高いもの	団粒構造をつくり，長く維持したい
アミノ酸肥料	C／N比の高いもの	生殖生長の安定 果実の品質向上など
ミネラル肥料	ク溶性・粒状	長く効かせたい
微量要素		しっかり施用 欠乏症が出やすい

高い）栄養生長タイプのアミノ酸肥料を使うこともできる。

●ミネラル肥料はク溶性中心で

一方、ミネラル肥料は、生育中にその欠乏症が出始めても急激に広がらないよう、元肥でク溶性のミネラル肥料を中心に設計しておく。ク溶性ならゆっくりと溶けて、減少のしかたもゆっくりである。そのため畑にポツンポツンと欠乏症が見え始めてから水溶性のミネラル肥料で対応しても間に合う。

●石灰肥料は粒と粉を併用

しかし石灰欠はいきなり症状が現われるので、追肥での手当てはむずかしい。石灰については、元肥の段階で粉状と粒状の二つの形状のものを併用する。粉と粒を併用することで、石灰の肥効を長続きさせることができるからだ。

その量も私は、粉と粒、両方併せて施用基準の上限値の四〇％増しで設計する。粒はすぐに溶けてこないので、四〇％増しでも、過剰症が出る心配はない。

●最初の手当ては水溶性ミネラルで

なお、土壌分析の結果、ある畑のミネラルが下限値より低いという場合、その畑は施用基準の下限値までの施肥量を水溶性の肥料で与えておく。下限値とは必要最低限ということであり、それに達していないと、ただちに欠乏症が出る。すみやかに効果を発揮する水溶性のミネラル肥料で手当てしておかなければならない。

(2)　追肥のチッソとミネラル

●C／N比の高いアミノ酸肥料

果菜類では、生殖生長に入ってから花や果実の充実のために追肥する。この肥料には、チッソ成分が低い生殖生長タイプ（C／N比が高い）のアミノ酸肥料を使う。

チッソ分が多いと生育が栄養生長に傾いて、野菜によっては花が飛んだり奇形果や変形果が出たりする。野菜特有の果実の色も出にくくなる。逆に、炭水化物部分を多くもった肥料をやればその炭水化物を、収量のアップや品質向上に結びつけられる。

炭水化物は果実を肥大させ、ビタミンや糖度を増加させる。そんな炭水化物の多いアミノ酸肥料こそ、果菜類の追肥には適している。

●ミネラルを効かしてからチッソ追肥

ところで、「追肥＝チッソ」ととらえがちだが、チッソだけだとミネラルとのバランスを欠いて病虫害が発生しやすくなる。

チッソを追肥するときは必ずミネラル肥料を施してからにする。「ミネラル優先、チッソ後追い」である。露地なら、ミネラル肥料を施してひと雨降ってから（かん水してから）とか、ハウスではミネラル肥料を施し、その後にアミノ酸肥料を施す。

ただ、石灰などのアルカリの資材を使うときは、チッソ肥料は数日の時間をおいてから施用する。有機物と強アルカリが反応してアンモニアガスが発生し、作物を害してしまうからだ。

●収穫量から追肥量を計算

追肥のミネラルは土壌分析をもとに減少分を補う追肥をする。

チッソ肥料は、生育を見ながら（各作目ページ参照）、それまでの作付けの例をもとに追肥する。施肥した量とそのときどきの収量を記録し、単位収量当たりの施肥量を求めておくとよい。このようにすることで、収量に基づいた施肥を行なうことができる。土壌分析をそのつど行なうのは大変だ。収穫量から追肥量を決めていくこの方法が、実際的である。

はじめは、表6―9に一応の目安を示したので、これを元に実際に施肥しながら加減してほしい。

(3) 肥料は根域全体で吸わせる

●土が締まって上根だけに

私は根を、地表から一〇cmまでに張る上根、一〇～二〇cmまでの**中根**、そして二〇cmより下層に張る下根と便宜上、三つに分けているが、追肥を効率よく効かせるには、この根域全体で吸収させることが大切だ。

つまり、上根で一部が吸われ、その残った分がさらに下降して中根で、さらにそこで残ったものが下根へと、順に吸収される。こうして根域全体で効率よく吸われることが肥効を高めるポイントなのだが、実際には、中根や下根の伸長が悪くて、施用した肥料が十分な効果を現わさないことがけっこうある。

その理由の一つに、土が硬く締まって、根を十分に伸ばすことができない

野菜施肥一覧

肥			追　肥			
ラ　ル（割合）			堆肥	アミノ酸肥料	ミネラル肥料	微量要素
（苦土）ク溶性 / 水溶性	（カリ）	重要な微量要素				
50（粒） 50	水溶性	Fe, Mn, B, Cu, Si, Cl	アミノ酸肥料と同時	2kg／回	土壌分析水溶性	チッソ追肥と同じか回数多く
50（粒） 50	水溶性	Fe, Mn, B, Si	同上	3〜4kg／回	同上	同上
40（粒） 60	水溶性	Fe, Mn, B, Cu, Si, Cl	同上	4〜6kg／回	同上	—
40（粒） 60	水溶性	Fe, Mn, B, Cu, Cl	同上	4〜6kg／回	同上	—
50（粒） 50	水溶性	Fe, Mn, B, (Si, Cl)	同上	4〜6kg／回	同上	—
40（粒） 60	水溶性	Fe, Mn, B, Cu, Si, Cl	—	(1.5kg)	—	—
40（粒） 60	水溶性	Fe, Mn, B, Cu, Si, Cl	—	(1.5kg)	—	—
40（粒） 60	水溶性	Fe, Mn, B, Cu, Si, Cl	—	—	—	—
50（粒） 50	水溶性	Fe, Mn, B, Cu, Si, Cl	—	—	—	—
50（粒） 50	水溶性	Fe, Mn, B, (Cu, Si, Cl)	アミノ酸肥料と同時	4kg／回	土壌分析水溶性	回数多い

表6−9　果菜タイプの

種類＼施肥	元					
	チッソ				ミネ	
	施用量 (kg)	堆肥 C／N比	アミノ酸 肥料 C／N比	チッソ割合 堆肥：アミノ酸肥料	バランス{石灰 苦土 カリ	(石灰){ク溶性 水溶性
トマト (大玉　中玉)	8〜10	20〜25	高	7：3	7〜5 2 1	50（粒） 50
トマト (ミニ)	10〜12	15〜25	高／低	7：3	8〜6 2.5 1 − 1.5	50（粒） 50
キュウリ	15〜20	15〜25	高／低	7：3	7〜5 2 1	50（粒） 50
ナス	18〜25	20〜25	低	6：4	6〜5 2 1	50（粒） 50
ピーマン	18〜25	15〜25	低	6：4	7〜5 2.5 1.5	50（粒） 50
スイカ (大玉)	8〜12	15〜20	高	4：6	6〜5 2 1	50（粒） 50
スイカ (小玉)	8〜10	15〜20	低	4：6	6〜5 2 1	50（粒） 50
メロン	8〜12	15〜20	高／低	5：5 (4：6)	6〜5 2 1	50（粒） 50
カボチャ	10〜18	15〜20	低	6：4	6〜5 2 1	50（粒） 50
ズッキーニ	20〜25	15〜20	低	6：4	7.5 2.5 1.5	50（粒） 50

50（粒） 50	水溶性	Fe, Mn, B, Cu, Si, Cl	同上	3 － 4kg ／回	同上	
50（粒） 50	水溶性	Fe, Mn, B, Cu, Si, Cl	同上	3 － 4kg ／回	同上	
60（粒） 40	水溶性	Fe, Mn, B, Cu, Si, Cl		2 － 4kg ／回 （発酵液肥）	同上	欠乏症状 見たら即

大きく異なることがあるので注意する

ことがある。とくに果菜類は栽培期間が長いので土が締まりやすい。下層の空気が追い出され、土が硬くなってしまうのだ。

土つくりとは別に元肥でもセンイの多い、C／N比の高い堆肥を施用する意味が、ここにある。

●鉄資材で中根、下根の維持・回復

中根や下根が伸びないもうひとつの理由が、鉄の不足だ。

鉄は呼吸に関連したミネラルで、不足すると、下根、中根の順に呼吸ができなくなって、養水分の吸収が滞ってしまう。ひどくなると、下根、中根が腐って上根だけカツラのように残ることもある。これでは施肥した養分は吸えない。流亡するか、下層に集積するかだ。たとえばそこへたまたま新しい根が伸びてきたりすると根傷みや根焼けをおこし、傷口から土壌病原菌が入り込むことも多い。

鉄の不足が根の呼吸を低下させ、養分吸収の低下、肥料効率の低下を招くだけでなく、さらに土壌病害の増加など、さまざまな弊害を招く。

硫酸鉄など鉄資材を追肥して、根の呼吸を回復させ、肥料養分の吸収力を回復させることが必要である。

(4) 土は常時湿らせておく

●水を切ると硝酸が増える

近年、おいしい野菜をつくろうとして、水を切る栽培法が普及している。しかし節水もいきすぎると弊害が出てくる。有機栽培ではアミノ酸肥料を施用する。これが、水を切って土が乾いてくると、有機のチッソが硝酸に変わる。そこへかん水などして、この硝酸が吸収されると有機の野菜の大きな負担となる（図6―23）。

どういうことかというと、吸収した

オクラ	8～13	15～25	低	7：3	6 － 5 2.5 1.5	50（粒） 50
シシトウ トウガラシ	12～15	15～25	低	7：3	6 － 5 2.5 1.5	50（粒） 50
イチゴ	15～20	20～25	低	7：3	7 － 5 3 － 2 1	60（粒） 40

＊数値はすべておおよその目安。とくに元肥チッソ施用量については品種・作型によって

硝酸を野菜はアミノ酸やタンパク質につくり替え、細胞づくりに利用している。もちろんこのためにはエネルギーが必要だが、その供給元は光合成でつくられた炭水化物や、貯蔵されている養分になる。

私が勧める有機栽培はそうしたエネルギーの使い方をしなくてもよいように、チッソを硝酸でなくアミノ酸の形で吸収できるものを施用する。アミノ酸で吸収できれば、野菜がつくった炭水化物を無駄に浪費しないですむ。ところが、水を切って土を過度に乾かすと、直接吸収したいアミノ酸が、逆にそれをつくる原料の硝酸になってしまう。無駄であるばかりでなく、作物体内の炭水化物が減って、チッソ優先の育ちになる。収量・品質が低下し、病害虫被害も増える。

また、土に硝酸が集積してくると、根が濃度障害をおこし、傷んだ部分からの病原菌侵入も助長する。

私は土を常時湿らせておくことが大切だと考えている。もちろん、過湿にしてはよくないが、有機栽培では少量多かん水が基本である。

●pFメーターを使いたい

その土の水分状態を知るのに、一番よいのは**pFメーター**（写真6―28）を使うことである。野菜ごとの適正値を基準に水の管理が行なえる（適正範囲はpF一・八～二・五）。

(5) 酵母菌、放線菌、バチルス菌を上手に使う

●酵母菌で効率よく有機物分解

常時湿らせる土壌管理で味方になるのが酵母菌である。酵母菌は通性嫌気性の微生物で、湿り気の多い環境でも有機物の分解を進めて、アミノ酸などの野菜に有用な物質をつくりだしてく

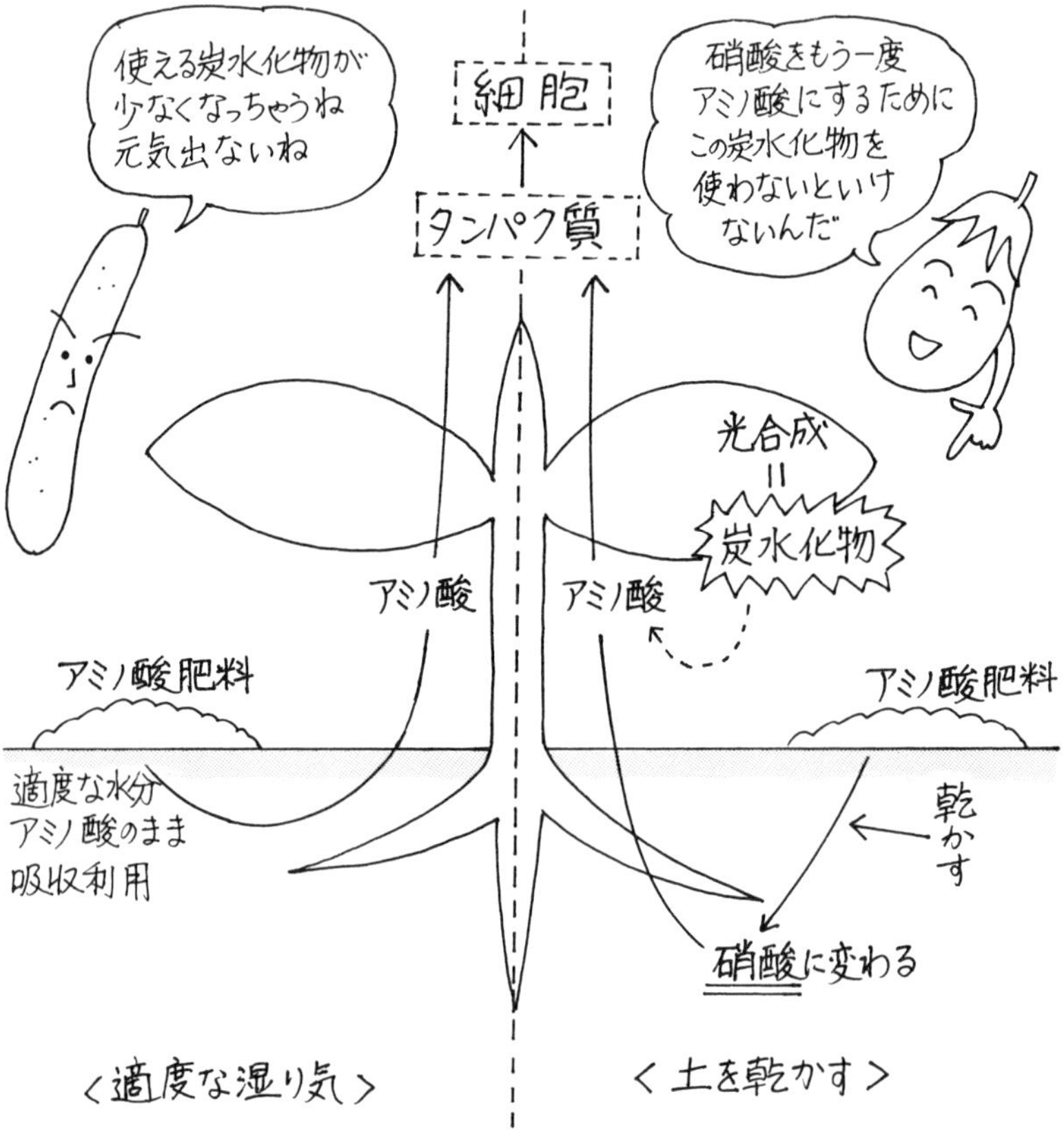

図6－23　土を乾かしすぎるのは禁物

使える炭水化物が少なくなり，収量・品質を落とすことになりかねない

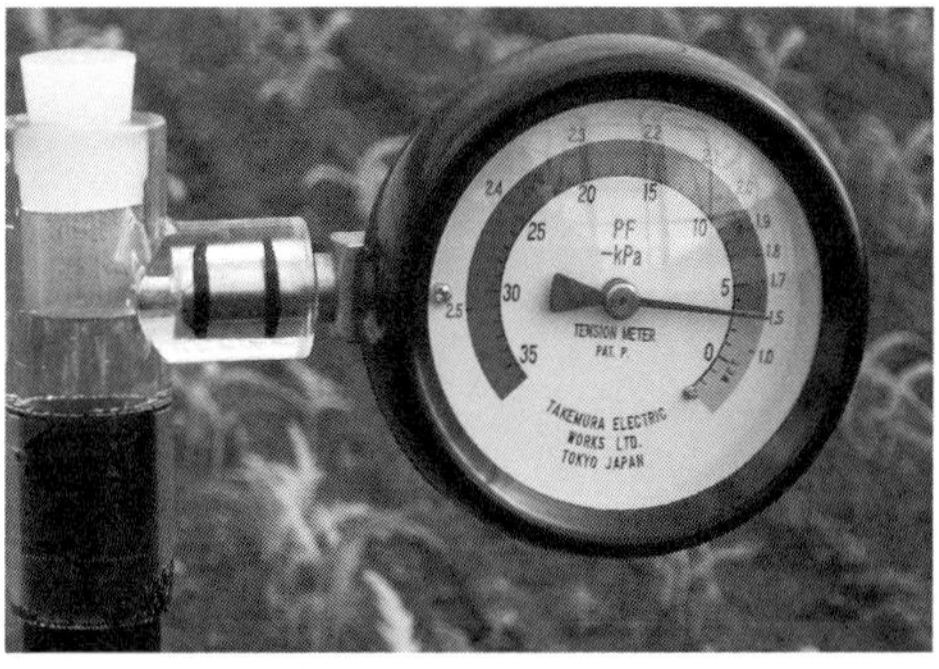

写真6－28　pFメーター

土壌水分の管理にぜひ設置しておきたい

（写真提供（株）ぐり～んは～と）

れる。しかも、有機物を分解するときにカロリーの消耗が少ないので、効率よく有用物質をつくる。有機栽培で使っているアミノ酸肥料は、この酵母菌を利用して原料をみそやしょう油のにおいがするくらいまで発酵を進めたものだ。

ところで酵母菌の働きで大事なのが、有機物を酸性側に分解することだ。

そのため、生成されたアミノ酸はミネラルとキレートをつくり、ミネラルを野菜に吸収しやすくする。追肥で使う水溶性のミネラル肥料も弱酸性側でよく溶けるので、野菜に吸収されやすい。野菜はミネラル優先の育ちになりやすくなる。

これが逆に、アルカリ側に分解が進むとアンモニアが生成される。アンモニアガスは植物に有害なガスである。アンモニア水に溶けた状態のアンモニアイオンは肥料成分だが、ミネラルを溶かす力はない。それどころか、**拮抗作用**によって土壌溶液中のミネラルイオンが野菜に吸収されるのを妨げる。ミネラル吸収が抑制され、チッソ吸収が行なわれるので、チッソ優先の育ちになりやすいのである。

●堆肥による土壌病害虫対策

果菜タイプの野菜には土壌病害虫が多い。これを抑える微生物として期待できるのが、放線菌やバチルス菌（枯草菌や納豆菌など）である。放線菌はフザリウム菌やセンチュウを駆逐できるし、バチルス菌は多くのカビ病を抑制できる。このような有用微生物を増殖させた中熟堆肥を施用し、太陽熱養生処理（83ページ）をして苗を定植する。堆肥をつくる工程の中で、有用微生物を増殖し、養生処理によって土壌中の微生物相を野菜の生育にとってよりよいものにしていくのである。

3　各野菜別の勘どころ、注意点

◆トマト

(1)　たえず〝炭水化物が余る〟つくりに

トマトは栄養生長と生殖生長が定植時から継続する。したがって高品質のトマトを安定して多収するには、肥料養分を安定して供

▼トマトの栽培のポイント

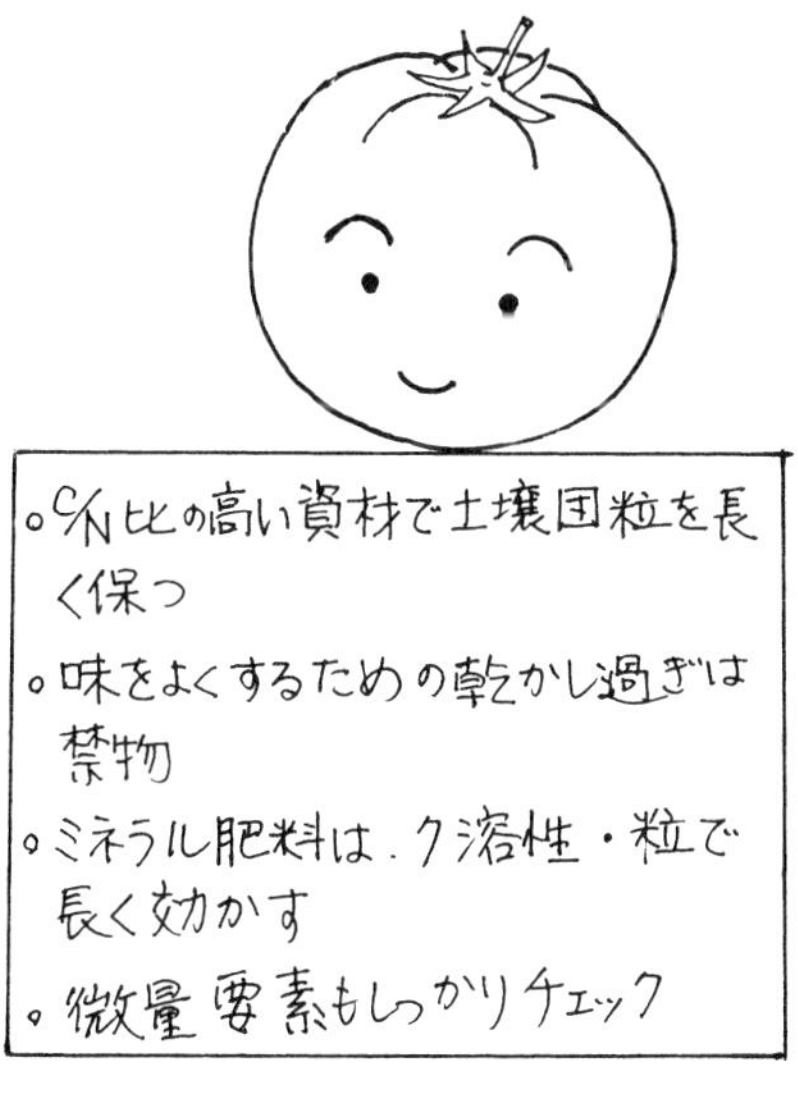
。C/N比の高い資材で土壌団粒を長く保つ
。味をよくするための乾かし過ぎは禁物
。ミネラル肥料はク溶性・粒で長く効かす
。微量要素もしっかりチェック

給し続ける必要がある。その生育イメージは、たえず〝炭水化物が余る〟つくり方である。

チッソが多いと、光合成によってつくられた炭水化物が細胞や、細胞を支えるセンイづくりにまわる。葉と葉の間の節間が伸びて、単位草丈当たりの花房数が少なくなる。実の数も減る。樹の伸び・生長はよくても、肝心の果実の収量は上がらないことになる。

写真6－29　有機栽培のトマト
（写真提供（株）ぐり～んは～と）

逆に、チッソが少なくて炭水化物が豊富にあれば、余った炭水化物が花芽の充実や実の肥大、糖度の増加などに使われる。葉は面積を大きくして光合成をしなくてもよいので、小さく厚くなり、節間も短くなる。花も咲きやすく、単位草丈当たりの花房数も多くなる。つまり、収量を上げる条件が揃ってくる。チッソ過剰の姿とはまったく逆のことがおきる。

このような炭水化物が優先した生育を実現するには、土全体のC／N比を高い状態で維持し続けること、健全に生育してしっかり光合成が行なえるように十分な量のミネラルも必須だ。

(2) まずC／N比の高い良質堆肥を

土つくり資材としての堆肥はトマトにとっても非常に重要である。どんな堆肥がよいのだろう。

トマトは栽培期間が長く、収穫期間も長い。その間、養水分をしっかり吸収し続けなければならない。そのためには土に十分な空気があって、根がしっかり働ける環境が必要だ。これには、土壌団粒をつくり、維持する力の強い堆肥が必要である。すなわちチッソ成分が少なくセンイに富むC／N比の高いものだ、このような堆肥なら、水溶性の炭水化物も多く、炭水化物優先の生育を進めるうえでもつごうがよい。

また、トマトには土壌病害虫も多いが、それらを駆逐する力をもつ有用微生物がたくさん増殖している堆肥であることも重要だ。

まとめるとトマトでは、C／N比二〇前後の、放線菌やバチルス菌に富んだ中熟堆肥を施し、あわせて太陽熱養生処理（地表から五cmくらいの最高地温で積算九〇〇℃を目安に）を行なっておくことが基本になる。

(3) 節水栽培は勧めない

トマトは多湿は嫌うが、水を必要としないわけではない。第一、水は光合成の原料である。その水を極端に控えて、硬く小ぶりな甘いトマトをつくる技術が近年広がっている。水を切ることでチッソ吸収を抑え、炭水化物をセンイづくりや果実の糖度アップにつなげようという算段である。

しかし、これが行きすぎると施肥した有機質肥料の硝酸化が進み、水分不足と重なって樹勢を弱めてしまう。収量が上がらず、病気や害虫を招くこともある。

私が勧める有機栽培では、堆肥やアミノ酸肥料の炭水化物をいかすため、土は常時湿った状態にして、高品質・多収のトマト栽培を可能にしている。乾かしすぎや水を切るというような水分管理はお勧めしない。

水分管理についてはまたあとで（198ページ）ふれる。

(4) チッソ施肥
—炭水化物総量をたえず多く

●元肥チッソはアミノ酸三、堆肥七

品種や作型でも異なるが、元肥チッソのアミノ酸肥料は、C／N比の高い（チッソが少ない）ものを使う。チッソ分が少ないぶん、炭水化物部分が多いので、たえず総炭水化物量を多くする、というトマトづくりの基本に合っている。

元肥チッソ総量のうちこのアミノ酸肥料で三、堆肥で七くらいの割合で施用する。

●上から四枚目の葉が凹んできたら追肥

トマトはチッソが減ってくると、樹が細くなって徒長したように見え、花も小さくなる。これでは収量・品質ともに低下してしまう。かといって、この段階で追肥をしたのでは、生育に波が出て安定しない。もう少し早い追肥の判断が必要である。

私は上から四枚目くらいの葉の様子から追肥を判断している。

トマトの葉は、チッソが多いと葉の主脈部分が盛り上がるように巻く。チッソが少なくなってくると平らになり、さらに少なくなってくると、主脈部分が凹んで葉の縁が上を向いてくる。チッソが多から少へ、葉が盛り上がる→平らになる→凹（へこ）むという変化をするのだ。この平らな状態を維持することが重要で、凹み始めたら追肥をする。

追肥量は一回にチッソ成分で三kg程度。ミニトマト、中玉トマトなら一〇日間隔で、大玉トマトは二〇日間隔で追肥する（品種や作型、栽植密度などで異なる）。

●追肥後に酵母菌液をかん水

なお、土壌の微生物相を安定させるため、アミノ酸肥料を施肥したら、最初のかん水時に自家培養した酵母菌を一緒に流すとよい（二〇〇〇～三〇〇〇倍。濃度はうすくてもエサがあれば増殖する）。

また、ミネラル肥料を同時期に追肥するときには、必ずミネラル肥料を先に追肥し、その後でアミノ酸肥料を追肥する。

(5) ミネラル施肥―追肥分も考え、四〇%増しの元肥に

●バランスは七～五：二：一

トマトのミネラルバランスは、石灰七～五：苦土二：カリ一と石灰を多めにし、栽培期間中このバランスが崩れないようにする。

●ク溶性と水溶性、粒と粉を組み合わせる

元肥に適量のミネラルを施しても、長い栽培の途中で不足してくる。不足しないように、元肥でドサっと入れたのでは過剰害が出てしまう。

そこで考えたのが、溶け方の異なるク溶性と水溶性の資材を組み合わせ、さらに粒と粉の形状の違いもいかして施肥する方法である。これなら、施肥設計ソフトの上限値よりさらに四〇%増しのミネラルが施肥できる。

具体的には、まず土壌分析をして設計ソフトの下限値より低いミネラルがあったら、その下限値まで水溶性のミネラルを施用する。次いで、下限値（＊）から上、上限値の四〇%増しまでの施用量は、水溶性とク溶性の資材で半々に施用する。

＊ここでいう「下限値」「上限値」とは、私が設計した施肥ソフト（エクセル形式）にある数値で、施用量の幅を示したもの。最大施用量を「上限値」最小施用量を「下限値」としている。

こんな設計をすると、塩基飽和度が一〇〇%を超え、根の障害が出るのではと思うかもしれないが、ク溶性の資材を使っているので、土壌溶液中のミネラル濃度は高くならない。そのため根の障害もない。根は健全に機能し、肥料養分をスムーズに吸収する。

●石灰は肥効を切らさない

なお、石灰についてはとくに肥効が

途中で切れないよう、いま述べた、元肥で上限値四〇%増しの施肥量をク溶性と水溶性で半々ずつ施用するとともに、ク溶性資材を粒状の資材で手当てし、〝ク溶性＋粒〟でより長くじっくり効くようにする。

トマトは、石灰欠乏による尻ぐされが非常に出やすい。土壌中の石灰が減ってくると、いきなり尻ぐされ果として現われる。そのための手立てである。

●追肥データは記録して残す

ミネラルの欠乏は、樹を見て気付いたときには手遅れということが多い。一ヵ月に三回程度、簡易土壌分析を行ない、上限値までの施肥量を補うのがよいが、煩わしくもある。

そこで、収穫量当たりのミネラルの追肥量を一度記録して残しておくとよい。次から何kg収穫したから追肥は何kg、という判断がしやすくなる。

(6) トマトの微量要素—ケイ酸、鉄、マンガン

トマトでは次の微量要素が欠乏することがある。

●ケイ酸—病害虫防除と光合成促進に必要

トマトは意外とケイ酸を好む。ケイ酸を多く含んだモミガラやワラ、カヤ、タケなどを原料にした堆肥の施用は、病害虫防除、光合成の向上に効果がある。肥料としてやる場合は、ケイカルを一〇a当たり一〇〇～二〇〇kgほど施用する（黒ボクでは三〇〇kgに）。このときのケイカルは粒状ではなく、必ず粉状のものを使う。粒状はなかなか溶けず、効果は期待できない。

●鉄—果色と味の濃さを出す

トマトの赤い色素はリコピンという抗酸化物質で、機能性成分として注目されている。この色素の成分となっているのが鉄だ。

最近トマトの色つやが悪くなっている、五段前後以降からオレンジ色のような果実が増える、というような状態になったら鉄不足を疑ってみるとよい。

また、鉄は果実の色つやだけでなく、味も濃くしてくれる。

元肥でク溶性の酸化鉄、追肥には水溶性の硫酸鉄を使う。追肥では、土壌分析をして減っていたら上限値に戻すように施用する。一回に現物三kgで十分である。

なお、完熟でトマトを収穫していないと、この色の変化は見過ごされることがある。

●マンガン—葉の光合成に不可欠

マンガンは光合成や生命活動になくてはならないミネラルである。マンガンが欠乏すると、トマトの樹の上から

三分の一くらいの葉が黄色くクロロシスのような症状を呈する。水がかかってもはじかず、しばらく濡れたままになる。このような場合、水溶性の硫酸マンガンを三kgくらい追肥すると症状は改善し、色は戻ってくる。しかし、光合成がうまくできないために、センイをつくる力が弱く、その部分の組織は弱いままだ。そこへチッソ肥料を追肥したりすると生育が傾き、葉カビがその部分から出ることが多い。微量要素欠乏が病害を助長する例である。

土壌分析して元肥に炭酸マンガンを適正量施しておくことだ。

●糖度アップのミネラル施用

トマトの糖度アップは、光合成をしっかり行なわせる養分管理が基本だ。光合成を盛んにして「糖度」の原資である炭水化物を多くつくる。そのためにはミネラルの働きが決定的だ。

たとえば石灰は、根を健全にし、光合成の原料である水と養分を吸収することに関わる。

苦土は葉緑素の中心物質だし、先ほど述べたように鉄は、葉緑素の生成や呼吸によるエネルギーの取り出しに、マンガンは二酸化炭素の吸収・還元に関係している。そこでまず、これらのミネラルが不足していないかどうか、土壌分析して必要なら水溶性の肥料で追肥する。

(7) トマトの水分管理はpFメーターで

●少量多回数のかん水

トマトはキュウリやナスと違って水をたくさんやれない。やりすぎると果実が割れたり、酸味が強くなったりする。元肥でミネラル肥料を上限値より増量して施すのは（196ページ）、栽培中に欠乏症を出さないためだが、かん水量が少ないので、ミネラルを濃いめにして補う意味もある。

かん水は少量多かん水がトマトの基本だが、大玉、中玉（ミディ）、ミニと、果実が小さくなるほどかん水量は多く必要になる（表6—10）。

トマトの中でもミニトマトは樹勢が強く、光合成による炭水化物生産が多い。チッソが切れてくると花がホウキ状に咲く。ところが炭水化物生産が多くの花に分散するため、一つ一つの花が小さくなってしまう。これは、炭水化物が多くてチッソが少ないために**根酸**が増え、リンサンの吸収が多くなって、開花・花芽分化が促進された結果だ。そこで、かん水を多めにしてチッソを多く吸わせると、花数が少なくなり、そのぶん花が大きくなって、ミニトマトの果実を大きくできる。

●高品質・多収にpFメーターは不可欠

pFメーターは高品質・多収穫のトマ

ト栽培に不可欠といえる。水の滞留時間が長いほど、アオガレやイチョウ病が出やすい。こまめにpFメーターを見ながらかん水量を加減することだ。

ちなみに収量をねらう場合は、ミニトマトでpF一・八～二・一、大玉トマトでpF二・一～二・四、品質をねらう場合は、ミニトマトでpF二・〇～二・三、大玉トマトで二・二～二・六を目安にする。

表6－10 収量・品質と土壌水分

	大玉	中玉（ミディ）	ミニ
水分	少	中	大
収量：ねらい	pF2.1～2.4	～	pF1.8～2.1
品質：ねらい	pF2.2～2.6	～	pF2.0～2.3

●ただし株元は乾かす

土は常時湿った状態に、と述べたが（195ページ）トマトの株元は乾かしておく。株元に根はない。かん水で水をやっても吸収することはない。かえって株元の組織がふやけて、病原菌が入り込むことがある。

水がかからないよう、かん水のパイプなどは株元から二〇～二五cm離し、パイプの穴の向きを上にし、その上をマルチで覆っておく。

(8) ワンランクアップのわざ

●棚持ちをよくする

カリとニガリの施用

最近は完熟系のトマトが多くなっているが、もう少し棚持ちをよくしたいという場合には、カリは減らし気味にし、ニガリ（塩化マグネシウム）を現物で五kgほど追肥するとよい。苦土（マグネシウム）は光合成を高め、糖度アップだけでなく皮をしっかりさせるのに働く。またニガリに含まれている塩素は生育や果実の品質を締める。その結果、棚持ちがよくなると同時に、病害虫対策のひとつにもなる。

●赤い色を強く出したい

トマトの赤い色をさらに強く出して付加価値をつけたいときは、鉄を施用するとよい。前述したように、鉄はトマトの赤い色素のもとのリコピンをつくる要素だ。鉄を十分に施用すると、赤黒い、ちょっと血の色のような感じのトマトになる。一回に現物で三～五kgほどの硫酸鉄をかん水に混ぜて追肥する。二週間ごとに一～三回追肥する。

●夏秋トマトの割れを防ぐ

夏秋トマトは、文字どおり夏から秋へ、暖かい季節から寒さに向かう季節にかけて栽培する。秋はその生育後半にかかるが、この時期、寒暖の波も大きい。そしてトマトは寒いと果皮が十分伸びない。一方で、地温がまだあるので養水分は吸収する。その結果、果皮の伸びが追いつかず、果実が割れてしまうことがある。

このような果実の割れを防ぐには、寒くなる前に水溶性の石灰と苦土を「上限値」まで追肥しておくとよい。ミネラルの拮抗作用を利用して、カリの効きを抑えて果実の肥大をコントロールする。割れを防ぎながら、味の濃いトマトが収穫できる。

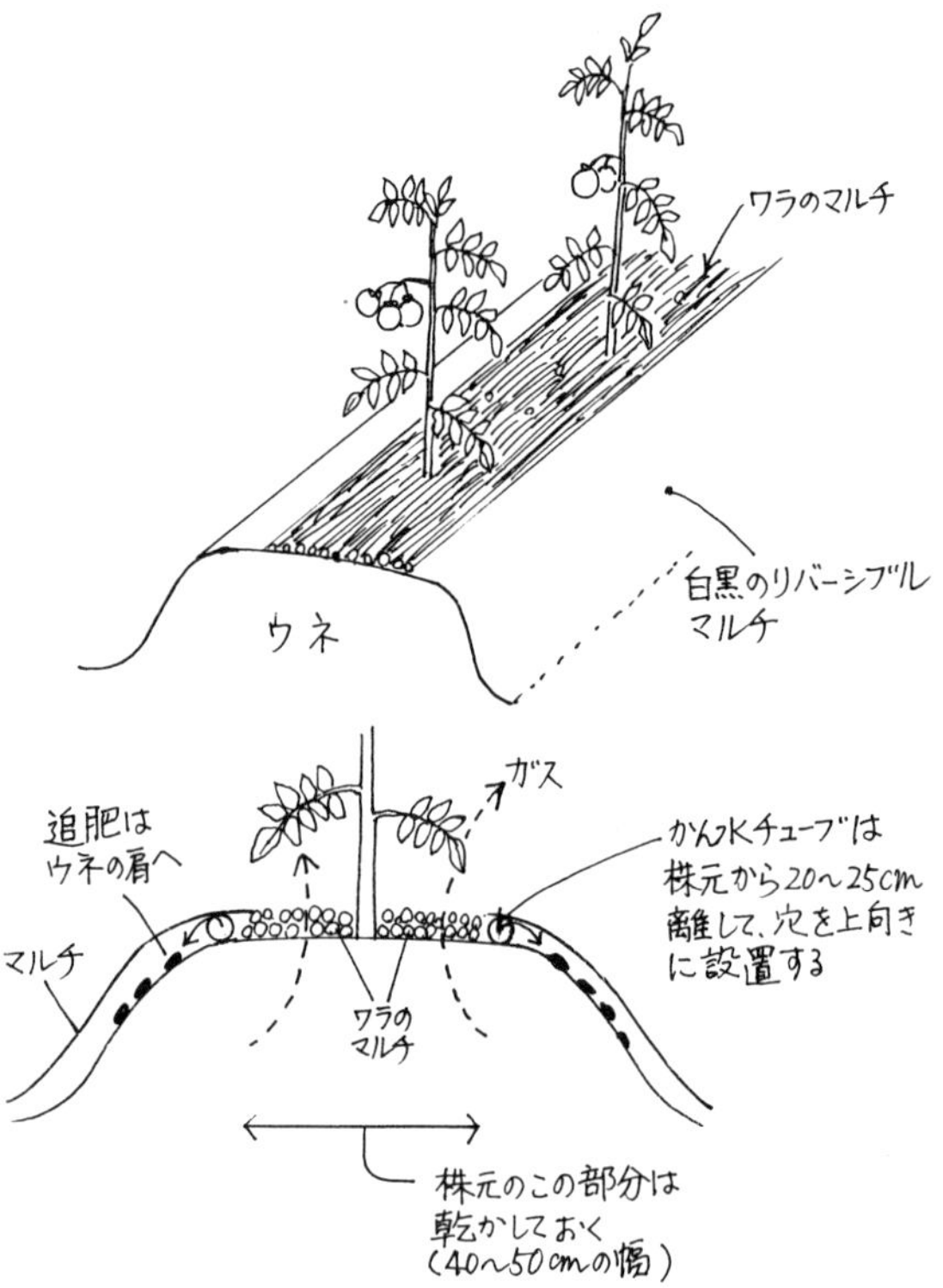

図6−24　トマトのウネ管理

●ハウスで大事な換気

ハウス栽培で注意したいのが換気だ。換気が不十分だと、酸素濃度が高まってしまい、光合成の原料である二酸化炭素が吸収されにくくなる。

また、葉は光合成や蒸散作用によって水蒸気を放出しているが、換気をしないと周辺に水蒸気がたまってしまい、湿度が高くなる。水蒸気放出は、光合成によって生じた熱を冷ます効果もある。葉のまわりに水蒸気がいつまでもあるとこの作用が低下して、葉温が上がる。先の二酸化炭素が吸収しにくくなることと相まって、光合成が低下してしまうのである。

しかも、光合成が低下して炭水化物生産が落ちてくると相対的にチッソ優先の生育になる。品質、収量、さらには病害虫の被害を受けやすくなる。

ハウス内は乾いているようにすることが大切だ。ハウスのサイドを開けるだけでなく、温風ダクトを利用して強制的に外の空気を送り込んでいる農家もある。水蒸気や酸素は、葉裏の気孔から放出される。できれば下から風を送るくらいにしてやるとよい。

露地の場合も、畑の形や作業性などはあるができれば風が吹き抜けやすい方向にウネを立てるとよい。

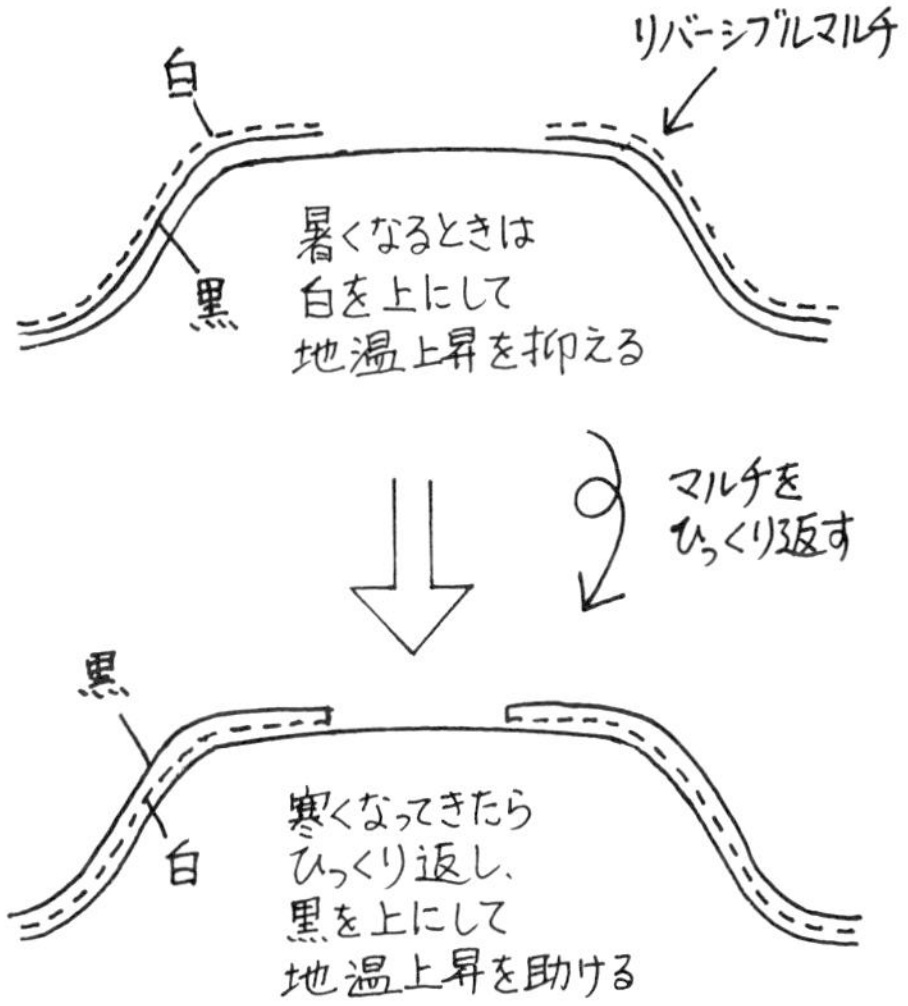

図6−25 白黒リバーシブルマルチによるウネの地温管理の工夫

●植え付けは一条で

植え付けの方法は人によってさまざまだが、私は一条植えがよいと考えている。ウネに二条植えると、中央に追肥ができない。初めはあった根もしだいになくなっていくし、そんなところへ追肥などするとチッソ過剰になってバランスを崩す。後半、樹がおかしくなりやすいように思う。

その点、一条植えなら根がウネに万遍なく張り、養分の吸収バランスもよい。ウネの両側から収穫したければ一条で植えて、ウネの両側に誘引すればよい。

●リバーシブルマルチの利用

植え付けではふつう、移植する部分だけマルチに穴を開けている。これだとマルチによる保温で有機物の分解が進み、穴から熱い空気やアンモニアガスが上がってくる。アンモニアガスが出るとトマトの葉の先端が枯れ、熱い空気が株元から上がると組織が弱くなり、病気も出る。あまりよいことはない。

そこで私は、白黒のリバーシブルマルチを図6―25のようにウネの肩部分に敷き、定植部分は、ワラを敷いておく方法を勧めている。そして、気温が高いときは白を上にして地温の上昇を防ぎ、寒くなってきたら黒を上にマルチをひっくり返し、地温確保をはかる。これだと地温の調節ができるとともに、ガスが発生しても拡散しながらワラ部分から抜ける。

地温が上がりすぎると呼吸量が多くなり、せっかく光合成で得た炭水化物を消耗するし、地温が低すぎると養水分の吸収が十分でなくなる。リバーシブルマルチを季節の推移に応じてひっくり返すことで、トマトに安定した光合成を行なわせることが可能になる。

◆キュウリ

(1) 大きな葉で最大の光合成を確保

キュウリはチッソ優先の育ちになりやすい野菜のひとつで、葉が大きく、節間が長くなりやすい。葉は大きくても厚く、葉脈部分が盛り上がって縁《へり》が垂れていなければ、光合成能力も高く、品質のよい果実をたくさん収穫できる。このような株であれば、一枚一枚の葉の出方が速く、節間も短めになる。

そんな葉、株をつくっていくには、根の呼吸作用を十分に考えてチッソとミネラルを水溶性の資材で効かせることである。

▼キュウリの栽培のポイント

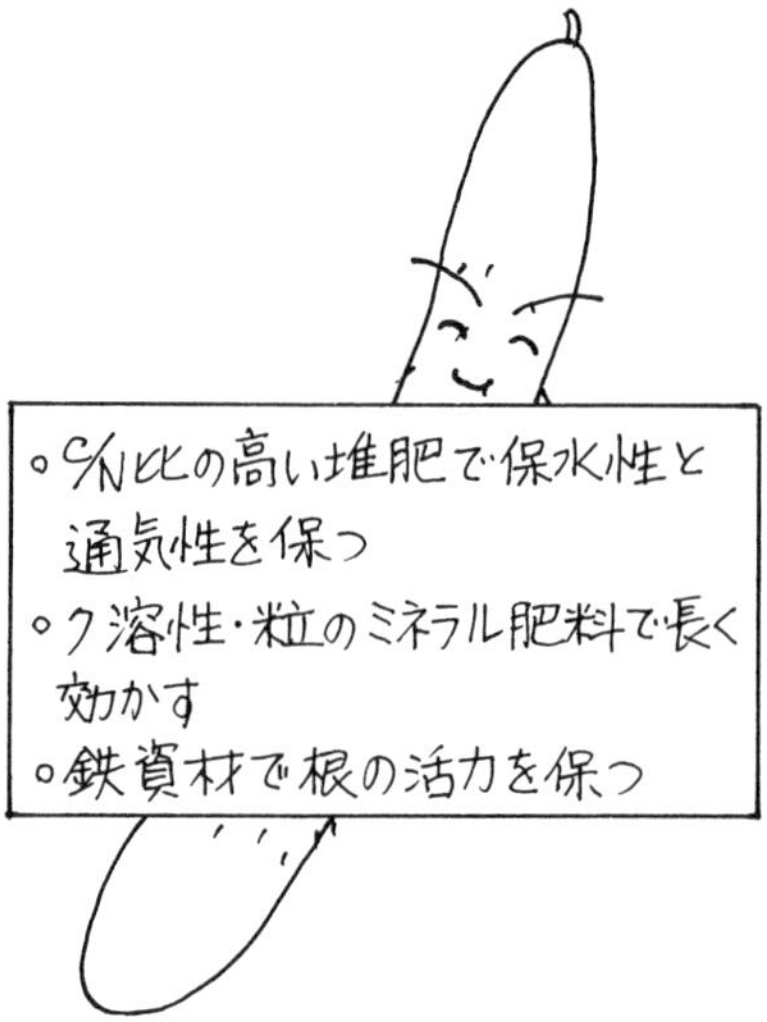
・C/N比の高い堆肥で保水性と通気性を保つ
・ク溶性・粒のミネラル肥料で長く効かす
・鉄資材で根の活力を保つ

また栽培期間、収穫期間が長いキュウリは追肥が大きなポイントになる。キュウリは追肥でとる野菜ともいえる。

追肥のアミノ酸肥料やミネラル肥料は水溶性の成分が多いものを用い、かん水が多くても下根（地表面二〇cmより下層に張る根）まで活力が維持できるよう、鉄をはじめとする微量要素の施用も欠かせない。鉄が適切に施用されていると根の張りがよくなり、追肥のレスポンス（反応）もよく、良品多収ができる。

(2) 広く深く、水はけのよい土層を用意

キュウリは表層に多くの根がある。そのため、土壌の乾湿や肥料の影響（濃度障害など）を受けやすい。上根になりやすい根をどれだけ深く張らせ、養分を根域全体から万遍なく吸えるようにできるか。キュウリの収量・品質を安定させる重要なポイントだ。

また、キュウリは水をほしがる一方で、滞水には弱い。根が弱く、根ぐされしやすいのだ。土の保水性・排水性・通気性を高め、土壌中の酸素を減らす腐りやすい有機物を施用しないことである。

そのためによいのはやはり、有用微生物の多い中熟堆肥。中熟堆肥を施用し、太陽熱養生処理を行なってから苗を植え付けたい。この方法は土壌団粒をつくる効果が高く、キュウリの根に必要な酸素も十分供給できる。かつ、土壌病害虫を駆逐する効果も高い。

(3) チッソ施肥―追肥が決め手

●元肥チッソは堆肥ベースで設計

元肥は基本的に堆肥をベースにした施肥設計を行なう。水はけ・水もちのよい土を好むキュウリは、C／N比の高い（チッソ成分は一～一・五%くらい）堆肥を最低でも一・五～二tは入れたい。

アミノ酸肥料は作期によって変える。日照の多い暖かい時期には、C／N比の低い（チッソの多い）ものを施用し、反対に日照が少なかったり、あっても寒い時期には、C／N比の高い（チッソが少ない）ものを使う。

元肥チッソにおける割合は、堆肥七に対しアミノ酸肥料三として手当てする。

●追肥は一回当たり四～五kg、中熟堆肥を混ぜて

キュウリは追肥でとる野菜、時機を逸せず施肥したい。

私は、ツル先を見てそれが水平になったらチッソが切れてきたと判断して、水溶性のアミノ酸肥料を追肥している。チッソ成分で、一回四～六kgが目安だ（品種や収量水準で異なる）。

なお、一作の収量と追肥チッソ量を記録しておけば、追肥一kg当たりの収量がわかる。もちろん天候などによる変化もあるが、三年ほど記録しておけば、おおよその追肥量の判断はつくようになる。

また、追肥をして地上部のカビの病気、ウドンコ病などが増えることがある。できれば中熟堆肥をアミノ酸肥料の三割程度混ぜて追肥をするとよい。中熟堆肥の放線菌やバチルス菌がカビを抑えてくれる（図6―26）。

(4) ミネラル施肥―各成分増量して施す

●石灰重視の設計、カリが多いと水っぽくなる

ミネラルは長い栽培期間中、バランスよく効いていることが大切である。設計は、石灰七～五：苦土二：カリ一と石灰を多めにする。

寒い時期の栽培は、石灰、苦土、カリいずれも上限値の四〇%増しで施用し、暖かい時期の栽培では、石灰、苦土は四〇%増しだが、カリは上限値として、相対的にカリを少なくする。そうしないとキュウリが水っぽくなる。

肥料はク溶性の資材を中心に、水溶

性資材を組み合わせる。

石灰は、ク溶性（粒）と水溶性を半々に、苦土はク溶性（粒）四に対して、水溶性六とする。これは初期から光合成をしっかり行なわせて生育を進めたいからである。

ク溶性の資材を使うことで、施用量は上限値の四〇％増し、塩基飽和度一〇〇％以上の設計でも、土壌溶液中に溶け出す量は多くならず、根の障害などはおきない。

また、水溶性のミネラル肥料、硫酸苦土など多くがイオウ分を含んでいる。イオウを含む含硫アミノ酸のメチオニンは光合成を高め、しっかりした根をつくる。このことも水溶性資材を組み合わせる利点である。

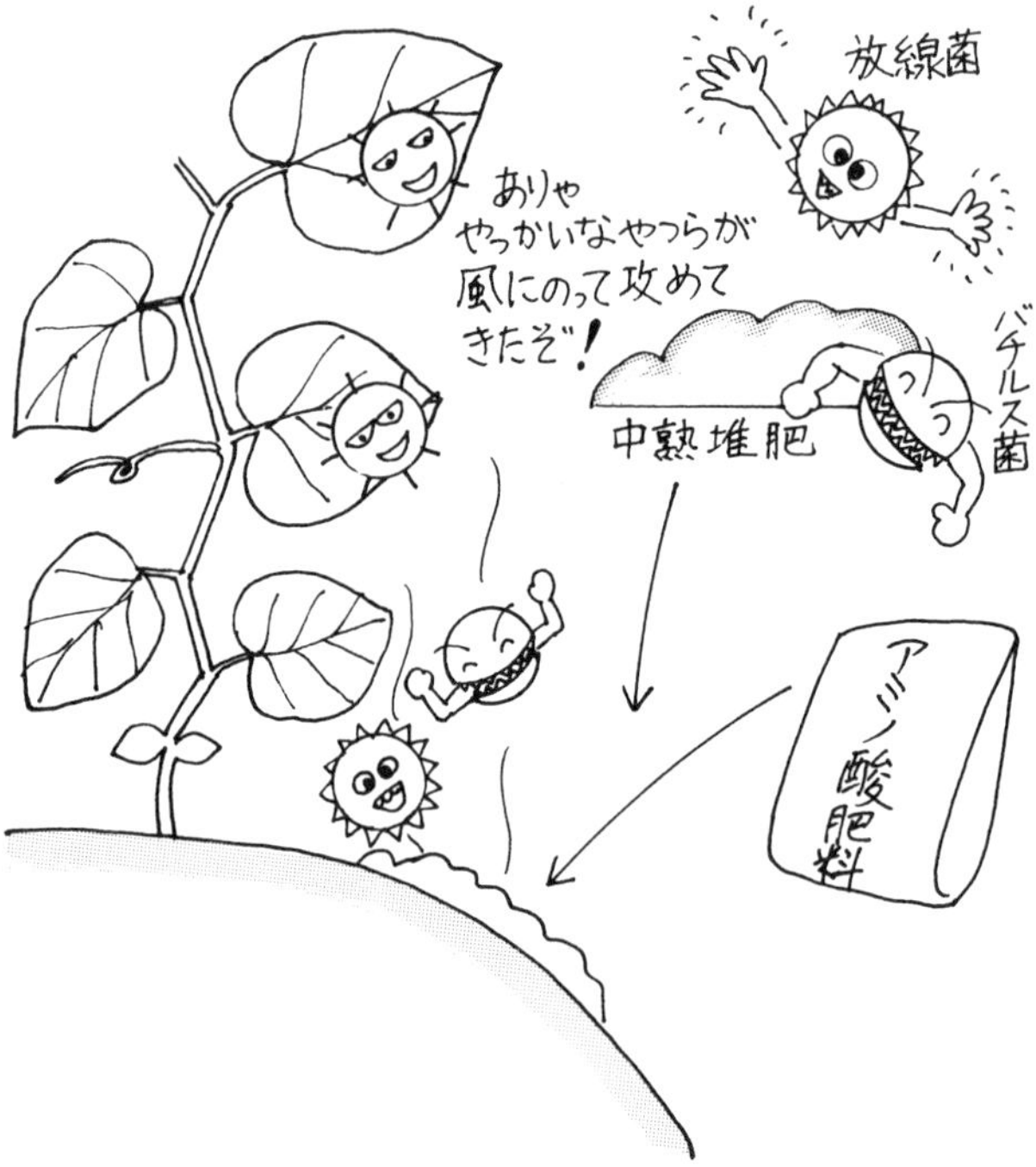

図6－26　追肥のときアミノ酸肥料に中熟堆肥を混ぜて施用すると，病気対策になる

写真6－30　ミネラル優先の施肥，炭水化物優先の生育で1節から数本の果実を収穫
花も大きく色あざやか，着果が多くてもその後に生育が停滞することはない
（写真提供　農事生産組合野菜村）

●追肥は水溶性で対応

追肥は、水溶性の資材で対応する。収穫が始まったら月に二〜三回、土壌分析を行なって不足分を追肥する。

多収穫であるほどミネラルは不足しやすく、土壌分析が追いつかないこともある。そこで、チッソの追肥と同様、収量とミネラル追肥の量を記録しておき、何kgのキュウリが収穫できたら、何kgのミネラル肥料を施用するかわかるようにしておくとよい。

三年くらい記録していけば、その畑のおおよその追肥量がわかる。

(5) キュウリの微量要素—鉄、ケイ酸ほか

●鉄—根を広く深く張らせる〝効果発現資材〟

鉄が不足すると、水揚げが鈍くなり、しおれが早くなることがある。追肥の反応が鈍くなったり、上位葉で色むらが出たり、生長点が白っぽく感じることもある。

鉄は根を深く広く張らせて、肥料養分をバランスよく吸収させるのに働くミネラルで、このような機能をもつことから〝効果発現資材〟と呼んでいる。

そこで、鉄は根が張る範囲全体に万遍なく届くよう、三〇cmの作土に「上限値」一杯で施用する。

また生育中、奇形果、変形果が鉄不足が原因で発生することがある。鉄不足で中根、下根が減って、上根型の肥料吸収になる。生育が悪くなったというので、チッソを追肥した結果、チッソ優先の生育に傾いて、尻太りや先細りといった変形果が増えてしまうというわけである。ミネラルを施用しても根が少ないので、十分に吸収できない。その結果が、変形果などにつながることもある（図6—27）。

このようなときは鉄の追肥が有効だ。一〇a当たり、硫酸鉄の現物二kgを水に溶かして、一週間の間隔を置いてかん水すると、活力を取り戻し、ふたたび根が伸びだす。上根、中根、下根からも根酸が多く出るようになり、光合成を活性化するミネラルの吸収もふたたび始まる。

●ケイ酸—ブルームレスは吸収が少ない

ケイ酸が不足してくると、葉につやがなくなり、葉縁が垂れてヘナヘナした感じになる。また、葉やツルの表面のトゲが少なくなったり、軟らかくなったりする。

最近のキュウリはブルームレスがほとんどだが、これらはケイ酸の吸収が少なく、ウドンコ病に弱い傾向がある。表皮が弱いために、ほかのカビ病にも冒されやすい。

そこで、ケイカルなどのケイ酸資材を施用するとよい。パウダー状のもの

を一〇a当たり一〇〇～二〇〇kg程度、黒ボクではこの倍量ほど入れる。パウダー状でないと効かないので注意する。

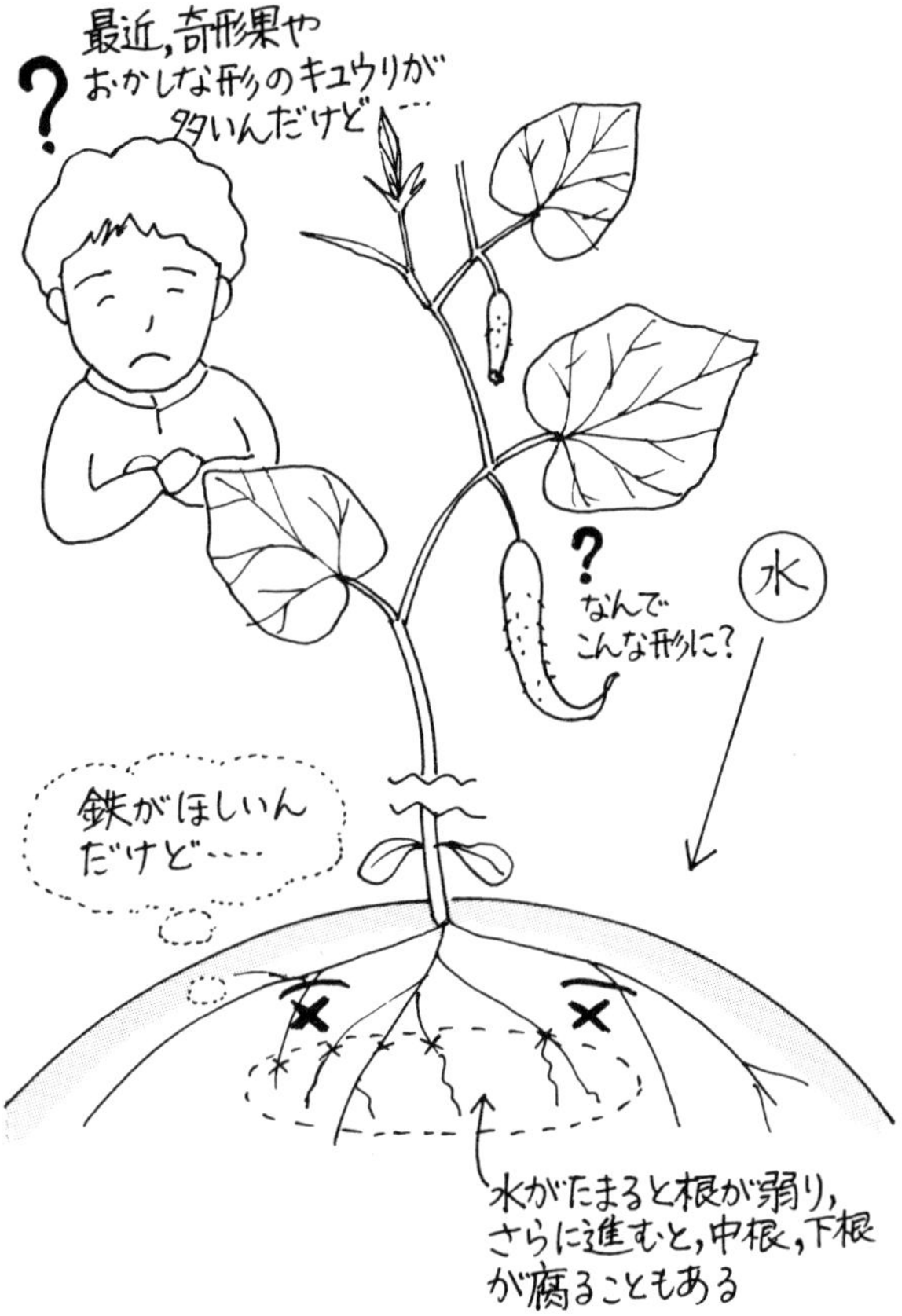

図6－27　奇形果・変形果は鉄不足でおこることがある

●マンガン―上位葉の光合成が低下

マンガンは光合成に関係する微量要素だ。これが不足してくると、上位葉に、葉緑素が乗らないような葉が出てくる。そして、その葉の節から出る果実に変形果が増える。葉緑素が少ないため炭水化物生産が減り、表皮が薄くなる。ここにカビの仲間の病気がやってくる。

このような症状が見られたら、硫酸マンガンを現物で一〇a当たり一～三kg、一〇日おきにやるとよい。マンガンは収量が高いほど不足しやすいので、注意が必要だ。

●ホウ素・銅―裂果、アブラムシが多いなと思ったら……

ホウ素が不足してくると裂果が多くなる。また、果実の先端が腐りやすくなり、病気にもなりやすい。ホウ素の追肥は、ホウ砂の現物を一〇a当たり五〇〇g、一〇日おきに施用する。

この他、銅が必要な場合もある。銅が不足すると先端にアブラムシが着きやすくなる。キュウリは生長も速いので、アミノ酸をタンパク質に合成する際に必要となる銅が不足して、タンパク合成が遅れるためだ。

ただ、銅の必要量はごくわずかなので、たとえば海藻肥料などを施用すれば、それで十分なことが多い。

(6) 水分管理とウドンコ病対策

●pFメーターを深さ二〇cmと四〇cmに設置

私はキュウリ農家には、pFメーターの設置を勧めている。キュウリは水分管理が決め手だからだ。pFメーターを深さ二〇cmと四〇cmに二つ設置する。二〇cmがpF一・八〜二・一程度、四〇cmがpF一・七から一・八程度で管理する。

pFメーターの使い方としてはもうひとつ、かん水の前後で数値が動くかどうか、どの程度動くかを見る。二〇cmのpFメーターは、かん水前後で数値が動くのがふつうだろう。四〇cmも、二〇cmほどではないにしても動いたほうがよい。ここで動かなければ、滞留水のあることが考えられる。堆肥の投入量が不十分だったり、鉄の不足といったことも考えられる。

対症療法だが、一〇a当たり硫酸鉄の現物二kgを水に溶かして、一週間間隔でかん水するとよい。浸透するにつれて根の活力が戻ってくるので、しだいに回復してくる可能性がある。

●ウドンコ病に効く 堆肥＋ケイ酸発酵液

ウドンコ病のような日照不足のときなどに発生する病気に効果を発揮するのが、ケイ酸資材と堆肥を利用した方法だ。放線菌やバチルス菌の増殖した中熟堆肥二〇kgと、ケイ酸資材（粉）

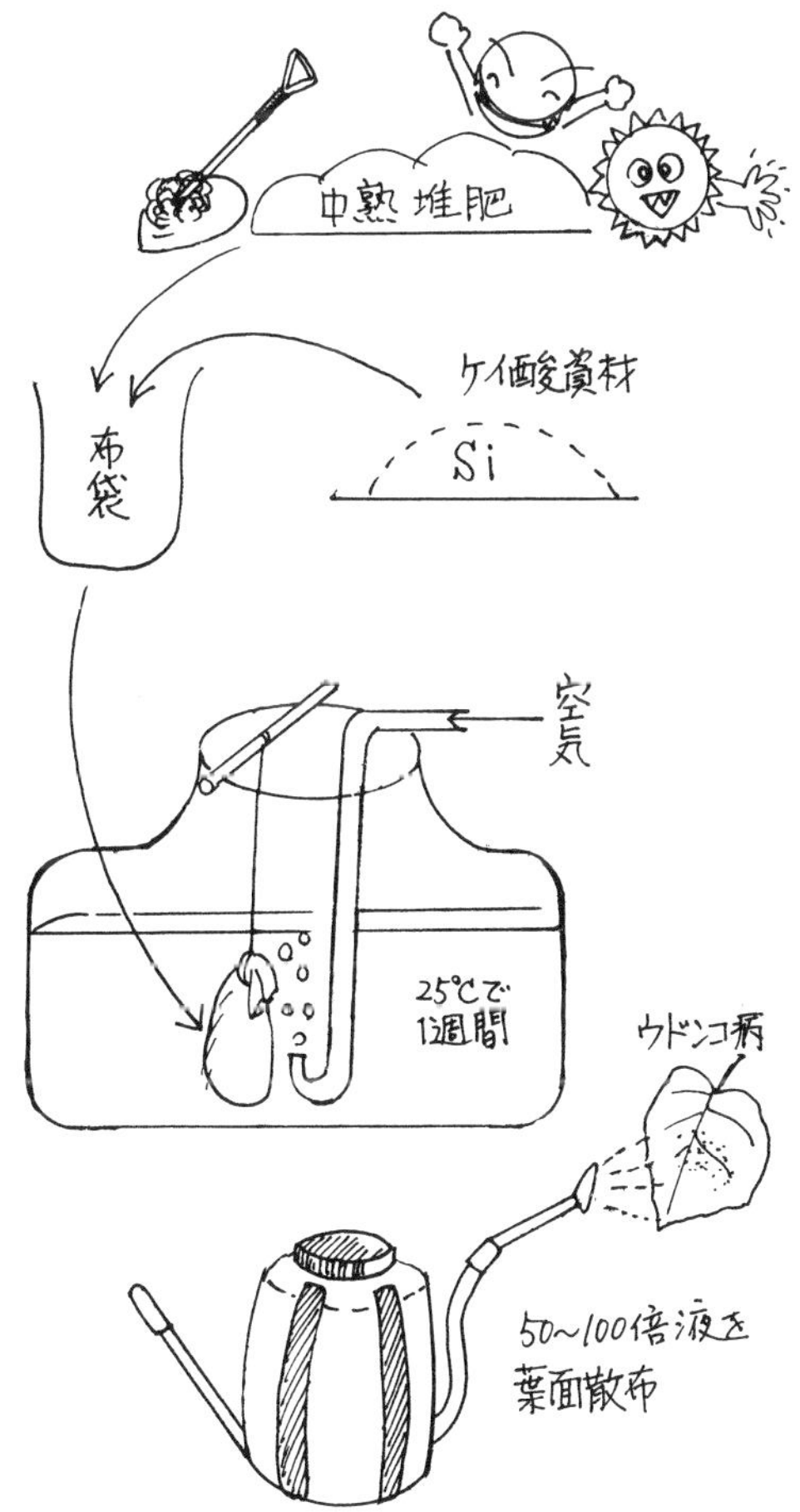

図6−28　中熟堆肥とケイ酸資材を利用したウドンコ病対策

二〇kgを布袋に入れ、水を張ったタンク（五〇〇L）に入れる。二五℃で一週間ほどエアレーションするとにおいもしなくなるが、この液を五〇～一〇〇倍で葉面散布するのである。

堆肥由来の有用微生物と抗菌物質でカビを抑え、ケイ酸で表皮を強化してカビの侵入を抑える。よい堆肥場にはカビが生えない、ということを、葉面散布で応用した方法である。

チッソ過剰やミネラル不足から発生する病気の症状も、多少緩和する。

写真6－31　チッソとミネラルのバランスがよい高品質・多収の有機栽培キュウリ

葉の緑が上を向いて受光態勢よく，羽ばたいているように見える　　（写真提供　農事生産組合野菜村）

（7）ワンランクアップのわざ

●酵母発酵液、海藻液肥で収量アップ

有機栽培で収量アップをめざすなら、酵母発酵液や海藻肥料を使うとよい。

酵母発酵液は、酵母菌を補給することで有機物の分解を進めることができる。土壌中の有機物分解に喝《かつ》を入れ、生長を促す。一〇〇～二〇〇倍でかん水に混ぜて施用する。

海藻肥料はホルモン様の生長促進物質や海藻由来の微量要素を含み、細菌類を増やす効果をもっている。キュウリの生長を促し、根まわりの微生物相を改善する。また、海藻肥料を施すと体積が八～一〇倍にふくれるので、土を軟らかくし、団粒化が促進される。その結果、収量増が望めるようになる。

海藻肥料は、肥料としての面だけでなく土の生物性や物理性の改善にも役立つ。多収穫をめざす資材として優れている。

●天気の悪いときは酢をかん水

天気が悪くなるとキュウリの伸びも悪くなる。しかし、こんなときチッソを追肥するのは病害虫を呼び込むようなもの。伸びが悪いのは炭水化物が少ないためだから、こんなときは酢を活用する。

酢はほとんど炭水化物だけからなる資材なので（『有機栽培の肥料と堆肥』

参照）、これを施すことで炭水化物が供給でき、生育を助けることができる。しかも、酢は酸でもあるからミネラルとキレートをつくり、その吸収を助ける。一〇a当たり、五〇〇Lの水に市販の酢を二L混ぜてかん水する。

なお、キュウリだけではないが、ハウスのビニールが汚れて光合成が十分行なわれてない例が少なくない。汚れたら張り替えるほうが、結局は採算がとれる。

◆ナス

(1) からだを大きくつくる―水も肥料も、酸素もタップリ必要

ナスは樹が大きくなる野菜で、それだけに水を大量に要求する。根が強くないと十分な水を吸収できず、収量、品質も上がらない。石ナスもできやすい。

一方で酸欠にも弱い。水を大量に要求するといっても土が過湿になると酸欠を招き、アオガレ病や根ぐされを呼んでしまう。

ナスは肥料の要求量も多い。また、もともと日陰植物であったのが日当たりのよい畑で栽培するようになって、花が早く咲くようになった。しかも葉が大きく、光合成能力も高いので数も多い。このように花が多く早く咲くために、ナスは生育の早い段階から節間が詰まって、下葉に光が十分当たらなくなる。こうなると、樹が大きくなれず、十分な品質・収量を得られない。初期は樹づくり優先でいく。

樹を大きくするには十分な肥料養分を与えるとともに、摘花を早めに行なって、からだを大きくするために養分を使わせるようにするのがポイントだ。

(2) 土壌団粒を優先した土つくり

求められる土壌条件は何にもまして団粒構造が発達していることである。

▼ナスの栽培のポイント

○水を大量に要求するけど、根の酸欠は大敵
○C/N比の高い堆肥とC/N比の低いアミノ酸肥料で育てる
○微生物を利用して水を腐らせない
○ミネラルではカリの施用がポイント

そのためにはC／N比の高い、センイの多い堆肥を施用する。

また、センチュウやイチョウ病などの土壌病虫害も多いので放線菌やバチルス菌を増殖させた中熟堆肥を施し、太陽熱養生処理を行なう。

土壌病害の多くはカビの仲間が引きおこす。カビは湿ったところを好み、ナスの畑は土壌水分が高い。有機栽培では作物の根や残渣、有機質肥料など土壌害虫のエサも豊富なので、中熟堆肥＋太陽熱養生処理による土つくりを行なうとよい。

(3) チッソ施肥

●堆肥六、アミノ酸四でスタート

ナスはチッソを多く吸収すること、そして土の団粒構造を維持することが大切なので、元肥チッソはC／N比の高い（二〇～二五）中熟堆肥を六、C／N比の低いアミノ酸肥料四の割合で設計し、スタートする。

その後、天気がよく、かん水量も十分なのに葉が小さく、生長点の伸びが遅いと判断したらチッソを追肥する。

追肥には、C／N比の低い（チッソ成分が多い）アミノ酸肥料を一回に四～六kg、およそ一〇～一四日間隔で施用する。

●酵母菌、乳酸菌も一緒に使う

ナスは水を好み、かん水量も多い。露地ではウネ間に水を流し込んだり、ハウスでもウネ間をぬかった状態にして栽培する。このため、施用したアミノ酸肥料などが嫌気的な分解をして腐敗しやすい。

そこで、チッソ肥料として有機質を使う場合は、酵母菌や乳酸菌を一緒に施すとよい。

酵母菌はタンパク質などを含む有機物を効率よく肥料化し、通性嫌気性菌なので水分が多い環境の中でも有機物を害のない、有用な物質に変える酵素が強いからだ。

とくに抽出型のアミノ酸肥料は微生物の栄養源そのもの。まちがって、土壌中の有害微生物のエサになっても困る。パン酵母（酵母菌）や培養したヨーグルト（乳酸菌）を事前にウネ間にまいてから施用する。

また、発酵型のアミノ酸肥料を使う場合は発酵時に少し水分を多くして酵母菌や乳酸菌を増殖させ、みそやしょう油のにおいがするようになったものを使う。このような肥料は、肥料分はもとより、有機酸も多く含むのでウネ間の水を弱酸性に保ち、水の腐れを防ぐ効果もある。

ナスは水を多く使う。土が腐敗型に行かないよう酵母菌、乳酸菌を上手に使って、土壌病害抑制型の土壌にしておく必要がある（図6―29）。

(4) ミネラル施肥

●カリを上限値の二〇~三〇%増しで

元肥のミネラル肥料はク溶性資材七に、水溶性資材三の割合で設計する。栽培期間が長いので、ゆっくり溶けていくク溶性の資材を主体にする。

ミネラルバランスは石灰六~五：苦土二：カリ一とし、石灰、苦土は施肥ソフトの上限値で、カリは上限値の二〇~三〇%増しとする。ナスはカリの要求量が高く、カリが多いと果実がすんなりと伸び、収量が多くなる。

また、ナスは石灰が不足すると果実に腐りが出やすい。とくに高温期の石灰欠は急に出るので、元肥ではク溶性(粒)に、水溶性(粉)を半々で組み合わせる。ク溶性の資材を使うことで、塩基飽和度が高くなることによって発生する根の障害を防ぐことができ、生育を進めることができる。

苦土はク溶性で粒状の資材四に対して、水溶性資材六で設計する。

写真6－32　有機栽培のナス
すっきりとした姿だが実はしっかり着いている
(写真提供　農事生産組合野菜村)

●追肥の前に光合成細菌

ミネラルの追肥は他の果菜同様、土壌分析の数値を見て上限値まで施肥する。ナスはミネラルの吸収量が多く、不足するのも早いので注意する。

また、追肥はすぐに効くように水溶性の資材を使う。ただ、ナス畑は土壌水分を高めに管理するので、水溶性の資材に含まれるイオウ分が硫化水素に変化しやすい。そこで、追肥の前に光合成細菌をまいておく。万が一、硫化水素が発生しても光合成細菌が無害化してくれる。

(5) ナスの微量要素—マンガン、鉄など

微量要素は全般的に多く必要とするが、とくに重要なのは以下のとおり。

●マンガン欠乏—上部からの枯れ

ナスはマンガン欠乏が出やすい。マ

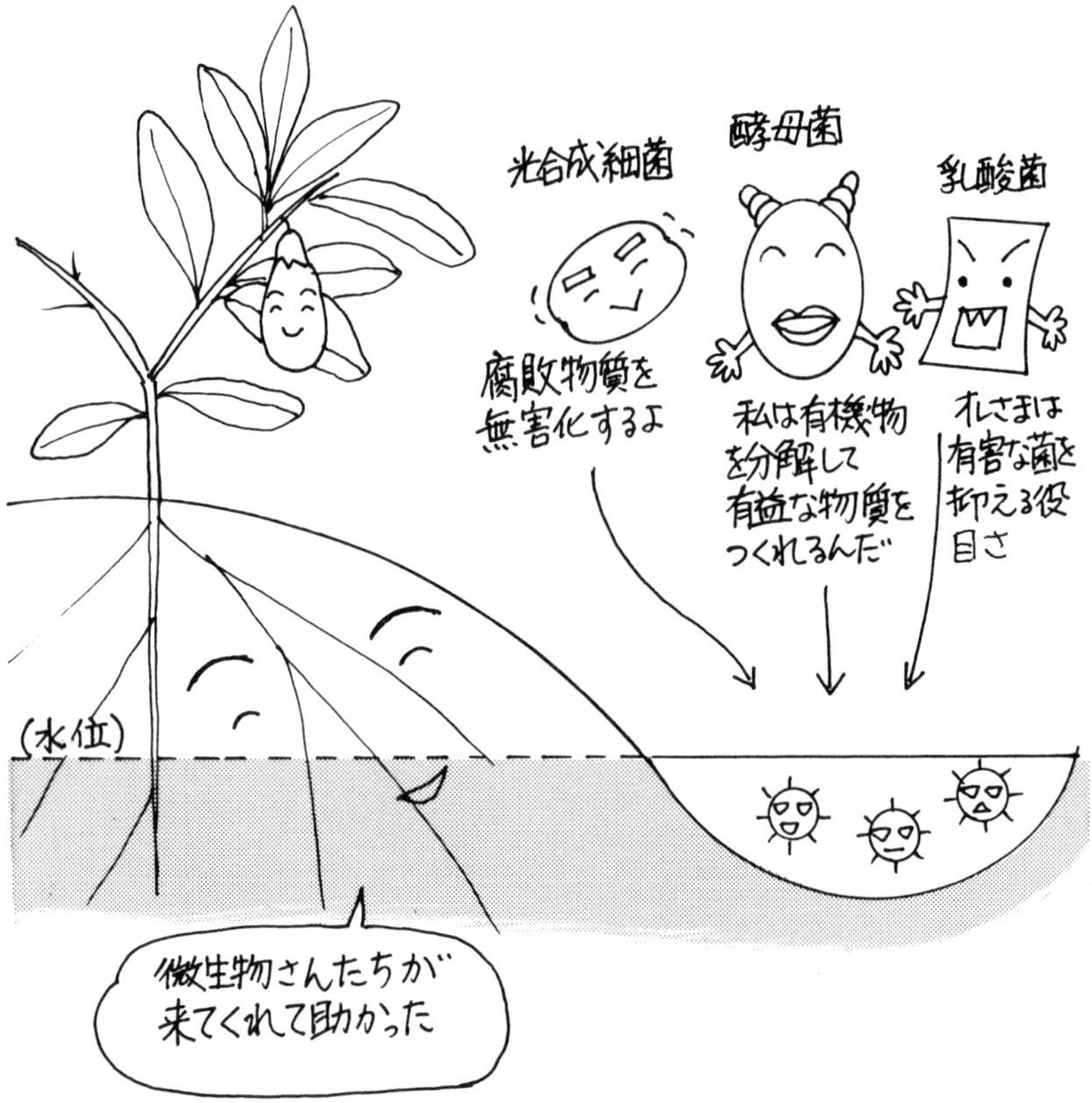

図6－29　ウネ間の水が腐らないよう有用微生物を施用する

ンガン欠になると樹の上部の葉色が出なくなる。チッソが不足したり、寿命で葉が黄色くなるのは下葉から。上から出るときは、たいてい何かの欠乏症であることが多い。

マンガン欠乏が出ると、光合成が十分できないから、その部分の組織が弱くなる。そこにカビの仲間の病原菌が繁殖する。

土壌分析で施肥は決めるが、一般には硫酸マンガンの現物を一〇a当たり三kg、一〇～一四日間隔で追肥する。

●水分が多いナス畑で鉄は必須

チッソは十分、かん水も過不足なくやっているのに葉が元気なく垂れているときは、鉄不足の可能性がある。

ナスは、土壌水分を高めに管理するので、酸素が少なくなりやすい。根がうまく呼吸できず、養分吸収が十分でなくなることがある。しかし、鉄をしっかりやっておけば養分吸収も滞らない。

土壌分析を見ながら、必要なら硫酸鉄の現物を三～五kg、一〇～一五日間隔で施肥する。

●ホウ素欠乏—果実が割れる

ホウ素が欠乏するとナスの先端が割れる。皮の形成が十分にできないのが原因だ。このような症状は水が不足していてもおこるが、水は十分あるのに割れるときは、ホウ素不足と判断できる。早速、ホウ砂一kgを一〇～二〇日間隔で施用する。

ただし、ホウ素が過剰になると葉の縁が白くなるので注意。

写真6－33　施肥のバランスがよく，鈴成り状態の有機栽培のナス
（写真提供　農事生産組合野菜村）

（6）ウネ間の水位は一定に

ナスは、C／N比の高い中熟堆肥を入れて団粒構造の発達した土をつくり、その土を高ウネにして作付ける。このようにすることで空気の保持を最大限にしつつ、水の供給はウネ間にためるくらいにして管理する。この場合、水位はできるだけ一定に保つ。水位が下がって土が乾き、しばらくしてふたたび水位が上がると、水位が低いときに出た根が腐りやすい。微生物相も好気的なものから嫌気的なものに変わり、施用した有機物や水を腐らせてしまう。そうなるとナスは葉が垂れ、果実はくすんだようになり、収量・品質もガタンと低下、さらに進めば枯死することもある。こうならないために、できるだけウネ間の水位は一定に保ちたい。

しかし、栽培中に雨が続くときもあれば、日照りが続くときもある。水位を一定に保つのは容易ではない。

そこで根や水が腐れないよう、前にも紹介したが、酵母菌や乳酸菌、光合成細菌を追肥のときアミノ酸肥料と一緒に施用しておく。有用微生物を組み合わせることで、水分の多い中でナスを健全に生育させることができる。

(7) ワンランクアップのわざ

●エグミの少ないモチ肌ナス

品質のよいナスは、スベスベというより赤ちゃんの肌のようなしっとりしたモチ肌をしている。素手で触るとまとわりつくような感じがある。このようなナスは特有のエグミも少なく、おいしい。スベスベ肌でもしっとり感のないナスは硬く、エグミが残る。

こんなモチ肌のナスをつくるには、土を乾かしすぎないことが第一だ。土を乾かしすぎると、有機のチッソが硝酸に分解する。硝酸態チッソを吸収することでエグミが増え、肌のしっとり感が失われる。

また、前述のようにカリを多めに施肥してやると品質がよくなる。

●堆肥の表面散布による病害虫防除

土壌を湿らせることが多いナスの畑は、カビの仲間の病原菌が多い。施用したアミノ酸肥料など有機物をエサに増えることも多い。

その対策としてお勧めなのが、バチルス菌を増殖させた中熟堆肥をウネの肩にまく方法だ。バチルス菌はカビを抑える力をもっている。堆肥中のバチルス菌が空気や水の流れにのってナスを害する病原菌を抑えてくれるというわけだ。

◆ピーマン

(1) いつも芽が伸びているように育てる

ピーマンは、他の果菜タイプと同じように栄養生長と生殖生長が同時に進みながら生長する。

各節に実を結ぶので、節間には適当

▼ピーマンの栽培のポイント

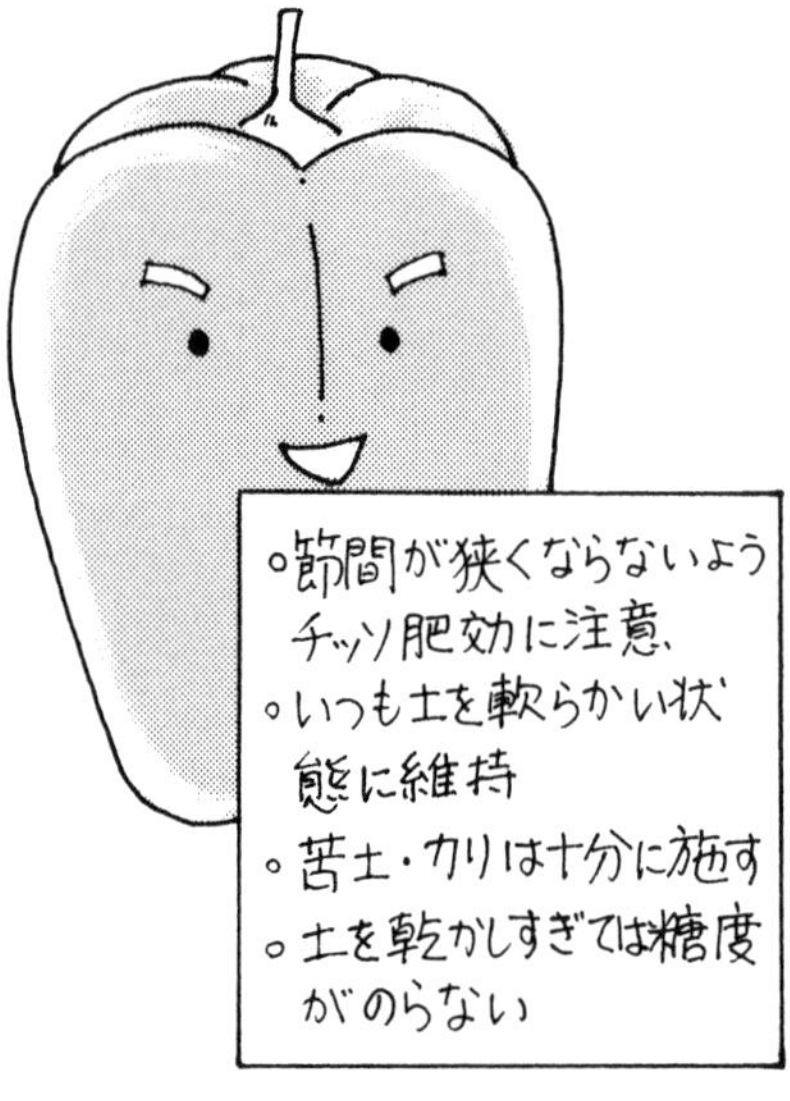

○節間が狭くならないよう
チッソ肥効に注意
○いつも土を軟らかい状
態に維持
○苦土・カリは十分に施す
○土を乾かしすぎては糖度
がのらない

な間隔が必要である。節間が詰まってくると果実が重なって形が悪くなる。収量も伸びない。いつも芽が伸びているような（細胞づくりを継続する）生育をさせることが大切である。

栽培期間が長いので、元肥だけでは足りず追肥を行なう。ピーマンの果実は小さくても果肉は厚く、そのすべてが細胞からできている。そのため、チッソの要求量は意外と多い。チッソ切れにならないよう追肥のタイミングに気を付ける。

また、果実の収穫時にはタネの形成も進んでいるので、微量要素を十分施用しておくことも大切である。

ピーマンは子どもの嫌いな野菜の上位を占めている。最近は品種も改良されて、独特の青臭さと苦みは弱くなってきたが、有機栽培でアミノ酸肥料を使うと果肉も軟らかく、肉厚のピーマンになる。ふつうのピーマンがパプリカのような感じになる。

(2) 団粒のある土、水管理はpFメーターでしっかり行なう

栽培、収穫期間ともに長いので、土がどうしても締まりがちになる。土が締まると根まわりの酸素が追い出され、根の機能が発揮できない。C／N比の高い、土の団粒構造を長く維持できる堆肥の施用が不可欠になる。そしてできれば、バチルス菌や放線菌の増殖した中熟堆肥による太陽熱養生処理を、作付け前に行ないたい。土壌団粒を発達させ、同時にピーマンに被害が多い土壌病害虫を駆逐してくれる。

なお、ピーマンは水分が多いと根ぐされするし、反対に少なくて乾燥してくると硝酸態チッソが多く吸収され、おいしくない果実になる。糖度も上がらないし、形も悪く硬く、みずみずしさも乏しい。そこで水分管理はpFメーターを設置してきっちり行ないたい。pF一・八～一・九なら適正と考えてよい。

(3) チッソ施肥

●元肥は堆肥六、アミノ酸肥料四でスタート

元肥のチッソは、堆肥六、アミノ酸肥料四で設計する。

堆肥はC／N比が一五～二五くらいで、土質に応じて、保肥力の少ない畑ではC／N比が高い堆肥を、保肥力がある畑ではC／N比が低めの堆肥でもよい。どちらにしても、栽培期間中、土が軟らかい状態になるように選ぶ。

アミノ酸肥料のほうはC／N比の低い（チッソが多い）ものを使う。これは樹を早くつくりたいからだ。この点は同じナス科でも、トマトよりナスに似ている。

●追肥で保つ山型の開花位置

ピーマンはチッソの要求量が多く、チッソが切れてくると花がたくさん咲いて、小さい花ばかりになる。そんな花が果実になっても、小さくいじけたような果実しかとれない。

チッソが切れてくると、芽の伸びが悪くなり、図6―30のように開花位置が水平の、ほぼ同じ位置に咲くようになる。樹の上の芽の伸びが悪くなってきたら、追肥を適宜行なって、いつも花が山型に咲くようにする。

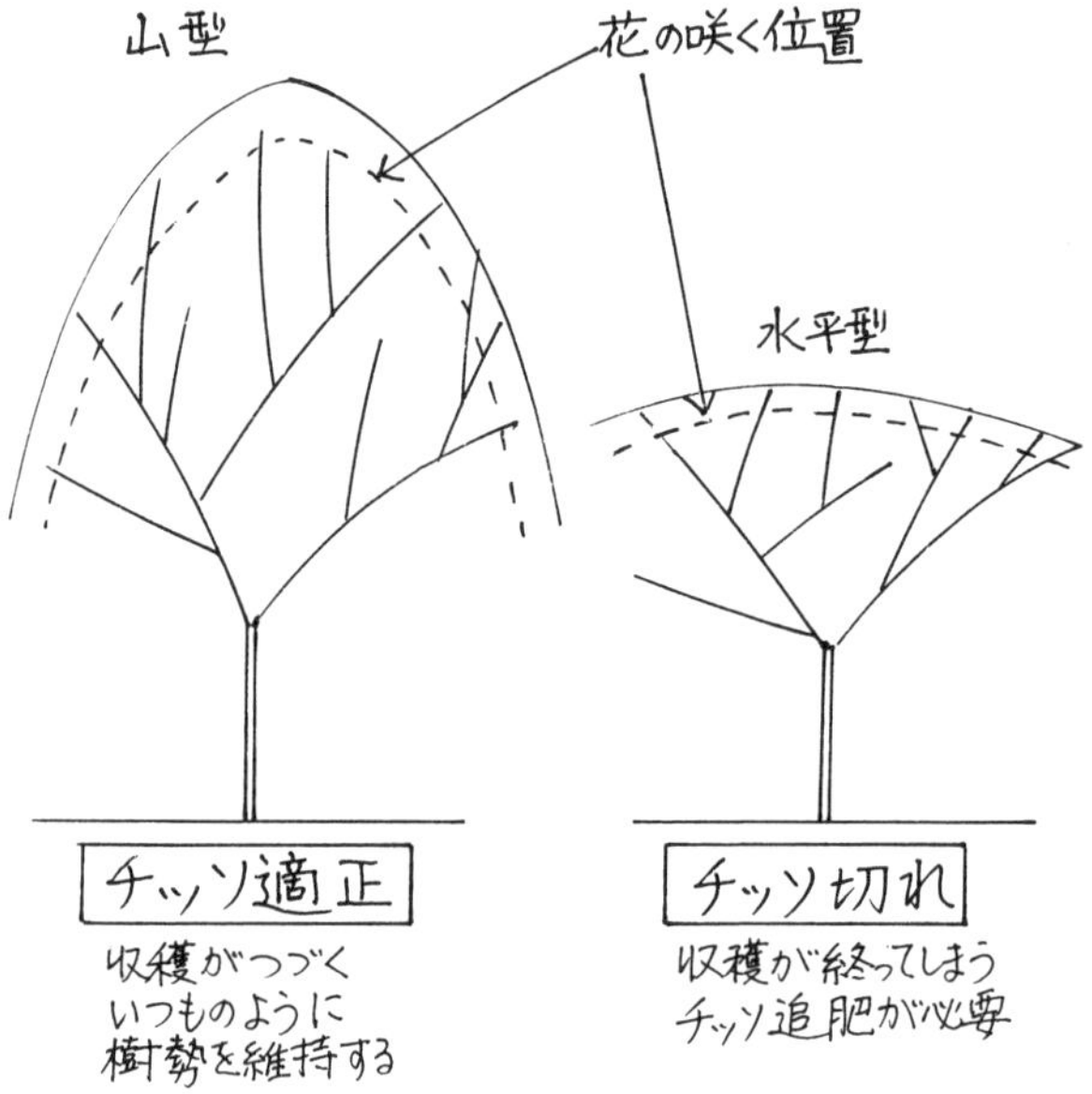

図6―30　ピーマンの樹勢の見方

追肥の量は樹勢を見ながらだが、一回目はチッソで四kg程度、二回目以降は芯が止まらないよう追肥していく。収穫盛期には、品種や作型にもよるが一回にチッソで四〜六kg、一〇〜一四日ごとに施用する必要がある。

●追肥には酵母菌発酵のアミノ酸肥料を

なお、ナスほどではないがピーマンもかん水量が多いので、土が湿っている。そのため、追肥に使うアミノ酸肥料は酵母菌で発酵させたものが適している。通性嫌気性菌である酵母菌なら水分が多い嫌気的な環境でも、作物に害になる物質はつくらない。

このとき一緒に、中熟堆肥も混ぜて施用するとピーマンを害する微生物の増殖を抑え、同時に土の団粒構造も維持できる。

(4) ミネラル施肥 ―苦土とカリに特徴

ピーマンはミネラルの施用量の多い果菜タイプの中でも、とくに苦土とカリに特徴がある。

ピーマンの果実は緑が濃い。この緑

は葉緑素なので、葉緑素の中核物質である苦土を他の果菜類以上に必要とする。また、カリは作物を伸ばす（細胞分裂や肥大させる）性質をもっているが、カリが少ないと果実がペシャッとつぶれたような形になる。カリが十分にあれば、タテ長のよい果形になる。

以上を考慮して、元肥では、石灰七〜五、苦土二・五、カリ一・五のバランスで設計する。石灰の七〜五の幅は、暖かい時期の作型では七、寒い時期の作型では五ということである。

元肥ではク溶性（粒）と水溶性の資材を半々で施用して、ミネラルの肥効を持続させる。

追肥は、他の作物同様、土壌分析をして不足分を水溶性の資材で補う。

なお、水溶性のミネラル肥料にはイオウ分を含む「硫酸●●」というものが多い。イオウを含むこのようなミネラル肥料を有機物（アミノ酸肥料や堆肥）と一緒に施用する場合、土壌水分が多いと硫化水素が発生して根を傷めることがある。これらを施用するときは、一週間くらい間隔を開けるようにする。

ミネラル同士の拮抗作用（カリが多いと石灰が吸収されにくくなる）や高温時の石灰吸収の低下によって、尻ぐされになることがあるので注意する。

（5）ピーマンの微量要素――鉄とイオウが大事

●鉄欠乏が他のミネラル吸収も阻害

微量要素で重要なのは、鉄、マンガン、ホウ素など。このうち鉄は葉緑素をつくるときに必要になる。鉄は作物の呼吸に関係しているが、その呼吸によって得られたエネルギーで葉緑素をつくるからだ。鉄が不足すると葉緑素がつくれなくなる。

また、鉄は根の伸張とも深く関わっているので、不足すると根が深く入らず（写真6―34）、養水分の吸収が悪くなる。病害虫にも冒されやすい。

さらに、鉄欠乏がきっかけで石灰欠などさまざまな欠乏症が出ることがある。

土壌分析では石灰が十分あるのに、

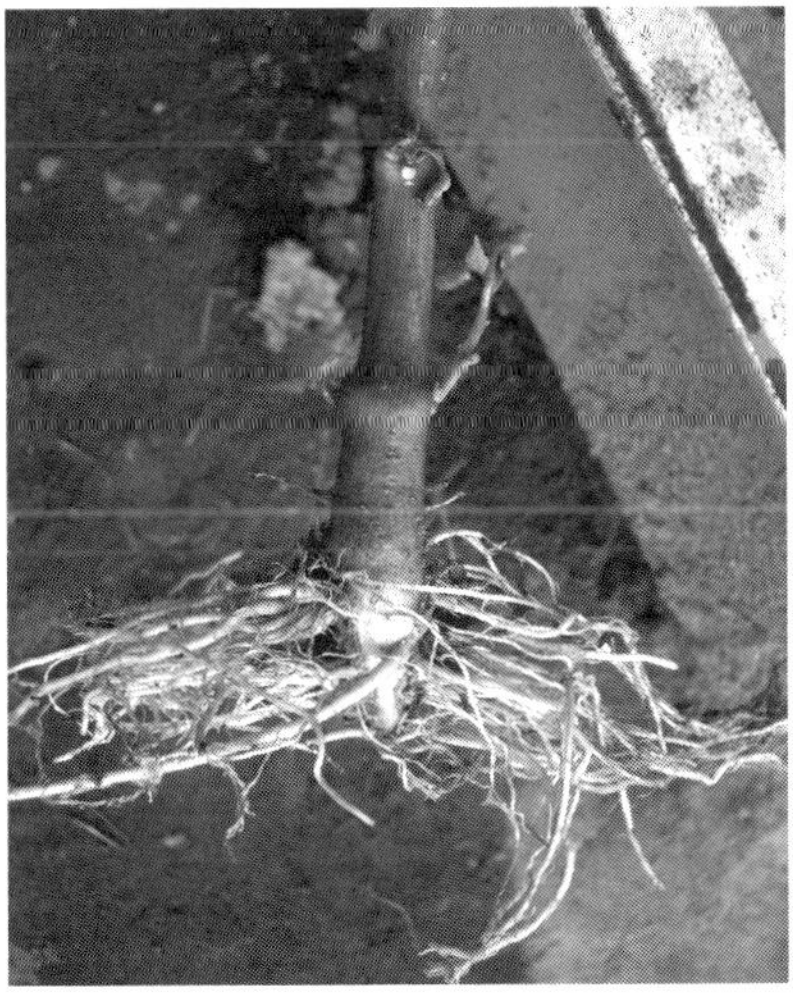

写真6－34　鉄欠乏によって下に根が張らなくなったピーマン
（写真提供　有機栽培あゆみの会）

なぜか尻ぐされといった石灰欠の症状が出る原因のひとつに、鉄欠乏による根の活性低下、石灰吸収不足がある。

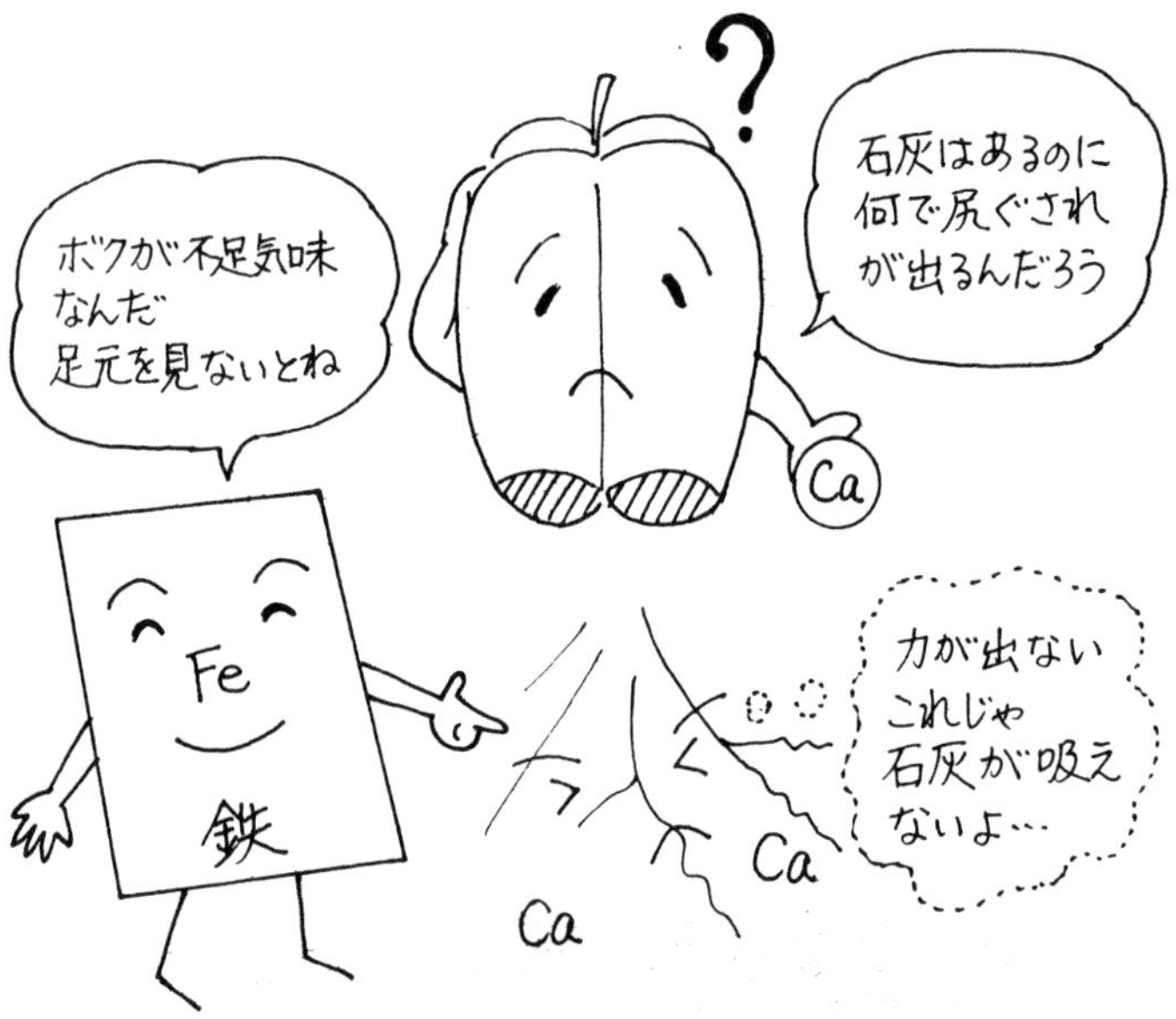
石灰はあるのに何で尻ぐされが出るんだろう
ボクが不足気味なんだ足元を見ないとね
Ca
Fe
鉄
力が出ないこれじゃ石灰が吸えないよ…
Ca
Ca

図6－31　鉄が不足すると根が弱って石灰が吸えなくなることがある

このようなことが石灰だけでなくほかのミネラルでもおきる。とくに夏場は野菜の呼吸量が多くなり、根の活性が低下しやすい。ここにさらに鉄欠乏が加わると、この傾向に拍車を掛けることになる（図6―31）。

土壌分析に基づいて、硫酸鉄などの鉄資材（水溶性）をきちんと施用する必要がある。

●イオウを好む

ピーマンはイオウを好み、イオウが少ないと根の伸びが悪くなる。ただ、ミネラル肥料で硫酸苦土とか硫酸カリなどを使えば必要量はカバーできる。

(6) 株が蒸れない植え付け、ウネ方向

●風通しをよくして蒸散した水蒸気を払う

ピーマンはかん水量が多い。吸収する水が多いということは、葉からの蒸散も多いということだ。吸収した水のだいたい半分は蒸散によって体外へ放出される。空気の流れが悪ければ、株はこの水蒸気に覆われて、蒸れやすくなる。病気や害虫の被害も受けやすくなる。同時に、二酸化炭素をスムーズに取り入れることができなくなって、光合成が低下する。

蒸散した水分を滞留させないよう、風通しや換気をよくすることが大切。植付け本数を減らしたり、株間を空けたりする。また可能なら、収穫最盛期

の風向きを考えてウネの方向を決めるのがよい。

●日射しの向きより風向き

最近、畑の周囲にソルゴーを植え、バンカープランツとして天敵を養生する方法が行なわれているが、気を付けなければならないのは、風通しの確保だ。畑の角が風通しが悪くなりやすく、病虫害を受けることがある。実際、角の株にアブラムシが多発したのを見たことがある。これなどは、バンカープランツがあるために株の中が蒸れ、光合成が低下して生育がチッソ過多に傾いた結果といえる。バンカープランツを植えるなら、株との距離を十分とっておくことが大切なのだ。

日光の向きもだが、風向き、風通しを考えて植え付け方やウネの方向を決めたほうがよい。

●せん定・整枝で光を入れる

また、株の内側の葉に光が当たるようにすることも大事な管理である。

株の懐に光が十分に入らないと、光の当たらない葉が、「呼吸葉」と私が呼んでいる、炭水化物を生産するより使うだけの葉になってしまう。そして光が入らないと、果実は曲がったり、きれいにふくらまなくなる。随時、せん定や整枝を行なって、株元にはいつも光が入るようにしておく。

◆スイカ

(1) まず初期葉を厚く大きくつくる

スイカは、栄養生長と生殖生長が比較的すっきりと分かれるタイプの野菜で、初期は葉をつくりツルを伸ばしながら栄養生長を行ない、花芽を着けてからは生殖生長に完全に切り替わる。

▼スイカの栽培のポイント

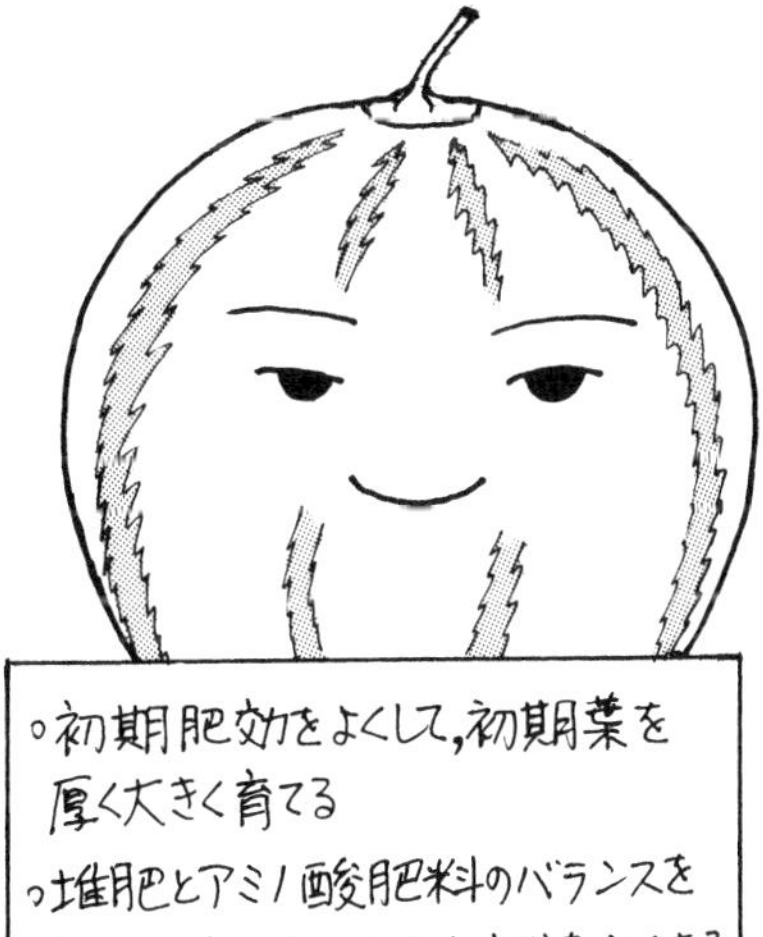
○堆肥とアミノ酸肥料のバランスを考えて、チッソの切れ上がりをよくする
○ミネラル施用でシャリ感を出す
○鉄資材を効かせて、鮮やかな果肉の色を出す

写真6－35　有機栽培のスイカ
施肥のバランスがよいと着果も安定し，肥大，品質も向上する　（写真提供　農事生産組合野菜村）

ツルが止まると、細胞やセンイづくりに使われていた炭水化物が果実の肥大や充実に振り向けられる。そうして、スイカの実は大きく肥大し、糖度を増していく。

初期生育のスタートがよければ、初期から葉も厚く大きくなり、節間が短かくなる。肥料養分の吸収がよいのでチッソの切れ上がりがよく、生殖生長の転換がスムーズに行なわれる。株元に近いところからでも花を着け、果実の肥大もよく糖度も上がるようになる。

こうした生育にもち込むには、まず、団粒構造の発達した締まりにくい土をつくること。つる割病やセンチュウなどの土壌病害虫対策として、中熟堆肥で太陽熱養生処理をしておくとさらによい。

(2) チッソ施肥—肥効の切れ上がりを第一に

●元肥は堆肥四、アミノ酸六で

そのうえで、初期葉を厚く大きくつくるため、元肥には肥効のよい水溶性のアミノ酸肥料を使う。

どのようなアミノ酸肥料がよいかは品種や作型、ねらいによって変わるが、甘さを追究するとか、まだ寒い時期での栽培（作型）ではC／N比の高い（チッソの少ない）ものが適している。逆に、暖かい時期の作型はC／N比の低いアミノ酸肥料でもよい。

また、雨や低温によって花が飛んだり、ツルの伸びが止まらない、病気が増えるといったことを抑え、毎年安定してよいものをとっていくには、C／N比の高い（チッソ分の低い）アミノ酸肥料と堆肥を使ったほうがよい。

さらに、栄養生長から生殖生長への切り替わりがスムーズにいくように、肥効の切れ上がりのよい施肥が必要になる。そこで、元肥チッソは堆肥四、アミノ酸肥料六の設計にして、チッソがダラダラ続かないようにする。堆肥が多いとどうしても長効きしてツルの止まりが悪く、生殖生長へスムーズに移行できない（図6—32）。

チッソ肥効の切れ上がりをよくする

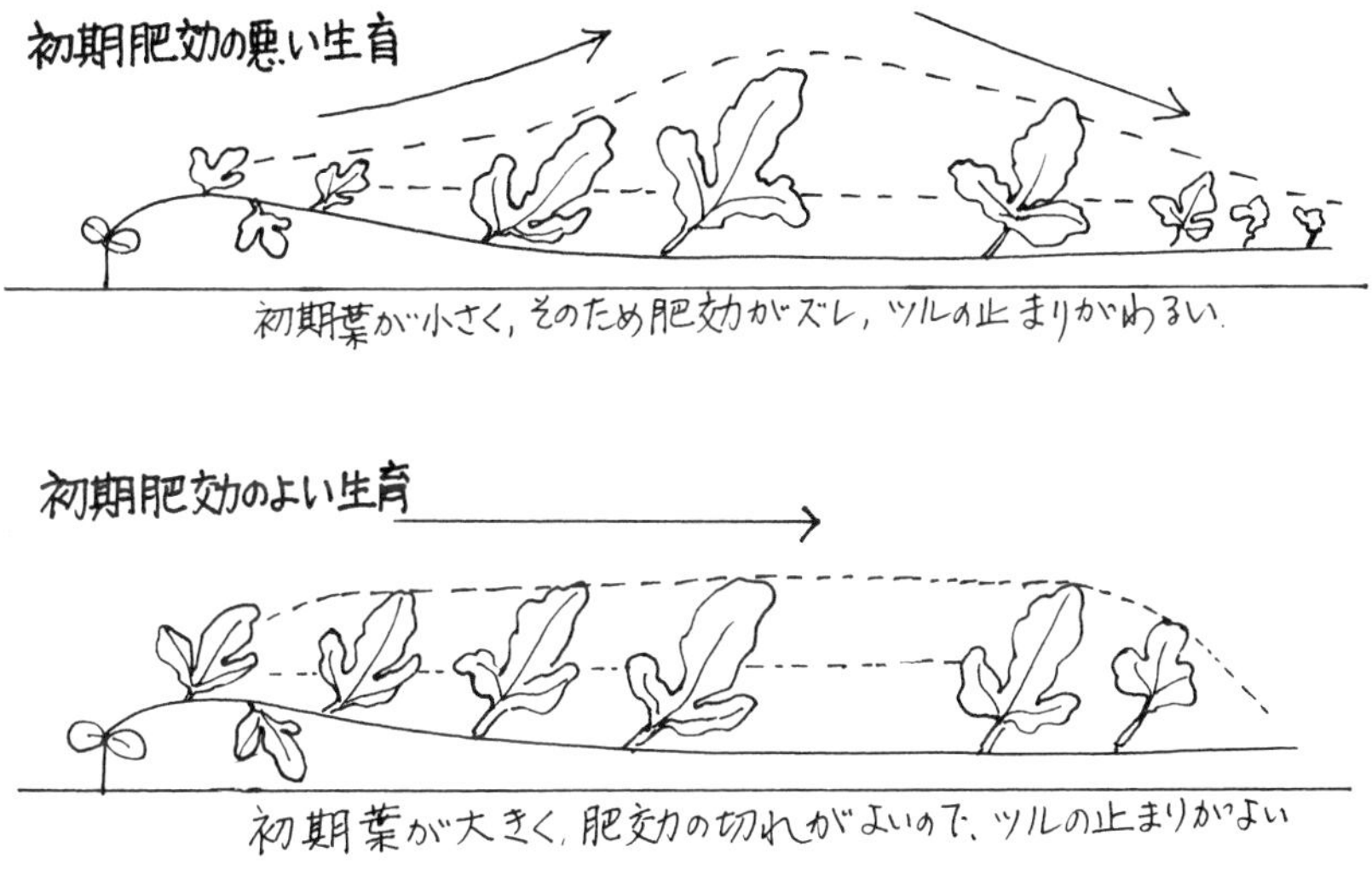

図6－32　スイカの生育の違い

には、有機資材の原料や質も吟味しておく。

蹄角や羽毛など分解しづらい材料を使ったり、発酵が不十分な肥料では品質のよいスイカはつくれない。こうした肥料を使うと肥効が後半にズレて、玉が割れたり、果肉が軟らかくなったり、病気にかかりやすくなる。

●水を十分やって初期生育を促す

くり返すが初期生育が悪いと、吸収できずに残ったチッソが後効きしてツル伸びし、栄養生長に戻りやすい。つくられた炭水化物が果実ではなく、ツル伸びに使われるため、糖度が上がらない。水を切って表層一五cmくらいの土を乾かす管理も行なわれているが、そのようにして栽培したスイカの食味には、喉に青臭いような酸っぱさが残る。

そうした管理をしなくてすむよう、水を十分にやって肥料をよく吸わせ、初期生育を進めることが大切である。初期生育をよくすることができれば、雨が降ってもツル伸びせず、糖度も落ちにくくなる。

●追肥は不要だが……

小玉スイカは、基本的に追肥は必要ない。

しかし、大玉スイカや砂質の畑のように肥料養分の流亡が多い畑では、花落ちしたら一〇a当たり一・五～二kg程度のチッソを施用する。その際、追肥するアミノ酸肥料に、バチルス菌などが増殖した良質堆肥を二〇kg程度混ぜる。こうすればアミノ酸肥料をエサに増える雑菌や病原菌を抑えておくことができる。また、地上部の病害であるウドンコ病を抑えることもできる。

なお、追肥は時期が遅いと空洞果が出ることもあるので、注意したい。

(3) ミネラル施肥 ―長く効かすク溶性資材を

石灰、苦土、カリのミネラルバランスは、一般的な五：二：一でよい。ただし暖かい時期の栽培では、石灰を多めに六：二：一程度にする。シャリ感をもうちょっと出したいというときにも、石灰の施用を多くするとよい。ただし、果肉が硬くなりすぎることもあるので注意してほしい。

ミネラルは追肥しないので、長く肥効を維持するため、石灰はク溶性（粒）と水溶性を半々に、苦土はク溶性（粒）四に対して、水溶性六で設計するとよい。苦土では水溶性を多くして、充実した初期葉をつくりたい。なお、後述する塩素をニガリでやる場合、ニガリには苦土も含まれているので、苦土はその分も考慮して、ク溶性五、水溶性（硫酸苦土）三、ニガリで二くらいで設計するとよい（カリは水溶性の資材がほとんど）。

ミネラル肥料の追肥は行なわなくても大丈夫だが、欠乏症のような兆候が見られたら土壌分析をして不足分を水溶性のミネラル肥料で補う。

(4) 微量要素 ―鉄とマンガンは必ず

スイカはタネをしっかり充実させてから収穫する。各種の微量要素も収穫まで過不足なく供給することが必要になる。注意する微量要素は、鉄、マンガン、ホウ素、銅、それにケイ酸、塩素だが、なかでも鉄とマンガンは絶対に不足させたくない。

●鉄―果肉の赤を鮮やかに

鉄はスイカの赤い色素をつくるミネラルであり、呼吸にも関連している。鉄が不足すると根張りが悪く、養水分の吸収が抑えられて十分な生育スピードを得られない。赤い果肉の色も鮮やかに出ない。果肉の赤い色がどうも鮮やかでない、薄いというときは、鉄不足を考えてみる必要がある。

鉄が十分吸収されていれば、果肉の赤が鮮やかになるばかりでなく、果実の皮が薄く、すっきりとした甘さになる。

●マンガン―糖度を高める

マンガンは光合成に関わる必須の微量要素だ。生長点の葉緑素を退化しにくくして、光合成による炭水化物量を増やし、スイカ果実の糖度を高める効果がある。最後のひと押し的な糖度アップができる。

このようなスイカは、ツルや葉裏に

細かく硬い毛が生えて、害虫や病気に対する抵抗力も増大する。

●ケイ酸、塩素は海藻肥料で

ケイ酸や塩素はスイカの組織を硬く強くする。塩素は石灰とともにスイカの果肉のシャリ感を出すことのできるミネラルでもある。

どうも病気が多い、甘さにもう少しシャリ感を加えたい、という場合に、元肥に海藻肥料を五〇kgほど施用すると効果的である。

果肉が赤くて
タネが黒いってことは
甘くておいしい
スイカってこと
Si
ケイ酸
Mn
マンガン
Ca
石灰
Fe
鉄
Cl
塩素
オレたちも
ガンバったってこと

図6−33　おいしいスイカづくりを支える微量要素

◆メロン

*この項では、春に定植するトンネルや露地での栽培について紹介する。

(1) とくに重要な初期肥効

スイカと同様、栄養生長と生殖生長が比較的はっきりと切り替わる生育をし、そのような生育にもっていくことで安定した品質・収量を得られる。

▼メロンの栽培のポイント

◦とくに重要な初期肥効，堆肥の入れすぎは要注意
◦水溶性のミネラル肥料で香りをしっかり出す
◦微量要素で糖度とコク，キメの細かさを出す

初期生育よくスタートして、初期葉を大きくしながらツルを伸ばしていくことで、節間の短い強い生育をする。花芽も株元から近い位置に着き、大きな花が咲く。大きな花は、大きくて品質のよい玉が着く前提条件である。スムーズに生殖生長に切り替わることもできる。

こうした育ちにもち込むには初期肥効のよい資材を選び、施肥を行なうことが肝心である。

初期生育をよくしないと、生殖生長に切り替わるときに土壌中のチッソが多く残り、ダラダラと効いてツルの止まりが悪くなる。株元から遠いところに花が咲き、よい果実が得られない。生殖生長時にはスーッとチッソが切れるのがよいのである。

そして、果実の肥大期にはチッソの吸収が少ない状態にして、ミネラルは十分に吸収できるようにしておく。肥大が終わって糖が蓄積するときは、チッソがほぼ切れて、ミネラルはまだ吸収できる状態になっているのがよいメロンをつくることにつながる。

トンネルや露地の作型の場合、収穫期が梅雨どきや夏の盛りの手前になるので、チッソが多く残っていると腐敗しやすい。このような考えから、メロンは元肥だけで栽培し、追肥はしない。

(2) 病気を出さない土をつくる

メロンの土つくりは、根の病気を出さないために行なう。そのためにはバチルス菌や放線菌が増殖した中熟堆肥を施用し、太陽熱養生処理を行なってから苗を植え付ける。初期肥効を高めるためにも、根が健全に生育することが大切だ。

ただ、「土つくりは堆肥施用が一番」と堆肥を多量に使うことは避ける。堆肥は肥効が長く続くので、生育転換前後のチッソ肥効の切れを悪くして、花芽が飛んだり、弱い花芽しか着かなかったりして、着果が安定しない。また、その後の果実の肥大や充実も悪かったり、病気を招いたりしがちだ。

物理性をよくする堆肥の施用はもちろん不可欠だが、不要なチッソ肥効は栽培を不安定にする。注意が必要だ。

(3) チッソ施肥―基本は元肥だけ

基本的には元肥だけで栽培する。その元肥で、前述した初期肥効を高め、生殖生長に入ったらスーッと切れていくようにするには、堆肥四に対してアミノ酸肥料六程度という設計にする。

堆肥を多くすると、どうしてもチッソの抜けが悪くなる。とくに天候が悪いときなどは、ダラダラと遅効きすることもあるので、地力のある畑では堆肥

三、アミノ酸肥料七でもよい。かえってこれくらいのほうが、安心して栽培できる。

また、どんなアミノ酸肥料を使うかについては品質と大いに関連する。糖度を重視したいのなら、C／N比の高い（チッソの少ない）アミノ酸肥料を、コクを出したいということであれば、C／N比の低い（チッソの多い）アミノ酸肥料を使う。

追肥は原則としてやらない。チッソ不足だからといって途中で追肥をすると、病害虫を招くだけでなく、発酵果になりやすくなる。追肥をしないと多少肥大は悪くなるが、糖度は上がる。その作で玉の肥大が悪かったら、次の作で元肥チッソを少し増量する。

写真6－36　ミネラルがしっかりと効いているので葉が厚く，受光態勢もよい
（写真提供　有機栽培あゆみの会）

（4）ミネラル施肥―カリが多いと味が薄くなる

ミネラルは、土壌分析に基づいてしっかりと施用し、初めから頑丈な葉をつくって病害虫を寄せ付けないようにしたい。そのためのミネラルバランスは、石灰六～五、苦土二、カリ一とする。

石灰はク溶性と水溶性を半々に、苦土はク溶性四、水溶性六の割合とする。水溶性の苦土を多くして光合成をしっかり行なわせ、初期生育に必要な炭水化物を十分につくり出すことが大切だ。

なお、カリは先の割合より少なめにすれば味が濃くなる傾向がある。カリが多いと玉は大きくなっても水分が多く、味が薄くなりやすい。

追肥はチッソ同様、必要ない。

（5）メロンの微量要素

微量要素では鉄、マンガン、ホウ素、銅は必須である。そのほか注意してほしいものにケイ酸、塩素がある。前作で次のような兆候があったら、元肥できちんと施用しておく。

●毛茸が少なく、軟らかいときはケイ酸を施用

メロンのツルや葉は細かい毛（毛茸）で覆われている。この毛が少なかった

り軟らかかったりする場合は、ケイ酸が不足していることが考えられる。粘土などケイ酸資材を一〇a当たり二〇〇kg程度施すとよい。毛が軟らかいのは、表皮が弱くなっている証拠であり、病害虫の被害を受けるおそれがある。

●ウドンコ病対策にニガリ、海藻肥料

ウドンコ病にいつも悩まされているような畑は、ケイ酸と塩素の施用が効果的だ。どちらも表皮を強くし、引き締める働きがある。前述のとおり、塩素はニガリを現物で三kgほど、一〇〇～二〇〇倍で葉面散布する（早朝か夕方に散布）。また、海藻肥料を現物で五〇kgほど施用すると、さまざまな微量要素の補給にもなって効果が高い。

●香りはイオウが関係する

メロンは甘さだけでなく、特有の香りも品質面では重要である。この香り物質にはイオウが関係している。ただイオウは施用する必要はなく、水溶性のミネラル肥料を使っていれば、成分中に含まれるイオウで十分足りる。肝心なのは、きちんとミネラルを効かせていくことだ。

●果肉のきめ細かさは石灰、ホウ素で

また、メロンの果肉のきめの細かさ、緻密さは石灰とホウ素が関わる。どちらもセンイの組織をしっかりしたものにする力をもっている。ただ、石灰のやりすぎは必要以上に果肉を硬くする。しかし、少ないと水っぽさだけ目立つようになる。

ホウ素も必要以上に施用することはないが、ホウ素欠では組織が弱くなって、その部分から腐りやすくなる。

●水は切らない

なお、果実の大きさがおおよそ決まってくると、**化成栽培**では水を切って仕上げるようなことが行なわれる。しかし、有機栽培でチッソがきれいに抜けて、しかもミネラルが不足していなければ、水を特別切らなくても糖度が上がり、完熟していく。

◆カボチャ

▼カボチャの栽培のポイント

○大きな葉の裏に湿気がたまり、カビ病が多くなるので、機能性堆肥で土つくり
○初期肥効を高めて初期葉を厚く大きく育てる
○玉の肥大期は追肥でなく、堆肥の地力的肥効で育てる
○微量要素はしっかり施す

(1) ハッキリしている栄養・生殖生長の切り替え

カボチャはツルを伸ばしながら生長し、花を着けて、果実を肥大させる。ツルの生長が止まるようになると、果実をつくる生殖生長へ転換する。この切り替えがはっきりしている野菜である。

着果してから収穫までの果実の肥大・充実期が長く、タネをしっかりつくり、果皮も硬くなる。根も深く、広く張る。

他のウリ科野菜と同様、初期生育がポイントで、初期の根をしっかり伸ばし、「初期葉」（初期の本葉一〇枚くらい）を大きく厚い葉に育てることができれば、花芽が着く頃と前後してチッソ肥効が切れてきて、生殖生長に切り替わる。これ以降、光合成産物の炭水化物は花や果実の肥大に使われる。炭水化物が多くあることが、花を大きくして、比重の重い、糖度の高い果実をつくる。

なお、キュウリのように立ちづくりでなく、地這いで生育し、葉も大きいので、地表面が影になり、湿りやすい。そのため、カビの仲間が増殖しやすい。土壌病害も多いので、その手立ても大切である。

(2) 初期に効く肥効も、生殖生長後の肥効も大事

初期の根をしっかり伸ばすために、土壌病害をまず防いでおく。そのうえで、水溶性の有機チッソを十分に効かせて、初期葉を厚く大きくつくる（図6―34）。

一方、花芽が着く頃にはチッソの肥効が落ちてきて、生殖生長に切り替わるが、その後、まるっきりチッソ肥効が切れてしまってもいけない。肥大期間が長いので、その間のからだを維持し続ける程度の肥効は必要なのだ。そのためには堆肥を上手に使う。

また、しっかりとタネをつくりながら肥大するので、微量要素の要求量も多い。そして皮を硬くして玉締めを行なうので、水分が多いとどうしても日持ちしなくなる。

(3) 水はけよく土壌病害に強い土つくり

前述のとおり、カボチャは葉が大きいので、地表面が日陰になり湿気《しけ》て、カビの仲間が増殖しやすい。土壌病原菌の多くはカビの仲間なので、これにしっかり対抗できる土つくりを、まず行なっておきたい。放線菌やバチルス菌の増殖した中熟堆肥を施用し、でき

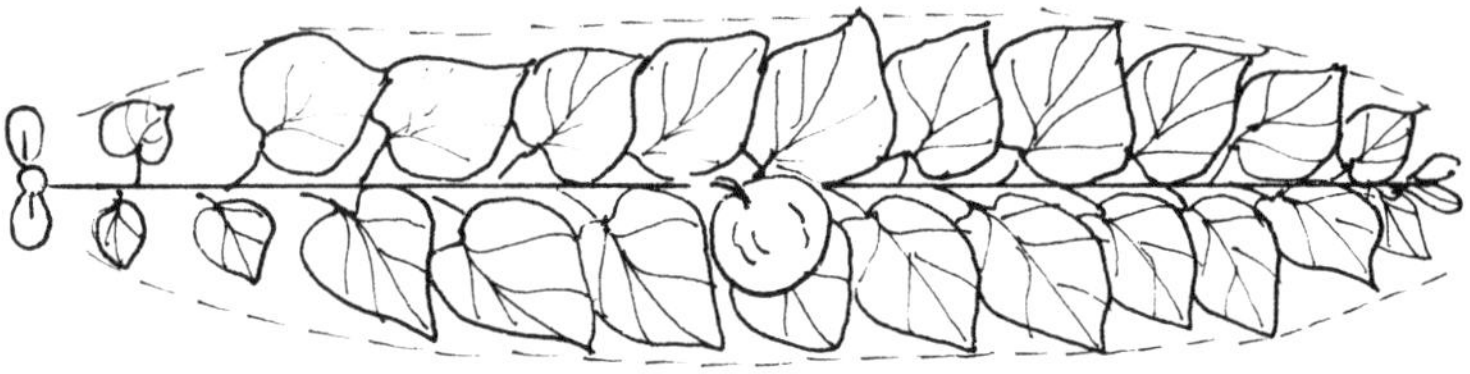

↑**これからの有機栽培**（本書）

初期肥効がよいので初期葉が大きく厚い
葉の大きさの揃いもよく着果安定，玉の肥大もよい

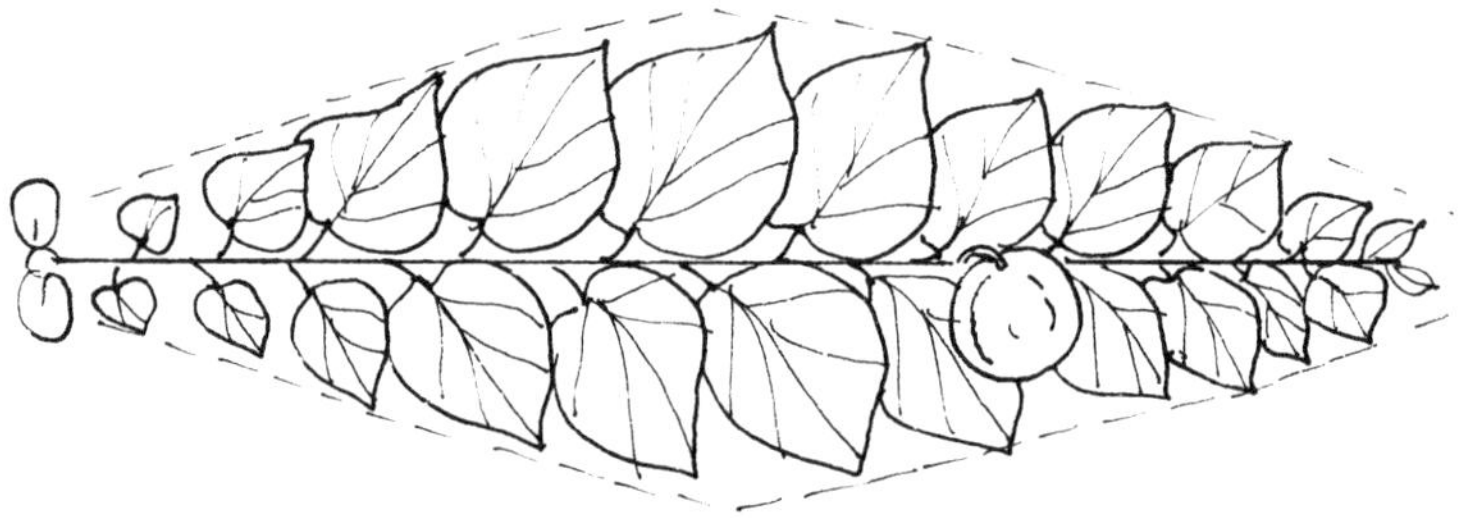

↑**これまでの有機栽培**

初期肥効が悪いので初期葉が小さい
肥効の遅効きで葉が大きくなる
着果が遅れ，ツル止まりも遅れる

図6−34　カボチャの生育

るだけ太陽熱養生処理を施しておく。

また、カボチャは根が深く入る野菜なので、水はけが悪い土壌では生育がよくない。この意味でも、太陽熱養生処理によって土壌団粒を発達させることがポイントになる。また、水はけがよくない畑は、C／N比の高い堆肥を施用し、高ウネにする。

カボチャの肥大期間は長く、その間の生育を維持し、光合成をしっかり行なわせるには一定のチッソ肥効を維持しなければならない。追肥での対応も可能だが、果皮を軟らかくしたり、病害虫を呼びやすい。堆肥による地力的なチッソ肥効がよい。

(4) チッソ施肥
—基本は元肥だけでつくる

カボチャは基本的に元肥だけでつくる。

チッソの施肥割合は、堆肥六にアミノ酸肥料は四とする。堆肥がスイカやメロンなどにくらべて多めなのは長めの肥大・熟成期間中のからだの維持に、一定のチッソ肥効が必要だからである。

病気が多い畑では、堆肥を増量して八対二にする。堆肥を多く入れることで有用微生物を増やし、病害虫を抑えるためである。

元肥で使う堆肥はC／N比一五～二〇程度の中熟堆肥だが、水はけがよくない場合や土が硬いところではもう少しC／N比の高いものを施用する。

一方、元肥のアミノ酸肥料は、初期肥効を高めるためC／N比の低い（チッソの多い）ものが基本になるが、水はけがよくない土の硬い畑では、C／N比の高めのものを使う。C／N比が低いと腐る方向に向かいやすく、急激に分解が進んだときに土中の酸素を消費して根が機能不全に陥るからだ。

なお、肥持ちの悪い畑では追肥も行なう。C／N比の高いアミノ酸肥料で最大でチッソ二kg、果実の肥大期に通路に施す。

図6－35　カボチャの大きな葉の下は陰になり，湿気も多いので病気の巣になりやすい

(5) ミネラル施肥
―タネまでしっかり充実させる

カボチャは子孫を残すタネまでしっかり充実させた果実を収穫するので、ミネラルは最後まできちんと効いていなければならない。そしてつねにミネラル優先の施肥を心がける。

ミネラルバランスは通常は五：二：一とし、暖かい時期の栽培では六：二：一と、石灰を多めにして生育を締める。

石灰、苦土ともに、初期はチッソ優先にならないよう、水溶性のミネラル肥料をしっかり効かせ、後半は、果実を肥大・充実させる光合成をしっかり行なわせるためのク溶性のミネラル肥料を効かせる。このような肥効とするために、ク溶性と水溶性の資材を半々で施用する。

これらのミネラル肥料は作付けの三週間前には施用しておきたい。ク溶性の資材が土となじむのに、その程度の期間が必要だからである。

なお、栽培期間中に三回ほど土壌分析を行ない、それぞれのミネラルの減り方を見ておくとよい。三年ほど続けると畑ごとのだいたいの傾向がつかめる。

ミネラル肥料の追肥は行なわず、元肥できちんと施用する。

(6) カボチャの微量要素

●ツル伸びの停止後、微量要素の吸収が増える

カボチャは果実にタネが形成されてから収穫する。そのため、微量要素の要求量が多い。重要なのは、鉄、マンガン、ホウ素、銅、ケイ酸、塩素などだが、これらは根が出す根酸によってキレート化され、吸収される。この根酸は、ツル先が止まってそれまでからだづくりに使われていた炭水化物が根に送られて、出てくるものだ。それが、次の世代のために土壌中の微量要素を吸収するのに働き、タネに蓄積していく。

●鉄—根張りを支える

カボチャの根は、畑にもよるが深さでは五〇cm、横には四〜五mほども張る。この広い根域を維持してしっかりと養水分を吸収していくには相応のエネルギーがいる。そのエネルギーは呼吸によって得られるが、呼吸に関わるミネラルが鉄である。鉄は土壌分析を行なって不足分を必ず施用しておく。

●マンガン・塩素—果皮の軟化を防ぐ

着果後、雨が多いと果実の含有水分が多くなって日持ちが悪くなることがある。この場合、苦土やマンガンを葉面散布か土壌施用してやると、光合成の低下を補って果実の比重の低下を防ぐことができる。

また、ニガリ(塩化マグネシウム)を施用すると塩素の効果でセンイや果皮が硬くなり、日持ち、棚持ちがよくなる。現物で一〇kgほどを追肥する。

(7) ワンランクアップのわざ

●糖度アップに海藻肥料

カボチャの糖度アップにお勧めなのが、海藻肥料である。海のミネラルの宝庫で、さまざまな微量要素を含んでいる。私は葉の老化防止に効果があると見ている。その結果、光合成が長期間維持されて、炭水化物生産が続き、糖度アップに効果がある。元肥に海藻肥料を四〇kg程度施用すればよい。

●カニ殻を堆肥にくるんで施す

カボチャの果肉の黄色、赤みを強くするにはカニ殻の施用が効果がある。一〇a当たり六〇〜一〇〇kgほどを堆肥にくるんで施用する。堆肥に混ぜる

ことで、カニ殻を好む放線菌が増殖し、土壌病害の対策にもなる。

●ツルの整枝は開花受精後に

カボチャのツルは放任しないで必ず整枝を行なう。しかし、花の咲く前に整枝すると栄養生長が続き、チッソの切れが遅くなる。花芽の形成や成り位置、玉の肥大などに悪い影響が出やすい。また、チッソの切れが悪いので病害虫の被害にもあいやすい。ツルの整枝は開花受精後に行なう。

◆ズッキーニ

(1) 果菜だが栄養生長型の野菜のように育つ

ズッキーニは非常に肥料を食う。その吸肥力は養分過剰の土のクリーニングクロップ代わりに使えるほどである。

カボチャの仲間で葉は大きく、ツルを伸ばさない立ち性の野菜である。収穫する果実は幼果で、カボチャのように果実を熟成させてから収穫するのではない。

果菜タイプではあるが、栽培的には元肥、追肥ともに多く施用して、栄養生長を続ける野菜のように育てていくのが基本。ただ、チッソの施用量が多いといっても、つねにミネラル優先の生育・施肥を心がけないと着花数の減少や病害虫の多発を招く。

具体的には、まず水溶性のアミノ酸肥料でスタートし、初期葉を厚く大柄につくっていく。その際、チッソ優先の生育にならないよう、ミネラル肥料は十分に施用しておく。

追肥は早め早めに行なわないと葉の伸びが悪くなり、収量が伸びない。ミ

▼ズッキーニの栽培のポイント

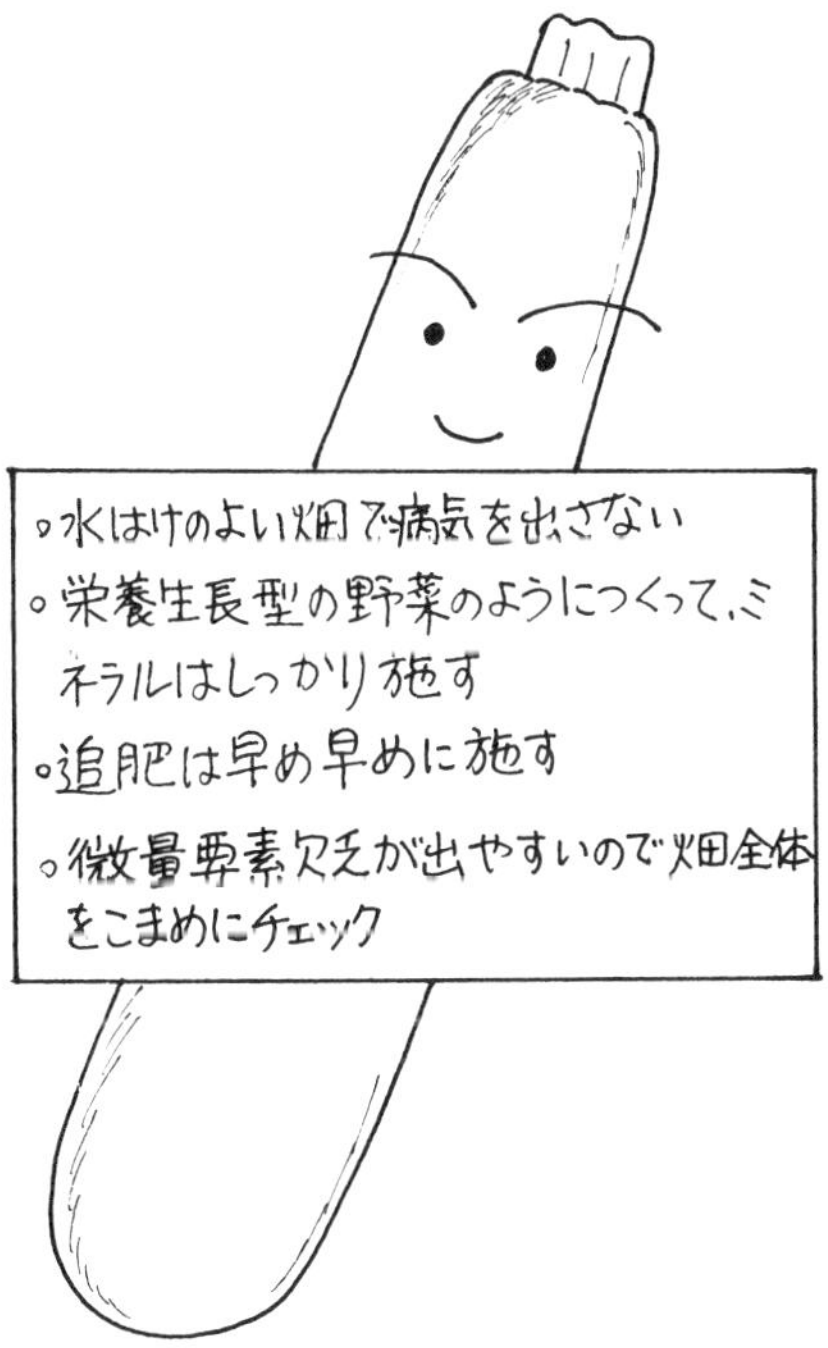
○水はけのよい畑で病気を出さない
○栄養生長型の野菜のようにつくって、ミネラルはしっかり施す
○追肥は早め早めに施す
○微量要素欠乏が出やすいので畑全体をこまめにチェック

ネラル肥料も同様で、欠乏症が出やすいので、土壌分析に基づいて元肥からしっかり施用し、収穫が始まってからも土壌分析を行なって不足分を補う。圃場全体を観察してすばやく手当てすることが大切である。

(2) 土つくり・土壌管理—豚ぷん堆肥がお勧め

葉が大きいので、地表面が日陰になり、カビの仲間が増殖しやすい。また開花時に湿り気が多いと腐敗果が生じたり、病気も多くなりやすい。

水は必要だが、水はけのよい畑でつくるのが基本である。そのためにはC/N比の高い（一五～二〇程度の）堆肥を施用して、ウネを高くして栽培する。

土壌病害虫に対抗できる、放線菌やバチルス菌の増殖した中熟堆肥を施用して、太陽熱養生処理を施し、水もち・水はけがよく、土壌病害虫に強い土にしておきたい。

また、堆肥をベースにして地力を高めることで、堆肥からの炭水化物の供給と、保肥力アップによるミネラル吸収が確保できる。チッソが多量に施されても炭水化物とミネラル優先の生育になり、病害虫を抑えやすい。

堆肥としては、とくに豚ぷん堆肥がお勧めである。豚ぷん堆肥には、豚の飼料由来の銅が含まれていて、タンパク合成を進めるのに役立つ。たくさんのチッソを吸収して生育するズッキーニに適した堆肥といえる。

なお、水分管理は、できればpFメーターで一・九～二・一でコントロールする。

(3) チッソ施肥—大変な肥料食い

●元肥のチッソ量は三〇kg超

元肥のアミノ酸肥料は、初期生育で葉を厚く大きくし、根をしっかりと伸ばせるC/N比の低い（チッソ分が多い）ものを施用する。施肥量は畑にもよるが、チッソで三〇kgになることもある。しかしあまり多すぎると花が着きにくくなるので、畑にあった施用量を見きわめておく。

堆肥は、C/N比で一五～二五と比較的C/N比の高めの中熟堆肥を使う。

元肥チッソは堆肥をベースに設計するようにし、六割を堆肥で、残り四割をアミノ酸肥料でまかなう。

●追肥は中熟堆肥を混ぜて早めに施す

ズッキーニは追肥が必要である。幼果をとり続けるので、細胞づくりの原

写真6−37　有機栽培のズッキーニ
たいへんな肥料食いの野菜だ
（写真提供　BM技術協会）

料として多くのアミノ酸肥料が必要になるからだ。早め早めに追肥したほうが収量も上がる。

基本は、葉の伸びが悪くなってきたら追肥する。量は一回にチッソ四kg程度が目安。果実が着きだしたら少々多くてもよい。

アミノ酸肥料を追肥するときは、必ず堆肥を一割ほど混ぜる。ズッキーニはウドンコ病に弱く、その他の土壌病害にもかかる。多くはカビの仲間が引きおこすものだが、アミノ酸肥料がエサになってこのカビの仲間を増やしてしまうおそれがある。

そこで、放線菌やバチルス菌などの有用微生物が増殖している堆肥を混ぜて施し、カビの仲間が増えるのを抑えるとともに、有用微生物を増やすようにする。土壌病害だけでなく地上部の病気を抑える効果が期待できる。

（4）ミネラル施肥—多量の施肥　チッソに見合う量が必要

●どのミネラルも多く施用

チッソを多く施用するので、生育が傾かないよう、チッソ量に見合うミネラル肥料が必要となる。そのため、ミネラルバランスは、石灰七～五：苦土二・五：カリ一・五とし、どのミネラルも多く施用して、ズッキーニの吸肥力をいかす。計算上の塩基飽和度は一〇〇%を超えることになるが、ク溶性と水溶性の資材を半々ずつ施用すれば、土壌溶液中のミネラル濃度は根に障害がおきるほど濃くならない。初期は水溶性の、その後はク溶性のミネラルが効くので、生育期間中、ミネラル優先の施肥・生育にすることができる。

石灰を多めにするのは、表皮を強くしてウドンコ病など病害虫への抵抗性を高めるためだし、苦土を多くするのは、初期生育をよくして施肥チッソに見合った炭水化物生産を行なわせるためである。カリについても、生育を伸ばし、幼果の生産量を高めるためでもある。

●最初の収穫から二週間おきに追肥

追肥もチッソ同様、土壌分析のデー

タに基づいて施用する。だいたい幼果が一～二本とれたら最初の追肥を行ない、その後は二週間おきくらいに追肥する。

なお、ミネラル肥料とアミノ酸肥料を同時期に追肥する場合は、ミネラル肥料を先に追肥する。ミネラル肥料の追肥後、ひと雨降るか、数日経ってからアミノ酸肥料を追肥するのが「ミネラル優先の施肥」である。アミノ酸肥料を先に施肥すると、チッソ優先の生育に陥ることがある。とくにズッキーニの場合、追肥のチッソ量も多いので、この点とくに気を付ける必要がある。

(5) ズッキーニの微量要素

ズッキーニは微量要素の吸収量も多いため欠乏症もすぐに出やすい。とくに重要なものは、鉄、マンガン、ホウ素である。これらのミネラルは減り方が速いので、その兆候を見逃さないようにしたい。

●鉄―肥料吸収をスムーズに

肥料の吸収は根からだが、吸収するエネルギーは呼吸によって得られる。その呼吸に関連している鉄が不足すると、肥料を十分吸収できない。当然、収量・品質に響く。

鉄欠乏は薄い葉色の部分がまだらに出てくるので判断できる。鉄の土壌中での減り方も速い。土壌分析のデータに基づいて不足分を施用しておく。

●ウドンコ病を呼ぶマンガン欠

マンガンは光合成に関係するミネラルで、欠乏すると、新しい葉に緑の薄い部分がまだらに出てくる。この部分は葉緑素が十分でなく、光合成も低下する。そのため表皮が薄くなり、そこからウドンコ病など病原菌が侵入しやすくなる。

元肥のときはもちろん、栽培の途中でも不足していることがわかったら、硫酸マンガンを一〇a当たり三kg、一tの水に溶かして、二週間おきにウネ間にかん水する。

●果実の割れはホウ素欠が原因

ズッキーニはホウ素欠乏がよく見られる。それだけホウ素を吸収しているということでもある。

ホウ素欠の症状は、葉柄のつけ根が割れたり、果実の果梗にヒビが入ったりする。ホウ素には細胞の接着剤の役割があるので、それが不足するとセンイに沿って割れが入るのである。ここに、ウドンコ病やベト病などの病原菌が侵入して、病気を引きおこす。割れたところからヤニのようなものが出ることもある。

ホウ素欠の兆候が畑で一ヵ所でも見られたら、ただちにホウ砂を三〇〇～五〇〇g追肥する。一ヵ所でも見られたということは、畑全体でホウ素が少なくなっていると考えられる。その後は、二週間おきに同量のホウ砂の追肥を行なう。

●海藻肥料で補う微量要素

鉄、マンガン、ホウ素以外の微量要素も不足しがちである（図6―36）。銅やケイ酸、塩素なども必要である。これらの微量要素は海藻肥料を元肥に施すことで補える。だいたい現物で四〇kg程度でよい。

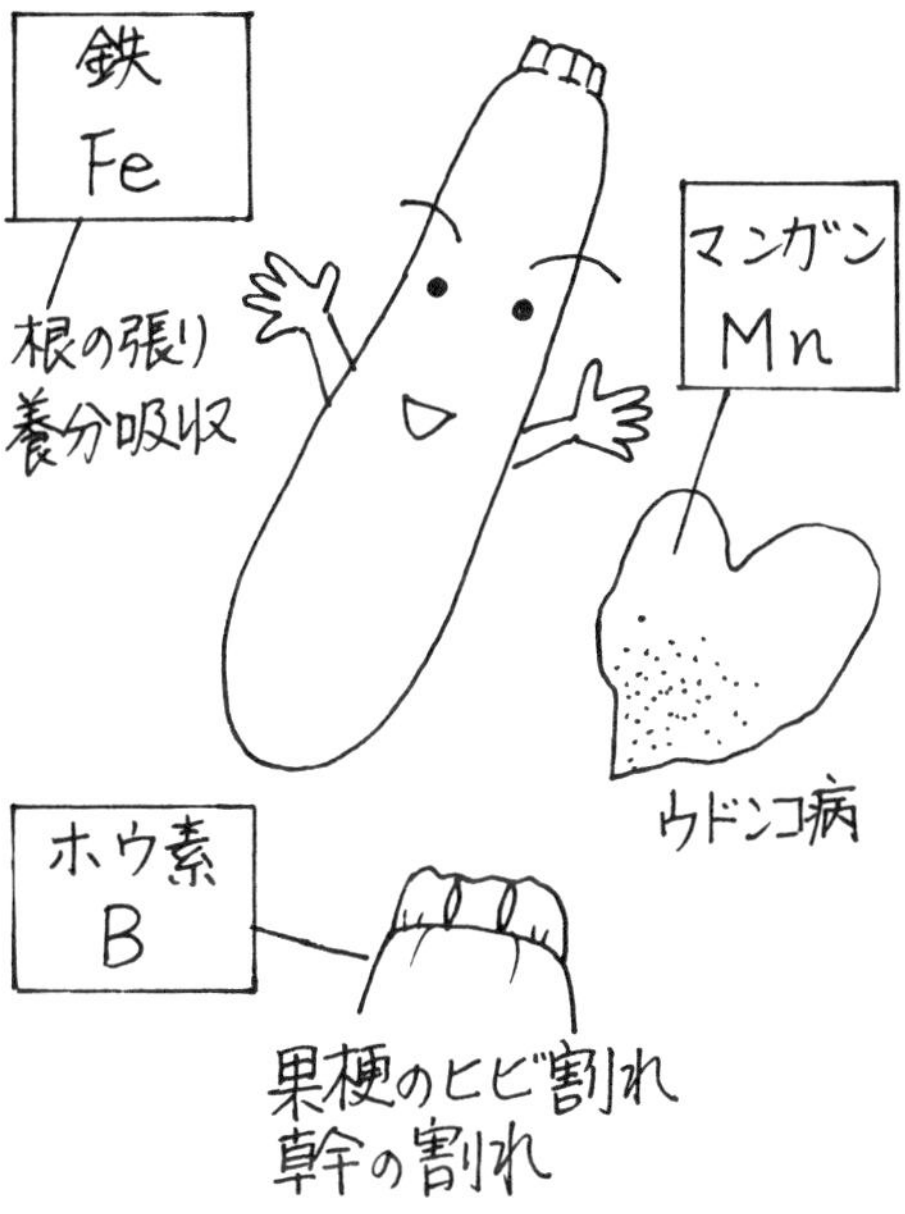
鉄
Fe
根の張り
養分吸収
マンガン
Mn
ウドンコ病
ホウ素
B
果梗のヒビ割れ
幹の割れ

図6―36　ズッキーニは微量要素の欠乏がけっこう多い

(6) 食酢施用で着花促進

ズッキーニはチッソの施用量が多いので、栄養生長優先になって、生殖生長への切り替えがうまくいかないことがある。花が咲かないのである。

こんなときは、食酢を二〇〇～三〇〇倍に薄めたものを土壌かん注するか、葉面散布する。食酢の炭水化物でチッソ優先に傾いた生育を戻し、生殖生長に切り替わるようにするのである。こうすれば花も咲くようになる。

◆オクラ（シシトウ・トウガラシ）

▼オクラ（シシトウ・トウガラシ）の栽培のポイント

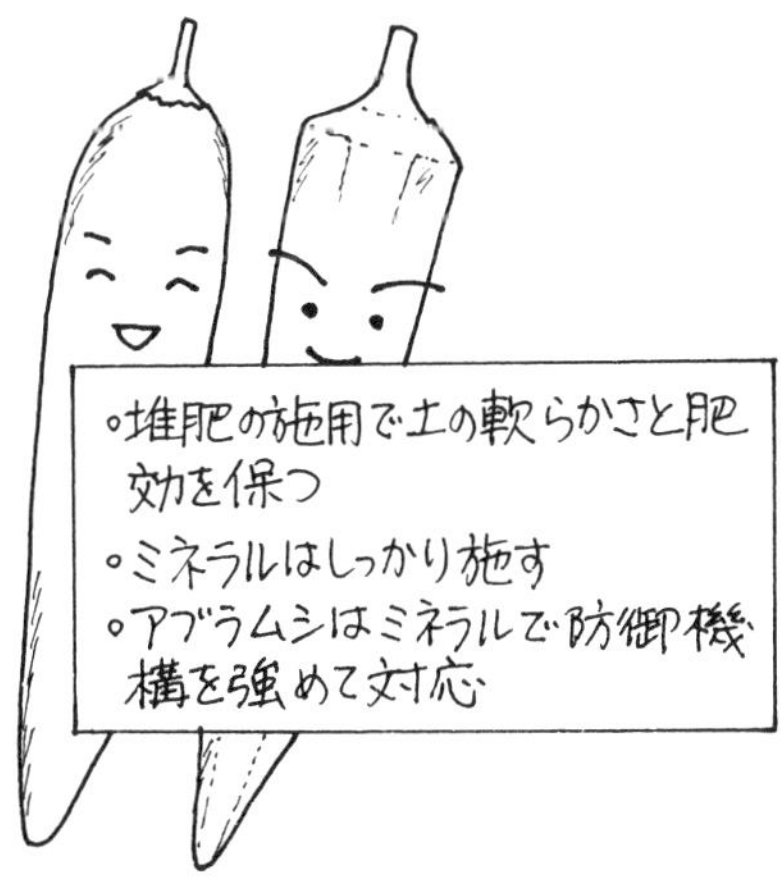
○堆肥の施用で土の軟らかさと肥効を保つ
○ミネラルはしっかり施す
○アブラムシはミネラルで防御機構を強めて対応

(1) よく似た育ち—日照を好み、連続して収穫する

オクラは高温と日照を好む、熱帯性の植物である。立ち性で草丈は一～二mほどになる。上に向かって伸び上がり、葉柄の付け根に花を着け、実を成らしていく。

シシトウ・トウガラシも日照を好む。草丈はシシトウで〇・五～一mほど、トウガラシで〇・五m程度である。

オクラとシシトウ・トウガラシは科は違うが(アオイ科とナス科)、いずれも日照を好むところや、収穫物を連続してかなりの長期間収穫するところなど共通するところも多い。施肥についてもほぼ同じと考えてよい。そこでここでは同じくくりで紹介する。

(2) 収穫終了まで締まらない土を用意

初期生育は旺盛にして、収穫が始まる頃から何回かの追肥を行なう。初期は葉を厚く、大柄に育て、花が着き始めてからは順次追肥を行ない、樹勢を維持する。追肥が多いからといって花が着かなくなることは少ないが、アブラムシなどの害虫や病気が発生しやすくなる。シシトウ・トウガラシは枝葉が混み合ってくるので、株内が蒸れて病害虫の格好の棲みかになる。

収穫期間が長いので、収穫が終わるまで土を締めずに、通気性と保水性を確保しておくことが大事である。

オクラではネコブセンチュウ、シシトウ・トウガラシではアオガレ病といった土壌病害虫に悩まされることがあるので、土壌管理では良質な堆肥を施用しておく。

対策としては、放線菌やバチルス菌の増殖した中熟堆肥の施用が欠かせない。できれば、太陽熱養生処理を行なって土壌団粒をつくると同時に、有用微生物を増やして土壌病害虫を抑制する。連作障害対策としても有効である。

(3) チッソ施肥

元肥には初期生育をよくするために、C/N比の低い(チッソの多い)アミノ酸肥料を使う。初期葉を厚く大柄にし、また根を初期から伸ばすためには、細胞づくりに都合のよいC/N比の低いアミノ酸肥料がよい。

堆肥はC/N比で一五～二五のものを使えばよい。この幅で、畑が粘土質だったり排水があまりよくないところではC/N比の高い(センイの多い)ものを使えばよいし、反対に畑が砂質

で水はけがよいようなところではC／N比の低いものを使えばよい。

元肥チッソに占める割合は、堆肥七に対してアミノ酸肥料三と堆肥の比重を多くする。堆肥のもっている肥効の持続力と、土の軟らかさを維持する力をいかすためである。

栽培、収穫期間とも長いので、追肥は必要だ。目安は、節間がそれまでの生長とくらべて狭くなってきたら、量はチッソで三〜四kgを目安として追肥する。その後も、節間の長さを見ながら、ほぼ二週間おきくらいで追肥する。

ただし、アミノ酸肥料がカビの仲間（ウドンコ病や灰色カビ病など）のエサにならないよう、必ず堆肥を一割程度混ぜる。堆肥中の有用微生物で病原菌を抑えるようにする。

(4) ミネラル施肥 ―石灰、苦土、カリとも多めに

ミネラルバランスは、石灰六〜五、苦土二・五、カリ一・五というように、各ミネラルとも多めに設定したほうがよい。気温が高いところでは石灰を多くして、少し生育を締めるようにする。

苦土を多めに設計するのは、葉が多く、厚いので、葉緑素の核となる苦土の要求量が多いから、また、カリを多めにしているのは、果実をタテに伸ばすためである。

石灰を六とした場合、塩基飽和度が一〇〇％になってしまうが、土壌溶液中でそうならないよう、石灰、苦土をク溶性と水溶性の資材で半々に設計する。こうすれば、初期は水溶性のミネラルが効き、続いてク溶性のミネラルが効くようになる。

いずれも栽培期間が長いので、生育の途中で減少することがある。土壌分析データに基づいて不足分を水溶性の資材で追肥する。

写真6－38　有機栽培のオクラ
（写真提供（株）ぐり〜んは〜と）

(5) オクラの微量要素

微量要素は鉄、マンガン、ホウ素、銅などを土壌分析をして不足分を補う。とくに、アブラムシが最近多いというような場合、ケイ酸と塩素（塩化マグネシウム＝ニガリ）が不足している可能性がある。ケイカルを一〇〇〜二〇〇kg、ニガリを一〇〜二〇kgほど施用してみるとよい。どちらも、野菜の防御機構を強くする役割をもっていて、病害虫に対する抵抗力を高めてくれる。

◆イチゴ

▼イチゴの栽培のポイント

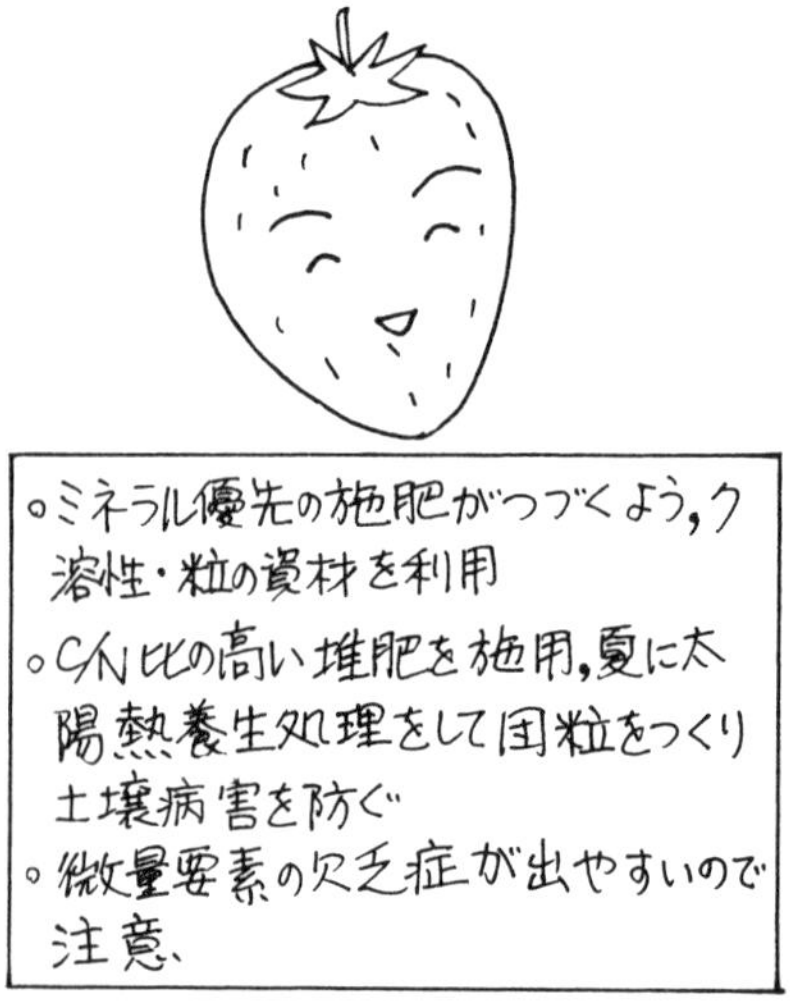
。ミネラル優先の施肥がつづくよう，ク溶性・粒の資材を利用
。C/N比の高い堆肥を施用，夏に太陽熱養生処理をして団粒をつくり土壌病害を防ぐ
。微量要素の欠乏症が出やすいので注意。

(1) 養分吸収不足が成り疲れを呼ぶ

定植された苗が活着して生長し、頂花房が開花して果実の肥大が始まると、株は大きく生長する。茎葉が生長するのと並行して、花房の花が次々と咲き、果実が肥大していく。その果実を収穫しながら栽培は続く。このように、イチゴは栄養生長と生殖生長を同時に行なう。

イチゴは、第一花房、第二花房と収穫が進むにつれ樹勢が落ちてしまうことが多い。着果負担が大きくなると根量が減少し、根の活力が低下しやすいからだといわれている。しかし私は、元肥として施肥したチッソなどの肥料養分が吸収され、吸い尽くされてしまったために根が退化するからではないかと考えている。その証拠に、水耕で栽培すると成り疲れしない。養液管理をきちんと行なっているからである。このようなことから成り疲れ、中休みは養分の欠乏によると考えられるのである。

この樹勢の低下は、促成栽培ではちょうど厳寒期に入る頃にあたり、退化した根を回復するまで収穫は中休みを余儀なくされてしまう。

その後、暖かくなってきたり、追肥の効果で根が伸びて養水分を吸収し、ふたたび花房に花が咲き、収穫が再開する。

写真6－39　次々と花が咲き，果実が肥大している有機栽培のイチゴ
（写真提供　農事生産組合野菜村）

(2) 中休みさせない ミネラル優先の追肥

高品質・多収のイチゴ栽培は、中休みしないよう、つまり根が途中で退化しないようにすることである。

しかしイチゴは根が浅く、肥料の濃度障害をおこしやすいので、栽培期間に必要な肥料をすべて元肥として施用できない。また、元肥を多くして生育旺盛にすると腋花房の分化が遅れてしまう。花数が増加して、厳寒期には成り疲れとなり、収穫は中休みせざるを得ない。

必要な養分は追肥で対応するが、この追肥はチッソだけで対応しようとすると、うまくいかない。最初に根が張っていた部分のミネラルはほとんど吸収されてなくなっているので、チッソ優先の施肥・生育になってしまう。ミネラル不足は後半の病気の発生や品質の低下を招く。

施肥のねらいとしては、やはりつねにミネラル優先の施肥になるように、ク溶性と水溶性の資材を組み合わせたり、形状（粒か粉か）をうまく使い分けて、意識してミネラル肥料を施肥することである。

さらに微量要素の不足もあるので、的確に補ってやることがポイントになる。

(3) 苗定植前に太陽熱養生処理

イチゴは乾燥・過湿を嫌う。そこで、ベッドにはC／N比の高い（二〇～二五）、センイの多い中熟堆肥を施用して、団粒構造をできるだけ長い期間維持するよう努める。このためには苗の定植前に、夏の太陽を利用した太陽熱養生処理を行ないたい。ベッドをつくってから透明のビニールで覆い、蒸し込むようにする。

これにより、団粒構造が発達し、保水性・通気性が高まる。同時に、中熟堆肥中の有用微生物が、イチゴの土壌病害であるタンソ病やイオウ病、イチョウ病などの病原菌を駆逐する。

イチゴの場合（促成栽培）は、定植が九月頃になるので、それまでの期間は畑は空いている。夏の太陽を利用して、ぜひやっておきたい。

（4） チッソ施肥

●堆肥中心で元肥は設計

初期生育ではしっかりした厚い茎葉をつくり、根をしっかりと伸ばさなければならない。イチゴの場合、土の保水性や通気性を損なわないことが第一なので、できればC／N比の高いアミノ酸肥料を施用する。しかし、堆肥でいれば、アミノ酸肥料のC／N比はあまり気にしなくてよい。もちろん、十分に発酵していることが前提ではあるが。

いま述べたとおり、堆肥はC／N比の高いものを使う。

できるだけ土の物理性を維持したいのと、肥効も長く効かせたいので、元肥チッソの割合は、堆肥七に、アミノ酸肥料三という比率にする。

●堆肥の有用菌と一緒に追肥

中休み、成り疲れを防ぐには根の退化を防ぐことで、そのためには、追肥を早めに行なうことが肝心である。

液肥で追肥する場合は、魚液などを発酵させた抽出型のアミノ酸肥料が適している。しかし、布袋に入れた発酵型のアミノ酸肥料をタンクに入れて、曝気したものを流してもよいし、マルチをはぐって発酵型のアミノ酸肥料を追肥してもよい。

ただし、有機のチッソを追肥する場合、有害な微生物を増殖させない工夫も必要だ。とくにイチゴの場合、退化した根を分解する有用微生物の活躍が大切だ。そこで、堆肥中の有用微生物を液肥と一緒に流す。

タンクに水を貯めて、そこに水の二～三％の中熟堆肥を入れ、二五～三〇℃、三～五日ほどエアレーションする。こうしてつくった液を流してやるのである。堆肥中の放線菌やバチルス菌も流し込めるので、病原菌の増殖などを抑えることができる（図6―37）。

なお、土壌分析をして不足しているミネラルを追肥する場合は、ミネラルを先に施用して、その後にチッソの追肥を行なう。

●追肥の時期と量は

追肥には、できればC／N比の高い（チッソの少ない）ものがイチゴの品質を高めるためには好ましいが、液肥として流すのであればC／N比はあまりこだわらなくてもよい。

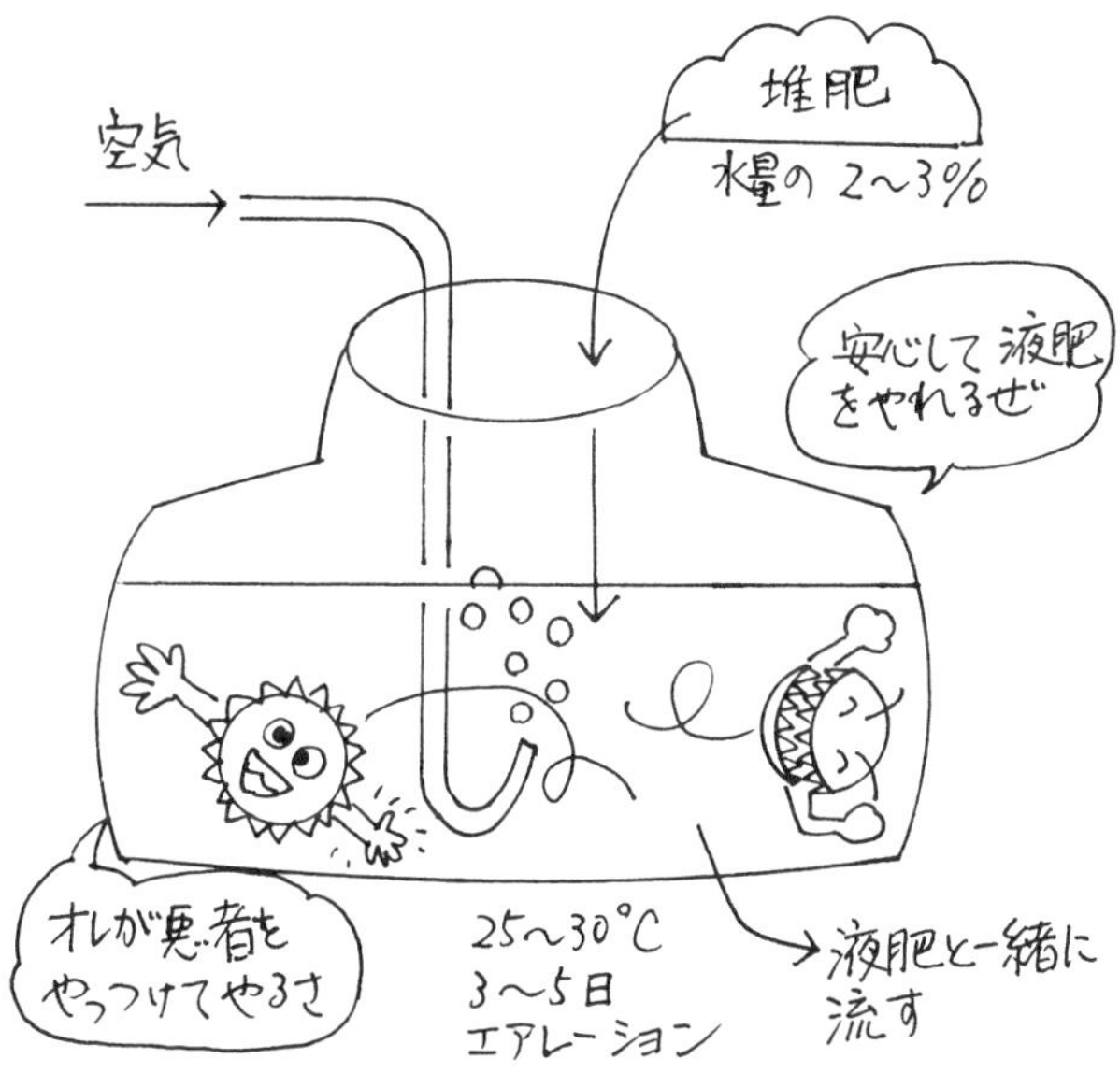

図6－37　有機のチッソの追肥で有害な微生物が増殖しない手立て

写真6－40　収穫期のイチゴの根
古い根から新しい根へと更新されていく
（写真提供　農事生産組合野菜村）

追肥の時期は、一回目が第二花房を半分収穫した時点でチッソ成分で二～四kg程度とする。

二回目以降は、その二週間後くらいを目安にする（二回目は第三果房の収穫の半ば頃になる）。この追肥時期は収穫の最盛期に当たり、とかく「追肥をする必要はない」「追肥をする時間がとれない」などといわれるが、すでに根の退化は始まっている。この時期から追肥をしないと、イチゴは中休みに入ってしまうので注意したい。

●量は少なく、こまめに追肥

イチゴは、吸収したチッソと光合成でつくる炭水化物でタンパク質をつくり、からだを大きくしていく。甘いイチゴがとれるということは、からだづくりに使われていたチッソが減って、

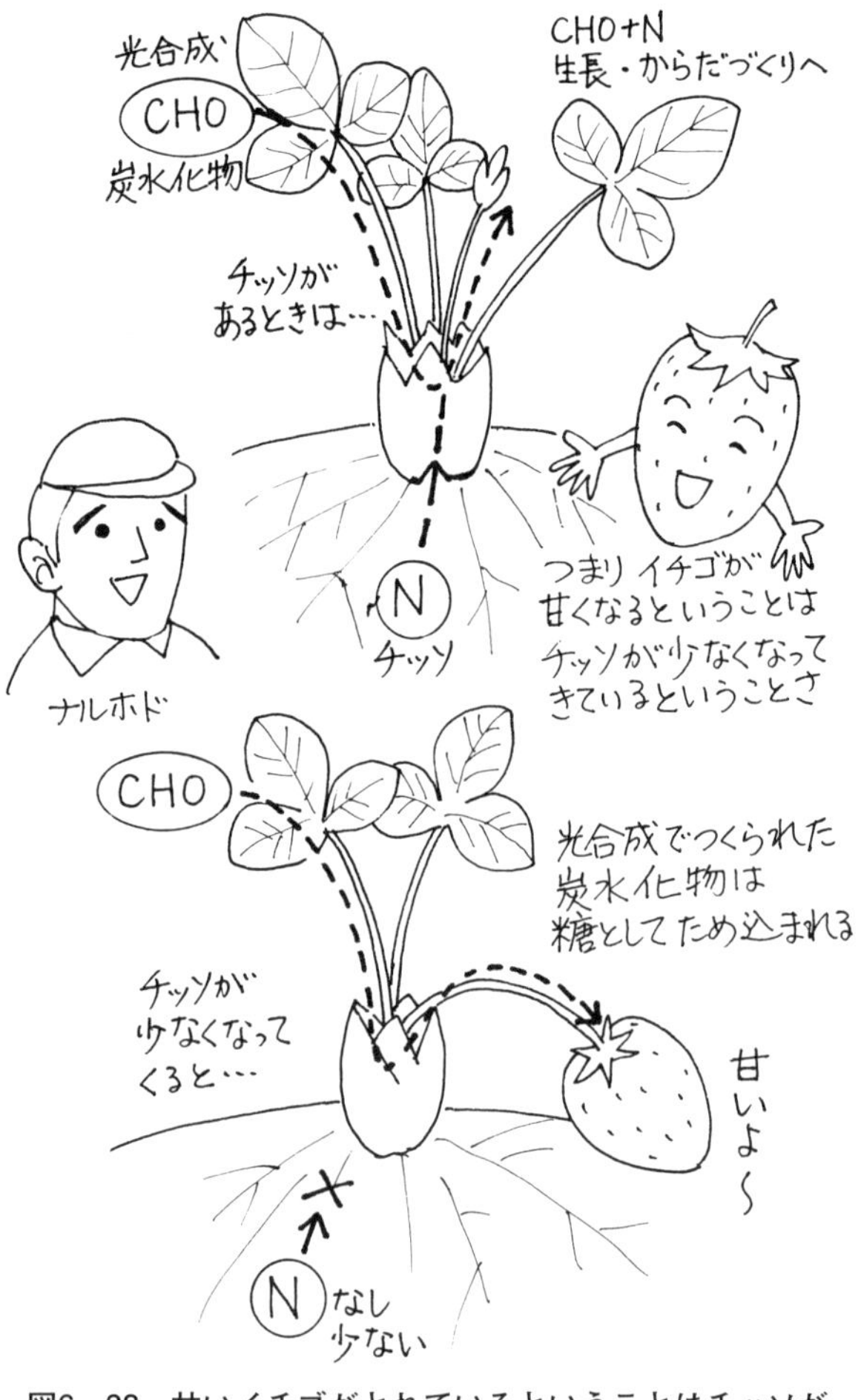

図6−38　甘いイチゴがとれているということはチッソが少なくなってきているということ

それまでからだづくりにまわっていた炭水化物が余り、その余剰分が糖として果実にたまることでもある。甘いイチゴがとれているということは、いいかえればチッソがすでに少なくなっている、追肥をする時期になっているということでもある。

チッソの追肥は成分を少なくして、こまめに施肥するのがよい。チッソが多いとイチゴの酸味が強くなる。

基本的には、チッソが不足してくると新葉の出方が遅くなり、葉も小ぶりになってくる。同時に玉も小さくなってくる。このようにならないようなチッソ量・間隔を見きわめることが大切である。

(5) ミネラル施肥

ミネラル施肥はイチゴの高品質多収を実現するためのもっとも重要なポイントである。

●石灰をしっかり効かせる

石灰、苦土、カリのミネラルバランスについては、石灰七～五、苦土三～二、カリ一～一・五という設計を勧めている。

イチゴの場合、果実表面が傷みやすいので、石灰をしっかり効かせて表皮を強くすることが必要である。また、石灰は酸を中和する働きがあるので、石灰が十分に効いていると、まろやかな酸味のイチゴになる。石灰が不足してくると酸が立つようになり、酸っぱさを強く感じる。

苦土も少し多めがよい。イチゴは寒い時期、太陽の光が弱い時期に収穫期を迎える。そのため、光合成がしっかり行なわれるように葉緑素の構成要素である苦土をしっかり効かせる。光合成によって炭水化物=糖をつくることで、甘いイチゴになる。また、光合成産物である炭水化物は、表皮を守るワックス層をつくる。苦土が不足してくるとワックス層が薄くなるので、株の下葉が照りを失ない、水をはじかなくなる。

カリは通常どおりでよい。もう少し大玉をとりたい場合は、カリを二と多めにする。ただしこの場合、酸味が強くなり、糖度も落ちることがある。また鶏頭果のような果形の乱れが多くなりやすい。寒い時期につくる場合は、一・五くらいに設計したほうがよい。

●ク溶性・粒の資材で ミネラル優先を持続する

ミネラルの問題がもっとも顕著に出てくるのが、第一花房、第二花房の果実の収穫時期に、根まわりの養分が吸い尽くされて根が退化してからである。通常、この頃から追肥をするが、チッソの追肥が主体になると、新しい根はチッソ中心に吸収して、ミネラルが不足する。生育はチッソ優先に傾き、花芽が弱くなる。軟化玉が増え、病気も増える。

だから、追肥の時期になってもミネラルが土壌中に残っているような元肥が大事なのである。追肥時期以降もミネラル優先の生育にすることがもっとも重要なポイントになる。

とはいえ、養分の過剰に弱いイチゴの根にとって、栽培期間中に必要な量のミネラルを元肥でいっぺんに施用されたのではかなわない。そこで、ク溶性・水溶性に、粒・粉という溶け方の違いを組み合わせた施用を行ない、調整するとよい。

具体的には、石灰と苦土については、ク溶性・粒で全体の六〇%、水溶性で四〇%（水溶性は粒、粉どちらでもよい）とする。ちなみに石灰のク溶性資材は炭カル、水溶性資材は硫酸石灰（石こう）を使えばよい。苦土のク溶性資材は水マグ（水酸化マグネシウム）や酸化マグネシウム、水溶性資材は硫酸苦土を使う。

なお、カリはすべてが水溶性だが、長く効くことを考えて粒状のものを使う。

このように資材を組み合わせることで、少しでもミネラル肥料の肥効を長く保ち、いつでもミネラル優先の肥効にしておくことができる。

●土壌診断で不足分を追肥

しかしそれでも追肥の必要が出てくる。そこで二週間に一回、土壌分析を行なって、その数値を元に不足分を追肥する。

石灰が減少したままだと、果実が軟らかくなって軟化玉が多くなり、ウドンコ病の多発を招いたり、酸味が強くなったりする。石灰が不足しているときは粉末のカキ殻を一〇a当たり六〇kg、マルチをめくってかん水チューブの下に振り入れる。これは暖かくなる前（三月頃）にやっておくと果実の品質維持に効果がある。

苦土は硫酸苦土を振り入れる。かん水に混ぜて施肥してもよい。

(6) イチゴの微量要素

イチゴは微量要素の欠乏がわかりやすい。とくに重要なものを紹介しておく。

●鉄―イオウ病の遠因にも

鉄は呼吸に関するミネラルであり、根張りにも関係する。根の弱いイチゴにはとくに重要である。鉄が不足していたり、水やりが多すぎて、株の真下の根が呼吸困難に陥り、腐ってしまうことがある。こうなると病原菌が容易に侵入してくる。イオウ病の原因の一つも、この株の真下の根の腐りがあると見ている。

また、鉄は赤い色素の核になってもいる。きれいな赤い果色を出すには鉄は大事で、なかでも赤味の強い品種ほど鉄をよく吸収すると考えてよい。

鉄不足の兆候はガクのつけ根に現われ、ガクの下の部分が白い首のように伸びてしまう。また、果皮の色が薄くなってくることがある。このような果実が出たら鉄の不足を疑うべきだ。対応としては、硫酸鉄を一〇a当たり二kgほど施用する。

●ホウ素―空洞果の原因に

ホウ素は細胞の結着剤のような役目をしている。そのためホウ素が不足してくると、組織がもろくなる。たとえば、果肉の中に空洞ができたり、中ほどが緻密でない果実がある。このような症状がホウ素不足である。

このような場合は、ホウ砂を一〇a当たり三〇〇～四〇〇gほど施用するとよい。

●マンガン―糖度不足、軟果に

マンガンは光合成に関係するミネラルである。不足すると光合成が十分できなくなるので、果実の糖度が上がらなかったり、表皮が薄くなって病気が侵入しやすくなったり、さまざまな弊害が出てくる。マンガンの不足は、まず株の中心の親葉の色が最初からうすかったり、まだらになったりすることから判断できる。

対応としては、硫酸マンガンを一〇a当たり一～二kg施用する。

●銅―アブラムシが多いと思ったら……

微量要素の銅もイチゴでは欠乏症が出やすい。葉の表面がマンガン欠のようにまだらになり、しかもアブラムシが着きやすくなってきたら銅不足を疑う。対策としては、硫酸銅を一〇a当たり一〇〇～二〇〇gほど施用する。

(7) ワンランクアップのわざ

●軟化玉に効くニガリ散布

促成栽培で、三月頃、暖かくなってくると、よく見られるのが軟化玉だ。果肉が軟らかいため、収穫時や輸送中に傷付き、商品価値を低下させる。

これは、暖かくなってきて水揚げがよくなり、チッソの吸収が多いときにおこる。生育がチッソ優先に傾き、光合成でつくられた炭水化物が細胞づくりにまわって、果皮を強くするセンイづくりが十分できなくなったことによる。

このようなときは、苦土の追肥に硫酸苦土ではなくニガリ（塩化マグネシウム）を使うとよい。苦土によって光合成も高まり、同時に、含まれている塩素が組織を引き締め、軟化玉を減らす効果がある。

●極上の甘みを出すには

イチゴの甘さを出すには、石灰をしっかり効かせて、イチゴの酸を中和することが大事だが、さらにもう少し上品な、すっきりした甘さを出そうとしたら、カニ殻やエビ殻の資材や海藻肥料を使う。ただし、コストもよけいにかかることになる。

●ミネラル優先でチッソを効かした苗つくりに

イチゴの苗つくりはタンソ病などの対策もあってなかなかむずかしい。

苗床の土は肥料を入れないほうがよいと考えられているが、肥料を入れたことによって病気が出やすくなったとしたら、それはチッソ優先の施肥になっているからだ。チッソ優先の肥効では、苗は花芽分化しにくく、木ボケしやすくなる。同時に表皮が薄くなりがちで、病気も呼びやすい。生育全体が軟らかい育ちになるからだ。

しかし、きちんとミネラルを施用して苗床をつくっておけば、光合成がしっかり行なわれて、炭水化物を株元にため込んだ腰の太い苗ができる。このような苗は炭水化物優先の生育になり、花芽分化もしやすい。苗床での生長は、生殖生長を促すことが肝心だが、そのためにはミネラル優先の施肥をすることが大切なのだ。

苗床の土にはミネラルを十分に施用する。チッソなしでは苗は弱ってしまう。一〇a当たりに換算して六〜八kgくらいのチッソは必要である。

　チッソが切れてくると苗が赤くなってくるが、これは含糖率が高まっていることを意味している。つまり、センイに組み替えられる前の糖が多く、カビ類が増えやすい栄養状態になっている。こんなときにタンソ病菌におそわれる。タンソ病はチッソ、ミネラルが少ないためにかかる、いわば栄養失調が原因の病気といえる。

　ミネラルが十分にあって、炭水化物優先の生育をしている苗であれば、光合成でつくられた炭水化物＝糖がセンイに組み替えられ、表皮を丈夫にする。同時に花芽分化を進めることができるので、生殖生長を促すことができる。

写真6－41　イチゴ苗の根の違い
右がミネラルをしっかり施用して育てた苗。根が白く量も多い　（写真提供　農事生産組合野菜村）

●温水の利用も

　追肥は通常、液肥を使うが、このとき温水を使うことができれば、施肥の効果も格段によくなる。冬場のイチゴの栽培は、ハウスの中でも地温が低くなりがちで、施肥の効果も上がりにくい。ボイラーなどで温水をつくり、液肥に利用すると、施肥効果も上がり、中休み、成り疲れのような収量の落ち込みもなくなり、増収が実現できる。

　一八℃を切らない温水が、一〇a当たり一回に三tは必要になる。面積が大きければ、それだけ水量は必要になるが、自分で工夫してプールのようなものをつくっている農家もある。バックホーでプールを掘り、外壁を発泡スチロールで囲い、温水を溜め、水温が下がらないように断熱性のあるシートをかける、といった低コストなものだが、その効果は抜群で、中休みなしで高品質・多収のイチゴ栽培を続けている。

1 生育の特徴と施肥

栄養生長から生殖生長が始まる時期にチッソ肥効が強いと、花が着かなかったり、飛んだりする。いわゆる「木ボケ」の現象をおこす。

(1) 生殖生長後も栄養生長を続ける

マメ類タイプの野菜は、タネを播種するか、育てた苗を定植して栽培する。

播種（定植）してから前半の生育は、葉を順次伸ばしながら生長し、光合成が十分に行なえるからだをつくる（栄養生長）。そして光合成による炭水化物生産が多くなり、体内の炭水化物が余るようになると、花を着け、実を結び、サヤ、マメが肥大する（生殖生長）。しかしその後もマメ類タイプの野菜は葉をつけ、草丈を伸ばしていく。

収穫期間中も、栄養、生殖を並行させながら生長を続けていくのがマメ類タイプである。

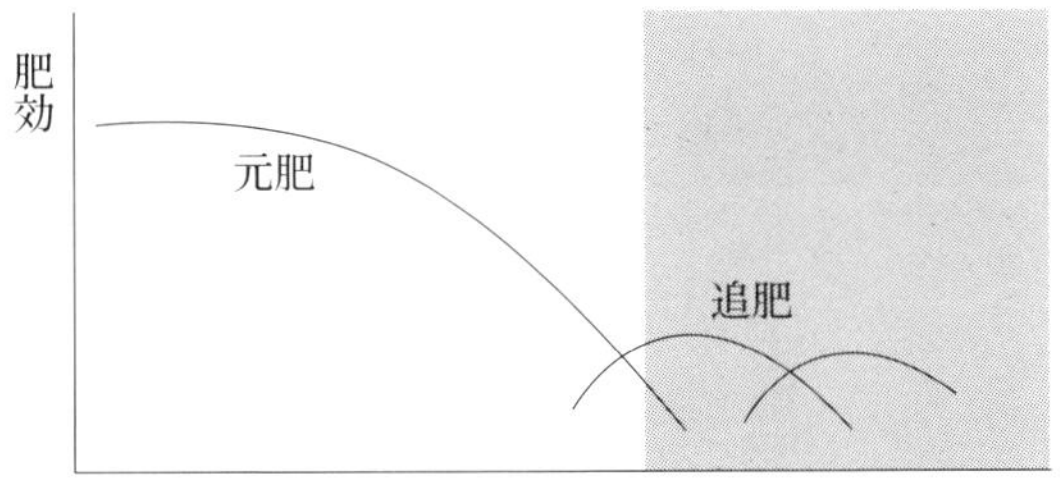

図6−39　マメ類タイプの肥効と収穫時期

また、根には播種後、一ヵ月くらい経ってから根粒が着く。根粒では、バクテリアが根と共生して、バクテリアは植物から栄養を分けてもらい、かわりに、空気中のチッソを有機のチッソにかえて植物に供給している。

(2) 早いからだづくりで生育転換

初期生育をよくして順調に葉を伸ばしていくことが大切だが、いつまでもチッソが効いていては木ボケするので、生殖生長開始時期にはチッソ肥効を上手に減少させたい。そのためにも、からだを早く大きくして土壌中のチッソを減らすことである。そうすれば、低い位置から花を咲かせることができ、サヤ数も多くなり、収量も多くなる。そして、光合成によってつくられた炭水化物をマメにしっかりため込むことができる。

栄養生長から生殖生長への切り替えがスムーズにいったら、その後は、チッソ分の追肥を少量行なって栄養生長を続けさせながら、同時に生殖生長を安定させるような施肥がポイントになる。

そのためには、堆肥による地力的な肥効を土台にそれを維持しながら、アミノ酸肥料によってしっかりと生殖生長を続けられるようにすることである。マメ類タイプの野菜は、堆肥やアミノ酸肥料に含まれている炭水化物と、光合成によって自らつくる炭水化物とを合わせることで、マメを実らせ、充実させるのである。

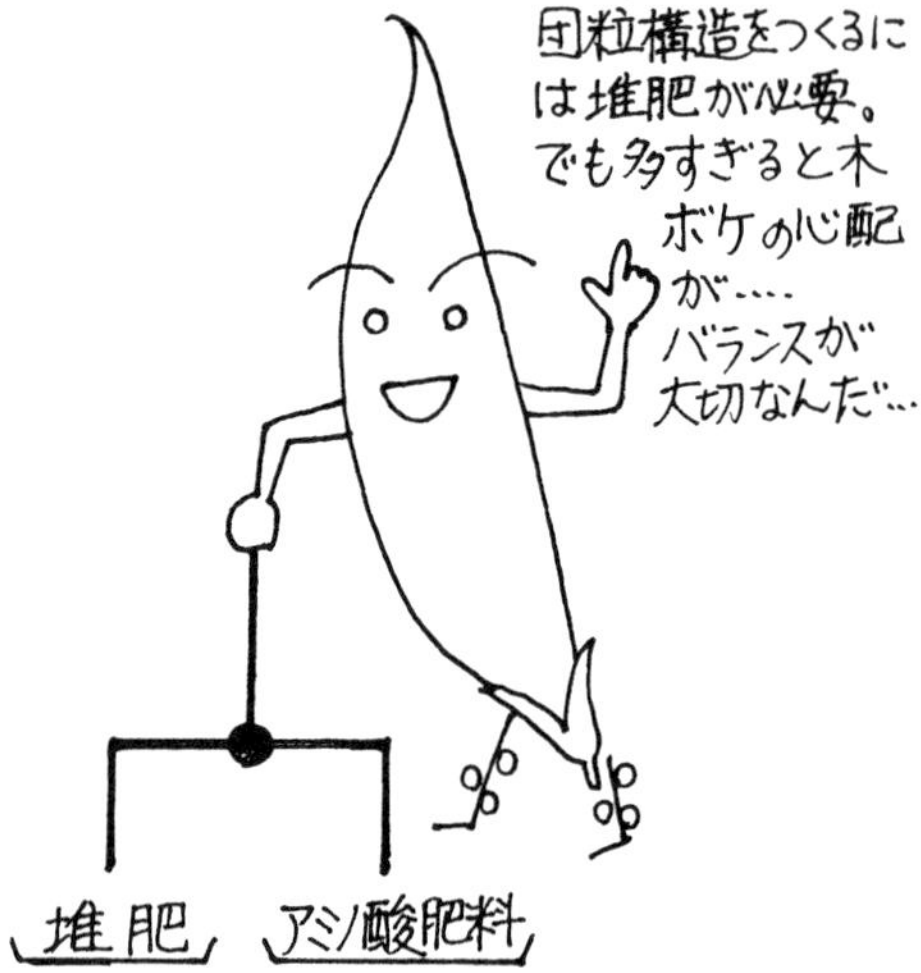
団粒構造をつくるには堆肥が必要。でも多すぎると木ボケの心配が….バランスが大切なんだ…
堆肥
アミノ酸肥料

図6－40　堆肥施用のバランス

2　施肥のポイント

(1)　土つくり、土壌管理

マメ類は根粒を着け、そこからの養分も使って生長するので、施肥量はそれほど多くいらない。しかし、根粒がついて活躍するためには、適当な土壌pHや有機物、団粒構造の発達した土が必要だ。

とくにマメ類は水の要求量が大きい反面、過湿には弱い。そのため、排水のよい畑を好む。このような土にするには、C／N比の高い、センイの多い、堆肥の施用が必要だ。ただし、施用量が多すぎて、木ボケにならないよう注意が必要だ。

チッソの遅効きを防ぎながら、土の物理性を保つには、ウネを高くするなど、耕種的な手立ても併用する。また、水の要求量が多いので、かん水の設備やウネ間へのかん水ができるような条件の畑で栽培するとメリットが大きい。

センチュウや土壌病害もあるので、作付け予定の畑で、夏に太陽熱養生処理を行なえば、団粒構造の発達と土壌病害虫の抑制を同時に行なうことができる。

(2) チッソ施肥―C／N比の高い肥料がポイント

元肥のチッソ肥効は、①初期に高く、生育を進められること、②木ボケにつながらないように、適当な時期に切れること、この二点がポイントである。そのため、チッソ肥料には、C／N比の高い（チッソの少ない）生殖生長タイプのアミノ酸肥料を使う。C／N比が高いので、含まれている炭水化物部分が多くなり、植物体内での炭水化物総量が多くなり、花を着けるのも早く、木も暴れることが少ない。

堆肥もC／N比の比較的高いものを使うが、とくに留意することは、元肥チッソに占める堆肥とアミノ酸肥料の割合である。堆肥が多いと、肥効が長くなって、木ボケの危険がつきまとう。他の作目よりもアミノ酸肥料の比率は多く、具体的には両方を半々で施用して、肥効の切れ上がりをよくする。

また追肥は、マメ類の種類と天気にもよるが、花の咲き始めに行なうことが多い（各作目別に紹介）。天気のよいときはC／N比の低いアミノ酸肥料、天気の悪いときはC／N比の高いアミノ酸肥料を使うとよい。種類によっては数回の追肥を行なうことになる。

(3) ミネラル施肥―「上限値」までが原則

マメ類はミネラルを多く必要とする。収穫するマメはデンプンなど炭水化物のかたまりであり、炭水化物を生産する光合成を旺盛にするためには、きちんとミネラル肥料が「上限値」まで施用されている必要がある。

追肥については、土壌分析値に基づいて不足分を補う。

(4) 微量要素の施肥―鉄とモリブデン

花が咲き、マメやサヤが大きくなってくるときには、多くの炭水化物を生産して、マメに送り込まなければならない。そのために、多くのエネルギーが必要になる。エネルギーは呼吸によって得られるが、呼吸に関わるミネラルとして鉄が不足しないよう十分留意しなければならない。

また、モリブデンはあまりその効果は知られていないかもしれないが、とくにマメ科の作物にとっては重要である。なぜなら、マメ類タイプの野菜がチッソ分を吸収して、光合成でつくられた炭水化物を組み合わせて、より大きな分子をつくるときに必要になるのがモリブデンである。とくに根粒菌ができていく過程で必要になる。

ただ、モリブデンの必要量はごくわずかで、私が勧める海藻肥料を施用することで、十分な効果がある。

3 各野菜別の勘どころ、注意点

マメ類タイプの野菜は、栽培上大きな違いはないので、各野菜ごとに特徴となる点、注意する点などを以下に紹介する。各野菜の施肥一覧は表6―11に掲載したので、参考にしてほしい。

◆エダマメ

(1) 初期肥効で大きなからだづくりを

初期生育をよくして、光合成能力を高めるようにするのは、他のマメ類同様第一のポイントになる。もともと施肥チッソはあまり必要とせず、少ないチッソを利用して生長し、広げた葉によって光合成を行なう。その後、生殖生長に切り替わる時期になってもチッソが効いていると、木は大きくなっても、いっこうに花は咲かず、実を結ばない。いわゆる「木ボケ」をおこす。実の着く位置は高く、数も少ない。草丈が伸びて倒伏しやすくなり、収量・品質も安定しない。

▼エダマメの栽培のポイント

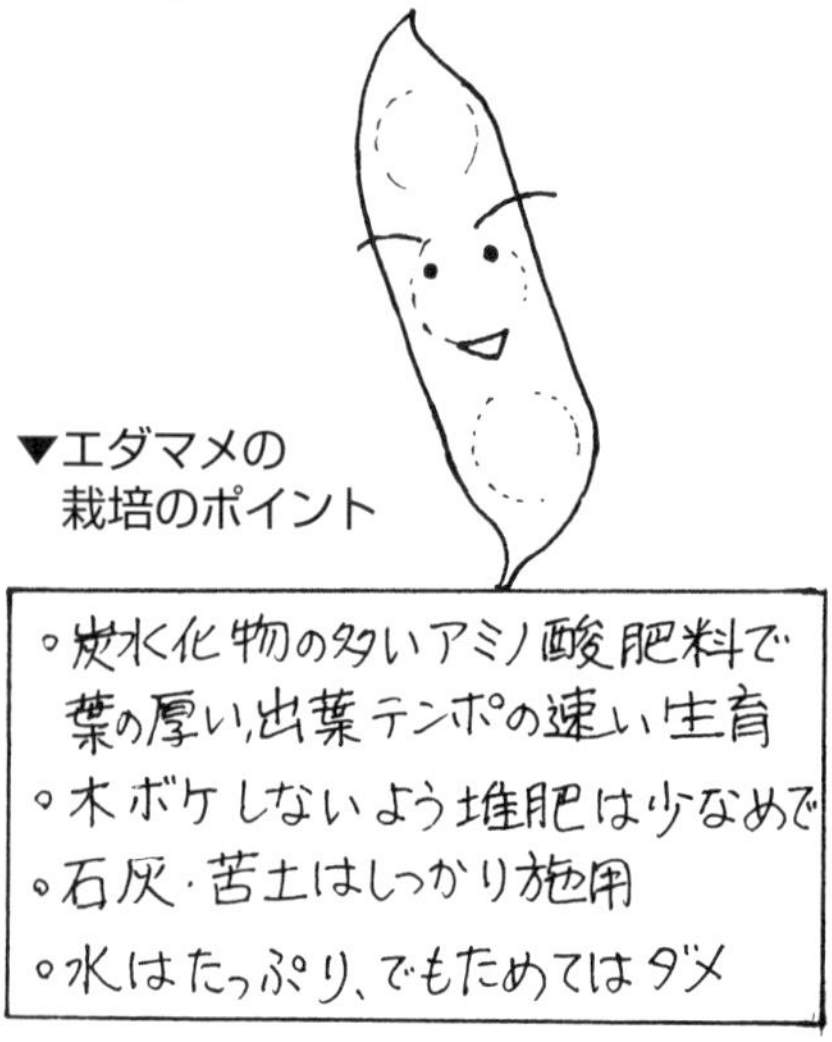

・炭水化物の多いアミノ酸肥料で葉の厚い出葉テンポの速い生育
・木ボケしないよう堆肥は少なめで
・石灰・苦土はしっかり施用
・水はたっぷり、でもためてはダメ

収量・品質のよいエダマメをつくるには、初期肥効をよくして厚く大きな葉をもった地上部にして光合成を高める。そして、生殖生長へ切り替わる時期にはチッソ肥効を落とし、スムーズに生育転換するようにする。こうなれば、地上部の枝葉の伸長はゆっくりになり、エダマメは自分の子孫をつくる生長に転換する。吸収した肥料養分や光合成でつくられた炭水化物が、枝葉の伸長（栄養生長）から花や実の生長・肥大（生殖生長）に使われるようになる。結果として、低い節位から花を着け、実は充実していく。

(2) C／N比の高いアミノ酸と堆肥を施用

●木ボケしない施用量に注意

このような生育を進めるために、C／N比の高い（チッソの少ない）アミノ酸肥料を使う。C／N比の高いアミノ酸肥料は、炭水化物部分を多くもっているので、初期から葉の厚い、出葉テンポの速い生育をさせることができる。このような生育をすると、見た目は小ぶりだが、節間の短い葉の枚数の多い姿になる。

堆肥はC／N比で一五～二〇くらいのものを使う。この堆肥の施用で、収穫期間中、土を軟らかく維持すると同時に、炭水化物をエダマメに供給する。

ただし、堆肥の施用量には注意が必要で、元肥チッソに占める割合は、三分の一～四分の一程度と少なくする。堆肥のチッソ肥効はアミノ酸肥料にくらべてゆっくりと長効きする。堆肥の量が多いと生殖生長に切り替わってほしい時期にも堆肥の肥効が続いて、木ボケする。スムーズに生殖生長に転換できなくなってしまう。

なお、エダマメの木の節間が短くなって、花数が多くなるのはアミノ酸肥料や堆肥の炭水化物が影響していると考えているが、サヤの中のマメ数が有機栽培で多くなるのは、アミノ酸肥料によると見ている。

つまりアミノ酸肥料によって部屋数が多くなり、一サヤのマメ数が多くなる。花数、一サヤのマメの数が多くなるので、収量も多くなると考えている。

●追肥は根粒菌の付着しだい

追肥は、できるなら根粒菌が活躍して空中チッソを固定して、エダマメに供給してくれるのが、コスト的には一番よい。この根粒菌は、元肥チッソが切れてくると着き始める。チッソがまわりにあるときは、あまり表舞台に出てこない。

そこで、花が咲き始めたら平均的な株を抜いて根粒菌の付着を確認し、着いていれば追肥せず、着いていなければチッソ成分で一～一・五kgを追肥するようにする。ただし、根粒菌が着いていてもエダマメに十分な量のチッソ分を供給してくれるかどうか判断しにくい難点はある。

また追肥した場合は、丸々と充実したエダマメが収穫できるようになる。

(3) ミネラル肥料の役割 ─根粒菌の付着にも影響

エダマメはミネラルも多く必要とする。

石灰、苦土、カリのミネラルバランスは、五：二：一でよい。

野菜施肥一覧

肥			追 肥			
ラ ル（割合）			堆肥	アミノ酸肥料	ミネラル肥料	微量要素
（苦土）{ク溶性 水溶性	（カリ）	重要な微量要素				
40（粒） 60	水溶性	Fe，Mn，B，Cu，Mo	—	1.5kg	土壌分析 水溶性	—
40（粒） 60	水溶性	Fe，Mn，B，Cu，Mo	—	2kg	同上	—
50（粒） 50	水溶性	Fe，Mn，B，Cu，Si，Cl，Mo	アミノ酸 肥料と同時	3kg／回	同上	—
60（粒） 40	水溶性	Fe，Mn，B，Cu，Mo	同上	2－3kg／回	同上	—
80（粒） 20	水溶性	Fe，Mn，B，Cu，Si	—	（2－3kg）	—	—
30（粒） 70	水溶性	Fe，Mn，B，Cu，Si	アミノ酸 肥料と同時	4－5kg／回	同上	—

きく異なることがあるので注意する。

石灰はク溶性の資材を使うが、長く効くように粒と粉の資材を半々で設計する。石灰はエダマメの味に影響し、十分にあると甘みが増すように思う。

苦土は、ク溶性の資材四に対して水溶性の資材六として、栽培期間中、不足することがないようにする。苦土は光合成による炭水化物生産にもっとも重要なミネラルであり、収量・品質に直結するからである。

ミネラルの施肥はきちんと土壌分析を行なって決めることが大切で、とくに水田からの転換畑の場合によくあることだが、ふつうの畑以上に石灰や苦土が不足していることが多い。そのことを知らずに、畑と同じような施肥設計で栽培すると、「収量・品質が上がらない」「マメが硬くて甘みが少ない」ということになりがちだ。

また、石灰や苦土が少ない土はpHも低く、根粒菌も着きにくい。根粒菌か

表6−11 マメ類タイプほかの

種類＼施肥	元					
	チッソ				ミネ	
	施用量(kg)	堆肥 C／N比	アミノ酸肥料 C／N比	チッソ割合 堆肥：アミノ酸肥料	バランス{石灰 苦土 カリ}	(石灰){ク溶性 水溶性}
エダマメ	6〜8	15−20	低	5：5	5 2 1	50（粒） 50
ソラマメ	6〜8	15−20	高	5：5	5 2 1.5	50（粒） 50
サヤインゲン	6〜8	20−25	高／低	7：3	6 2.5 1.5	50（粒） 50
エンドウ	7〜10	15−20	低	6：4	6−5 2.5 1.5	50（粒） 50
トウモロコシ	25〜30	15−20	低	6：4	5 2 1	50（粒） 50
アスパラガス	年間 30kg 以上	15−20	低	6：4	6 2.5 1.5	50（粒） 50

＊数値はすべておおよその目安。とくに元肥チッソ施用量については品種・作型によって大

らのチッソ分の供給が少ないために、エダマメの生育が悪かったり、収量の伸び悩みがおきている畑もある。石灰、苦土といったミネラル肥料は、肥料養分として直接エダマメに吸収利用されるだけでなく、マメ科植物に共生する根粒菌の着き方にも影響する。

(4) 水分を切らさない

エダマメは完熟すればダイズになるが、昔から「アゼ豆」と呼ばれて、田んぼのアゼでよく栽培されていた。田んぼのアゼは、水がたまっている田んぼの上につくられた高ウネの畑のような環境である。そのような環境でダイズは栽培され、安定した収量を上げてきた。それだけ水の要求量が多いということでもある。

したがって、エダマメ栽培では、いつも適度な湿り気があるようにしてお

く。とくに、夏場、気温が高くなり、乾燥すると、有機のチッソが硝酸態チッソに変わる。硝酸態チッソを吸収すると、タンパク質合成などに炭水化物が消費され、マメにため込むべき糖分が減って、食感もボソボソとしたおいしくないエダマメになる。

かといって、水の入れすぎ、たまり水は根ぐされを招くので注意がいる。おいしいエダマメをつくるには、水のかけひきがしやすい畑であることが何よりも大切である。転換畑は水の便がよいのでこの点では適しているが、干ばつ時などは水をかけたらすぐに落水するようにする。とにかく水をためてはいけない。

▼ソラマメの栽培のポイント

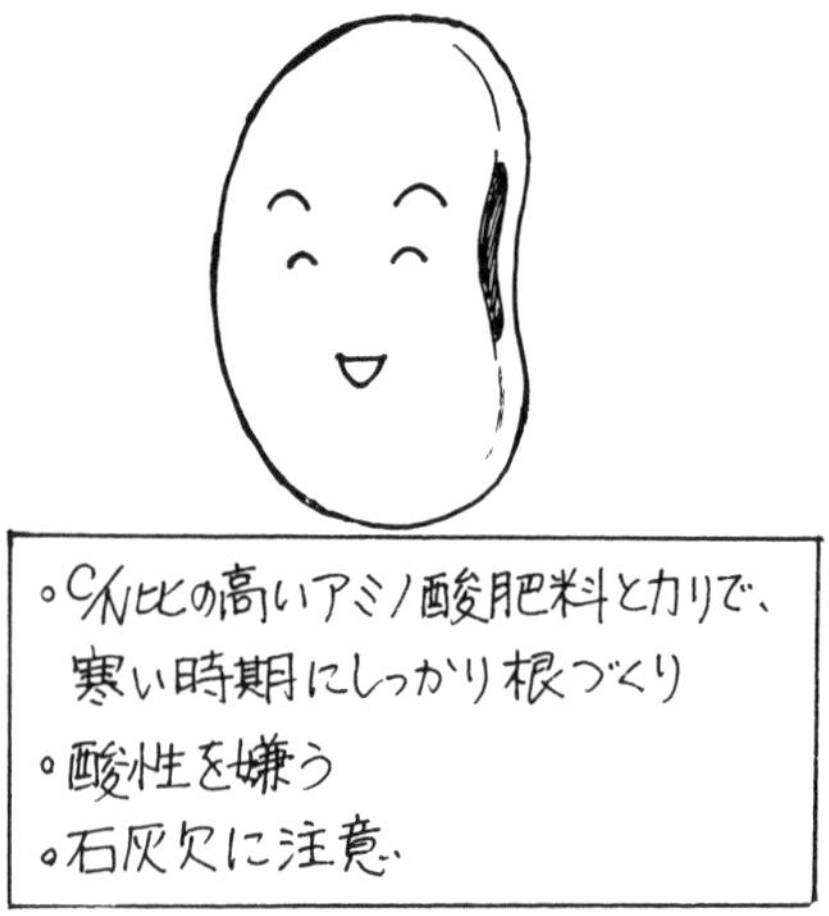

◆ソラマメ

(1) 生殖生長と栄養生長がはっきりしている

ソラマメには秋まきや春まきの作型があるが、どちらにしても寒い時期に初期生育が進む。そこでまずは根づくりをしっかり行なう。とくに秋まきの作型では地上部は小さいまま越冬させる。本葉五～六枚頃から寒さに弱くなるので、早くから大きく育てると、冬を越すことができない場合がある。

春になると側枝が伸びて、花芽をつける。そして、サヤが大きくなり、中のマメが肥大する。栄養生長と生殖生長がはっきりしているマメ類タイプの野菜である。そのため、元肥の肥効が遅くまで効いていると花飛びなどして、収量や品質に悪影響を及ぼし、アブラムシなどの病虫害を招くことにもなる。

(2) 中熟堆肥で団粒構造づくりを

ソラマメは栽培期間が長く、その間、土が締まらないように堆肥の施用も大切である。また、水分を好み、とくにサヤの肥大期の水不足は収量減を招く。しかし、根まわりに酸素を多く必要とし、湿害も受けやすいので、団粒構造の発達した土つくりを行なって、排水性・保水性をよくする。そのためには、C/N比で一五~二〇の中熟堆肥を施用して、団粒構造をつくっておく。秋まきでは、夏に太陽熱養生処理を行なっておけば、立枯病などの病害が抑制できるとともに、団粒構造を発達させられ一石二鳥である。連作障害が出ているような畑では試してみるとよい。

(3) チッソ施肥

●多量要素も微量要素もタップリ

ソラマメはマメ類タイプの中でもとくに養分をよく吸収する。

チッソや石灰、苦土、カリといった多量要素とともに、微量要素も他のマメ類タイプの野菜にくらべて多量に吸収するので、不足しないよう施肥することがポイントになる。とくに石灰欠が出やすいので、十分留意する。

●元肥チッソはC/N比の高いアミノ酸肥料

秋まきの作型は冬を越すことになり、春まきの作型は寒い時期に、播種する。どちらの作型も、まだ寒い時期に初期生育が進むので、元肥のアミノ酸肥料にはC/N比の高い（炭水化物の多い）肥料を使う。寒さ、日照の少ない条件下でも、光合成を補うことができるからである。寒い時期は地上部の生長はほとんど止まっていても、水溶性のアミノ酸肥料であれば根づくりを進めることができる。春に向けて、気温・地温が高くなるまでに、じっくりと根づくりをしておくことが、その後の強い生長につながる。

●堆肥半分、アミノ酸半分

元肥チッソに占める割合は、堆肥とアミノ酸肥料は半々でよい。アミノ酸肥料は冬に向けて根づくりに使われるので、半々より多くても大丈夫である。ただし、元肥のチッソ総量は四~五kg程度にとどめる。そうでないと、生殖生長への転換がスムーズに行かず、木ができすぎて花飛びする危険がある。

写真6－42　有機栽培のソラマメ
養分の吸収がマメ類の中でもとくに多い
（写真提供（株）ぐり～んは～と）

●追肥は二回程度、量に注意

栽培期間が長く養分の吸収量も多いソラマメは、追肥を必要とする。

追肥の時期は、開花前のつぼみができた頃から花が二～三個咲いた頃に一回目を施す。施用量はチッソ成分で一・五～二kg程度。二週間後に二回目の追肥、同一～一・五kgを施す。春から初夏にかけての追肥になり、日照時間も長くなり、気温も上がってくる時期なので、アミノ酸肥料のC／N比にはあまりこだわらなくてもよい。ただし、チッソの量が多いとアブラムシが着きやすくなるので注意する。

(4) ミネラル肥料

●生育前半にカリを

ソラマメはミネラル肥料の要求量も多い。ミネラルバランスは、通常の五：二：一よりカリ分を多くして、石灰五：苦土二：カリ一・五で設計する。カリを多くするのは、生育前半が寒い時期に当たるので、カリを増施して養分の転流を促し、冬の根づくりを進め、春の生長を促すためである。また、カリが不足すると後半の生育が悪くなり、下葉の枯れ上がりが早くなり、収量が上がらなくなるので、土壌分析に基づいて施肥する。

またソラマメは酸性を嫌うので、ミネラル肥料の設計はpH七・五くらいで設計してもよい。このとき、塩基飽和度の計算が一〇〇%を超える場合もあるが、石灰をク溶性の粒と粉の資材で半々使い、苦土をク溶性四、水溶性六で設計すれば、土壌溶液中へ一度に溶け出すことはないので、作物への悪影響はない。

●石灰欠に要注意

ソラマメは石灰欠が発生しやすい。ソラマメの種皮にしみが出るシミ症や、新葉が内側に巻き込むように萎縮する症状が石灰欠乏である。石灰は土壌分析に基づいてきちんと元肥で施用しておく。

その他、チッソの追肥の前に土壌分析を行なって、不足しているミネラル分があれば追肥をする。

(5) 微量要素の施肥 —アブラムシ被害には銅不足を疑う

微量要素としては鉄、マンガン、ホウ素、銅など、どれも上限値一杯に施用する。

とくに、天気がよいのにアブラムシがよくつくときは、銅が不足している可能性がある。銅はアミノ酸からタンパク質をつくるときに必要な酵素の成分なので、銅が不足すると有機のチッソがタンパク質になれずに液状のままとどまる。アブラムシにとって液状のチッソ有機物はエサとして吸いやすいので、銅が不足している植物にはアブラムシがつきやすくなる。

このような場合は、硫酸銅で最大一〇〇～二〇〇gほどを堆肥に混ぜて元肥施用時に施肥すると、アブラムシの被害が減ることがある。

◆エンドウ

(1) 炭水化物優先の生育をめざす

エンドウにはサヤを食べる種類と、青実を食べる種類とあり、それぞれ多くの品種がある。本葉四～五枚くらいから巻きヒゲを出し、支柱などに絡みつきながら生長していく。花芽分化も早く、サヤインゲンと同じように栄養生長と生殖生長が並行するかたちで生育する。そのために、C／N比の高い有機の資材を使いながら、チッソの施用量を多くする。ただ、チッソが多すぎると、ウドンコ病や灰色カビ病、アブラムシ、ハモグリバエといった病害虫が多くなる。炭水化物優先の生育、ミネラル優先の施肥を行なうことが大切である。

▼エンドウの栽培のポイント

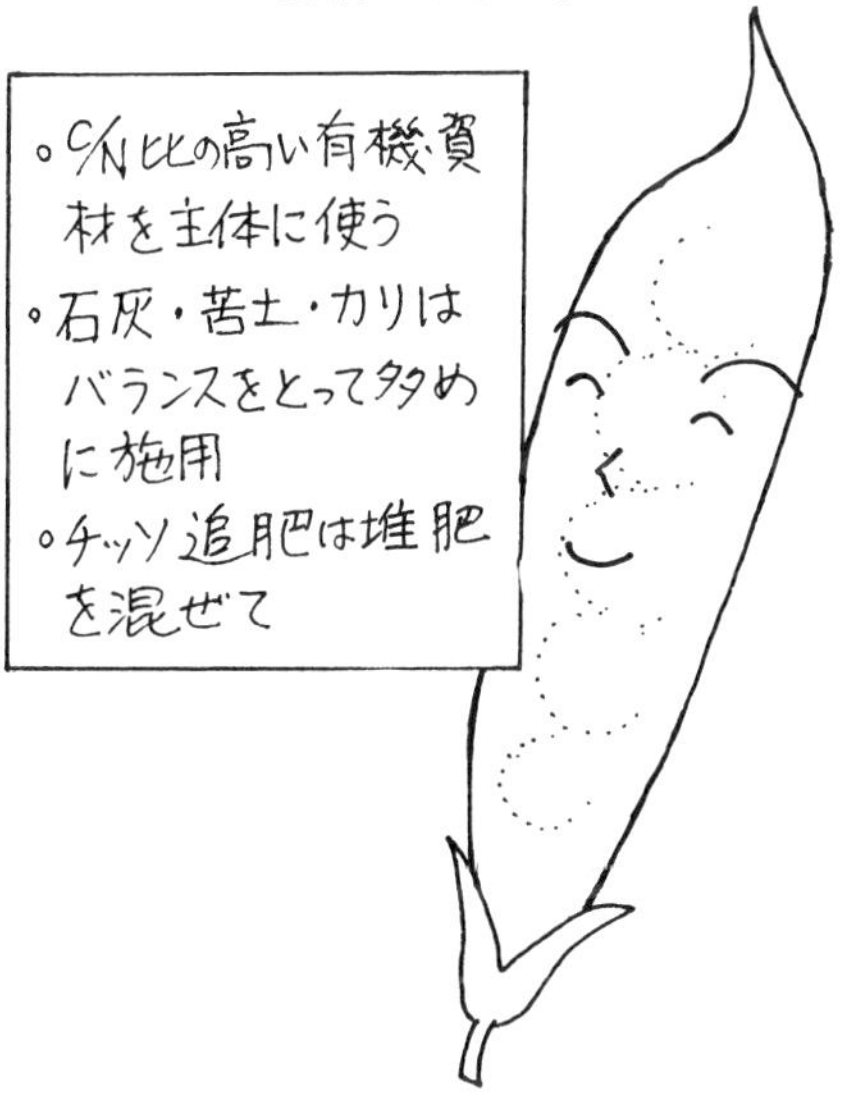

。C/N比の高い有機資材を主体に使う
。石灰・苦土・カリはバランスをとって多めに施用
。チッソ追肥は堆肥を混ぜて

(2) 根を守る太陽熱養生処理

根は深根性で、一m以上張ることもあるが、根の表皮は軟らかく弱い。そのため、病原性のカビの仲間やセンチュウの被害が大きい。

そこで、エンドウを連作している場合や土壌病害虫が心配される場合は、夏場に太陽熱養生処理を施す。放線菌やバチルス菌の増殖したC／N比の高い中熟堆肥を八〇〇kg～一tほどと、土壌分析に基づいたミネラル肥料も入れて耕耘し、積算温度で九〇〇℃を目安に太陽熱で蒸し込む。土壌病害虫のエリになる残渣も含めて分解が進み、土壌病害虫の抑制と、団粒構造の発達を促すことができる。

(3) 元肥施肥
—ミネラルは「上限値」一杯

元肥は、夏に前述した太陽熱養生処理を行なった畑では、アミノ酸肥料などのチッソ分は施用しない。

ミネラル肥料はミネラル優先の施肥にするために、「上限値」一杯で施用する。ミネラルバランスも通常より各養分とも多くして、石灰六～五：苦土二・五：カリ一・五にする。石灰はク溶性の資材を使い、粒と粉の資材を半々で使う。苦土はク溶性の資材を六、水溶性の資材を四とする。このように資材の溶けやすさを調整することで、塩基飽和度が一〇〇％を超えても、エンドウの生育に悪い影響は出ない。

石灰を多くすることで、根の表皮を硬くできる。また苦土は、葉緑素の中核物質なので、光合成をしっかり行なわせて、炭水化物をサヤ・実にしっかりと貯えるために必要なミネラルになる。カリは後半の下葉枯れを少なくすることができる。

太陽熱養生処理を行なっていない畑では、元肥にチッソ分も施用する。

堆肥は土壌病害虫を抑えるためにも、放線菌・バチルス菌の増殖した中熟堆肥が適している。C／N比の高い、炭水化物の多いものが、冬を越す栽培には適している。

元肥チッソに占める割合は、堆肥六にアミノ酸肥料四と堆肥を多くして、炭水化物優先の生育にする。

また、微量要素についても、土壌分析のデータを基に不足分を施用し、上限値までしっかりと施用する。私が勧めている海藻肥料を使うと、微量要素も多く、栄養生長、生殖生長、ともによくなる。

写真6－43　サヤを食べる種類のスナップエンドウ

（写真提供（株）ぐり～んは～と）

(4) 堆肥入りアミノ酸の追肥

追肥は開花後、花弁が落ちて、一段目のサヤの形ができたら、天気のよいときはC／N比の低いアミノ酸肥料、天気の悪いときはC／N比の高いアミノ酸肥料を使い、チッソで二kg追肥する。その後も、次々と花が咲くので、二回目以降の追肥も順次行なう。間隔は二週間おきに、量はチッソ成分で二kgとする。

大切なのは、アミノ酸肥料を追肥するときには必ず堆肥を容量で一～三割ほど混ぜることである。こうすることで、堆肥中の有用微生物も一緒に施用でき、有機物であるアミノ酸肥料の分解をよい方向に向かわせることができる。同時に、有用微生物が地上部の病害、たとえばウドンコ病などの抑制に効果を発揮する。

また、海藻肥料を元肥に使っていると、花の着き方が非常に多くなるので、チッソの追肥も多く必要になる。追肥の時期、間隔は先述したとおりでよいが、量を三～四kgと多くする。

なお、チッソを追肥する前に土壌分析をして、ミネラル分の不足を補うことが肝心。チッソだけだと病害虫はもちろん、サヤが曲がったり、尻すぼみになったり、変形や規格外のものが多くなり、品質低下を招くことになる。

(5) 室温より地温、効果的な温水かん水

ハウス栽培で暖房する際に注意したいのが地温である。暖房をして室温は上がって地上部の生育はよくなっても、地温が上がっていないと根の張りが十分ではない。エンドウは深根性の作物で、十分な根張りがないと、花も着きにくい。地上部と根の生長のバランスが崩れると、病気や変形が出てしまう。室温を上げるより地温を上げるほうが、収量・品質に対する効果は高い。

そのための方法として、温水をウネ間にかん水するやり方がある（第6章146ページを参照）。pF値で一・九～二・〇まで二〇～二五℃の温水をかん水する。花が咲きやすくなり、病気が減り、品質も向上する。

◆サヤインゲン

(1) チッソを切らさず、生殖生長もさせる

サヤインゲンは、インゲンマメの若ザヤのことで、収穫開始から次々とサヤが大きくなり、収穫が続く。ツルありとツルなしで収穫期間は異なるが、本葉四～五枚から花芽分化が始まるので、その後は順次、葉をつけながら花芽が分化、サヤが大きくなっていく。栄養生長と生殖生長が同時に行なわれるマメ類タイプの野菜である。

収穫する若ザヤは緑が濃い状態で、チッソもかなり多く含んでいる。逆にいうと、チッソが減少すると生長が悪くなり、収穫も少なくなってしまう。サヤインゲンをつくるときの基本は、チッソを切らさないようにして、同時に、生殖生長をきちんと進める、ということになる。

施肥では、C／N比の高い有機の資材を使いながら、チッソの施用量を多くする。

一方、根は比較的強いものの、土が締まってくると上根になり、チッソ優先の生育に傾く。細胞壁が薄くなり、センチュウや土壌病害の被害を受けやすい。そこで、五月下旬から六月、あるいは作が終わった段階で「太陽熱養生処理」を行なう。これをやっておくと、次の栽培での効果が高い。

団粒構造が発達して、追肥の多いサヤインゲンでは土が締まりにくくなるので、一石二鳥の効果が期待できる。

(2) チッソの施肥

●チッソも炭水化物も当初から効かせたい

サヤインゲンは生育のかなり早い時期から、栄養生長と生殖生長が同時並行で進むので、チッソと炭水化物を同時に満たす施肥が必要になる。その方法としてよいのは、C／N比の高い（二〇～二五と果菜類並みの）堆肥を多く、アミノ酸肥料は少なくして、元肥のチッソを設計することである。両

▼サヤインゲンの栽培のポイント

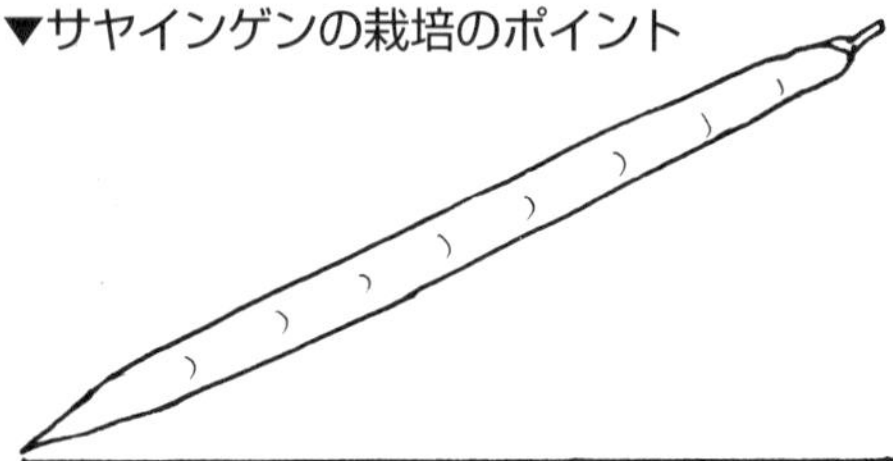

- ○C/N比の高い堆肥の割合を多くして、チッソ肥効と団粒構造を維持する
- ○堆肥を混ぜた追肥を生育に負けないよう施す
- ○石灰・苦土・カリは多めにしっかり施す

者の割合は、堆肥七～八、アミノ酸肥料三～二である。量は品種によっても異なるが、六～七kg程度とする。

なお、チッソの追肥が多く、栽培期間も長いサヤインゲンにとってこの元肥の堆肥は炭水化物肥料というだけでなく、団粒構造をつくり、根まわりに十分な酸素がある状態をつくるうえでもとくに大切である。

写真6－44　有機栽培のサヤインゲン圃場
驚くほどの多収穫となった（写真提供　BM技術協会）

●収穫し始めたらどんどん肥料を食う

このように元肥ではC／N比の高いものを与えるので、炭水化物の量が多く、花が咲きやすい養分構成になっている。

そして収穫を始めたら、どんどん肥料を食う。そこで、収穫を始めて節間が短くなったらすぐにアミノ酸肥料の追肥を行なう。この場合もC／N比の高いアミノ酸肥料を使い、堆肥を二～三割混ぜる。量は、チッソ成分で二～三kgである。

堆肥を混ぜるのは、増殖しているバチルス菌によってウドンコ病などの病害を抑えるためである。チッソが多いとどうしてもチッソ優先の生育になり、病害虫の被害が多くなる。また、チッソを多く追肥すると、アミノ酸肥料といえども土が締まりやすい。堆肥も追肥することで、団粒構造が崩れにくいようにするのである。

なお、追肥は始めたら、一〇日おきくらいに追肥をする。そうしないと間にあわない。

(3)　ミネラルの施肥

チッソの施肥量が多い分、ミネラル肥料の施用量も増える。初期からしっかりとミネラルを効かせておくことが大事である。

ミネラルバランスは石灰六、苦土一・五、カリ一・五とし、それぞれの上限値より三〇～四〇％ほど多く施用してよい。塩基飽和度が一〇〇%になっても、石灰ではク溶性の資材を使い、粒と粉の資材を半々に、苦土はク溶性と水溶性の資材を半々にして施用することで、土壌溶液への過剰な溶出を抑え、長く効くようにする。根傷みや根やけなどの障害も出ない。

　また、チッソの追肥を行なうときに土壌分析をして、不足しているミネラルについては、必ず補う。

(4) 切り戻しで長期栽培

　サヤインゲンを長期穫りする場合、切り戻しを行なって木を若くすることで、長く収穫をし続けることができる。

　チッソの追肥をやってツルが動いているときに、下へ切り戻す。地上から三〇〜四〇cmくらいで切り戻してやると、腋芽が出てくる。この腋芽の先に花が咲き、収穫ができるようになったら、また追肥を行ないながら栽培する。木を若く保ちながら収穫期間を長く、収穫量も多くすることができる。

◆トウモロコシ（スイートコーン）

(1) 生育の特徴と施肥

●葉を次々出して、からだをつくる

トウモロコシはイネ科の植物で、最近は糖度の高いものや生食できるスイートコーンの品種が数多くある。

播種あるいは苗を定植して生長するが、生育の前半は栄養生長、後半は生殖生長とはっきりと分かれている。栄養生長では葉を次々と出して、からだを大きくしていく。ある程度大きくなると主茎の中に幼穂をつくり、これが伸びて絹糸が抽出、受粉し、雌穂が生長する。

根は初期は貧弱だが、中期以降、深く張るようになる。葉面積は大きく、中期以降、十分な水分が必要になる。太い茎から充実した雌穂ができる。

トウモロコシはこの雌穂が成熟したものだが、スイートコーンは成熟する手前の甘みが強いときに収穫する。

●初期肥効を高めて茎を太く

太い茎から充実した雌穂を伸ばすには、初期生育をよくして大きな葉を伸ばし、茎を太くすることが肝心である。そのためには水溶性のC／N比の低い（チッソが多い）栄養生長タイプのアミノ酸肥料を十分に施用して、初期肥効を高める。

また葉面積が大きな作物で、中期以降十分な水分が必要になるので、水を広い範囲から集められるよう、根張りをよくしておく。

基本は元肥だけで栽培するが、その量が十分でないと、一つひとつの実が大きくならなかったり、穂の先まで実が入らない。

初期肥効とともに、実を大きくしていく肥効の持続力が、元肥に求められる。

▼トウモロコシ（スイートコーン）の栽培のポイント

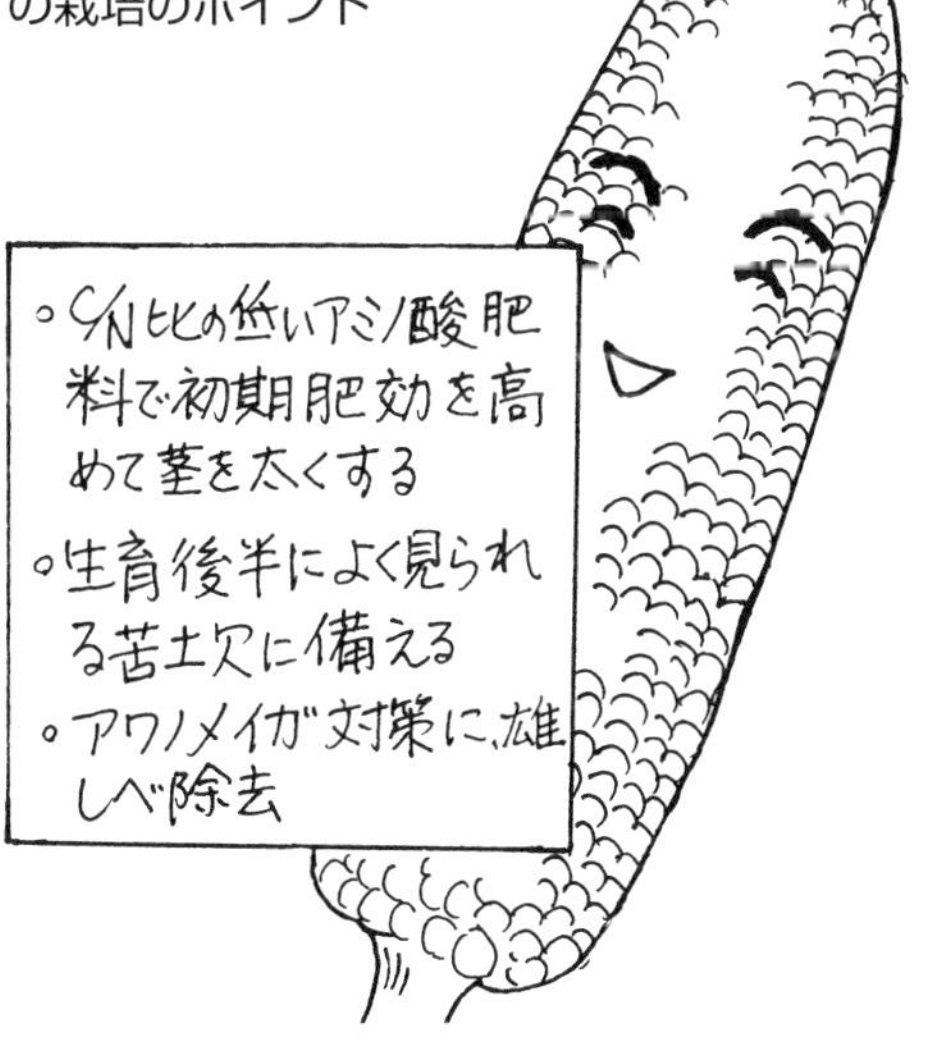
○C/N比の低いアミノ酸肥料で初期肥効を高めて茎を太くする
○生育後半によく見られる苦土欠に備える
○アワノメイガ対策に、雄しべ除去

(2) 生育中期以降の肥効、水分維持できる土

トウモロコシは土壌病害に強く、なまに近い堆肥でも大きな障害は出にくいが、初期にスムーズなチッソ肥効が得られ、そして中期以降にも実の肥大を促すような地力のある土が適している。このような土にするために、C／N比一五～二〇程度の堆肥を施用し、できれば太陽熱養生処理を行なって、団粒構造の発達した土にしておく。トウモロコシはとくに中期以降、水を必要とするので、堆肥の施用で保水力の高い土つくりを行なう。

(3) チッソ施肥

●C／N比の低いアミノ酸肥料

前述のとおり、元肥には、C／N比が低くチッソの多い、栄養生長タイプのアミノ酸肥料を使う。

しかし、施用する全チッソ量が多いので、元肥の多くをアミノ酸肥料でまかなうにはコストがかかる。そこで、C／N比の低い堆肥とあわせて使う。堆肥が多いほうが根も張るし、根が張ることで中期以降必要な水分を広い範囲から集められるメリットもある。

元肥チッソにおける堆肥とアミノ酸肥料の割合は、六対四にする。分解が進んだC／N比が低い堆肥であれば、堆肥七、アミノ酸肥料三という割合でもよい。

●元肥堆肥の施用は早めに

ここで注意することは、堆肥のチッソ分はアミノ酸肥料にくらべて肥効がゆるやかで、初期肥効を高めることがむずかしい。そこで、堆肥は施用を早め、植付け（播種）までの時間を長くとって、その間に堆肥中の有機態チッソの分解を進めて、より吸収されやすいかたちにしておく。堆肥施用を早く行なうことで、初期肥効も高まり、生育を進めることができる。

●苗は若苗で

苗を植え付ければ、生育を一〇日ほど早めることができる。ただし、苗は若苗を使う。初期生育をよくする上述の施肥をしても、苗が老化していてはうまくない。若い苗を植えて、初期肥効を高めることで、生育全体も揃う。

●追肥はやりたくないが……

追肥はあまりやりたくない。追肥をすると、雌穂の実一つひとつがプリプリに太って、収量も上がる。しかし、雌穂の出始め、絹糸抽出期にアワノメイガを呼び寄せることになり、無農薬栽培の大きなネックになるからである。

しかし、肥料の流亡が多い砂質畑などでは、C／N比の低い（チッソの多い）アミノ酸肥料で、チッソ三～四kg

ほどを施用する。砂質の畑は追肥しないと収量が上がらない。ただし、アワノメイガの被害には注意する。

(4) ミネラル施肥

●苦土欠に留意、元肥にはク溶性資材でタップリ

ミネラルバランスは通常の石灰五：苦土二：カリ一でよく、それぞれ土壌分析のデータに基づいて、上限値一杯まで施用する。トウモロコシは生育期間が長いので、収穫まで十分なミネラルが必要である。

石灰はク溶性の資材で、粒と粉の性状のものを半々で使う（pHが七以上なら水溶性の硫酸カルシウムを使う）。また、苦土はク溶性八、水溶性二とする。苦土でク溶性を多くするのは、初期は生育量が少ないのと、生育後半に苦土欠が出ることがあるので、その予防的な意味もある。苦土欠になると根傷みやチッソ切れとは異なって、下葉から枯れ上がる。

トウモロコシの粒の中身は糖などの炭水化物であり、光合成産物そのものである。光合成を行なう葉緑素の中核物質である苦土が不足しては、雌穂の肥大も、糖度のアップも望めない。苦土はできるだけ長く効かせたいのである。ク溶性の、しかも粒状の資材を使うことで、より長く効かせることができる。

●苦土欠が見えたら粒マグを追肥

チッソの追肥をする前に土壌分析を行ない、ミネラル類の不足があれば水溶性の資材で追肥する。

なお、苦土欠の症状が見られたら、硫マグ（硫酸マグネシウム、硫酸苦土）を四〇kg施用する。多少多くても、収穫後に残稈を緑肥として、堆肥一tと一緒にスキ込んでしまえば地力をつけることにつながる。

(5) 微量要素ではマンガンが大事

微量要素では鉄、マンガン、ホウ素、銅、ケイ酸などが重要である。とくに見過ごしがちなのが、マンガンの欠乏である。

マンガンが不足してくると、新葉の色がまだらのようになって色が出にくくなる。マンガンは光合成に関係しているミネラルなので、色の薄い部分の光合成が低下し、収量や糖度が落ちてしまう。このようなときは、硫酸マンガンを現物で四kgほど施用するとよい。

(6) アワノメイガ対策の雄しべ除去

トウモロコシで被害の大きい害虫がアワノメイガである。雌穂に食い入っ

て、収穫物を台無しにしてしまう。しかもいったん中に入ってしまうと、防除がやっかいな害虫である。

アワノメイガは雄しべの花粉に呼び寄せられる。そこで、手間があるなら、雄しべを除去してしまうとよい。もちろん、すべて除去したら受粉できないので、八～一〇本に一本の割合で残し、他をとってしまうのである。この程度なら雄しべをとった株でも受粉は行なわれるので、減収しない。風の弱いところなら五本に一本としてもよい（図6—41）。

この方法で被害をかなり減らせるが、面積が大きいと手間がかかるのが難点である。

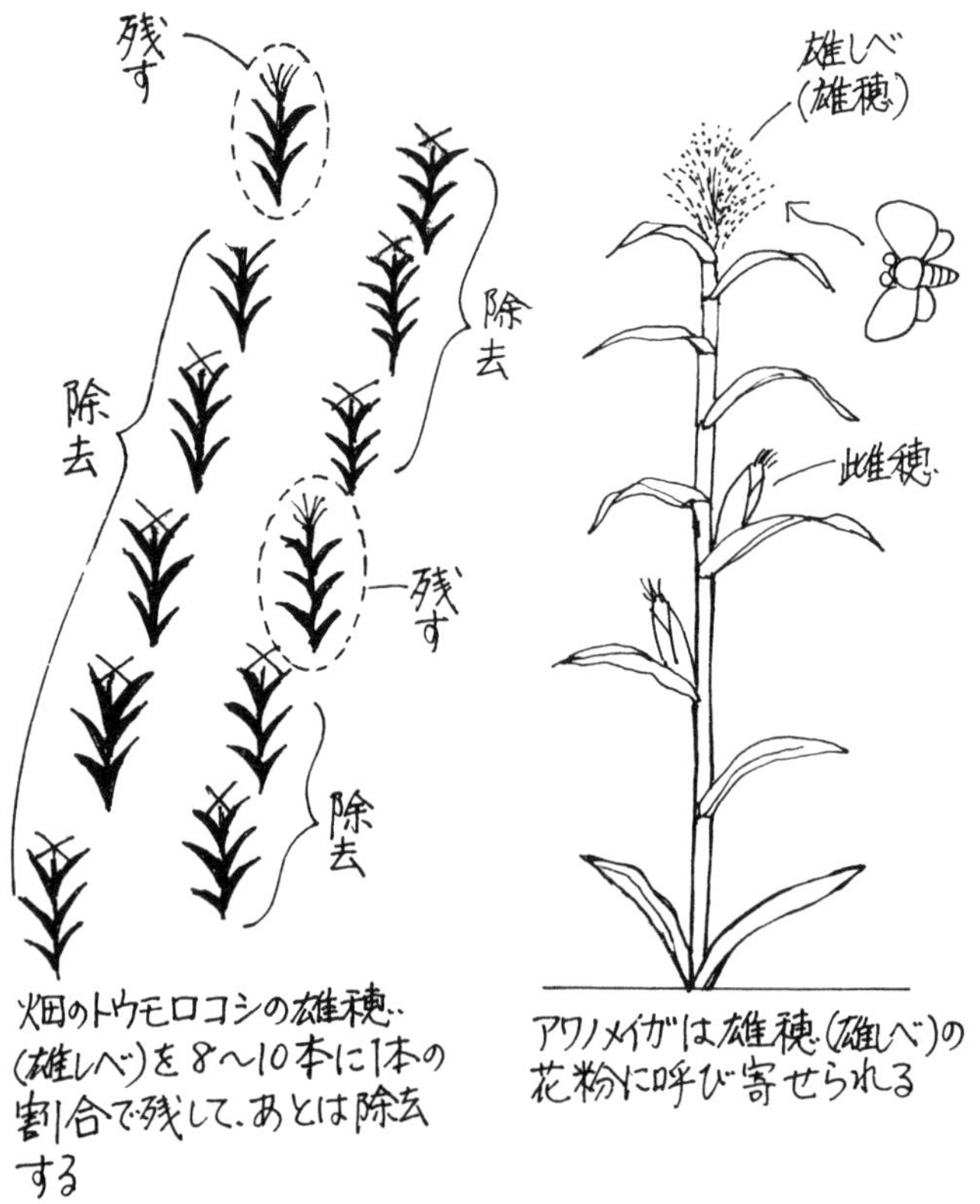

図6－41　雄しべ除去でアワノメイガの被害軽減

◆アスパラガス

(1) 根に養分貯蔵、果樹のように生育

アスパラガスはユリ科の多年草で、定植すると、一〇年以上栽培が可能な、果樹に似た野菜である。

露地栽培では、春に萌芽した芽を収穫し、その後、夏から秋にかけて地上部が繁茂し、光合成によってつくられ

▼アスパラガスの栽培のポイント

- 団粒構造を保つためにC/N比の高い堆肥にミネラルをくるんで施用する
- 収穫期終了後，地上部の生育を促すためにC/N比の低いアミノ酸肥料を施す
- 株元20cmには肥料を振り込まない
- 石灰・苦土・カリ・鉄は十分に施す

写真6－45　有機栽培で育てたアスパラガス
(写真提供（株）ぐり～んは～と)

た炭水化物を根に貯めていく。冬に向かう頃に休眠し、春、暖かくなると貯蔵養分をたくわえた根から萌芽してくる。

このようなサイクルをとりながら、しだいに地下の貯蔵根は大きくなり、径五cmもの太さにまでなるものある。アスパラガスの栽培は、貯蔵根にいかに養分を貯めさせ、それをうまく利用していくかになる。

そのために、収穫期の過ぎた七月後半から霜が降りるまでの間、ミネラル優先、チッソ控えめの施肥を行なって、光合成による炭水化物生産を促進し、貯蔵根への養分の蓄積を進めるようにする。

病気そのものは多くはないが、茎枯れ病や紫モンパ病など被害の大きな病害があるので、これらの病原菌を抑えるような堆肥の選び方、使い方も大切である。

(2) 根の呼吸優先の土つくりを

アスパラガスは地下の貯蔵根がもっとも重要な器官である。この貯蔵根は地表から一〇cmくらいのところにタコの足のように広がっており、そこから春になると芽が伸び出してくる。この貯蔵根からは横に吸収根が伸びだす。根は養水分の吸収と養分の蓄積という二つの役割を担っている。そのため、根の呼吸をできるだけスムーズに行なえるような土壌環境、つまり団粒構造を維持し続けることがとても大切だ。しかし、植え付けて一〇年くらいは同じ場所で、植え替えもせずに栽培し続けるアスパラガスにとって、それはなかなかむずかしい。

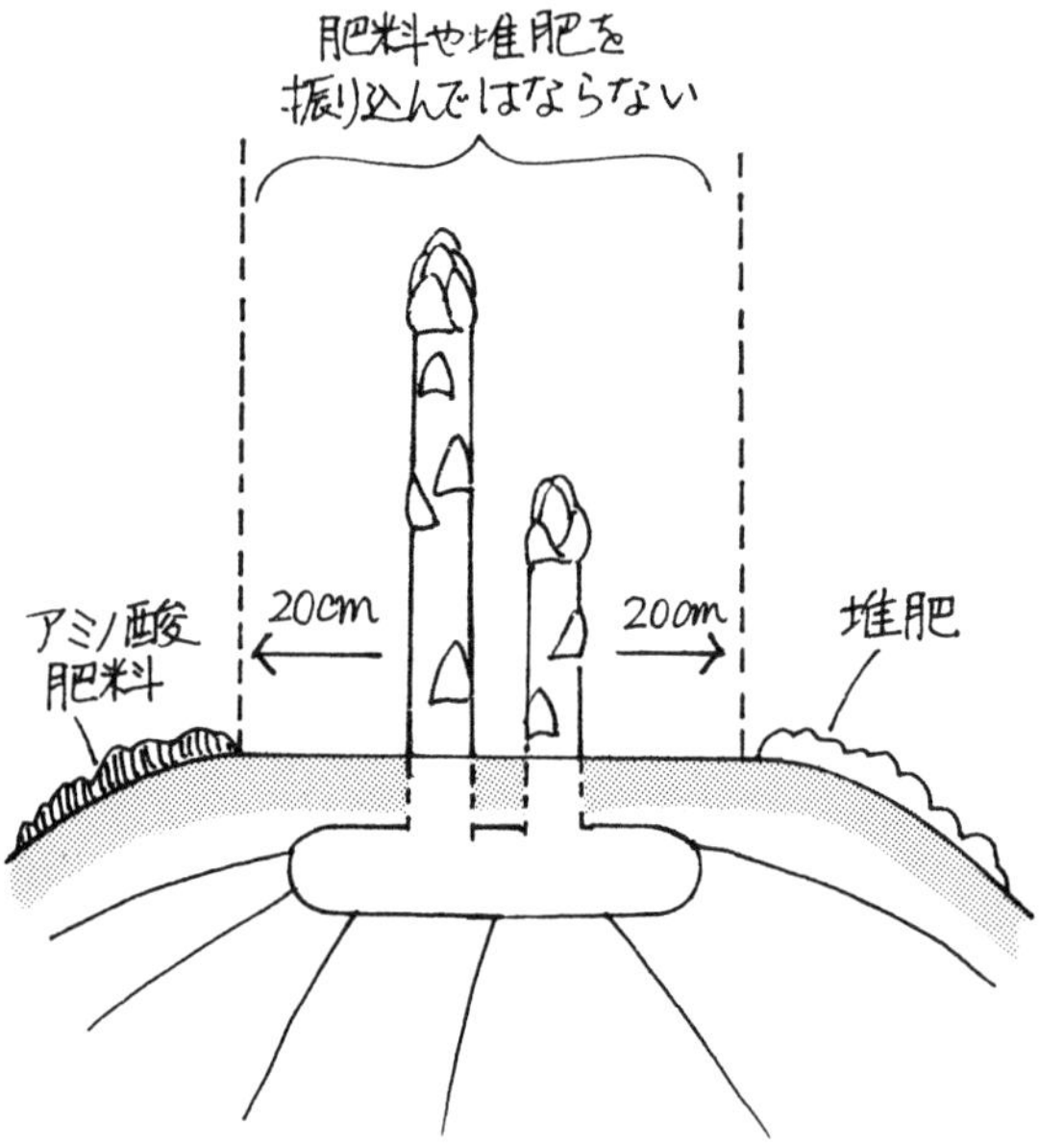

図6―42　株元20cmには肥料，堆肥は振り込まない
（例外：石灰は振り込みOK，病気抑制がねらい）

そこで、C／N比の高い中熟堆肥を七月の後半に二tほど表面施用する。このとき注意したいのは、立茎しているところから二〇cm以上離して、吸収根のある位置に施用することだ（図6―42）。

アスパラガスは、株元にチッソ分を振り込まないことがポイントである。株元に有機物があるとカビなどの病気を呼んだり、有機物が未熟な場合、根と有機物が酸素を奪い合うことになり、病気を招いたり、収穫芽に曲がりが出たりする。

なお、植付け前にも十分な量（三tくらい）の**機能性堆肥**（放線菌やバチルス菌が増殖した中熟堆肥）を施用して、太陽熱養生処理を行ない、土を浄化しておく。アスパラガスは一度植え付けたら一〇年前後は植え替えない。植え付け前に土壌病害虫をできる限り防除しておくことが肝心である。

(3)　チッソ施肥

●収穫後に元肥施肥

収穫が終わり、伸び出してくる芽が弱くなってきたら元肥を施肥する（果樹の礼肥に当たる）。収穫せず残した芽がこのとき伸びていて光合成を始めているが、土の中の肥料養分はほとんどない状態。地上部をしっかり育てなければ、貯蔵根への養分蓄積も進まない。C／N比の低い、つまりチッソ分が多いアミノ酸肥料をやって、地上部の光合成を促す。この時期はまだ日照も多く、気温も高い。C／N比の低いアミノ酸肥料でも、盛んに行なう光合成で炭水化物優先の生育になる。

ただ、植え付けて一〜二年目の株はまだ大きくなっていないので、貯蔵根を育てる目的で、逆にC／N比の高い（炭水化物が多い）アミノ酸肥料を使う。

なお、このとき前述した堆肥の表面施用を一緒にやる。チッソ成分一〜一・五％の堆肥を二tほど施用して団粒構造の維持に努める。一緒にミネラル肥料もやるとよい。

以上、元肥での堆肥とアミノ酸肥料の割合は、六対四とする。

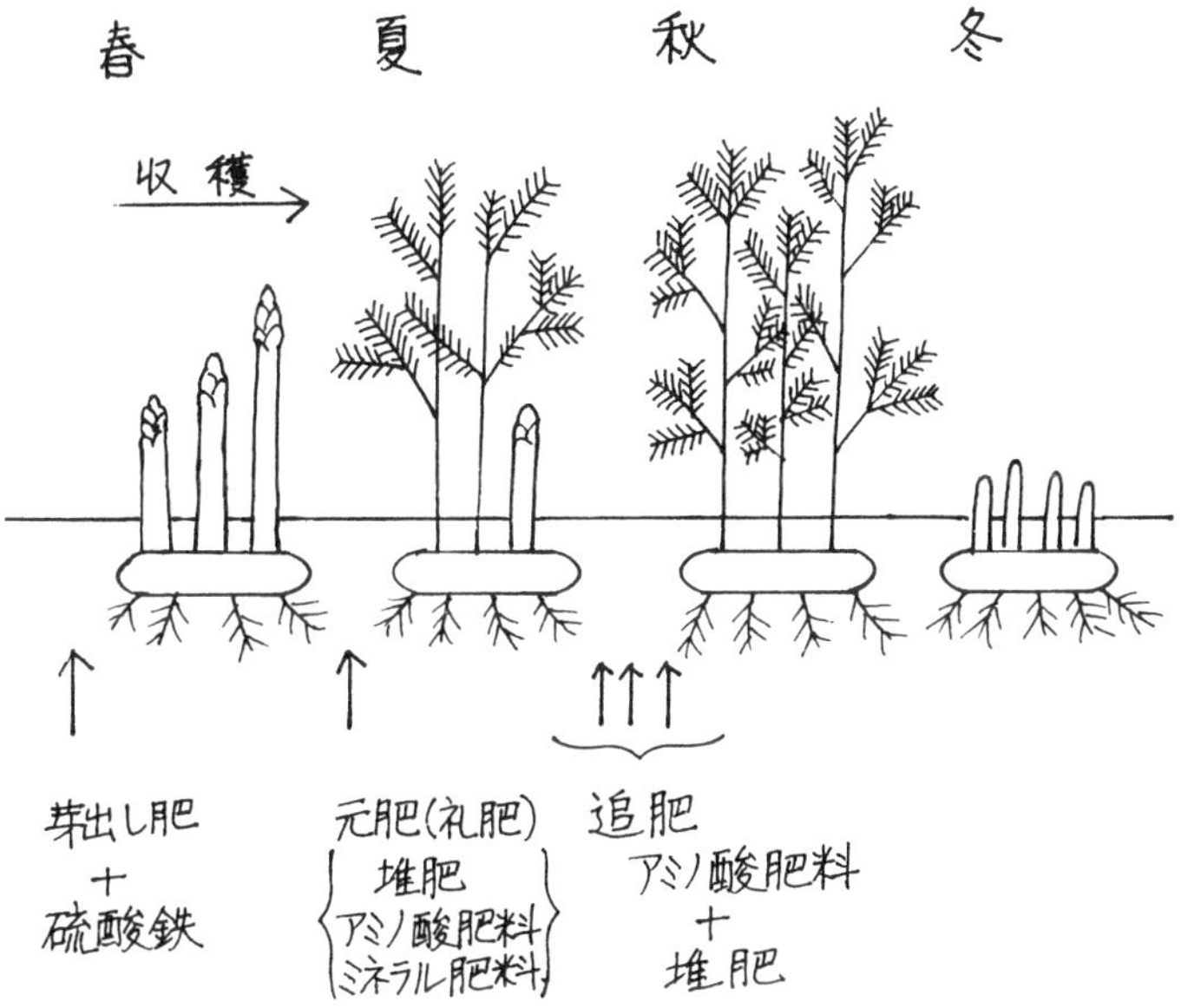

図6－43　アスパラガスの1年間の施肥（目安）

●霜が降りる前と萌芽前に追肥

追肥は、収穫後の施肥から霜が降りるまでの間、三〜四回に分けて行なう。一回のチッソ量は三〜四kgとし、C／N比の低いアミノ酸肥料を使う。このとき中熟堆肥を、アミノ酸肥料のガサ（容積）で一〇〜二〇％混ぜる。アミノ酸肥料が土壌病害虫に利用されないよう、中熟堆肥中の放線菌やバチルス菌で抑えるためである。

また、芽出し肥として、萌芽の一カ月前頃までに水溶性のアミノ酸肥料（魚汁系のものがよい）を、チッソで五〜七kg施用する。春先なので、温度に関係なく水にすぐ溶けるアミノ酸肥料がよい。このときも堆肥を一〇〜三〇％ほど混ぜる。このとき一緒に硫酸鉄も追肥する（後述）。

(4) ミネラル施肥

●堆肥にくるんでタップリ施す

アスパラガスは、ミネラルの吸収量も多い。そこで堆肥をやるとき同時にミネラル肥料も施用する。堆肥にくるんでやることで、堆肥中の有機酸とキレートをつくり、効率よく吸収される。

元肥をやるのは、アスパラガスの収穫期が終わって、貯蔵根の養分や土壌中の養分がほとんどないような時期。地上部の光合成を促し、貯蔵養分を早急に貯め込んでいくには、すばやいミネラルの吸収は欠かせない。そのための堆肥との同時施用である。

●六：二・五：一・五のバランスで

石灰、苦土、カリの施肥量は土壌分析に基づく。バランスは、六：二・五：一・五と各要素とも通常より多く施用する。塩基飽和度が一〇〇%を超えても、粒状のク溶性資材を利用することで、土壌溶液中に溶け出す養分量を減らし、肥やけなどはおこさない。

石灰はク溶性の資材を使い、粒状五、粉状五と半々で施用する（土壌pHが七以上の場合は水溶性資材を使う）。苦土はク溶性（粒状）三、水溶性（粉状）七とし、カリでは全部水溶性の資材で対応する。

●ク溶性石灰で耐病性を維持

石灰は表皮を強くして耐病性を高める。たとえば、アスパラガスの重要病害のモンパ病やシラキヌ病などを抑えることができる。

チッソ肥料などは立茎している部分から二〇cmほど離して施肥するが、収穫後の石灰は株元にも振り込んで病気の抑制をねらう。その他のときは立茎している部分から二〇cm離れた、吸収根のあるところに施用する。

●水溶性苦土で初期から光合成能アップ

苦土で水溶性の資材を多く使うのは、初期から効かせたいためでもある。アスパラガスは葉が細く、葉面積が少ないので、光合成を最大限に行なうために葉緑素の中核物質である苦土が大切。

また、水溶性のミネラル資材に含まれているイオウは、根の生育をよくする効果がある。イオウを含む必須アミノ酸も多いので、水溶性の資材を施すことで補える。

なお、ミネラル肥料の追肥は、アミノ酸肥料を追肥する際、土壌分析を行なって不足していたら、チッソをやる前に施用する。

(5) 微量要素の施肥

アスパラガスでは、鉄、マンガン、

ホウ素、銅、ケイ酸などが重要である。

●鉄—もっとも重要なミネラル

もっとも重要なのは鉄である。アスパラガスの根は何年もずっと土の中にある。しかもその根は、養水分の吸収と蓄積という二つの役割を担っている。十分な働きをさせるには、根が問題なく呼吸できる土壌環境であることが必要だ。根の呼吸に関わるミネラルが鉄。土壌分析をいつ行なっても「上限値」に近い数値を示すような施肥を考える。芽出し肥にも一緒に硫酸鉄を施用すると（五kg）、芽の出方、本数、色がよくなる。

水田転作の畑は鉄が比較的多いが、四、五年をすぎると、収量・品質が低下してくる例がある。五年目以降は、鉄の施用を考えるとよいだろう。鉄不足による葉先枯れもよく見られる。これが引き金になる病気もあるので注意する。

図6－44　鉄はもっとも重要な微量要素

●亜鉛—海藻肥料で手当て

また、亜鉛も重要である。亜鉛は海藻肥料で施すことを勧めている。春、秋の二回、四〇kgずつ施用すれば十分である。亜鉛は生長点での細胞分裂に必要で、根の伸びを活性化させる力がある。

なお、海藻肥料にはアルギン酸オリゴという物質が含まれ、酸素の少ない土中でも根を活性化する力があるとみている。芽出しの本数や太さなどに違いが出てくる。

●石灰とホウ素
—スジっぽさ、日持ちに関係

石灰とホウ素が不足すると、収穫した芽がスジっぽくなる。可食部が少なくなり、収量が減ってしまう。しかし、石灰を適量施すと、スジっぽさのないおいしいアスパラになる。また呼吸量も減るので、体内養分の消耗が少なくなり、日持ちもよくなる。

●ケイ酸—木を硬くする

ケイ酸の施用は木を硬くする。夏から秋にかけて芽が生長して、地上部はかなり大きくなる。ケイ酸が効いていると地上部がしっかりして、台風などに強くなる。病害虫に対する抵抗力も増すようである。黒ボク土など（可溶性の）ケイ酸分の少ない畑では、一〇a当たり二〇〇kg以上の粘土資材を施用したい。

（6）ワンランクアップのわざ

●畑は乾かさない

アスパラガスの生育は夏を越すので、干ばつにあわせないようにする。干ばつ時には、施用した有機物の分解が進んで、硝酸態チッソが増える。これが吸収されると、体内でのタンパク質合成などに炭水化物が消費され、センイづくりにまわる炭水化物が減る。その結果、表皮が弱くなって病害虫被害にあったり、貯蔵養分が減って、春の萌芽に影響することもある。

栽培地には、適度な湿り気を保てるような場所を選びたい。多年生の植物なのでその畑が栽培に適した場所かどうかは、大きく経営に影響する。

●立茎本数は一株七～八本に

また、アスパラガスの栽培ポイントとして秋芽の管理がある。秋芽を伸ばすことは、貯蔵根のタンパク質や糖を浪費することにつながりやすい。立茎の本数は株当たり七～八本に整理したい。それ以上は貯蔵根を疲弊させるだけである。

第7章

野菜タイプ別施肥設計（例）

土壌分析をして施肥設計にいかす

1 施肥設計を自分で行なう

写真7－1　簡易土壌分析キット「Dr.ソイル」を使って土壌分析をする農家の皆さん
(写真提供 (株) ぐり～んは～と)

土壌分析から施肥設計へ

野菜の**有機栽培**を成功させるポイントは、野菜の特徴を知り、作付ける畑の養分状態を知って栽培にいかすことだ。

一枚一枚の畑の養分状態を知るには、簡易土壌分析を自分で行なうことが一番である。そのための診断キットも市販されている。あとは、そのデータをもとに施肥設計をすればよい。

私は、土壌分析データをもとに施肥設計を行なえる「**施肥設計ソフト**」というパソコンソフトをつくって農家に提供している。表計算ソフトであるエクセルが使えるパソコンがあれば、だれでも施肥設計ができる。

2 野菜のタイプと施肥設計

これから紹介する設計例は、同じ畑で、本書で紹介してきた六つのタイプの野菜を栽培するときのものである。この土壌分析データから読みとれることは、苦土と**微量要素**（鉄とマンガン）の不足である。この分析データでも、当然のことながら、つくる野菜によって設計は変わってくる。これを前提に、具体的に設計例について説明しよう。

なお、使用する堆肥はチッソ成分二・九％という、本書では「チッソ型」に分類できるもので、どちらかというと葉菜タイプには適しているが、果菜タイプではちょっと使いにくい。また、**アミノ酸肥料**として**炭水化物**の多い「ＳＧＲ」と、逆にチッソ分の多い（八％）「オーガニック八五三」という資材を用いている。

なお、施肥設計例の表は、コマツナとトマトについてのものである。

(1) コマツナ（葉菜タイプ）

●測定値からうかがう作柄

このような土壌でコマツナを栽培すると、下葉（株の外側の葉）枯れが早く、根傷みしやすい。根傷みすると葉先が茶色くなって溶けるようになる。一株当たりの重量がないので、束数の割に収量がとれない作柄になることが多い。

●施肥での処方箋は

コマツナは吸収根の位置が表層にあるので、耕耘深度は一〇cmのところの数値を見ながら設計する（表7―2）。

まず、物理性を改善して根傷みが出にくい土にするため、元肥に堆肥を五〇〇kg施用。チッソ分が二・九％と高いが、コマツナは栽培期間が短いので、チッソの供給も兼ねてこれぐらいやる。堆肥以外のチッソは、初期生育をよくするために**水溶性**のアミノ酸肥料（チッソ八％のオーガニック八五三）を四〇kg施用。

ミネフル肥料は、不足しているミネラル、苦土と鉄を補う。

苦土資材には、**ク溶性**のマグマックスと水溶性のマグキーゼを併用する。苦土の不足は**光合成**を低下させ、ボリュームのある株ができない。コマツナは栽培期間が短く、葉が収穫物であることを考え、水溶性の資材を施用。初期から苦土を効かせて、葉が厚く、重量のある株を収穫できるようにした。

鉄資材としてはアイアンパワーを二kg施用して、根の活力アップをねらう。

この他に、品質のアップのために海

ソフト（部分）

（%）				反当たりの施肥量（kg）		
苦土	ホウ素	マンガン	鉄	元肥	追肥１	追肥２
				＊＊		
0.5				＊＊		
0	0	0	0.2	＊＊		
65				＊＊		
27				＊＊		
			20	＊＊		
		40		＊＊		
	1	5	5	＊＊		

②下限値，上限値の間の数値になるよう施肥量を入力

〈施肥設計ソフトの使い方〉

表7—1は「施肥設計ソフト」の一画面である。これで、施肥設計ソフトの使い方の流れを簡単に説明しておく。

①まず、「土壌分析」表の「施肥前の分析値」の測定値の欄に、それぞれの畑の分析データを入力する。すると自動的に計算が行なわれて、各項目ごとに適正な養分量の範囲が、下限値、上限値として示される。

②この下限値、上限値の間の数値になるよう、上の施肥設計表の「反当たりの施肥量」欄にある肥料に、適当な数値を入力していく（ここに挙げた肥料以外にも新たに登録して使うことも可）。すると、下の表の「施肥後の補正値」欄が連動して変化する。

③野菜のタイプ、種類に対応した「耕耘深度」の補正値が上限値に（近く）なるように設計するのが一般的なソフトの使い方になる（本ソフトについて詳しくは拙著『有機栽培の基礎と実際』を参照ください。入手法などは巻末の用語集に）。

表7－1 施肥設計

肥料名	特徴	成分			
		チッソ	リンサン	カリ	石灰
SGR	酸性，炭水化物が多い	4	5	2	
オーガニック853		8	5	3	
堆肥	（チッソ型）	2.9	2.0	2.1	2.2
ハーモニーシェル マグマックス マグキーゼ アイアンパワー 硫酸マンガン	水溶性＋ク溶性 ク溶性 水溶性 （鉄資材）	0.2	0.2	0.01	53
ケルプペレット	（特殊資材）				

	施肥前の分析値			施肥後の補正値		
				耕耘深度		
	測定値	下限値	上限値	10cm	20cm	30cm
比重	1.2					
CEC	17.5	20				
EC		0.05				
P	6.0	6				6.0
P	5.0	5	6			
アンモニア態チッソ		0.8	9	0	0	0
硝酸態チッソ		0.8		0	0	0
可給態リンサン		20	60	0	0	0
交換性石灰 CaO	180	196	294	180	180	180
交換性苦土 MgO	40	35	53	40	40	40
交換性カリ K_2O	40	29	42	40	40	40
ホウ素		0.8	3			
可給態鉄		7	15			
交換性マンガン		6	18			
腐植		3	5			
塩分						

②入力したデータに連動してCECの値が変化

①「測定値」の欄に土壌分析データを入力する

②入力したデータに連動して「下限値」「上限値」が表示される

CECが小さいので、施肥設計は上限値の数値に近い値を目安にすればよい

コマツナの施肥設計例

(%)				反当たりの施肥量（kg）		
苦土	ホウ素	マンガン	鉄	元肥	追肥1	追肥2
				40		
0.5				500		
			0.2	80		
65				45		
27				30		
			20.0	2		
		40.0				
	1.0	5.0	5.0	40		

藻肥料であるケルプペレットを設計している。ケルプペレットにはさまざまな微量要素が含まれているので、おいしいコマツナができる。ただし単価が高いので、付加価値をつけて高値で販売するのでなければ、施用しなくてもよい。

太陽熱養生処理を行なえばさらによい成果をあげることができる。

(2) レタス（外葉タイプ）

●測定値からうかがう作柄

レタスでも苦土が不足すると、外葉の枯れが見られる。すると、チッソの吸収が遅れ、**栄養生長**がダラダラと続き、結球する「**擬似生殖生長**」への移行が遅れてしまう。結球外周の葉がお椀型になり、そこへ雨水などがたまりやすくなる。センイが十分できないために、表皮も弱くなり、芯ぐされなどの病気も多い。

●施肥での処方箋は

物理性の改善に役立つ堆肥は、コマツナより少なく四〇〇kgにする。これは堆肥の量を減らして後半のチッソ肥効の切れをよくし、ジワジワと肥効が続かないようにするためだ。レタスは非常に葉が軟らかい野菜で、チッソ肥効の遅効きはレタスの締まりを悪くして、品質を落とし、病害虫に弱い生育にしてしまう。

また、注意したいのは不足している苦土の施用。ク溶性のマグマックス三〇kgに対して、水溶性のマグキーゼを六〇kgと、コマツナにくらべ、水溶性苦土を多く施用している（成分はク溶性のほうが多いが）。これは、初期に光合成を高めてしっかりした外葉を育てること、そして、土壌中のチッソの

表7−2　（葉菜タイプ）

（施肥設計）

肥料名	特徴	成分			
		チッソ	リンサン	カリ	石灰
SGR	酸性，炭水化物多い	4	5	2	
オーガニック 853		8	5	3	
堆肥	（チッソ型）	2.9	2.0	2.1	2.2
ハーモニーシェル マグマックス マグキーゼ アイアンパワー 硫酸マンガン ケルプペレット	ク溶性＋水溶性 ク溶性 水溶性 （鉄資材） （特殊資材）	0.2	0.2	0.01	53

（土壌分析）

診断項目	施肥前の分析値			施肥後の補正値		
	測定値	下限値	上限値	耕耘深度		
				10cm	20cm	30cm
比重	1.2					
CEC	14.6	20	30			
EC		0.05	0.3			
pH（水）	6.2	6	7	6.9	6.7	6.4
pH（塩化カリ）	5.3	5	6			
アンモニア態チッソ	1	0.8	9	11	8	4
硝酸態チッソ	1	0.8	15	1	1	1
可給態リンサン	40	20	60	50	47	43
交換性石灰 CaO	200	164	245	244	230	215
交換性苦土 MgO	10	29	44	43	32	21
交換性カリ K_2O	30	25	40	40	36	33
ホウ素		0.8	3.6	3.4	2.3	1.1
可給態鉄	1.0	10	30	22.1	15.0	8.0
交換性マンガン	5.0	10	30	21.8	16.2	10.6
腐植		3	5			
塩分						

＊　この表は施肥設計ソフトでの分析値を抜粋したもの

吸収スピードを上げて、締まった品質のよいレタスをつくるためである。初期に効く苦土を与えるために、水溶性を多く設計してみた。

鉄資材、海藻肥料はコマツナと同程度の施用とした。

(3) ニンジン(根菜タイプ)

●測定値からうかがう作柄

苦土と鉄、マンガンの不足土壌で栽培すると、外葉の枯れがあるために、チッソの吸収スピードが遅くなり、肥効がうしろにズレるかたちになる。「擬似生殖生長」への切り替えが遅くなり、根の肥大が遅れる。先細りした、一本当たりの重量が乗らないニンジンになり、収量は出ない。

チッソが土中に残るのでシミによる腐れが出たり、雨が多ければワレも生じたりする不安定な作柄になる。

●施肥での処方箋は

短根ニンジンで設計してみる。施肥後の補正値は、耕耘深度一〇~二〇cmの間で見る。

土の物理性の改善も兼ね、元肥の堆肥は六〇〇kg施用する。根が肥大するニンジンにとって土を軟らかくする効果の高い堆肥は、ぜひ施用したい資材である。

一方、初期肥効を高めて葉を早く展開させたいので、アミノ酸肥料は水溶性のオーガニック八五三を六〇kg施用。初期生育を高めるのは、チッソ肥効をうしろにズラさないための基本である。

ミネラル肥料は、不足している苦土をク溶性のマグマックスで四五kg、水溶性のマグキーゼで三〇kg。これで苦土の**上限値**四四に張り付いた設計になる。また水溶性とク溶性の資材を組みあわせることで、栽培期間中、苦土が不足しないようにする。こうすることで、光合成の低下もなく、外葉の枯れもなくなる。土壌中のチッソの吸収スピードも速まり、「擬似生殖生長」への切り替えもスムーズにいく。根への養分蓄積も進み、肩の張った、肥大のよいニンジンが収穫できる。

鉄資材はアイアンパワーを二kg。これで補正値二二・一となり、「**下限値**」「**上限値**」の間をキープ。海藻肥料のケルプペレット四〇kgと併せて、鉄とマンガンの補給をする。ケルプペレットにはホウ素も含まれる。鉄は根の伸びや、ニンジンの赤い色素に関わる。ホウ素は裂根(割れ)を抑える働きがあり、マンガンは光合成に関わっている。いずれも元肥でしっかり手当てしておきたい。

長根ニンジンの場合は、生育期間が長くなるので、石灰資材を八〇kgから一〇〇kgへ、ク溶性苦土を四五kgから六〇kgへ、鉄資材を二kgから四kgへ、それぞれ増量する。

(4) ジャガイモ（イモ類タイプ）

●測定値からうかがう作柄

苦土と鉄、マンガンが不足していると、ジャガイモも下葉が黄色く、エキ病などの病気にかかりやすくなって収量も上がらない。

●施肥での処方箋は

元肥の堆肥は他の野菜と同様、五〇〇kg施用する。

一方で、品質のよいジャガイモを多収するために重要なのが初期肥効で、ストロンを早い時期に数多く出すようにすることが、イモの数と揃いをよくする決め手である。そこでまず、**C／N比**の低い（チッソが多い）アミノ酸肥料を一〇〇kgと、多く施用する。

不足している苦土は、元肥で水溶性のマグキーゼだけを一二〇kg施用する。これはジャガイモの重要土壌病害であるソウカ病が、pHが高くなると出やすいため、水溶性の資材でpHが上がりにくいものを、ということでの選択。同時に、初期肥効を上げるためにチッソを多く施用しているので、それとのバランスもある。チッソとともに苦土の肥効を高めて、光合成を盛んにし、炭水化物生産を多くするためでもある。

また、水溶性で苦土が流亡する心配があるのと、ジャガイモの葉に多い**葉緑素**を維持するために、水溶性の苦土（マグキーゼ）の追肥を行なう。

さらに鉄だが、イモ類は根の呼吸が重要。鉄資材のアイアンパワーをコマツナ、ニンジン、レタスの倍の四kg施用する設計とした。

また、海藻肥料はマンガンの供給も兼ねて四〇kg施用する。

(5) トマト（果菜タイプ）

●測定値からうかがう作柄

このような土壌ではトマトも下葉枯れが多くなり、玉の不揃いが多く、収量・品質が上がらない。また病害虫も多い。

●施肥での処方箋は

トマトは栽培期間が長いので、その間、土が締らないようにすることが大事である。そのためには堆肥だが、今回はチッソ分が二・九％と多い堆肥なのであまり多く入れると、**生殖生長**が不安定になる。そこで、量は五〇〇kg。

元肥のアミノ酸肥料は、初期肥効を高めるためチッソ分の多いオーガニック八五三を使った。

ただし追肥で同じものを使うと、生殖生長が安定しないので、ＳＧＲとい

トマトの施肥設計例

（%）				反当たりの施肥量（kg）		
苦土	ホウ素	マンガン	鉄	元肥	追肥1	追肥2
					60	60
				80		
0.5				500		
			0.2	80	50	50
65				60		
27				45	30	30
			20.0	4	4	4
		40.0			2	2
	1.0	5.0	5.0	40	20	20

うチッソ分の少ないアミノ酸肥料で設計している。これはC／N比が高いので花着きもよく、糖度の高いトマトができる。

土壌分析で不足している鉄は、根の呼吸に関わるほか、さまざまな肥料養分の吸収、トマトの機能性成分であるリコピン合成にも関係している。トマトでは要求量の多い微量要素の一つだ。元肥でアイアンパワーを四kg、追肥時にも四kgずつ二回施用する。

これも不足している苦土は、元肥ではク溶性のマグマックスを六〇kg、水溶性のマグキーゼを四五kgの設計。初期から十分光合成を行なわせるための水溶性の資材と、できるだけ長く持続させるためのク溶性の資材を組み合わせた。しかし、これだけでは栽培期間中に吸収されてしまうので、追肥で水溶性のマグキーゼを三〇kgずつ二回施用する設計に。

さらにマンガンは海藻肥料と硫酸マンガンで対応する。マンガンもやはりトマトでは吸収量が多い。元肥だけでは不足するので、海藻肥料と硫酸マンガンで二回追肥する。

なお、診断では石灰は不足していないが、トマトでは非常に重要なミネラル。果実の尻ぐされの原因になり、石灰不足は収量や品質を大きく損ねる。元肥だけでは不十分なので、二回追肥する設計にしている。欠乏症が出る前に、土壌分析で不足分を見きわめてやる追肥が必要になる。

(6) サヤインゲン（マメ類タイプ）

●測定値からうかがう作柄

生育的にはやはり下葉枯れが早く出

表7−3 （果菜タイプ）

（施肥設計）

肥料名	特徴	成分			
		チッソ	リンサン	カリ	石灰
SGR	酸性，炭水化物多い	4	5	2	
オーガニック 853		8	5	3	
堆肥	（チッソ型）	2.9	2.0	2.1	2.2
ハーモニーシェル	ク溶性＋水溶性	0.2	0.2	0.01	53
マグマックス	ク溶性				
マグキーゼ	水溶性				
アイアンパワー	（鉄資材）				
硫酸マンガン					
ケルプペレット	（特殊資材）				

（土壌分析）

	施肥前の分析値			施肥後の補正値		
診断項目	測定値	下限値	上限値	耕耘深度		
				10cm	20cm	30cm
比重	1.2					
CEC	14.6	20	30			
EC		0.05	0.3			
pH（水）	6.2	6	7	7.4	7.0	6.6
pH（塩化カリ）	5.3	5	6			
アンモニア態チッソ	1	0.8	9	18	12	7
硝酸態チッソ	1	0.8	15	1	1	1
可給態リンサン	40	20	60	57	51	46
交換性石灰 CaO	200	164	245	289	259	230
交換性苦土 MgO	10	29	44	69	49	30
交換性カリ K_2O	30	25	40	43	38	34
ホウ素		0.8	3.6	6.9	4.6	2.3
可給態鉄	1.0	10	30	56.7	38.2	19.6
交換性マンガン	5.0	10	30	52.0	36.3	20.7
腐植		3	5			
塩分						

る。花が落ちやすく、サヤの着きも悪い。サヤが着いて生長しても、先が細くなったり太くなったりと、形が揃わない。そのため、品質にバラツキが出てしまう。病気や害虫の被害も多い。

●施肥での処方箋は

サヤインゲンはサヤをつくることが大事で、多くのチッソを必要とする。

そこでまず、元肥の堆肥は六〇〇kgと、ほかの野菜タイプより多く、しかもアミノ酸肥料も初期肥効を高めるためにC／N比の低い（チッソの多い）オーガニック八五二で設計。

石灰は、やはり土壌分析では足りているが、石灰の要求量が多く、途中で切らさないよう元肥でハーモニーシェルを八〇kg、追肥に四〇kgずつ二回という設計にした。

不足している苦土は、元肥でク溶性のマグマックスを六〇kgと水溶性のマグキーゼを三〇kg施用。追肥は水溶性のマグキーゼ三〇kgを二回の設計としている。

また、鉄とマンガンはアイアンパワーと海藻肥料を元肥と追肥で対応するが、トマトほど要求しないので施肥量は多くなくてよい。なおマンガンの追肥は水溶性の硫酸マンガンと海藻肥料を使う。

3 野菜のタイプによる施肥設計の違い

表7―4は、ここまで紹介してきた六種類の野菜の設計例をまとめたものである。この一覧表から、施肥設計のポイントを簡単に説明しておこう。

(1) 元肥だけでつくる野菜

●収穫時の肥効はそれぞれ違う

まず、施肥タイプからいえば、元肥で設計する野菜と、元肥と追肥を組み合わせて設計する野菜がある。前者はコマツナ、レタス、ニンジン、ジャガイモ、後者はトマトとサヤインゲンである。

このうち、元肥だけで設計するタイプのコマツナとレタス、ニンジンの中でも、コマツナとレタスのチッソ量は一二kgだが、ニンジンは一五kgと若干多い。コマツナは肥効が十分あるうちに収穫するが、レタスは肥効が下がってからの収穫になるので、同じ元肥量でもその使われ方は異なるということ。

一方、ニンジンの施肥量が若干多くなっているのは、根部の肥大のために地上部の葉にしっかり光合成をしても

表7−4 同じ畑で各野菜タイプをつくるときの施肥設計例の比較

（数値は現物の施用量，単位：kg）

種類／肥料名	コマツナ	レタス	ニンジン	ジャガイモ	トマト	サヤインゲン
SGR					0-60-60	
オーガニック853	40	60	60	100	80	60-40-40
堆肥	500	400	600	500	500	600
ハーモニーシェル	80	80	80	80	80-50-50	80-40-40
マグマックス	45	30	45		60	60
マグキーゼ	30	60	30	120-30	45-30-30	30-30-30
アイアンパワー	2	2	2	4	4-4-4	4-2-2
硫酸マンガン					0-2-2	0-1-1
ケルプペレット	40	40	40	40	40-20-20	40-20-20

注）「40-20-20」とあるのは元肥－追肥①－追肥②ということ。数値が1つの場合は元肥。なおミネラル肥料では成分が異なるので注意

らうためである。

●病気を考慮した施肥

ジャガイモの場合は、一覧表にある他の野菜と違う要素がある。それは、苦土肥料をすべて水溶性の資材にしているという点である。

水溶性の苦土資材は硫酸マグネシウム（硫酸苦土、硫マグ）で、土のpHを上げにくい特性がある。これが、ジャガイモに特有のソウカ病対策にプラスに働く。このように、資材を選ぶときは、土壌病害を増やさないことも考慮する。

また、苦土の追肥を行なっているが、これはとくにジャガイモの場合には大切なポイントになる（157ページ参照）。

(2) 追肥を組み合わせる野菜

果菜タイプ（とくに連続収穫するもの）やマメ類タイプは、栽培期間が長いこともあって元肥だけでは養分が不足してしまう。そこで追肥を組み合わせる。

●ミネラル優先の施肥

ミネラル優先が施肥の原則だが、チッソ分の追肥の回数、量が多くなると、チッソ優先の生育に傾き、病害虫を招いたり、着果が不安定になったり、奇形果などが発生する。そこで必ずチッソ分の追肥に先行するかたちでミネラル、石灰や苦土を追肥する。施肥設計でもそのように組むことが重要である。

●微量要素も追肥に組み込む

石灰や苦土だけでなく、鉄やマンガン、ホウ素といった微量要素も元肥だ

けでは不十分な場合が多い。一覧表中のアイアンパワー（鉄資材）や硫酸マンガン（マンガン資材）、ケルプペレット（鉄、マンガン、ホウ素を含む資材）を追肥でも施用しているのは、根の活性や光合成の維持、表皮などのセンイの強化といった点をねらったものだ。

●アミノ酸肥料の質

さらに、トマトで用いているSGRというアミノ酸肥料は、他で使っているオーガニック八五三にくらべてチッソ成分は少ない。その分、炭水化物部分が多い。これで糖度の高い、品質にすぐれたトマトを収穫したいというねらいを実現しようとしている。これまでくり返しいってきたC／N比の高いアミノ酸肥料の一例である。

また、トマトはとくに栽培期間中に土を締めないよう、C／N比が高い（センイに富んだ）堆肥を施用することが、安定して収量・品質を高めるためには不可欠だ。ここでは、チッソ分が二・九%と高いものだったが、こうした堆肥を多く使うと全チッソ量が多くなって、トマトの生殖生長が安定しない。そこで、炭水化物部分の多いアミノ酸肥料を施用して、少しでも土の**団粒構造**を維持しようというねらいもこめている。

●鉄資材で根の活力を高める

団粒構造を維持するために、鉄資材の追肥も行なう。鉄資材を追肥して、土が締まってきても、根が一定の呼吸ができるようにしてやるのである。

入手できる堆肥にはさまざまな質のものがある。トマトには、本来C／N比の高い、チッソの少ない堆肥が適しているが、別の堆肥を使うしかない場合もある。そのようなときでも、C／N比の高いアミノ酸肥料や、根の活力を高める鉄資材を施用して、堆肥の機能を補うことはできる。

野菜の種類ごと、あるいはその野菜に特有の要素を施肥設計に組み込む。また、入手できる資材では十分でなくても、他の資材で補うことで、マイナス面を減らすことが可能なことも多い。このように、野菜の施肥は土壌分析データをもとに、野菜の特徴・性格、資材の特徴を上手にいかしながら、設計していくことが肝心なのである。

付録 用語集

◆本書で使用している用語（各章初出が**太字**）の中には、一般では使われていないものや、使われていても意味が異なるものもあるので、簡単に紹介しておく。

あ行

アミノ酸　タンパク質を構成する有機物で、分子の構造中にアミノ基（$-NH_2$）とカルボキシル基（-COOH）をもつ。生物がつくるアミノ酸は二〇種類あり、この二〇種類のアミノ酸だけで生物のタンパク質はつくられている。

アミノ酸は有機物（タンパク質）が分解する過程でもつくられて、アミノ酸肥料や堆肥中にも存在する。

植物がチッソを吸収して、アミノ酸やタンパク質をつくっていく場面を考えると、アミノ酸を直接吸収利用する有機栽培は、硝酸から組み替えてアミノ酸をつくって利用している化成栽培より、効率がよい。このことが有機栽培のメリットのもっとも基本的なものである。

なお本書では、有機物の分解過程で生じる大小のタンパク質やその分解物をはじめとするさまざまな水溶性の有機態チッソを総称してアミノ酸と呼ぶことが多い。

アミノ酸肥料（発酵型、抽出型）　本書でいう「アミノ酸肥料」とは、有機物をアミノ酸ができるくらいまで十分に発酵させてつくった発酵肥料・ボカシ肥や、食品工場の副産物などを加熱・圧搾してアミノ酸を取り出した有機のチッソ肥料のことをいう。前者を発酵型アミノ酸肥料、後者を抽出型アミノ酸肥料と呼ぶ。アミノ酸肥料には、アミノ酸だけでなく、有機物が分解して生じるさまざまな有機物が含まれている。

発酵型アミノ酸肥料には、発酵に関連した有用微生物と、発酵過程でつくられる有機態チッソのほかに、ビタミンやホルモン様物質、病原菌を抑える抗生物質などが含まれていることがある。なお、有機物にカビが生じて甘いにおいのする状態のものを有機のチッソ肥料として施用している農家も多いが、この段階ではまだアミノ酸の生成量も少ないので、本書ではアミノ酸肥料とは呼ばない。

抽出型アミノ酸肥料は、基本的に無菌の状態で製品化されている。微生物はもちろん、微生物由来の発酵生成物は含まれていないが、有機物が分解してできるさまざまな物質を含む。

上根・中根・下根　根の張っている位置を便宜上示す用語。上根は地表から一〇cmまで、中根は一〇～二〇cmまで、下根は二〇cmより深い層に張っている根のことをいう。

栄養生長・生殖生長・擬似生殖生長

植物の生長の中で、葉や根、枝など植物のからだを大きくしていく生長を栄養生長といい、その後の、花を咲かせ、実をつけ、タネを残すという子孫をつくる生長を生殖生長という。また、栄養生長と生殖生長の中間的な位置づけになるが、結球部や根、花蕾に養分を蓄積させる生長を擬似生殖生長という。

栄養生長で光合成を十分行なえるからだをつくり、擬似生殖生長で光合成によってつくられた炭水化物をたくわえ、生殖生長では、光合成によってつくられた炭水化物で、子孫を残す、というのが作物の基本的な戦略といえる。

本書では、栄養生長をする野菜としてコマツナ・ホウレンソウのような光合成を行なう工場である葉を収穫するもの、生殖生長をする野菜としてトマトやキュウリ、エダマメのような子孫を残すための器官である果実を収穫するもの、さらに擬似生殖生長をする野菜としてレタスやダイコン、ブロッコリーのように養分の貯蔵庫である結球部や根、花蕾部を収穫するもの、という三つに大きく分けている。

栄養生長の主要養分はチッソだが、生殖生長・擬似生殖生長は炭水化物である。いつまでも栄養生長にかたよった生育をしていると花が止まらなかったり、奇形果ができたり、糖度が十分高くならなかったり、結球部の締まりが悪かったり、といった弊害も出てくる。栄養生長から生殖生長・擬似生殖生長への切り替えをスムーズに行なうことは、栽培の基本でもある。

塩基飽和度　土壌粒子は通常、マイナスの電気を帯びており、プラスの電気を帯びた物質である塩基を保持することができる。塩基とは石灰や苦土、カリといったプラスイオンとなるものをいい、土壌粒子の種類によって、プラスイオンを保持する能力が異なる。土壌粒子のマイナスの電気にどのくらいの塩基が保持されているかを表わした数値が塩基飽和度である。

塩基飽和度は高ければよいわけでなく、高すぎれば根に障害を与えたりする。だいたい八〇％程度がよいとされている。ただし、石灰や苦土などは土に施用すればすぐにすべての養分がイオンになるわけではない。施用した資材がク溶性なのか、水溶性なのか、あるいは形状が粒か粉かによっても土壌溶液中への溶け出し方は異なる。

　有機栽培では、ク溶性・水溶性、粒・粉といった溶け方の違いを利用して、ミネラル優先の施肥を長く保つような工夫をしている。

か行

下限値　⇒　上限値・下限値

化成栽培　⇒　有機栽培

完熟堆肥・中熟堆肥　どちらも堆肥の完成品の呼び方。水分を加えても発酵熱を出さないほど有機物の分解の進んだ堆肥を本書では完熟堆肥と呼ぶ（C／N比が二五以下の場合のみ）。これに対し、完熟堆肥になる前の段階で、堆肥中の微生物の種類・数がもっとも多く、同時に微生物のエサとなる分解途中の有機物の量も多い状態の堆肥を中熟堆肥と呼ぶ。中熟堆肥を土に投入した場合、含まれている糖などの有機物をエサに堆肥中の有用微生物がその活動範囲を広げていくことができるので、土の中の有害微生物の増殖を抑えることができる。中熟堆肥の状態でさらに発酵を続ければ、完熟堆肥になる。

擬似生殖生長　⇒　栄養生長・生殖生長・擬似生殖生長

拮抗作用　土壌溶液中に溶けている複数のイオンのあいだで、植物への吸収を阻害しあう作用のことを拮抗作用という。陽イオン同士、または陰イオン同士のあいだで見られ、さまざまな欠乏症状（ハクサイの石灰欠乏、トマトの尻ぐされ症など）は拮抗作用が原因しているといわれている。なお、拮抗作用とは反対に、吸収を促進しあう作用のことは、相乗作用とよぶ。

機能性堆肥　通常の堆肥の効用につけ加えて、野菜や人間にとって有益な機能をもった堆肥のこと。本書では土に、土壌病害虫を抑える力をもったバチルス菌や放線菌などの増殖した堆肥を機能性堆肥とよんでいる。

キレート　構造的にミネラルを抱え込むことのできる化合物のこと。腐植酸や有機酸、糖類などにこのような性質をもったものがある。このようなキレートをつくることのできる化合物は、土壌中で不溶化している金属ミネラルを抱え込んで、水に溶けやすくし、植物が吸収しやすい形にすることができる。キレートの語源は、ギリシャ語で「カニのはさみ」という意味。

ク溶性・水溶性　どちらもミネラル肥料など肥料養分の溶けやすさを示す

ことば。ク溶性とはクエン酸可溶性の略で、肥料養分が植物の根から分泌される有機酸に溶解されて、どのていど植物に吸収されるかの指標となる。また、水溶性とは水に溶けて植物に吸収されるという意味である。水溶性の成分が速効的なのに対して、ク溶性の成分は肥効が緩やかである。有機栽培ではミネラル優先の肥効を栽培期間中、できるだけ長く維持するために、ク溶性と水溶性の資材を組みあわせて利用する工夫をしている。

光合成　植物が、大気中の二酸化炭素と根から吸収した水から太陽の光エネルギーを利用して炭水化物（有機物）を合成し、その副産物として酸素を放出する反応をいう。炭酸同化作用ともいう。もう少し詳しくいうと、植物は太陽の光エネルギーで、吸収した水を分解して電気エネルギーを取り出し、酸素を放出する（明反応）。葉緑素は光エネルギーを電気エネルギーに換える変換器ということになる。そして、取り出した電気エネルギーを使って二酸化炭素から炭水化物をつくる（暗反応）。植物はこの反応（光合成）によってつくられた炭水化物をもとに、からだをつくり、エネルギーを得て、生長していく。光合成なしでは、植物はもとより地球上の動物も生きていくことはできない、もっとも根源的な化学反応。

酵素　生体内のある特定の化学反応（生化学反応）をスムーズに進めるために関わっている生体関連物質のこと。酵素は、生物の活動のあらゆる場面に関与しており、ある生化学反応にはある酵素というようにその反応を選択的に進める。酵素があることでその生化学反応が数百万倍以上に加速することもある。タンパク質からできており、ミネラルを含んでいるものも多い。タンパク質を分解するプロテアーゼ、デンプンを分解するアミラーゼ、キチン質を分解するキチナーゼなども酵素である。有機物が微生物によって発酵分解されるときも酵素が関与している。

根酸　光合成によってつくられた炭水化物が根に送られ、そこで酸素の力を借りてつくられ、根のまわりに分泌される有機酸のこと。分泌される根酸の種類は多岐にわたるが、クエン酸やアミノ酸などが多い。この根酸が十分に分泌されるためには、作物が多くの炭水化物をもっていること、そして、根まわりに酸素があること、つまり土壌の物理性が整っていることが肝心である。根酸の分泌量が多いと、土壌中の多くのミネラルを可溶化することができ、それらを吸収することによって、作物はより健全に生育することができる。

さ 行

C／N比 有機物中の炭素（C）とチッソ（N）の割合（C÷N）をいう。炭素率ともいう。C／N比は有機物の特徴を示しており、オガクズやバーク、モミガラ、ワラといったセンイ質のものはC／N比が高いのに対して、大豆かすや魚かすといったタンパク質（チッソ）を多く含んだ有機物はC／N比が低い。チッソが多い有機物ならC／N比は低く、少なければC／N比は高い、と考えてよい。堆肥やアミノ酸肥料（発酵肥料）などをつくるときには、原料のC／N比が適当な値の範囲内でなければ、良質なものをつくることはできない。また、作物の生育をC／N比で見ると、チッソをたくさん吸収してからだ・葉を大きくする初期から、葉でつくられた炭水化物を蓄積していく中期、そしてその炭水化物で子孫を残していく後期と、C／N比は小さい値から大きな値に変化している。そこで、そのC／N比の変化にあわせて施肥するというのも有機栽培の考え方の基本である。

下根 ⇒ 上根・中根・下根

上限値・下限値 施肥設計ソフトで土壌分析データを入力したときに表示される、肥料養分の適正範囲の多い方を上限値、少ない方を下限値という。ある養分がこの上限値と下限値の範囲内にあれば、必要とされる養分は土の中にあることになる。ただし、時間とともに土中の養分は減っていくので、施肥設計上は上限値まで肥料を施用し、栽培期間中、下限値を下まわらないような肥培管理が大切になる。下限値を下まわりそうになれば追肥をすることになる。

硝酸態チッソ 硝酸の形になっているチッソのこと。水によく溶けて、肥料成分としては速効性である。有機栽培で使うアミノ酸肥料も、乾かしすぎると硝酸に変化する。

硝酸態チッソは土壌に吸着されにくいので、流亡による河川・地下水の汚染、飲んだときの健康上の問題などが指摘されている。

有機栽培では硝酸態チッソを吸収した場合、野菜は光合成によってつくられた炭水化物を使ってアミノ酸につくりかえることになり、アミノ酸をそのまま吸収したときよりも肥料としての効率が落ちる。同時に、野菜のもっている炭水化物が減ることになるので、表皮が弱くなって病害虫に対する抵抗力が落ちたり、糖度・機能性成分が低下したり、収量が減少することがおきる。

初期葉　野菜の種類によっても違うが、野菜を播種、定植してから初めて出る本葉から五～一〇枚くらいまでの葉のこと。初期葉が順調に展開し、葉が厚く、充実していることが重要で、初期肥効がよいかどうかの目安となる。また、初期葉が充実しているということは、初期から光合成がしっかり行なわれているということであり、同時に、後半への肥効の持ち越し、ズレがなく、生育が安定することでもある。

水溶性　⇒　ク溶性・水溶性

生殖生長　⇒　栄養生長・生殖生長・擬似生殖生長

施肥設計ソフト　筆者らがマイクロソフト社製のパソコンソフト・エクセルで開発したソフト。施肥設計ソフトでは、土壌分析結果を入力することで、分析した土の肥料養分の過不足を知ることができ、同時に施用すべき肥料養分の量を知ることができる。施肥設計ソフトのほかに、堆肥設計ソフト、培土設計ソフトがある。入手法、使い方は前著『有機栽培の基礎と実際』の付録を参照するか、(株)ジャパンバイオファームのホームページ（http://www.japanbiofarm.com.）にアクセスしてほしい。

た行

炭水化物　ブドウ糖など（単糖）を構成成分とする有機化合物の総称。その多くは分子式が$C_mH_{2n}O_n$、つまり$C_m(H_2O)_n$で表わすことができる。炭素Cと水H_2Oの化合物のように見えるので炭水化物と呼ばれる。糖質ともいう。

植物が光合成によってつくった炭水化物（ブドウ糖）は、植物のからだ（センイや細胞）をつくる原料になるのと同時に、植物が活動するエネルギー源ともなる。有機栽培で使うアミノ酸肥料や堆肥は、根から吸収されやすい炭水化物をもっている。土に施用することで、植物は根からも炭水化物を吸収することができる。つまり、有機栽培を行なうことで、植物は光合成でつくる炭水化物と、根から吸収した炭水化物の両方を利用することができる。

有機栽培ではこのように、作物は炭水化物を多く手にすることができるので、その炭水化物でセンイを強化して病害虫に強いからだをつくり、根酸を増やしてミネラルの吸収量を増やし、収量・品質・栄養価を高めることができる。

団粒構造　土壌粒子の集合体である土壌団粒がとっている土の中での空間的な構造のこと。団粒構造が発達しているということは、土の中に細かな空間が保たれていることを意味し、そこに水や空気が入り込める。土の物理性がよいということとほぼ同義である。団粒構造が発達していることで、土の保水性や排水性、通気性が保たれ、植物は土の中に根を伸ばし、養水分をスムーズに吸収することが可能になる。団粒構造を発達させるためには、C／N比の高い良質堆肥の施用が必要で、有機栽培には必要不可欠な資材である。

中根 ⇒ 上根・中根・下根

中熟堆肥 ⇒ 完熟堆肥と中熟堆肥

は 行

発酵・腐敗 微生物が有機物を分解して別の物質に換えていくとき、人間や作物にとって有用な物質をつくり出すことを「発酵」といい、反対に有害なものをつくり出すことを「腐敗」と呼ぶことにする。

pF値・pFメーター 土壌水分を土がどのくらい保持できるかを表わした値、またはその数値を測ることのできる計測器のこと。土壌水分の状態を表わしたもので、土壌の保水性、水分を保持する力を表わしている。pF値が大きくなるほど水分が少なくなり、土壌中での水の移動はしにくくなる。反対に、pF値が小さくなるほど水分は多くなり、水の移動はしやすくなる。土壌水分の状態はなかなか見きわめにくいので、pFメーターを畑に設置して、土壌水分の状態を把握、かん水などにいかすことが有機栽培を行なううえでは大切である。

微量要素 植物が生長するのに必須の元素ではあっても、その必要量が比較的少ない元素を、微量要素という。現在、微量要素としては、鉄、マンガン、ホウ素、亜鉛、銅、モリブデン、塩素、ニッケルが認められている。これらは、タンパク質と組みあわさって酵素などをつくり、作物の代謝に重要な役割を果たしている。

日本ではホウ素とマンガンで微量要素欠乏をおこしやすいといわれているが、その他の成分の手当てが必要な場面も多い。ただし、過剰症もおこしやすいので、施用量には注意が必要である。

肥料の三要素であるチッソ、リン、カリに加えてカルシウム（石灰）、マグネシウム（苦土）、イオウの六つの元素は、植物に含まれている量が多く、植物が健全に生長するためには肥料養分の中でも特に多く必要とすることから多量要素と呼ばれている。

また、特定の条件や作物に対して生育によい影響を与える元素を有用元素と呼び、ケイ素（ケイ酸）、ナトリウム、アルミニウム、コバルトなどがこれに当たる。

腐植　植物残渣などの土壌中の有機物が微生物の分解を受けてつくられた物質が、さらに化学的・生物的な働きを受けてつくられた大小さまざまな有機物の渾然一体物。土壌や植生などによって、その特徴は多様である。腐植は土壌中でミネラルを吸着する力があり、これが堆肥の保肥力の源になっている。

腐敗　⇒　発酵と腐敗

ま行

未熟堆肥　原料の有機物の分解が進んでいない状態の堆肥のこと。水分を含むとふん臭がするようなものと、ふんなどの分解によって発酵熱が上がったものの、センイなどの材料までは分解が進んでいないものとある。どれも堆肥を水で洗って残った固形物をつぶしてみれば、形が崩れないことから分解が進んでいないことがわかる。このような堆肥を土に入れると、有機物の分解のために土の中のチッソを横取りして作物の生育を妨げたり（チッソ飢餓）、土の中の土壌病原菌のエサとなって土壌病害を広げることもある。また、含まれている有機酸によって根に障害を受けることもある。

ミネラル　有機物を構成している炭素・水素・チッソ・酸素以外の生体にとって欠かせない元素のこと。植物の種類や生育段階によって必要な種類や量は異なることが知られている。植物のからだをつくったり、さまざまな体内の化学反応になくてはならない。欠乏すると生育が妨げられるが、多すぎても過剰症をおこすので、施用量には注意が必要になる。

ミネラルバランス　土壌溶液中に存在するミネラルの割合のこと。とくにミネラルのなかで植物が吸収する量の多い、石灰、苦土、カリの三つの割合が作物栽培上のひとつの指標となることから、これらの割合をいうことが多い。一般には、石灰：苦土：カリの比は五：二：一のときがもっとも作物の生育によいとされている。なお、この五：二：一という比は、ひとつの目安であり、野菜の種類によっては、このバランスを変える施肥設計を行なうことで、よい成果をあげている例も多い。

ミネラル肥料　石灰や苦土はこれまで酸性土壌を改良する資材（土壌改良材）として使われることが多かった。しかしミネラルは本来、植物にとって必要不可欠な肥料養分である。土壌改良材的な位置づけではなく、作物が必要とする量を知り、土にどのくらいあるかを知って、必要量を施す、という見方でミネラルをみたときの名称。有機栽培では根の活力が増し、土壌中のミネラルの吸収・消耗も早い。ミネラルをきちんと肥料として位置づけることなしに、安定した有機栽培を続けることはできない。

や行

有機栽培・化成栽培　有機物を発酵させて肥料とする栽培方法を有機栽培といい、化学肥料（化成肥料、高度化成、単肥など）を使う栽培方法を化成栽培という。一般には発酵を経ない有機質肥料でも、有機物を肥料として使えば有機栽培と呼ぶことが多いが、本書で勧めている有機栽培は、有機物を発酵させた堆肥やアミノ酸肥料、そしてミネラル肥料を使う方法を指す。

有用微生物　植物あるいは人間にメリットをもたらす微生物のこと。本書では、土壌病害虫であるフザリウム菌やセンチュウを抑制する放線菌、カビの仲間の病原菌を抑制するバチルス菌、有機物をアミノ酸などの有用な物質に変えてくれる酵母菌、雑菌を抑えてくれる乳酸菌、さらに有害物質を無害化してくれる光合成細菌などのことをいう。

養生期間　中熟堆肥を圃場へ施用したときに、有用微生物が土の中で増殖し、勢力を拡大するのに要する期間のことをいう。この養生期間中に有用微生物は、圃場の中の未熟有機物の分解を進め、同時に、作物にとって有害な微生物を抑えながら増殖する。したがって、この期間を過ぎれば、より安心して作物の作付けを行なうことができる。なお、養生期間は三週間を目安としている。

養生処理・太陽熱養生処理　畑に施用した中熟堆肥中の有用微生物の増殖を促して、発生している土壌病害虫を抑制・防除する方法を養生処理という。堆肥中に土壌病害虫を抑えることのできる有用微生物（主に放線菌やバチルス菌）が多いこと、施用後に適当な土壌水分条件（三五〜五〇％）と温度（二五℃以上）と時間（一〇〜三〇日程度）を確保することがポイントになる。

なお、この方法をハウスやビニールマルチなどで、太陽熱と併用して行なう方法を太陽熱養生処理と呼んでいる。地温も六〇℃前後まで上がり、有機物の分解も進み、有用微生物によって有害微生物が抑制される。同時に、団粒構造が発達し、処理後の土はサラサラした感じに変化する。

葉緑体・葉緑素　植物が持っている緑の色素を葉緑素といい、その葉緑素を含んだ細胞のなかの器官を葉緑体という。光合成を行なう植物のもっとも基本的な器官である。葉緑素はクロロフィルともいい、爪のような形をしている有機物である。爪の本体は、中心に苦土（マグネシウム）をもっており、そのまわりを四つのチッソが囲んでいる。この葉緑素を多数アンテナのように並べて、光のエネルギーを効率よく受けとめられるような構造になっている。葉緑素は光エネルギーを電気エネルギーに換え、その電気エネルギーで炭水化物をつくり出すことができる、エネルギー変換器であり、炭水化物合成機関でもある。

著　者　**小祝　政明**（こいわい　まさあき）

1959年，茨城県生まれ。有機肥料の販売，コンサルティングの㈱ジャパンバイオファーム（長野県伊那市）代表を務めながら，経験やカンに頼るだけでなく客観的なデータを駆使した有機農業の実際を指導。一般社団法人日本有機農業普及協会理事長。

著書に『有機栽培の基礎と実際』，『小祝政明の実践講座1 有機栽培の肥料と堆肥』，『同2 有機栽培のイネつくり』（いずれも農文協）がある。

編　集　**本田　耕士**（柑風庵　編集耕房）

小祝政明の実践講座3

有機栽培の野菜つくり

――炭水化物優先，ミネラル優先の育て方

2009年11月25日　第1刷発行
2022年 4 月25日　第7刷発行

著者　小祝政明

発 行 所　一般社団法人　農山漁村文化協会
住　　所　〒107-8668　東京都港区赤坂7丁目6-1
電　　話　03(3585)1142(営業)　03(3585)1147(編集)
F A X　03(3589)1387　　振替　00120-3-144478
U R L　https://www.ruralnet.or.jp/

ISBN978-4-540-09178-0　　DTP制作／(株)農文協プロダクション
〈検印廃止〉　　印刷／(株)新協

製本／根本製本(株)
Printed in Japan　　定価はカバーに表示
乱丁・落丁本はお取り替えいたします。

農文協の図書案内

あなたにもできる 野菜の輪作栽培
土がよくなり、農薬・肥料が減る知恵とわざ
窪　吉永著
1714円＋税

トマトの前作にはホウレンソウで土つくり、害虫が少ないネギ後にはナスがもってこい…田畑の土の活力と疲れに見合った配置、作付けで、ラクに楽しくできる野菜・米づくり。減農薬・有機の伝統農法の現代的再展開！

農家が教える 混植・混作・輪作の知恵
病害虫が減り、土がよくなる
農文協編
1800円＋税

【図解】混植・混作／【図解】知って得するコンパニオンプランツ大集合！／【図解】香り混植・虫が好きなニオイ、嫌いなニオイ／間作、混作で土が流れない／カマキリがいる畑は害虫が少ない／ほか。

自然農薬のつくり方と使い方
植物エキス・木酢エキス・発酵エキス
農文協編
1400円＋税

自然農薬による防除は植物自身がもっている抗菌・殺虫成分を利用する。本書では煮出し、木酢、砂糖による発酵とそれぞれの方法で植物の成分を引き出し、効果的に活用している三人の実践をわかりやすくイラストで紹介。

基礎講座　有機農業の技術
土づくり・施肥・育種・病害虫対策
日本有機農業研究会編
1667円＋税

農学のそれぞれの分野の第一人者が語った有機農業の課題と可能性。経験や事例の報告ではなく、科学として有機農業を理解したい人、また実際にこれから有機農業を始めようとしている人に、確かな示唆を与える入門書。

生きている土壌
腐植と熟土の生成と働き
エアハルト・ヘニッヒ著／中村英司訳
2500円＋税

土壌の耕作最適状態である「熟土」はどのように用意されるのか？　その鍵を握る腐植や腐植粘土複合体の生成を、新鮮有機物や堆肥、微生物や植物の根、ミミズの働きと結びつけ、生きている土壌個体の活動として描く。

（価格は改定になることがあります）